Impulse aus der Wirtschaftsinformatik

Stephan Geberl · Siegfried Weinmann
Daniel F. Wiesner
Herausgeber

Impulse aus der Wirtschafts-informatik

5. Liechtensteinisches Wirtschaftsinformatik-Symposium an der Fachhochschule Liechtenstein

Mit 88 Abbildungen
und 8 Tabellen

Physica-Verlag
Ein Unternehmen
des Springer-Verlags

In Kooperation
mit der Gesellschaft für Informatik,
Fachbereich Wirtschaftsinformatik

Mag. Stephan Geberl
Dipl. Inf. Siegfried Weinmann
Dr. Daniel F. Wiesner

Fachhochschule Liechtenstein
Fachbereich Wirtschaftswissenschaften
Fürst-Franz-Josef-Straße
9490 Vaduz
Liechtenstein

ISBN 3-7908-0195-X Physica-Verlag Heidelberg

Bibliografische Information Der Deutschen Bibliothek
Die Deutsche Bibliothek verzeichnet diese Publikation in der Deutschen Nationalbibliografie; detaillierte bibliografische Daten sind im Internet über <http://dnb.ddb.de> abrufbar.

Physica-Verlag ist ein Unternehmen von Springer Science+Business Media GmbH

springer.de

Printed in Germany

Umschlaggestaltung: Erich Kirchner, Heidelberg

SPIN 10989746 88/3130-5 4 3 2 1 0 – Gedruckt auf säurefreiem Papier

Vorwort

Unser diesjähriges Wirtschaftsinformatik-Symposium an der Fachhochschule Liechtenstein mit dem Titel „Impulse aus der Wirtschaftsinformatik" eröffnet ein breitgefächertes Spektrum aktueller und zukunftsweisender Themen. Diesem Anspruch begegnet bereits der Anfangsbeitrag 'Digital Licensing', der ein Kernproblem der allgegenwärtigen Präsenz von Software in materiellen Gütern (vgl. 'Information Appliances', in „Ubiquitous Computing", 4. Liechtensteinisches Wirtschaftsinformatik-Symposium) behandelt und auf die Frage antwortet: Wie kann ein klassisches Industrieunternehmen, dessen Prozesse ursprünglich entlang von Wertschöpfungsketten für materielle Güter ausgelegt sind, die Integration der Software in ihre Produkte kundenorientiert umsetzen?

Unser neuer Hochschulcampus gibt uns die Möglichkeit, die Symposien der Bereiche Finanzdienstleistung und Wirtschaftsinformatik gemeinsam zu veranstalten. Neben einem synergetischen Effekt erhoffen wir uns dadurch auch Anregungen für beide Disziplinen, die durchaus in kooperativen Aufgabenstellungen münden können. Am Rande sei darauf hingewiesen, dass die aufgenommenen Beiträge die Meinung der jeweiligen Autorinnen und Autoren widerspiegeln, die nicht unbedingt der Meinung der Herausgeber entsprechen muss.

An dieser Stelle danken wir dem Physica-Verlag für die Aufnahme unseres Tagungsbandes und Frau Dr. Martina Bihn für ihre konstruktive Unterstützung sowie allen Autorinnen und Autoren, die durch ihre Beiträge ein attraktives Vortragsangebot und ein Forum für die Diskussion zwischen Theorie und Praxis geschaffen haben.

Vaduz, im Frühjahr 2004

Stephan Geberl
Siegfried Weinmann
Daniel F. Wiesner

Inhaltsverzeichnis

Digital Licensing - Einführung in Industrieunternehmen

Daniel Ledergerber; Leica Geosystems
Hubert Waibel; Leica Geosystems
Siegfried Weinmann; Fachhochschule Liechtenstein

1 Abstract

Conventional industrial enterprises are traditionally active in business with material goods. Nowadays, however, knowledge components are having a larger contribution to the added value. The main form in which knowledge flows into many products is software. The integration of software into material products is already today a key technology of industrial enterprises. It is apparent that the value of integrated software will become even more important. At the core of many business concepts are principles originated from the world of industrial production and distribution of material goods. The enterprise notices it is hard to claim itself in the software business because the business processes of the value-added chain as well as the corporate culture are oriented towards material goods. Software is normally treated as an equivalent to material goods in these enterprises. But the software business contains substantially different points. In addition increasing competitive pressure forces the enterprise to exhaust rationalization reserves and increase profitability of the software business.

Based on experiences with IT enterprises, this report presents 'Digital Licensing' as a possible solution for the described problem definition. The first part shows the necessary changes in the business model. Secondly, new technologies and processes are explained and a general concept derived. Finally, the contribution ends with an exemplary adaptation of 'Digital Licensing' for the enterprise Leica Geosystems.

2 Industrieunternehmen im Wandel

Herkömmliche Industrieunternehmen sind traditionell im Geschäft mit materiellen Gütern tätig. Materielle Güter stehen dabei als Sammelbegriff für Geräte, Apparate, Maschinen und Fahrzeuge jeglicher Art. Immaterielle Komponenten und Werte sowie der Umgang mit Wissen haben jedoch einen immer grösseren Anteil an der Wertschöpfung.[1]

---

[1] Vgl. (Klotz 1999), S. o.a.

Die Hauptform, in der heutzutage Wissen in die Produkte aller Art einfliesst, ist Software. Es zeichnet sich ab, dass in den Industrieunternehmen der Stellenwert der Software noch mehr an Gewicht gewinnen wird. *Ubiquitous Computing* hat das Ziel, die Arbeit des Menschen durch Computer zu vereinfachen und im Alltag benötigte Geräte mit zusätzlichen Informationskomponenten auszustatten, um ihre Funktionalität und damit den Nutzen zu erhöhen. Microprozessoren werden mehr und mehr in die verschiedensten Geräte integriert – und zwar weitgehend unbemerkt vom Benutzer. Durch solche *Information Appliances* wird die Datenverarbeitung allgegenwärtig; dazu gehören auch gewöhnliche Gebrauchsgegenstände, wie Kaffeemaschinen, Geschirrspüler, der Herd oder auch das Automobil, die optimal für einen bestimmten Einsatzzweck konzipiert sind und dadurch dem Benutzer die Arbeit oder den Umgang mit ihnen erleichtern.[2]

Die Integration der Software in materielle Güter ist bereits heute eine der Schlüsseltechnologien von Industrieunternehmen. Noch schimmert allerdings bei den unternehmerischen Konzepten im Kern oft ein Wirtschaftsverständnis durch, dessen Denkmuster aus der Welt industrieller Herstellung und Verteilung materieller Produkte stammen. Den Unternehmen fällt es schwer, sich im Softwaregeschäft zu behaupten, sind doch die ganzen Prozesse entlang der Wertschöpfungskette für materielle Güter ausgelegt und die Unternehmenskultur darauf ausgerichtet. Software wird in diesen Unternehmen üblicherweise den materiellen Gütern gleichgestellt. Basierend auf den Standards der bestehenden *Enterprice Resource Planning* (ERP) und *Customer Relationship Management* Systeme, haben sie oft Anpassungen oder Erweiterungen entwickelt, um ihre eigenen, speziellen Bedürfnisse abzudecken. Die bestehenden Systeme haben jedoch, bedingt durch die ursprüngliche Ausrichtung der Unternehmen, mehrheitlich den Fokus auf materielle Produkte gelegt. Technologiebedingt sind die Industrieunternehmen ihren Kunden als Softwareanbieter primär über den Versand von materiellen Gegenständen wie Disketten, Compact Disks und Bedienungshandbüchern begegnet. Das Softwaregeschäft unterscheidet sich jedoch in einigen Punkten und Prozessen massgeblich von dem mit materiellen Gütern. Zudem zwingt zunehmender Wettbewerbsdruck die Unternehmen die Wirtschaftlichkeit im Softwaregeschäft zu erhöhen und Rationalisierungsreserven auszuschöpfen.

3 Digital Licensing

Anlehnend an die Erfahrungen mit Informationstechnologie-Unternehmen wird im Folgenden der Einsatz von *Digital Licensing* in Industrieunternehmen diskutiert.

---

[2] Vgl. (Kirste et al. 2000), S. 568

3.1 Definitionen

3.1.1 Softwarelizenz

Die Entwicklung, der Schutz und die autorisierte Nutzung von *geistigem Eigentum*, auch bekannt unter dem englischen Begriff *Intellectual Property*, ist enorm wichtig für die im technologischen Umfeld tätigen Unternehmen. Es existieren zwei für die Software relevante rechtliche Konzepte, die den Schutz von geistigem Eigentum ermöglichen. Dies sind Urheberrechte und Patente. Der Schutz von Software ist in Deutschland und Europa primär dem Urheberrecht zugewiesen.[3] Der Inhaber des Urheberrechts, der Lizenzgeber, erteilt dem Kunden die *Lizenz*, d. h. das Recht zur Nutzung von geistigem Eigentum unter definierten Konditionen. Der Kunde ist der Lizenznehmer. Das Urheberrecht schützt die Software vor der Verwendung ausserhalb der vereinbarten Lizenzbestimmungen zwischen Lizenznehmer und Lizenzgeber. Mit dem Urheberrecht geschützte Software kann generell als Quellcode, als Objektcode oder als eigentliche Software-Anwendung lizenziert werden:[4]

Im Falle einer Quellcode-Lizenz erhält der Lizenznehmer das Recht zur Modifikation und zum Erzeugen von Derivaten. Der Lizenznehmer kann den Quellcode abändern und erweitern.

Mit der Objektcode-Lizenz ermächtigt der Lizenzgeber den Lizenznehmer zur Benutzung, Vervielfachung und Verteilung der Software innerhalb seiner Produkte. Ein typisches Beispiel ist die Einbindung einer lizenzierten Statistikbibliothek in ein eigenes Softwareprodukt.

Mit der Anwendungs-Lizenz ermächtigt der Lizenzgeber den Lizenznehmer zur Benützung der lizenzierten Softwareanwendung. Die Lizenz definiert die Anzahl der Benutzer, die Dauer der Benutzung und dergleichen.

Ist der Kunde an einem Softwarepatent interessiert, so kann er mit dem Patentinhaber eine Softwarepatent-Lizenzvereinbarung erwirken. Im Fall einer Softwarepatent-Lizenz ist der Lizenznehmer berechtigt, die Innovation zu nutzen. Der Lizenznehmer darf das patentierte Lösungskonzept – die im Zusammenwirken mit einem Computer erzielte Funktionalität – in seinem Produkt anwenden.[5]

---

3 Vgl. (Lutterbeck 2000), S. 19

4 Vgl. (Megantz 2002), S. 133

5 Vgl. (Megantz 2002), S. 11

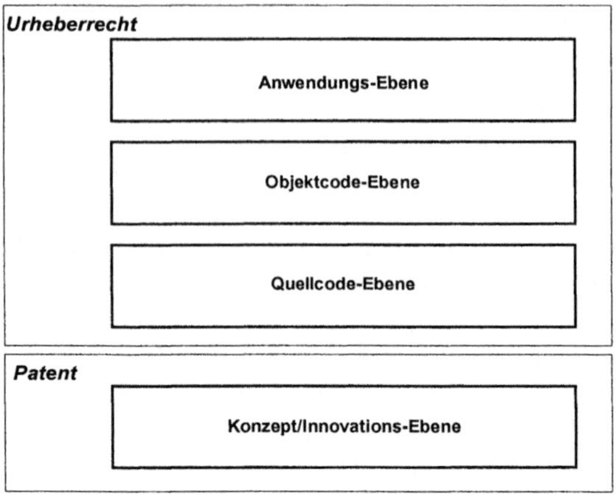

Abbildung 1: Softwarelizenz-Ebenen

Die Abbildung 1 stellt zusammenfassend die vier Ebenen der Software-lizenzierung dar. Im Weiteren wird ausschliesslich die Software-Anwendungs-Lizenz behandelt.

3.1.2 Digital Licensing Vision

Digital Licensing beschreibt einen neuen Weg, wie das Softwaregeschäft sowohl für den Softwareanbieter wie auch für den Kunden, aus operativer Sicht, effektiv und effizient gestaltet werden kann:

„Digital licensing is not simply the addition of appropriate technology to improve current licensing processes. Fully utilized, it completely changes the way intellectual property is packaged, purchased, serviced and maintained."[6]

Das Urheberrecht wird mit digitalen Lizenzschlüsseln durchgesetzt. Diese digitalen Lizenzschlüssel treten in Form eines Softwareschlüssels (einer Datei mit Lizenzcode) auf. Die Softwareschlüssel werden auf elektronischem, digitalem Weg über das Internet, per E-Mail oder Fax verkauft, vertrieben und unterhalten. Dabei wird das Bewusstsein des Kunden gefördert, dass er das Recht zur Nutzung der Software gemäss eines vereinbarten Lizenzvertrags erworben hat, welcher flexibel auf die Bedürfnisse des Kunden abgestimmt werden kann. In Abbildung 2 ist das grundsätzliche Prinzip von Digital Licensing dargestellt.

[6] Vgl. (BearingPoint 2003), S. 10

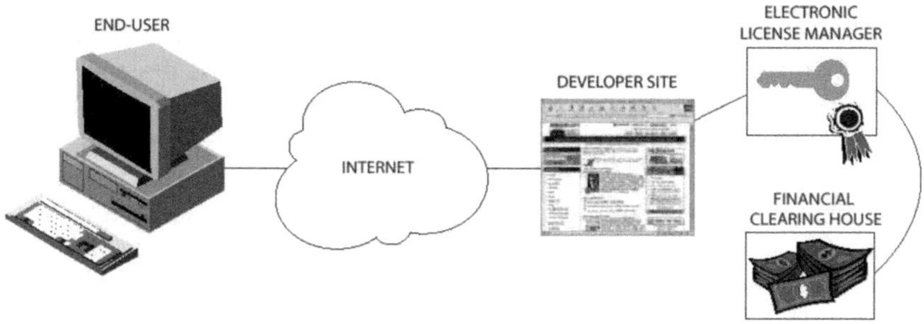

Abbildung 2: Prinzip von Digital Licensing[7]

Die Unternehmen im Softwaregeschäft sind, getrieben durch eine Kombination diverser Faktoren, an einem Wendepunkt angelangt. Die Kundenanforderungen betreffend Service und Support sowie die Art und Weise wie Software beschafft, lizenziert und benützt wird, werden sich in nächster Zeit stark verändern. Zudem werden die Unternehmen angehalten, ihre Prozesse so zu optimieren, dass Wachstum ermöglicht wird und Kosten reduziert werden. Neue Technologien erlauben neue Lizenzierungsmodelle. Die Industrieunternehmen sind gewillt, anhand dieser Faktoren eine ganzheitliche, langfristige Lösung zu schaffen und ihr Geschäftsmodell dementsprechend zu verändern.[8]

3.2 Geschäftsmodell

Ein *Geschäftsmodell* ist eine modellhafte Beschreibung des Geschäftes und besteht aus den drei Hauptkomponenten Nutzenbeschreibung, Architektur der Wertschöpfung und dem Ertragsmodell.[9] Im Folgenden wird das Digital Licensing Geschäftsmodell beschrieben.

3.2.1 Nutzenbeschreibung

Die Nutzenbeschreibung hält fest, welchen Nutzen Kunden oder andere Partner des Unternehmens aus der Verbindung mit diesem Unternehmen ziehen können. Dieser Teil beantwortet die Frage: *Welchen Nutzen stiftet das Unternehmen?*

Als Trend im Softwaregeschäft wird beschrieben, dass die Fortschritte der Technik und die wachsenden Erwartungen der Kunden zur Idee "*Software-as-a-Service*" geführt haben. Darunter wird die Möglichkeit verstanden, eine Anwendung nur für eine bestimmte Zeitdauer oder für eine bestimmte Anzahl von Starts zu mieten. Die Lizenz zur Benützung der Software soll auf elektronischem

---

7 (Rainbow 2001), S. 5

8 Vgl. (BearingPoint 2003), S. 2

9 Vgl. (Stähler 2001), S. 41

Weg bezogen werden können. Zudem erwartet der Kunde heute mehr Leistung und Flexibilität vom Softwareanbieter, sei es im Verkauf, im Vertrieb oder im Support. Die Software muss auf die individuellen Bedürfnisse des einzelnen Kunden angepasst werden können. Der Kunde hat die Flexibilität der digitalen Medien erkannt und wird nur noch bereit sein, für Funktionalität, die er wirklich benötigt, Ausgaben zu tätigen.[10] Unter wirtschaftlichem Druck wird der Kunde das Risiko der Software-Akquirierung minimieren und die Kapitalrendite (*return on investment*) optimieren. Er will auch die Möglichkeit haben, je nach Geschäftsentwicklung, die Software den geänderten Bedürfnissen anzupassen und neu zu konfigurieren. Zudem will der Kunde die Weiterentwicklung des Produkts und des Services in einer kontinuierlichen Beziehung mit dem Anbieter mitgestalten. Der einzelne Kunde wird vermehrt im Mittelpunkt der Aktivitäten des Softwareanbieters stehen.[11] Daraus leitet sich ab, dass eine Innovation der Nutzenbeschreibung innerhalb des Geschäftsmodells erfolgt. Die Industrieunternehmen müssen dem Kunden Dienstleistungen während des gesamten Lizenz-Lebenszyklus gemäss Abbildung 3 erbringen. Innerhalb der Nutzenbeschreibung wird ein neuer Teilmarkt geschaffen.

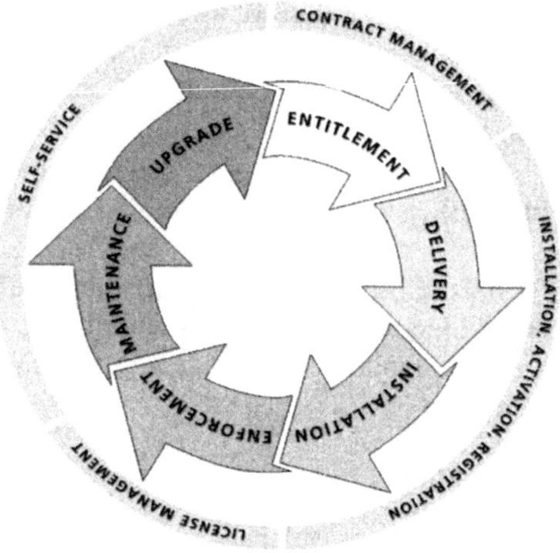

Abbildung 3: Lizenz-Lebenszyklus[12]

Um ein erfolgreiches Digital Licensing einzuführen, muss der gesamte Lebenszyklus für den Kunden einfach verständlich und transparent sein, damit dieser problemlos feststellen kann, über welche Produkte und welche Funktionalität er bereits verfügt und welche zusätzlichen Optionen zur Verfügung stehen. Es wird

[10] Vgl. (Machan et al. 2001), S. 1
[11] Vgl. (Gawin 2002), S. 25
[12] (BearingPoint 2003), S. 7

eine vollständige Automatisierung, insbesondere der Wartungs- und Upgradeprozesse angestrebt (*Self-Service*), dies zum Vorteil des Softwareanbieters und des Kunden. Der Kunde verfügt sieben Tage in der Woche jeweils 24 Stunden über einen vollwertigen Support.[13]

3.2.2 Architektur der Wertschöpfung

Die Architektur der Wertschöpfung zeigt auf, wie der Nutzen für die Kunden generiert wird. Diese Architektur beinhaltet eine Beschreibung der verschiedenen Stufen der Wertschöpfung (die Wertschöpfungsaktivitäten, die zur Wertsteigerung des Produkts im Unternehmen beitragen, einschliesslich ihrer Reihenfolge[14]) und der verschiedenen wirtschaftlichen Agenten sowie ihrer Rollen in der Wertschöpfung. Sie beantwortet die Frage: *Wie wird die Leistung in welcher Konfiguration erstellt?*

Digital Licensing bedeutet nicht nur den Schutz des intellektuellen Wertes der Software. Digital Licensing überspannt vielmehr die gesamte Software-Wertschöpfungskette des Unternehmens, beginnend bei der Produktentwicklung bis zu den Software-Upgrades und Software-Erneuerungen. Es wird eine E-Business-Lösung angestrebt, die sämtliche Phasen im Lizenz-Lebenszyklus unterstützt respektive automatisiert. Dies bedingt umfangreiche Änderungen in der Wertschöpfungsarchitektur des Geschäftsmodells durch eine Anpassung der Geschäftsprozesse. Ein *Geschäftsprozess* wird als Bündel von Aktivitäten definiert, für das ein oder mehrere unterschiedliche Eingaben benötigt werden und das für den Kunden ein Ergebnis von Wert erzeugt. Es werden zwei Prozessarten unterschieden: Die *Warenprozesse* und die *Informationsprozesse*.[15] Ziel der Digital Licensing Vision ist es, die Arten der Geschäftsprozesse auf Informationsprozesse zu reduzieren; diese Möglichkeit ergibt sich in allen Geschäftsmodellen mit immateriellen Gütern.

Zu diesem Zweck sind einige neue Aktivitäten und Support-Systeme notwendig. Eine technologiebasierte Distribution kann nicht effektiv arbeiten ohne die Unterstützung der Backoffice-Systeme. Traditionelle ERP-Systeme decken nur einen Teil der Anforderungen von Digital Licensing ab.[16] Diese Systeme ermöglichen eine durchgängige Auftragsabwicklung, vom Kunden, zum Kunden. Hauptnutzenpotenziale liegen in der Effizienz und Effektivität und somit vor allem in der Optimierung der Haupt- und Supportprozesse.[17] Eine effektive und effiziente Vorgehensweise bei der Software- und Lizenzdistribution und beim Lizenzmanagement setzt demzufolge diese Kernfunktionen der ERP-Systeme voraus.

---

[13] Vgl. (BearingPoint 2003), S. 7

[14] Vgl. (Porter 1998), S. 36

[15] Vgl. (Hammer et al. 1995), S. 52

[16] Vgl. (BearingPoint 2003), S. 10

[17] Vgl. (Bertschinger 2001), S. 6

Es ist die Vision von Digital Licensing, die gesamte Wertschöpfungskette im Softwaregeschäft zu unterstützen. Dabei reicht der oftmals propagierte Ansatz einer integrierten ERP-Software als Allheilmittel für alle Prozessanforderungen nicht aus. Die ERP-Anbieter haben sich inzwischen von ihrem Anspruch auf Vollständigkeit verabschiedet und bieten heute eigene Entwicklungen im Bereich *Enterprise Application Integration* (EAI), um Fremdprodukte in ihre Softwareumgebung einzubinden. Das ist speziell für Applikationen im Frontoffice-Bereich sinnvoll. Diese Produkte sind den innovativen Anforderungen des Marktes besonders ausgesetzt und der Aspekt "*Time to Market*" ist hier stärker ausgeprägt als bei einem ERP-System, wo der Lebenszyklus deutlich länger ist.[18] Aufgrund dessen können die zusätzlichen Systeme, die für Digital Licensing notwendig sind, als Add-On's des ERP-Systems betrachtet werden.

Digital Licensing integriert den Kunden mittels eines Internet-Portals in Teile der Software-Wertschöpfungskette, das heisst der Kunde ist an den Wertschöpfungsaktivitäten beteiligt.[19] Aus dem Blickwinkel des EAI kann bei Digital Licensing von einer externen Integration bzw. Vorwärtsintegration gesprochen werden. Das Motto könnte hier lauten: "Integrieren statt telefonieren". Unternehmen, die ihre Beschaffung heute noch per Post, Telefon oder per E-Mail organisieren, sollen stattdessen mit automatisierten Prozessen über Unternehmensgrenzen hinweg arbeiten.[20] Exakt dasselbe Ziel verfolgt Digital Licensing. Die Software- und Lizenzdistributionsprozesse und die Lizenzmanagementprozesse werden über die Unternehmensgrenze zum Kunden hin automatisiert.

3.2.3 Ertragsmodell

Das Ertragsmodell beschreibt welche Einnahmen das Unternehmen aus welchen Quellen generiert. Die zukünftigen Einnahmen entscheiden über den Wert des Geschäftsmodells und damit über seine Nachhaltigkeit. Es beantwortet die Frage: *Wodurch wird Geld verdient?*

Der Handel mit Softwarelizenzen sowie mit Wartungsverträgen ist das vorrangige Ertragsmodell innerhalb des Digital Licensing Geschäftsmodells.[21] Ein optimal realisiertes Digital Licensing erlaubt den Industrieunternehmen ihre Softwareprodukte mit einer Vielzahl von verschiedenen Lizenzierungsmodellen anzubieten. Zum Beispiel wird von einem Softwareanbieter berichtet, der dem Kunden anstelle einer fixen Anzahl von Lizenzen ein Jahresabonnement mit zwölf Monatslizenzen offeriert hat, die zu einem beliebigen Zeitpunkt abgerufen werden können und dann innerhalb von 30 Tagen ablaufen.[22]

---

[18] Vgl. (Böhm 2001), S. 42

[19] Vgl. (Macrovision 2002), S. 3

[20] Vgl. (Schmidt 2000), S. 77

[21] Vgl. (McHale 2002), S. 4

[22] Vgl. (Machan et al. 2002), S. 2

Die Einführung der Lizenzmodelle erzwingt eine Änderung des Ertragsmodells innerhalb des Geschäftsmodells. Das Softwaregeschäft wird zur neuen Kernkompetenz des Unternehmens und es muss von Wert für den Kunden sein.

3.3 Technologie

Damit ein erfolgreiches Digital Licensing eingeführt werden kann, müssen auch einige neue softwarespezifische Aspekte berücksichtigt und einbezogen werden. Diese neuen Technologien und Methoden ermöglichen die Realisierung eines einfachen Lizenz-Lebenszyklus, wie im vorangegangenem Kapitel gefordert.

Gegenwärtig müssen die Softwareanbieter meist viele verschiedene Produkte, Produktfamilien und Versionen betreuen. So werden die Kunden oft gezwungen, die Wahl einer Software aus den vom Anbieter zusammengestellten Teilprodukten zu treffen. Häufig möchte der Kunde nach einiger Zeit, wenn er mit der Software vertraut ist, ergänzende oder zusätzliche Funktionalität zur Verfügung haben. In dieser Situation ist der Kunde gezwungen, eine zusätzliche Bestellung zu generieren und auf die traditionelle materielle Lieferung der Programmdateien zu warten. Die Installation der Erweiterungen kann eine Neuinstallation des ursprünglichen Produktes erfordern. Die Komplexität dieses Updateprozesses vermag zur Folge haben, dass der Kunde auf zusätzliche Bestellungen verzichtet. Um mit Digital Licensing diese komplexen Update-Prozesse zu vereinfachen, muss der Softwareanbieter seine diversen Produkte in eine einzige Installation, ein *Single Binary*, überführen und die Benützung der einzelnen Komponenten durch ein Lizenzmanagementprogramm kontrollieren. Diese *Lizenztechnologie* unterstützt den Einsatz von digitalen Lizenzschlüsseln. Der Kunde kann nach einer einmaligen Transaktion des Single Binary zu einem späteren Zeitpunkt mit einem neuen zusätzlichen Lizenzschlüssel die gewünschte Funktionalität aktivieren. Dieses Modell ermöglich dem Softwareanbieter und dem Kunden neue Optionen, wie zum Beispiel das zeitlich limitierte Freischalten einer bestimmten Produktfunktionalität. Zudem können beide Parteien die operativen Kosten reduzieren.

Der Single Binary-Ansatz hat einen direkten Einfluss auf die Softwareentwicklung. Die Software muss so aufgebaut werden, dass einzelne Komponenten und Funktionen aktiviert und deaktiviert werden können, ohne die Software-Ergonomie zu beeinflussen. Mit geschickt platzierten Kontrollpunkten im Quellcode ermöglicht die Softwareentwicklung, mittels einer (Neu-)Konfiguration der vorhandenen Komponenten und Funktionen, schnell auf veränderte Marktsituationen zu reagieren, ohne dass hohe Entwicklungskosten anfallen. Eine Trennung zwischen Konfigurations-Management-Aspekten und der Entwicklung des Kern-Quellcodes wird angestrebt.

In vielen Unternehmen werden die Kundeninformationen individuell innerhalb der diversen Abteilungen verwaltet. Es kommt zum Beispiel vor, dass der Verkauf, das Marketing und der Kundenservice unterschiedliche Informationssysteme für verschiedene Zwecke einsetzen. Diese abgegrenzten Informationsinseln machen es dem Softwareanbieter schwer, die Kundeninformationen zu vereinen und zu konsolidieren. Ideal wäre ein zentrales *Customer Install Base Informationssystem* (CIB), in dem alle Kundenkontakte, Anfragen, Lieferungen, Installationen und Konfigurationen abgelegt werden.

Ein CIB ersetzt die diversen Insellösungen und garantiert konsistente Kundeninformationen. Es dient zudem als zentrale Informationsquelle für die Generierung der digitalen Lizenzschlüssel und macht sämtliche Informationen betreffend Kunden, verfügbaren Produkten, bereits installierten Produkten und bereits aktivierter Funktionalität verfügbar. Auch die gesamte Kundenhistorie wird aufgezeichnet. Das CIB spiegelt die Installationen und aktivierten Funktionen beim Kunden über die Zeit. Es entspricht der Summe aller vom Kunden eingesetzten Produkte und deren Konfiguration.[23]

4 Digital Licensing Konzeption

Die hier vorgestellte Digital Licensing Konzeption stützt sich auf die Erkenntnis, dass die *Prozesslandschaft* mit den softwarespezifischen Geschäftsprozessen, die *Systemlandschaft* mit der Integration der Lizenztechnologie, dem CIB und dem Kunden-Self-Service sowie die *Umsetzung* einschliesslich *Projektmanagement* die Schlüsselfaktoren für eine erfolgreiche Einführung von Digital Licensing sind.

4.1 Prozesslandschaft

Die in Abbildung 4 dargestellte Prozesslandschaft fasst die zahlreichen Aktivitäten entlang der Wertschöpfungskette eines Unternehmens mit dem Digital Licensing Geschäftsmodell zu übersichtlichen Szenarien zusammen.

Da in herkömmlichen Industrieunternehmen die softwarespezifischen Prozesse oft vernachlässigt werden, erscheint es sinnvoll die notwendigen softwarespezifischen Prozesse im Lizenz-Lebenszyklus (vgl. Abbildung 3) darzustellen. Zu definieren sind die folgenden Prozesse: Softwarelizenz- und Vertragsverkauf, Aktivierung, Rehosting, Recovering, Versionswechsel, Lizenz- und Vertragserneuerung.

Im *Softwarelizenz-* und *Vertragsverkaufsprozess* erwirbt der Kunde eine Softwarelizenz und einen Wartungsvertrag und erhält das Softwarepaket als Single Binary geliefert. Der Kunde kann die erhaltene Software installieren.

Der *Aktivierungsprozess* ermöglicht dem Kunden die gewünschte Funktionalität – das Benutzungsrecht, das er mit der Softwarelizenz erworben hat – freizuschalten. Innerhalb dieses Prozesses wird vom Softwareunternehmen ein Lizenzcode generiert und zum Kunden transferiert, mit dem die Funktionalität auf dem angegebenen Zielsystem benützt werden kann.

---

23 Vgl. (BearingPoint 2003), S. 8

Der *Rehosting-Prozess* ermöglicht die Transformation der Softwarelizenz von einem Zielsystem auf ein anderes und der *Recovering-Prozess* erlaubt den Neubezug einer verlorengegangenen Softwarelizenz.

Ein Versionswechsel der Software (Patch, Update, Upgrade, Release) wird durch den *Versionswechselprozess* geregelt. Dabei wird in kostenlose und kostenpflichtige Versionswechsel differenziert.

Beim Auslauf von Lizenzen und Verträgen werden die *Lizenz-* und *Vertragserneuerungsprozesse* angestossen; dadurch wird dem Kunden eine reibungslose Erneuerung der Verträge ermöglicht.

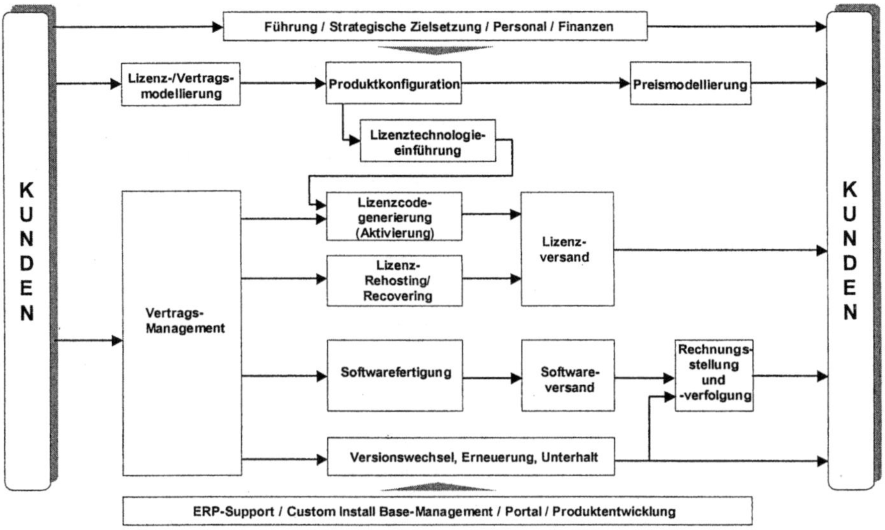

Abbildung 4: Prozesse in Digital Licensing[24]

4.2 Systemlandschaft

Die Lizenztechnologie bildet die Grundlage für ein flexibles Geschäftsmodell. Die eingesetzte Technologie muss gemäss Kapitel 3.3 dem Marketing und Verkauf die individuelle Konfiguration einzelner Funktionalität ermöglichen und diverse Lizenzmodelle zur Verfügung stellen. In Zukunft werden neben den Permanentlizenzen in Industrieunternehmen auch vermehrt befristete Lizenzmodelle eingeführt. Zudem müssen zwei teilweise unterschiedlich gehandhabte Softwarekategorien unterstützt werden: die Geräte-Software und PC-Software. Die Geräte-Software entspricht der Software, die auf den gelieferten Geräten, Apparaten oder

[24] In Anlehnung an (Steinbeis 2003)

Maschinen des Industrieunternehmens verwendet wird. Sie beinhaltet die grundlegende Funktionalität der Geräte, kann aber auch eine branchenspezifische Funktionalität abdecken, die nicht von allen Kunden benötigt wird. Die PC-Anwendungssoftware entspricht der allgemein bekannten Anwendungssoftware auf dem PC.

Das CIB ist ein zentrales Informationssystem, welches sämtliche benötigten Kundeninformationen, wie beispielsweise Lieferungen oder Produktaktivierungen, zentral ablegt (vgl. Kapitel 3.3). Zu diesem Zweck muss wiederum zwischen den beiden Softwarekategorien Geräte-Software und PC-Software differenziert werden, da im ersten Fall die Software an ein ausgeliefertes Gerät gebunden ist und im Fall der PC-Software eine Bindung an ein nicht bekanntes Computersystem, dem Host des Lizenznehmers, vorliegt.

Ein Kunden-Self-Service wird in der vorgestellten Digital Licensing Konzeption bei den Prozessen Aktivierung, Rehosting und Recovering ermöglicht. Zudem wird dem Kunden ein beschränkter Einblick in das CIB gestattet: Er kann alle in seinem Besitz befindenden Lizenzen einsehen.

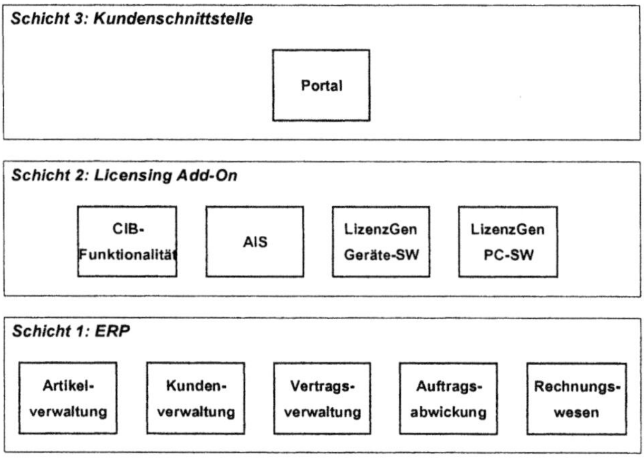

Abbildung 5: Systemschichten

Aus diesen grundsätzlichen Erläuterungen lässt sich ableiten, dass sich Digital Licensing mit drei Prozessschichten gemäss Abbildung 5 auseinandersetzt. Die erste Schicht wird durch das ERP-System abgedeckt, die zweite Schicht durch die Add-On-Systeme für das Softwaregeschäft und die dritte Schicht durch das Internet-Portal für die Integration des Kunden.

4.3 Umsetzung und Projektmanagement

Die Einführung von Digital Licensing ist eine komplexe Aufgabe, die zu einer umfangreichen Veränderung des Geschäftsmodells führen kann und mit hoher

Priorität zu versehen ist. Ihre Einführung als Nebensache zu betrachten, würde voraussichtlich mit einem Scheitern enden.[25] Die angestrebte Lösung muss sorgfältig mit der Unternehmensvision in Einklang gebracht werden. Für eine erfolgreiche Umsetzung ist die Gesamtheit der Auswirkungen auf die Systeme des Front- und Backoffice zu beachten. Bereits die Realisierung einfacher Digital Licensing Konzepte wird viele Bereiche des Unternehmens verändern. Es ändern sich nicht nur Zuständigkeiten und Abhängigkeiten von Abteilungen und Führungskräften, es werden auch viele Geschäftsprozess-Entscheidungen durch Digital Licensing beeinflusst.

Erfahrungen und Erkenntnisse aus anderen Transformationsprojekten gelten auch für Digital Licensing. So ist ein ausgewogenes, dauerhaftes Projektmanagement für ein Projekt dieses Umfangs unabdingbar.[26] Kleineren und mittleren Unternehmen mangelt es oft an Kapazität und Erfahrung, um ein solches Grossprojekt erfolgreich abwickeln zu können. Die Bedeutung eines konsequenten Projektmanagements kann nicht genügend unterstrichen werden. Viele Projekte haben mit Emotionen und Investitionen angefangen und werden nie abgeschlossen; sie wirken dämpfend, aus finanzieller Sicht wie auch aus Sicht der Motivation.[27]

Plant ein Industrieunternehmen ein Business Process Reengineering Projekt ihrer Softwarelogistik, so kann das Unternehmen die Möglichkeit der Übertragbarkeit der vorliegenden Digital Licensing Konzeption überprüfen. Ein Weg zur individuellen Eignungsabklärung der Konzeption stellen folgende Anforderungen dar: Realistik, Vollständigkeit, Konsistenz, Durchsetzbarkeit, Tranparenz, Überprüfbarkeit, Wirtschaftlichkeit und Flexibilität.[28] Das Industrieunternehmen sollte die Konzeption unter Berücksichtigung dieser Anforderungen auf sich selbst projizieren und reflektieren. Bei dieser Projektion und Reflektion sollte die vorliegende Konzeption als Digital Licensing Referenzmodell verstanden werden. Folgende grundlegende Voraussetzungen für die Übertragbarkeit lassen sich aus den Erläuterungen schliessen: Identische Digital Licensing Ziele, eine kongruente Lizenztechnologie, den Einsatz eines ERP-Systems und einer EAI-Lösung sowie eine prozessorientierte Organisation.

5 Anwendungsfall: Leica Geosystems

Leica Geosystems, mit Hauptsitz in Heerbrugg, Schweiz, ist ein weltweit tätiges traditionsreiches Unternehmen in der Vermessungstechnologie und Geomatik mit einer Vielfalt an modernsten Systemen zur hochpräzisen 3D-Erfassung, Visualisierung und Modellierung raumbezogener Informationen. Leica Geosystems bietet

---

25 Vgl. (DiMillo 2002), S. 30

26 Vgl. (BearingPoint 2003), S. 13

27 Vgl. (Brogli 2001), S. 31

28 Vgl. (Schake 2000), S. 48

seinen Kunden, für die Bereiche Vermessungswesen und Bau, Geografische Informationssysteme und Kartierung sowie für zahlreiche andere Anwendungsgebiete, innovative Einzelprodukte und Gesamtlösungen an.[29]

In Zukunft müssen bei Leica Geosystems mehrere Zehntausend Softwarelizenzen pro Jahr ausgeliefert werden. Da keine einheitlichen Prozesse für die Softwaregeschäftsabwicklung definiert sind, existieren heute diverse verschiedene Ansätze, die vereinheitlicht, optimiert und automatisiert werden sollen.

Die durchgeführte Untersuchung hat bestätigt, dass viele Bereiche bei der Einführung von Digital Licensing berücksichtigt werden müssen. Die Vertreter der einzelnen Bereiche respektieren die Vorteile und die Wichtigkeit von Digital Licensing und wollen ihre Einführung in einzelnen realistischen Teilschritten durchführen. Das Beispiel der Leica Geosystems zeigt, dass sich das Geschäft mit Software an dem mit materiellen Gütern orientiert. Dies erweist sich bei der Geräte-Software als nicht so problematisch, da diese Softwarekategorien ohnehin immer mit einem bestimmten Gerät in Bezug gebracht werden müssen. Bei der PC-Software hingegen werden die erweiterten Geschäftsmöglichkeiten mit Digital Licensing in nur sehr geringer Weise ausgenützt. Flexible Lizenzmodelle und ein Self-Service werden nicht eingesetzt.

Die in diesem Bericht vorgestellte Digital Licensing Konzeption lässt sich auf das Unternehmen übertragen. Sämtliche Anforderungen an die Konzeption werden erfüllt. Schrittweise wird zuerst eine Lösung für die Geräte-Software eingeführt, dann für PC-Software und in einer weiteren Phase das Kunden-Portal für den Self-Service bereitgestellt.

6 Zusammenfassung und Ausblick

Die traditionellen Industrieunternehmen befinden sich in einem Wandel vom reinen Geschäft mit materiellen Gütern hin zum Geschäft mit Software. Ein strategisches Ziel ist dabei die Steigerung der Effizienz und Effektivität der softwarespezifischen Geschäftsabwicklung. Ein vielversprechendes Instrument ist Digital Licensing, dessen Einführung eine Veränderung des Geschäftsmodells bedeutet, mit dem Ziel, die Arten vorhandener Geschäftsprozesse auf Informationsprozesse zu reduzieren. Dies ist in allen Geschäftsmodellen mit immateriellen Gütern möglich. Die angestrebte Lösung muss sorgfältig mit der Unternehmens-Vision in Einklang gebracht werden. Die vorgestellte Konzeption beschreibt einen Lösungsansatz, welcher die Möglichkeiten bestehender ERP-Systeme nutzt und erweitert. Sie kann als Referenzmodell für andere Unternehmen dienen, wobei die Erfahrungen bei Leica Geosystems folgende Empfehlungen ergeben:

---

29 Vgl. (Leica 2001), S. 2

1. Die Einführung von Digital Licensing sollte als komplexe, ernsthafte Aufgabe betrachtet werden. Es ist eine Organisation aufzubauen, die sich aus einem Sponsor, einem Steuerungskomitee und einem Projektmanagement zusammensetzt.
2. Es soll eine einheitliche Philosophie und Lösung mit Standards für das gesamte Unternehmen entwickelt werden, um möglichen Verwirrungen der Kunden entgegenzuwirken. Einige wenige Lizenzmodelle sollen eingeführt werden.
3. Die Konzeption soll für das Gesamtsystem erarbeitet und verifiziert werden (Think Big, Start Small, Deliver Quickly). Die Realisierung soll jedoch in Schritte unterteilt werden. Schnelle Erfolge garantieren die breite Unterstützung des Vorhabens.
4. Die Lizenztechnologie soll primär für den Markt optimal sein und nicht für das Softwareprodukt. Die Geschäftsseite stellt die grössere Herausforderung dar als die technische Seite.
5. Die Einführung sollte beim ersten Mal gelingen. Nachträgliches Ändern der Lizenzmodelle ist schwierig und kann für den Kunden mühsam sein.
6. Der Kunde soll im Mittelpunkt stehen. Er wird Digital Licensing nur akzeptieren, wenn er Vorteile erhält. Diese Vorteile können mit attraktiven Lizenzmodellen, marktspezifischen Softwarekonfigurationen und mit effizienten Distributionsprozessen geschaffen werden.
7. Die Einführung von Digital Licensing bedeutet eine Veränderung im Unternehmen. Gezielte Aufklärung und Ausbildung baut Ungewissheit und Vorurteile der Mitarbeiter und der Kunden ab; sie schafft eine Kultur des Vertrauens, des Verständnisses und die Basis für ein erfolgreiches Digital Licensing.

Literatur

BearingPoint (Hg.): Making the Case - Transformation to Digital Licensing. McLean: BearingPoint, 2003

Berning, Ralf: Prozessmanagement und Logistik. Berlin: Cornelsen Verlag, 2002

Bertschinger, Thomas: Chancen und Risiken von E-Business im Mittelstand. In: Helbling Management Consulting - Management Letter Herbst, 2001, S. 6-10

Böhm, Dieter: IT quo vadis? In: Helbling Management Consulting - Management Letter Herbst, 2001, S. 41-43

Brogli, Martin: Strategie, Prozesse, IT – die erfolgreiche Transformation. In: Helbling Management Consulting - Management Letter Herbst, 2001, S. 29-33

DiMillo, David: Rational Software's FLEXlm Implementation. San Jose: EC4S Conference, 2002

Gawin, Toby: From Electronic Licensing to Software-as-a-Service. San Jose: EC4S Conference, 2002

Hammer, Michael; Champy, James: Business Reengineering - Die Radikalkur für das Unternehmen, Frankfurt et al.: Campus, 1995

Kirste, Thomas; Spierling, Ulrike; Gerfelder, Norbert: Ubiquitous Computing - Praktische Anwendungen. In: Wirtschaftsinformatik 42 (2000) 6, S. 568-569

Klotz, Ulrich: Die Herausforderungen der Neuen Ökonomie. In: Gewerkschaftliche Monatshefte Nr. 10, 1999

Leica Geosystems AG (Hg.): Leica Geosystems Business Stars. Heerbrugg, 2001

Lutterbeck, Bernd: Sicherheit in der Informationstechnologie und Patentschutz für Software Produkte – Ein Wiederspruch?. Berlin: Forschungsgruppe Internet Governance, 2000

Machan, Ron; Albrecht, Michael: Transformation to Digital Licensing. Greenwood Village: Software Business Magazine, 2002

Macrovision Corporation (Hg.): Back Office Requirements for Electronic Software Licensing. Santa Clara: Globetrotter Software Divsion, 2002

McHale, Steve: Electronic Licensing: The Key to the Future. San Jose: EC4S Conference, 2002

Megantz, Robert C.: Technology Management. New York: John Wiley & Sons Inc., 2002

Peters, Tom; Waterman, Robert: Auf der Suche nach Spitzenleistungen - Was man von den bestgeführten US-Unternehmen lernen kann. Landsberg am Lech: Moderne Industrie, 1984

Porter, E. Michael: Competitive advantage. New York: The Free Press, 1998

Rainbow Technologies Inc. (Hg.):Electronic License Management – The Future of Software Licensing. Irvine: Rainbow, 2001

Schake, Thomas: Logistikkonzeptionen - Band 1: Theoretische Grundlagen und Modellierung. Deutschland: TCS-Verlag, 2000

Schmidt, John: Enabling Next-Generation Enterprises. In: EAI Journal July/August (2000), S. 77

Stähler, Patrick: Geschäftsmodelle in der digitalen Ökonomie - Merkmale, Strategien und Auswirkungen. Lohmar et al.: Josef Eul Verlag, 2001

Steinbeis Transferzentrum Management Systeme (Hg.): Prozessmanagement. Ulm, 2003

Model-based Service Engineering

August-Wilhelm Scheer; German Research Center for Artificial Intelligence
Oliver Grieble; German Research Center for Artificial Intelligence
Ralf Klein; German Research Center for Artificial Intelligence

1 Introduction

Since the mid-90s, Service Engineering as a research discipline has the goal to explore the systematic development of services by using appropriate procedures, methods and tools. Service Engineering is based on scientific research in the areas of New Service Development and Service Design with the main focus on Service Marketing. Service Engineering, on the other hand, takes an interdisciplinary approach by analyzing the transfer of industrial-engineering methods and software knowledge.[1] The main assumption is that services can be developed in a similar manner as material/industrial products and software, while considering service-specific characteristics.

One of the main research topics of Service Engineering is the design and visualization of the immaterial and intangible object "service". The exact analysis is a basic requirement for the application of industrial engineering methods. First design approaches are available, however, mostly focusing on the design of single service aspects (e. g. process, customer, organization, etc.). Furthermore, the adaption of approved methods and tools from other research areas has as well not yet been considered. The approach of Model-based Service Engineering is discussed in the following paragraphs. Section 2 describes an integrated framework for the complete description of services including the inherent model types. On the one hand, this framework focuses on drawing practical experience from the real-life service application. On the other hand, a consistent description of structural contexts by applying an appropriate modeling method is prerequisite for an IT-implementation.

---

1 Fähnrich, K.-P.; Meiren, T.; Barth, T.; Hertweck, A.; Baumeister, M.; Demuß, L.; Gaiser, B.; Zerr, K.: Service Engineering : Ergebnisse einer empirischen Studie zum Stand der Dienstleistungsentwicklung in Deutschland, Fraunhofer IRB: Stuttgart 1999.

2 Integrated Service Design

2.1 Service Modeling Framework

The methodic development and engineering of services assumes that services have to be regarded as development objects. To ensure the adequate visualization of the developed service, in this section a set of modeling methods will be described, allowing the integrated modeling of the intangible object service with any inherent attributes and specific characteristics. The framework includes existing modeling methods, adapted with regard to certain service-specific requirements, as well as new methods, regarding aspects, that have not been considered so far (cp. Figure 1).

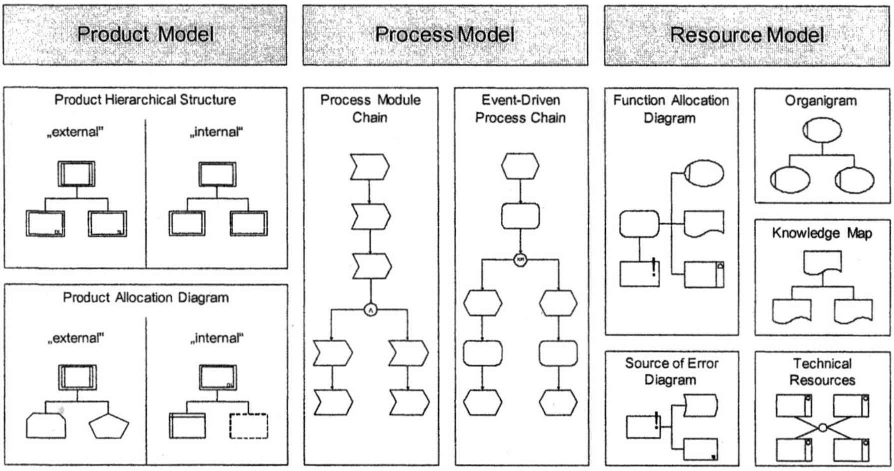

Figure 1: Integrated framework of service modeling[2]

This integrated approach allows the description of the service object in three dimensions – output, process and resource. Furthermore, it allows a detailed analysis of the mutually dependent correlations between the modeling levels, based on connections between model and object instances, to even follow-up on

2 Grieble, O.; Klein, R.; Scheer, A.-W.: Modellbasiertes Dienstleistungsmanagement. In: Scheer, A.-W. (Hrsg.): Veröffentlichungen des Instituts für Wirtschaftsinformatik. Nr. 171, Saarbrücken 2002; Scheer, A.-W.; Herrmann, K.; Klein, R.: Modellgestütztes Service Engineering : Entwicklung und Design neuer Dienstleistungen. In: Bruhn, M.; Stauss, B. (Hrsg.): Dienstleistungsinnovationen : Jahrbuch Dienstleistungsmanagement 2004. Gabler: Wiesbaden 2004, in Vorbereitung.

consequences of small changes in the service development. This fact is illustrated in the model structure of the framework meta model (cp. Figure 2).

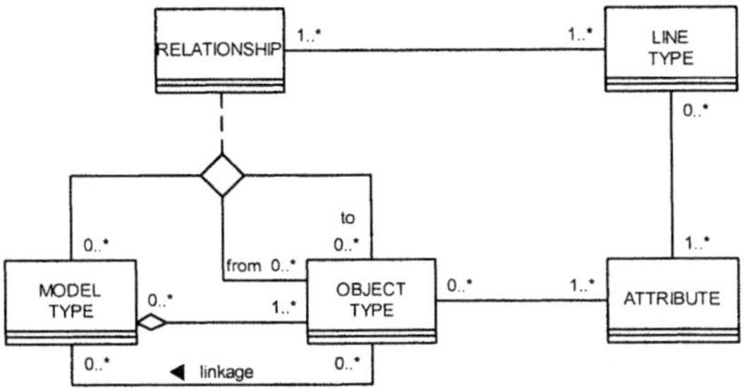

Figure 2: Model structure – Meta model

Object types (e. g. process module) are linked to the individual model types (e. g. Process Module Chain). The possible relationships between these objects depend on the particular model type: organizational units, for example, can be linked to each other in the Organigram – but their linkage in a Function Allocation Diagram is not allowed. To consider different semantic meanings of the association between two object types, it is possible to allocate different association types. The relationship between an organizational unit and a function could, for example, be defined as "makes a decision about", "executes", "is responsible", etc. Within the diagram this piece of information is symbolized by different line types. Attributes are assigned to both, the line types and the object types, to enable – besides the complete model description – certain analysis and reporting features through process simulation. The association between object and model type reflects the integrative basis of the modeling concept by determining what kind of model types can be linked to a specific object type.

The single model instances as well as the output, process, and resource object instances contained are accumulated in a construction set (cp. Figure 3).

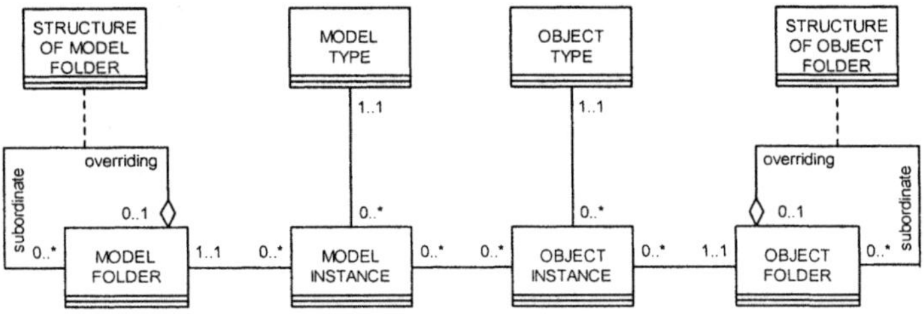

Figure 3: Construction Set

These object libraries ensure that every object is entered only once. Afterwards, this enables a fast and exact retrieval as well as a re-use of any available object. Thus, the basis for an efficient (re-)design of services is created leading to the shortening of service development times. In the following paragraphs model types will be described for the service dimensions output (section 2.2), process (section 2.3) and resource (section 2.4).

2.2 Product Models

A product model can be defined as the part of a corporate data model which carries all product information and reflects any characteristic features and data of the product and its whole life cycle.[3] The service-specific product model typically represents the service output and consists therefore of the structural description and the definition of the service content.[4]

Hence, the integrated framework includes the two model types Product Hierarchical Structure and Output Allocation Diagram. On instance level both models provide an external and an internal corporate perspective (without modifying the corresponding meta model). Whereas the external perspective focuses on the service portfolio from a sales and a marketing view in consideration of customer requirements, the internal perspective primarily describes organizational aspects.

Product Hierarchical Structure

The model type Product Hierarchical Structure describes the different relationships possible between services within the service portfolio (cp. Figure 4).

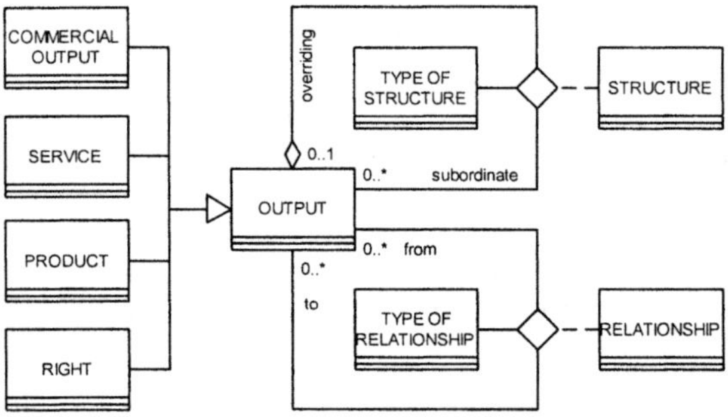

Figure 4: Product Hierarchical Structure – Meta model

---

3 Genderka, M.: Objektorientierte Methode zur Entwicklung von Produktmodellen als Basis Integrierter Ingenieursysteme. Shaker: Aachen 1995.

4 Bullinger, H.-J.; Meiren, T.: Service Engineering : Entwicklung und Gestaltung von Dienstleistungen. In: Bruhn, M.; Meffert, H. (Hrsg.): Handbuch Dienstleistungsmanagement : Von der strategischen Konzeption zur praktischen Umsetzung. 2. Aufl., Gabler: Wiesbaden, S. 149-175.

Products and services can be linked in two different ways: they can be aggregated to a superordinate element and thereby described in a structural relation. They can also be linked in a non-hierarchical relation. In addition, there is the possibility to assign multiple line roles to the relationships. With regard to the output type we can distinguish between so-called commercial output, (pure) services, (material) products and rights. Figure 5 shows two examples of a Product Hierarchical Structure from an external and an internal perspective, respectively.

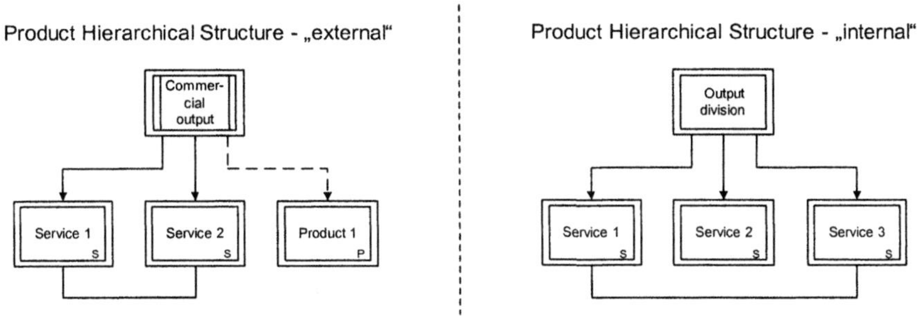

Figure 5: Product Hierarchical Structure – Examples

The external Product Hierarchical Structure focuses on commercial output. Commercial output comprises material products, services and also hybrid products offered by a corporation on the market.[5] The main advantage of the Product Hierarchical Structure visualization is the potential of creating situation- and customer-specific commercial services by using standardized service components.[6]

The internal Product Hierarchical Structure is used to represent the complete corporate product portfolio, from the top level (entire organization) to the bottom (service/output component). The objects are either connected through the "part of" link (vectored line) or "interdependent" (non-vectored line). The most valuable benefit of the internal Product Hierarchical Structure can be attained in the field of controlling because the individual (output) service component and its attributes

---

5 Belz, C.; Schuh, G.; Groos, S. A.; Reinecke, S.: Industrie als Dienstleister. St. Gallen 1997; Botta, C.; Steinbach, M.: Integrated View on Products and Services : Product-Service Systems. In: Scheer, A.-W. (Hrsg.): The Modern Information Technology in the Innovation Processes of the Industrial Enterprises. MITIP 2004, 5th international Conference Proceedings, German Research Center for Artificial Intelligence, September 4-6, 2003, Saarbruecken/Germany. Universität des Saarlandes: Saarbruecken 2003, S. 37-42.

6 Wind, Y.: The Challenge of „Customerization" in Financial Services. In: Communications of the ACM, 44(2001)6, S. 39-44.

can be aggregated and measured according to different aspects (e. g. outcome, customer, branch, region).

Output Allocation Diagram

In contrast with the Product Hierarchical Structure the Output Allocation Diagram does not focus on the relationships between the output objects, but depicts an individual output object by linking it to the relevant aspects (cp. Figure 6).

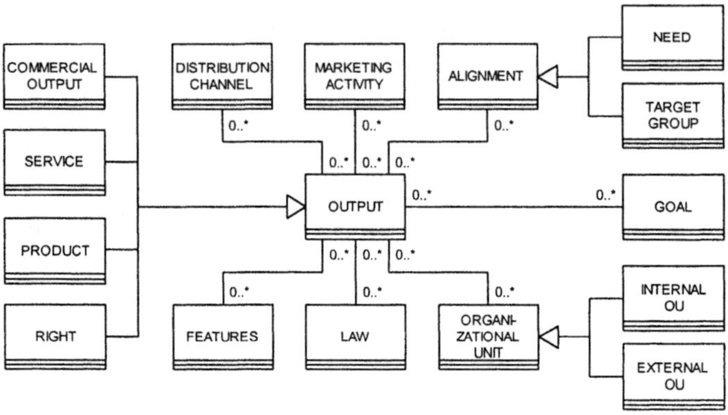

Figure 6: Output Allocation Diagram – Meta model

The Output Allocation Diagram allows the linkage of different output types with different object types. It also provides an external as well as internal perspective. The external Output Allocation Diagram considers, e. g., distribution channel, marketing activity, target group demands, the internal Output Allocation Diagram, e. g., features, law or organizational units. Some specific objects can be used for both perspectives (e. g. goals). Figure 7 shows two examples of Output Allocation Diagrams.

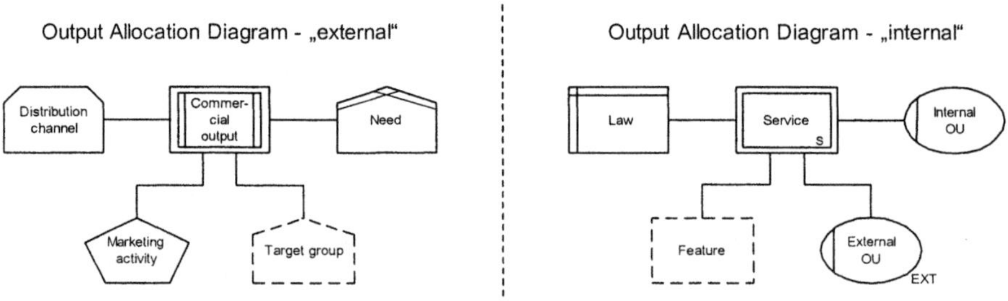

Figure 7: Output Allocation Diagram – Examples

The external Output Allocation Diagram visualizes primarily the relevant aspects of a commercial output. The use of the object's target group and need support the identification and definition of the relevant customer segments as well as the specific customer demands. The object distribution channel is an important element because it determines the sales processes and therefore the service modules. Marketing and advertising activities represent the strategies for selling output. The combination of these objects, their attributes and potentially-linked process modules in the Output Allocation Diagram enables the description of the 7 P's of service marketing.[7]

The internal Output Allocation Diagram allows the description of the output portfolio from an internal business view. Specific characteristics and data of an output object can be collected in the object's attributes. Responsible and involved organizational units as well as legal rules and limitations can be visualized.

2.3 Process Models

Generally speaking, a business process is a continuous series of enterprise tasks, undertaken for the purpose of creating output. The final product of the business process is the output requested and utilized by corporate or external customers.[8] Business processes depict the dynamic behavior of systems by showing a continuously changing function flow.

The description of the process dimension for service modeling comprises two model types: the Process Module Chain and the Event-Driven Process Chain (EPC). The Process Module Chain is used for the visualization of a sequence of activities on a high aggregation level. The Event-Driven Process Chain illustrates the steps and functions of the service process.

Process Module Chain

The Process Module Chain describes the relevant service processes by means of connected service modules. The whole process is thereby more transparent and apparent. Every module is an encapsulated unit representing a relevant and self-contained process part and encloses a detailed EPC. Figure 8 visualizes the structure of the Process Module Chain.

---

7 Magrath, A. J.: When Marketing Services, 4 P's are not Enough. In: Business Horizons, 29(1986)3, S. 44-50; Meffert, H.; Bruhn, M.: Dienstleistungsmarketing : Grundlagen – Konzepte – Methoden. 2. Aufl., Wiesbaden 1997.

8 Scheer, A.-W: ARIS : Vom Geschäftsprozess zum Anwendungssystem. 4. Aufl., Springer: Berlin et al. 2002.

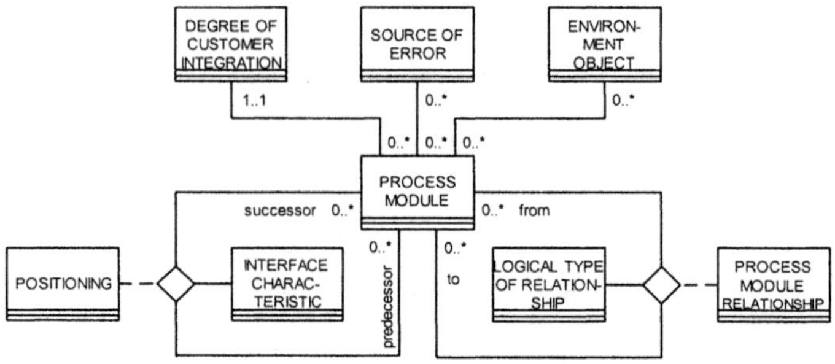

Figure 8: Process Module Chain – Meta model

The Process Module Chain focuses on process modules the lining up of which (object type "positioning") generically constitutes a complex business process. The documentation and the design of the interfaces lying between the components complete the description of the process. In order to keep these independent from the bordering modules, a standardized description pattern is applied (object type "interface characteristic"). It includes the technical aspects data and technology as well as a number of further dimensions. Among other things, they contain spatial, temporal and legal criteria. As an example information can be mentioned, which is made available by a module at a certain time at a certain place in a certain format, needed by the following module, however, at another time at another place in another format. Legal aspects are, above all, centered, if an inter-enterprise business process is illustrated so that different enterprises are responsible for the processing of individual process components.[9]

In order to be able to represent parallel running process modules and process alternatives respectively, the Process Module Chain allows the use of conjunctive ("and"), adjunctive ("inclusive-or"), and disjunctive ("exclusive-or") operators. In addition, the elements "degree of customer integration" and "source of error" known from the process description method Service Blueprinting[10] are admitted. In the case of the degree of customer integration the process components are assigned to a level which reflects the perception degree of the activity from the customer's point of view.[11] In particular, the "Line of Visibility" is to emphasize

---

9 Herrmann, K.; Klein, R.: Effizientes Schnittstellenmanagement : Erfolgsfaktor für die E-Collaboration. In: IM – Fachzeitschrift für Information, Management & Consulting, 17(2002)4, S. 39-45.

10 Shostack, L.: How to Design a Service, in: Donelly, J. H.; George, W. R. (Hrsg.): Marketing of Services. American Marketing Association: Chicago 1981, S. 221-229.

11 Meyer, A.; Blümelhuber, C.: Dienstleistungs-Design : Zu Fragen des Designs von Leistungen, Leistungserstellungs-Konzepten und Dienstleistungs-Syste-

what differentiates the activities according to the criterion whether these are executed in presence of the customer or not. Pointing out potential sources of error does play an important role with services generated in intensive cooperation with the customer. The visualization of relevant aspects of the risk management is deepened in section 2.4 by the description of the model type Source of Error Diagram.

Furthermore, the Process Module Chain also displays significant characteristics or changes of individual components by the addition of supplemental environment objects. In order to protect the clarity of the model they should be used only if they are of special importance for the whole process. Examples of extensions can be the modeling of a responsible person associated with an outsourcing decision or an application system in the case of a software introduction to the process module concerned.

Which objects are available in detail is described in section 2.4 in the context of the model type Function Allocation Diagram. Figure 9 shows an instance of a Process Module Chain with the appropriate objects.

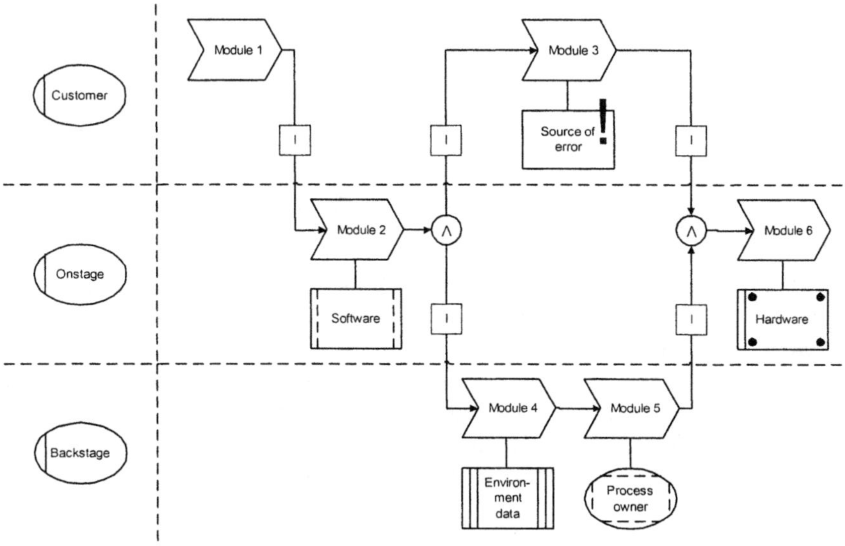

Figure 9: Process Module Chain – Example

To ensure the reusability in different service processes, the modules must be defined as general, product-independent standard process components. Output-specific deviations regarding the supply process can be considered by the creation

men. In: Meyer, A. (Hrsg.): Handbuch Dienstleistungs-Marketing, Bd. I. Schäffer-Poeschel: Stuttgart, S. 911-940.

of variants. Thus as well as due to the adaptation of the deposited attributes and the parameterizing, a service process can be individually configured for different scenarios and output-specific requirements. The components can be stored and administered in a process repository, which can assume different library forms. The model type Process Selection Matrix, which places process modules and their variants in a structure, is mentioned as such a pattern.[12]

For the detailed description of a partial process, every module can be linked with models of the type Event-Driven Process Chain.

Event-Driven Process Chain

The framework proposes the use of the method Event-Driven Process Chain for the detailed modeling of service processes.[13] Its structure is illustrated in Figure 10.

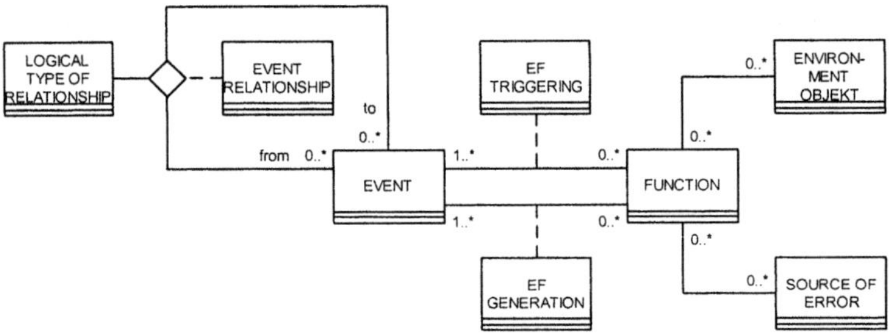

Figure 10: Event-Driven Process Chain – Meta model[14]

The illustration of the functions in their temporal-logical succession in terms of a process is the central characteristic of the Event-Driven Process Chain. The time-referred object "event" summarizes occurred states, which can in turn launch subsequent activities as well as conditions. Analogous to the Process Module Chain, operators can be utilized to document logical relationships and environment objects – in particular potential sources of error – can be visualized. The description of the connection of environment objects to individual functions

---

12 Scheer, A.-W.; Grieble, O.; Klein, R.: Modellbasiertes Dienstleistungsmanagement. In: Bullinger, H.-J.; Scheer, A.-W. (Hrsg.): Service Engineering : Entwicklung und Gestaltung innovativer Dienstleistungen. Springer: Berlin et al. 2003, S. 19-49.

13 Keller, G.; Nüttgens, M.; Scheer, A.-W.: Semantische Prozeßmodellierung auf der Grundlage „Ereignisgesteuerter Prozeßketten (EPK)". In: Scheer, A.-W. (Hrsg.): Veröffentlichungen des Instituts für Wirtschaftsinformatik. Nr. 89, Saarbrücken 1992.

14 Scheer, A.-W.: ARIS : Modellierungsmethoden – Metamodelle – Anwendungen. 4. Aufl., Springer: Berlin et al. 2001.

takes place in section 2.4 (model type Function Allocation Diagram). In contrast to the Process Module Chain, which illustrates a procedure on a general level, the Event-Driven Process Chain admits the adjustment of the complexity of the entire supply process on a desired measure. This is realized by the possibility of using vertical hierarchies and horizontal partitionings (cp. Figure 11).

Subject to the desired abstraction level, service processes can be represented in different degrees of granularity by applying vertical hierarchies. The packaging of a process to a superior function leads to a more generalized image, splitting up a function into coupled partial activities shows a more detailed one. The horizontal partitioning increases the clarity of the illustration by the allocation of a complex process into smaller units, whereby the degree of abstraction remains constant. The connection between the partial processes is established by process references, visualized in the form of interfaces.[15]

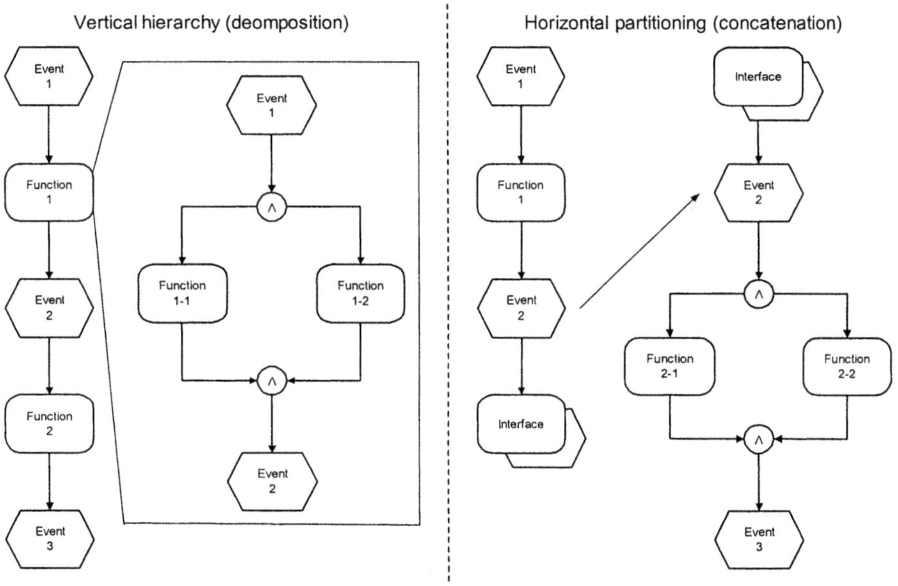

Figure 11: Event-Driven Process Chain – Decomposition and concatenation[16]

15 Rump, F. J.: Geschäftsprozeßmanagement auf der Basis ereignisgesteuerter Prozeßketten, Teubner: Stuttgart 1999.

16 Rump, F. J.: Geschäftsprozeßmanagement auf der Basis ereignisgesteuerter Prozeßketten, Teubner: Stuttgart 1999.

After the representation of the dynamic view of the support process, the next section is dedicated to the resources employed and thus to the potential-oriented service dimension.

2.4 Resource Models

Resource models are to describe the factors of production made available by service suppliers, which are combined with external factors during production. The term resource summarizes all objects which can be combined and transformed within the service production. Besides operating funds, human resource, and materials, which are known factors in the context of the production of physical products, there is information, rights and further auxiliary factors.[17]

Below the model types Function Allocation Diagram and Source of Error Diagram are introduced and a short overview of further modeling methods of the potential dimension is given.

Function Allocation Diagram

The model type Function Allocation Diagram represents the central link between process and resource models because it relates the individual activities of the process to the input factors used in it. Moreover, output factors and further interesting aspects can be pictured. In contrast to the view of a function described in the process models, not the purpose which a function serves within a process, but rather the description of a singular activity is at the center of the Function Allocation Diagram. Figure 12 shows the objects that can be linked to a function.

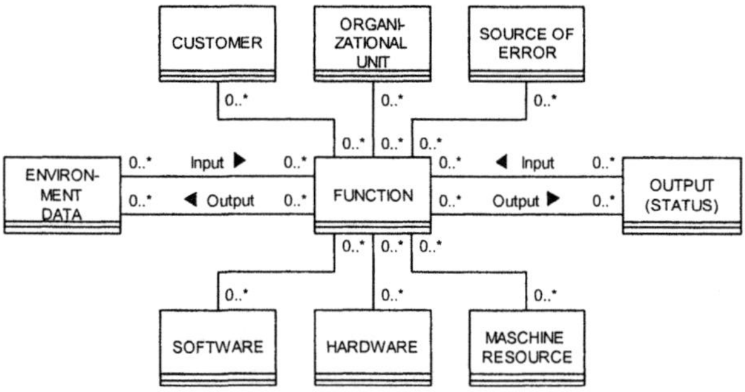

Figure 12: Function Allocation Diagram – Meta model

The function regarded is located at the center of the Function Allocation Diagram. The interaction between the customer and an organizational unit, frequently taking

[17] Gutenberg, E.: Grundlagen der Betriebswirtschaftslehre, Band 1: Die Produktion. 24. Aufl., Springer: Berlin et al. 1983; Corsten, H.: Dienstleistungsmanagement. 4. Aufl., München 2001.

place in the supply process, is considered by the appropriate objects. The characteristic of cooperation between supplier and customer in service processes justifies the introduction of the object source of error, too. In this way potential obstacles can be emphasized graphically and can be reduced to a minimum by preventive measures, which finally leads to an improvement of the service quality. Comprehensive information about handling these difficulties can be included by depositing the model type Source of Error Diagram, which is described in the following section.

Beside the object types customer, organizational unit and source of error, further aspects can be illustrated. For example supporting software systems, assigned hardware, and machine resources can be mentioned. In addition, necessary input data and produced output data respectively can be pictured by vectored lines. Input and output achievements can also be represented by vectored lines. Figure 13 visualizes an instance of the model type Function Allocation Diagram.

The list of objects mentioned here is by no means complete. Depending upon need, further objects can be added. For example the use of documents, files or knowledge categories is conceivable.

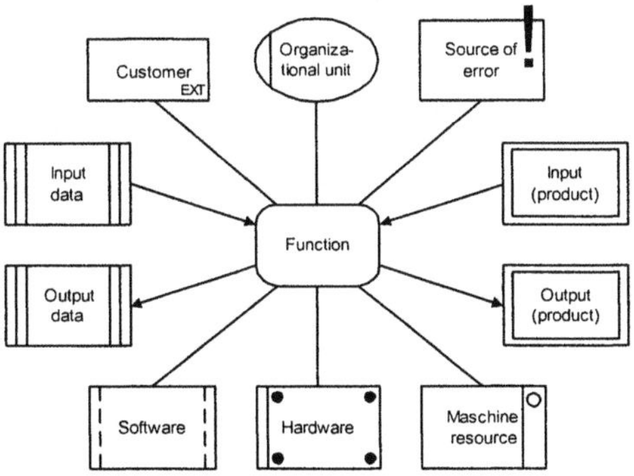

Figure 13: Function Allocation Diagram – Example

Source of Error Diagram

The Source of Error Diagram poses as a descriptive model for the difficulties identified during the supply process. It provides an important information basis for an effective quality management. This type of model represents a service-specific adaptation and extension of the Risk Detail Analysis Model developed to illustrate operational risks.[18] Figure 14 shows the basic form of the model type.

---

[18] Brabänder, E.; Ochs, H.: Analyse und Gestaltung prozessorientierter Risikomanagementsysteme mit Ereignisgesteuerten Prozessketten. In: Nüttgens, M.; Rump, F. J. (Hrsg.): Geschäftsprozessmanagement mit Ereignisgesteuerten

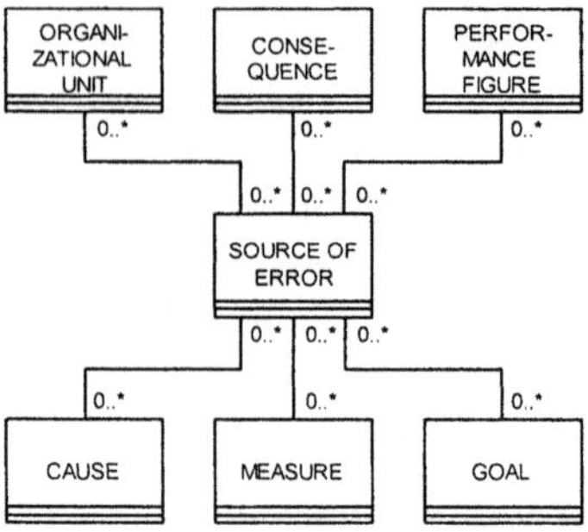

Figure 14: Source of Error Diagram – Meta model

A potential source of error can be combined with organizational aspects, e. g. a contact person, as well as with the consequences resulting from the occurring of an error. The monitoring, analysis and thus the minimization of the incidence rate cause the care of appropriate performance figures, on their basis changes can be explicitly comprehend. Regarding the error management, error causes, preventive measures, as well as quantitative and qualitative objectives can be documented. Figure 15 displays an example model.

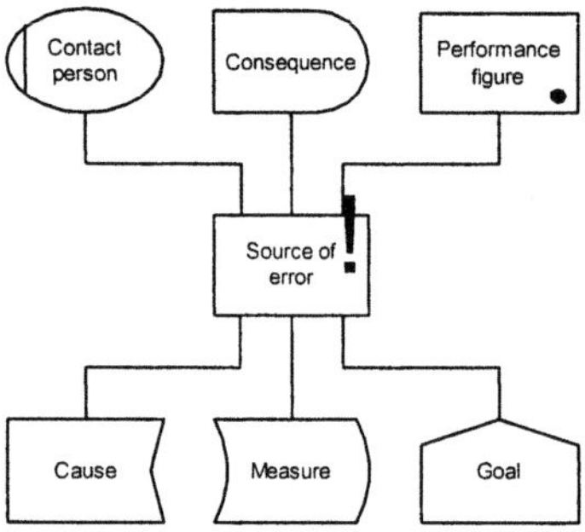

Figure 15: Source of Error Diagram – Example

After the presentation of the model types Function Allocation Diagram and Source of Error Diagram, resource models in the strict meaning center the following section.

Further Resource Models

In the context of the Function Allocation Diagram a set of resource objects was introduced. For reasons of complexity reduction these can be assigned to the outside views of the "Architecture of Integrated Information Systems" (ARIS).

Prozessketten – EPK 2002. Proceedings des GI-Workshops und Arbeitskreistreffens, Trier 2002, S. 17-35.

Concrete instances of these objects can be linked to one another in appropriate model types. These model types are summarized under the term Resource Models. The Organigram (organization view) or the Entity Relationship Model (data view), which are arranged in the ARIS concept in Figure 16, are mentioned as examples.[19]

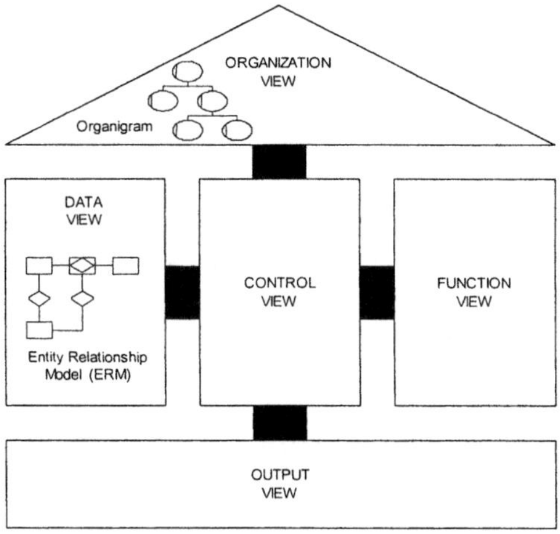

Figure 16: ARIS – Modeling Framework

3 Summary and Future Prospects

An efficient service development requires a holistic specification language and thus a complete description of the focused subject. The represented conception of a modeling framework therefore builds the basic condition for an effective service engineering. To intensify the effect, the usage of a software platform is recommendable, which supports both the design of the service and the execution of the whole service engineering process. Such a supporting software platform was developed in the research project “Computer Aided Service Engineering Tool” (CASET), which is sponsored by the German Federal Ministry of Education and Research (URL: http://www.CASET.de).

---

19 Scheer, A.-W.: ARIS : Modellierungsmethoden – Metamodelle – Anwendungen. 4. Aufl., Springer: Berlin et al. 2001.

References

Belz, C.; Schuh, G.; Groos, S. A.; Reinecke, S.: Industrie als Dienstleister. St. Gallen 1997.

Botta, C.; Steinbach, M.: Integrated View on Products and Services : Product-Service Systems. In: Scheer, A.-W. (Hrsg.): The Modern Information Technology in the Innovation Processes of the Industrial Enterprises. MITIP 2004, 5th international Conference Proceedings, German Research Center for Artificial Intelligence, September 4-6, 2003, Saarbruecken/Germany. Universität des Saarlandes: Saarbruecken 2003, S. 37-42.

Bullinger, H.-J.; Meiren, T.: Service Engineering : Entwicklung und Gestaltung von Dienstleistungen. In: Bruhn, M.; Meffert, H. (Hrsg.): Handbuch Dienstleistungsmanagement : Von der strategischen Konzeption zur praktischen Umsetzung. 2. Aufl., Gabler: Wiesbaden, S. 149-175.

Brabänder, E.; Ochs, H.: Analyse und Gestaltung prozessorientierter Risikomanagementsysteme mit Ereignisgesteuerten Prozessketten, in: Nüttgens, M./Rump, F. J. (Hrsg.): Geschäftsprozessmanagement mit Ereignisgesteuerten Prozessketten - EPK 2002, Proceedings des GI-Workshops und Arbeitskreistreffens, Trier 2002, S. 17-35.

Fähnrich, K.-P.; Meiren, T.; Barth, T.; Hertweck, A.; Baumeister, M.; Demuß, L.; Gaiser, B.; Zerr, K.: Service Engineering : Ergebnisse einer empirischen Studie zum Stand der Dienstleistungsentwicklung in Deutschland, Fraunhofer IRB: Stuttgart 1999.

Genderka, M.: Objektorientierte Methode zur Entwicklung von Produktmodellen als Basis Integrierter Ingenieursysteme. Shaker: Aachen 1995.

Grieble, O.; Klein, R.; Scheer, A.-W.: Modellbasiertes Dienstleistungsmanagement. In: Scheer, A.-W. (Hrsg.): Veröffentlichungen des Instituts für Wirtschaftsinformatik. Nr. 171, Saarbrücken 2002.

Gutenberg, E.: Grundlagen der Betriebswirtschaftslehre, Band 1: Die Produktion, 23. Aufl., Berlin et al. 1979.

Herrmann, K.; Klein, R.: Effizientes Schnittstellenmanagement : Erfolgsfaktor für die E-Collaboration. In: IM – Fachzeitschrift für Information, Management & Consulting, 17(2002)4, S. 39-45.

Keller, G.; Nüttgens, M.; Scheer, A.-W.: Semantische Prozeßmodellierung auf der Grundlage „Ereignisgesteuerter Prozeßketten (EPK)“. In: Scheer, A.-W. (Hrsg.): Veröffentlichungen des Instituts für Wirtschaftsinformatik. Nr. 89, Saarbrücken 1992.

Magrath, A. J.: When Marketing Services, 4 P's are not Enough. In: Business Horizons, 29(1986)3, S. 44-50.

Meffert, H.; Bruhn, M.: Dienstleistungsmarketing : Grundlagen – Konzepte – Methoden. 2. Aufl., Wiesbaden 1997.

Meyer, A.; Blümelhuber, C.: Dienstleistungs-Design : Zu Fragen des Designs von Leistungen, Leistungserstellungs-Konzepten und Dienstleistungs-Systemen. In: Meyer, A.

(Hrsg.): Handbuch Dienstleistungs-Marketing, Bd. I. Schäffer-Poeschel: Stuttgart, S. 911-940.

Rump, F. J.: Geschäftsprozeßmanagement auf der Basis ereignisgesteuerter Prozeßketten, Stuttgart 1999.

Scheer, A.-W.: ARIS - Modellierungsmethoden, Metamodelle, Anwendungen, 4. Aufl., Berlin et al. 2001.

Scheer, A.-W: ARIS : Vom Geschäftsprozess zum Anwendungssystem. 4. Aufl., Springer: Berlin et al. 2002.

Scheer, A.-W.; Grieble, O.; Klein, R.: Modellbasiertes Dienstleistungsmanagement. In: Bullinger, H.-J.; Scheer, A.-W. (Hrsg.): Service Engineering : Entwicklung und Gestaltung innovativer Dienstleistungen. Springer: Berlin et al. 2003, S. 19-49.

Scheer, A.-W.; Herrmann, K.; Klein, R.: Modellgestütztes Service Engineering : Entwicklung und Design neuer Dienstleistungen. In: Bruhn, M.; Stauss, B. (Hrsg.): Dienstleistungsinnovationen : Jahrbuch Dienstleistungsmanagement 2004. Gabler: Wiesbaden 2004, in Vorbereitung.

Shostack, L.: How to Design a Service, in: Donelly, J. H.; George, W. R. (Hrsg.): Marketing of Services. American Marketing Association: Chicago 1981, S. 221-229.

Wind, Y.: The Challenge of „Customerization“ in Financial Services. In: Communications of the ACM, 44(2001)6, S. 39-44.

Ein neuer Ansatz zur modellbasierten Portfolio-optimierung in Kapitalanlagegesellschaften

Ulrich Derigs; Universität zu Köln
Nils-H. Nickel; Universität zu Köln

1 Einleitung

Das Problem der Portfolio Optimierung, also der unter Berücksichtigung von (erwartetem) Ertrag und Risiko optimalen Selektion von Anlagetiteln und Anteilen, ist eines der Standardprobleme der modernen Portfoliotheorie sowie des Operations Research. Die moderne Portfoliotheorie wurde mit dem bahnbrechenden Modell von Markowitz begründet. Aber obwohl basierend auf diesem erstmaligen quantitativen Ansatz stetige Weiterentwicklungen des Modells erfolgten und deren algorithmische Umsetzung intensiv untersucht wurde, ist die tatsächliche Nutzung und Implementierung derartiger modellbasierter Ansätze zur Portfoliooptimierung in der Praxis von Kapitalanlagegesellschaften (KAG'en) wenig verbreitet. Die Gründe für diese Diskrepanz zwischen Theorie und Praxis sind dabei vielfältig:

- Die in der Literatur vorgestellten Standard-Modelle sind einerseits nicht passend für die konkrete Entscheidungssituation, da die Zielfunktion des Modells nicht die Präferenzen des Fondsmanagements widerspiegelt und/oder wesentliche gesetzliche und vertragliche Restriktionen (sog. Investment Guidelines) nicht repräsentiert. Andererseits führen die Erweiterungen des Markowitz-Modells zu immer komplexeren Mathematischen Programmen, die letztendlich nicht mehr effizient algorithmisch beherrschbar sind.

Insofern hat in den letzten Jahren in der Literatur eine intensive Untersuchung der Lösbarkeit der Portfolio-Modelle durch so genannte meta-heuristische Ansätze stattgefunden. Hierzu wurden von verschiedenen Autoren unterschiedliche heuristische Ansätze für jeweils unterschiedliche spezifische Problemtypen, d.h. Modelle mit spezifischer Zielfunktion und einer spezifischen Menge von betrachteten Restriktionen/Guidelines, entwickelt.

- Die in der Literatur vorgestellten und für die Standardmodelle (inkl. Erweiterungen) untersuchten Verfahren sind nicht übertragbar auf praktische Problemstellungen bzw. dort nicht mehr effektiv und effizient genug einsetzbar.

Wie generell bei der Fundierung eines Lösungsansatzes auf Heuristiken, stellt sich auch hier das Problem der Robustheit des Solvers und der „Generalisierbarkeit" der ermittelten Resultate auf neue Instanzen sowohl innerhalb des untersuchten Problemtyps als auch auf verschiedenartige Problemtypen. So kann etwa eine sich für eine untersuchte Testmenge von konkreten Instanzen vorteilhafte Parametrisierung des Verfahrens nicht garantieren, dass diese postiven Resultate auf beliebigen „neuen“ Probleminstanzen gleichermaßen realisiert werden. Die Übertragung auf leicht modifizierte Problemtypen ist häufig nicht möglich bzw. erfordert, wie auch jede Art von Systembrüchen, aufwändige Neu-Parametrisierungen.

- Bei allen OR-Ansätzen in der Literatur bleibt das Problem und Potential der Einbeziehung des Fondsmanagers in den Optimierungsprozess sowie die Realisierung der Datenversorgung bzw. Sicherstellung der Datenqualität der Modelle außerhalb der Diskussion.
- Darüber hinaus tragen die Ansätze i.d.R. nicht der Dynamik der Problemstellung, d.h. der Notwendigkeit der periodischen, etwa täglichen Kontrolle und evtl. Notwendigkeit der Reoptimierung aufgrund von Marktveränderungen unter Einbeziehung von Transaktionskosten als entscheidungsrelevante Einflußgrößen Rechnung.

Unser Ansatz zielt darauf ab, diese Anwendungshindernisse zu überwinden und verknüpft dabei die neuen meta-heuristischen Lösungsprinzipien aus dem Operations Research mit tradierten Konzepten der Wirtschaftsinformatik zur Entwicklung von Decision Support Systemen (DSS). Basierend auf dem Paradigma für die Entwicklung von DSS wurde eine Architektur für einen flexibel konfigurierbaren DSS-Generator PM-DSS (Portfolio Management Decision Support System) entwickelt. Dieser Generator enthält in seiner Modellkomponente eine abstrakte Evaluationsfunktion zur Bewertung von Portfolios, eine Regelbasis, in der in einer formalen, algorithmisch auswertbaren Sprache die Investment-Guidelines abgelegt sind, sowie eine Methodenbank mit verschiedenen Meta-Heuristiken zur Bestimmung guter Portfolios. Für eine konkrete Optimierung müssen diese Komponenten zu einem so genannten spezifischen PM-DSS spezialisiert, d.h. *konfiguriert*, und in die IT-Infrastruktur der KAG *integriert* werden, d.h. mit den Datenquellen, etwa dem Data-Warehouse der KAG, verknüpft werden.

In diesem Vortrag geben wir eine Übersicht über dieses Konzept, demonstrieren die Umsetzung für eine konkrete Problemstellung im Rentenbereich und zeigen die Integration des spezifischen PM-DSS in die IT-Infrastruktur.

2 Portfolio Optimierungsmodelle – ein kurzer Überblick

2.1 Das klassische Markowitz Modell

Das Portfolio-Selection-Modell (PSM) von Markowitz (vgl. [Mar52]) bildet die Grundlage der modernen Portfoliotheorie. Mit diesem Modell gelingt sowohl der theoretische Beweis der Vorteilhaftigkeit des Diversifikationsprinzips, beruhend auf der Korrelation der Rendite, als auch ein operationales Verfahren zur Bestimmung von in Bezug auf Risko und Ertrag effizienter Portfolios, wobei das Risiko eines Portfolios durch die Kovarianzen zwischen den Renditen der einzelnen Titel beschrieben wird.

Zu einem vorgegebenem Budget eines Anlegers läßt sich ein Portfolio stets durch die Anteile $x = (x_1, \dots, x_N) \in [0,1]^N$ der in die Assets $i = 1, \dots, N$ investierten Beträge am Budget charakterisieren. Diese Größen bilden die Entscheidungsvariablen des PSM. Als Daten gehen ein: der Erwartungswert μ_i der zukünftigen Rendite (erwartete Rendite) für Asset i und die Kovarianz σ_{ij} zwischen den zukünftigen Renditen von Asset i und Asset j.

Da die Rendite eines Portfolios x dem mit den Anteilen x_i gewichteten Durchschnitt der individuellen Rendite der Assets entspricht, gilt für den Erwartungswert der Portfoliorendite ebenfalls $\mu(x) = \sum_{i=1}^{N} x_i \mu_i$. Im Gegensatz zu dieser Linearität in den Anteilen berechnet sich das Risiko eines Portfolios, gemessen durch das zweite Moment der Portfoliorendite, als quadratische Funktion in den Anteilen, d.h. $\sigma(x) = \sum_{i=1}^{N} \sum_{j=1}^{N} x_i x_j \sigma_{ij}$.

In der Grundversion des PSM soll die Varianz der Portfoliorendite minimiert werden, wobei gefordert wird, dass die erwartete Portfoliorendite einem vorgegebenem Wert $\overline{R}$ entspricht, d.h.:

$$\min\{\sigma(x) \mid \mu(x) = \overline{R}, \sum_{i=1}^{N} x_i = 1, x \in [0,1]^N)\}$$

Durch Variation von $\overline{R}$ können nun verschiedene/alle effizienten Portfolios bestimmt werden. Zur Lösung dieser Mathematischen Programme werden Verfahren der Quadratischen Optimierung eingesetzt.

2.2 Erweiterungen des Basismodells

Das Basismodell hat, getrieben durch sowohl konkrete Randbedingungen aus der Praxis als auch neuere theoretische Erkenntnisse, im Verlaufe der Zeit eine Vielzahl von Erweiterungen erfahren, auf die wir im folgenden kurz eingehen.

2.2.1 Alternative Risikomaße in der Zielfunktion

Das Risiko-Kriterium im klassischen Markowitz-Modell wichtet Abweichungen vom Erwartungswert in beiden Richtungen gleich. Dies widerspricht der häufig vorliegenden Risikoaversion der Anleger, die negative Abweichungen, d.h. Risko eher vermeiden wollen und Chancen, d.h. positive Abweichungen, weniger als Risiko werten. In der Literatur sind verschiedene so genannte asymmetrische

Risikomaße, v.a. Downside-Risk-Ansätze wie Lower Partial Moments etc. entwickelt worden, die dieser Intention Rechnung tragen (siehe [SvR02]).

Die Berücksichtigung asymmetrischer Risikokomaße in der Zielfunktion führt nur in einigen Spezialfällen und unter bestimmten Voraussetzungen zu effizient lösbaren mathematischen Programmen.

2.2.2 Berücksichtigung von Restriktionen

Die Steuerung eines Portfolios im professionellen Fondsmanagement einer Kapitalanlagegesellschaft wird grundsätzlich durch eine Vielzahl von Restriktionen, so genannten Investment Guidelines getrieben. Die Investment Guidelines werden hinsichtlich ihrer Herkunft klassischerweise wie folgt partitioniert: Die *gesetzlichen Guidelines* sind in nationalen Gesetzen (wie in Deutschland dem Gesetz über Kapitalanlagegesellschaften, KAGG) definiert und für alle zugelassenen Fonds gleichermaßen einzuhalten. Die *vertraglichen Guidelines* entstammen den vertraglichen Vereinbarungen (bei institutionellen Investoren) bzw. der Anlagephilosophie (bei Publikumsfonds) im Fondsprofil und sind nur für den konkreten Fonds einzuhalten. *Interne Guidelines* reflektieren Rahmenbedingungen des Fondsmanagements der KAG bzw. speziell der Fondsmanager, wobei einige auch eher "soft" (vs. "hart") in dem Sinne sind, dass sie temporär verletzt werden können.

Derartige Guidelines führen zu teilweise höchst komplexen Restriktionen im Mathematischen Modell mit Lösungsräumen, die nicht mehr mit effizienten analytischen Verfahren beherrschbar sind, so dass nur noch heuristische Verfahren der Durchmusterung anwendbar sind. Ein zusätzlicher Aspekt ist die Tatsache, dass die jeweils zu berücksichtigenden Restriktionen von Fonds zu Fonds unterschiedlich sind und somit kein Standardmodell mit Standardverfahren zugrundegelegt werden kann.

Im Folgenden sind ohne Anspruch auf Vollständigkeit einige typische Restriktionsklassen aufgeführt. In sog. *Floor/Ceiling-Restriktionen* werden für die Anteile der Assets spezifische Unter- und Obergrenzen gefordert. Aufgrund des in der Regel sehr umfangreichen Anlageuniversums ist es sinnvoll, die Anzahl der im Portfolio gehaltenen Assets durch eine *Cardinality-Restriktion* zu begrenzen. Eine andere Klasse von Restriktionen betrifft Beschränkungen hinsichtlich des Handels von Assets durch sog. *minimale bzw. maximale Handelsrestriktionen.* Aufgrund des Preisbildungsprozesses an den Finanzmärkten bewirkt der Kauf/Verkauf eines großen Packets von Assets eine Veränderung der Assetpreise im Markt. Aus diesem Grund kann die Veränderung der Assetanteile durch Obergrenzen beschränkt werden. Ebenso sind auch Untergrenzen sinnvoll, falls die Ordersysteme nur signifikante Volumina von (Ver-)Käufen ausführen können oder die Orders fixe Transaktionskosten bewirken. Eine *gesetzliche Guideline* besagt z.B., dass die in Assets mit einem Anteil von über 5% am Anlagevolumen investierte Summe insgesamt 40% des Anlagevolumens nicht überschreiten darf. Anhand dieser letzten Guideline wird zudem deutlich, dass die konkrete Instanzierung dieser Restriktion im Modell vom Börsenkurs beeinflusst wird und sich somit täglich ändern kann.

2.2.3 Passives Management via Tracking

Das Markowitz-Modell geht von einer aktiven Anlagestrategie aus. Motiviert durch die Hypothese, dass alle für die Anlage relevanten Informationen bereits im jeweiligen Börsenkurs abgebildet sind, hat sich insbesondere im Aktienmanagement vielfach eine passive Anlagestrategie etabliert, bei der einem Portfolio ein anderes so genanntes Benchmark-Portfolio, in der Regel ein Marktindex o.ä., in Bezug auf bestimmte Kriterien wie Rendite, Verteilung des Investments in Märkte und Länder etc. unter Einhaltung eigener Restriktionen, etwa in Bezug auf die Kardinalität, nachbilden soll. Man spricht in diesem Zusammenhang vom Konzept des *Index-Tracking* (zu diesem Konzept siehe z.B. [Wag02]). Bei der mathematischen Modellierung führt dieses Konzept im Allgemeinen auf Zielfunktionen, die in hohem Maße nicht-differenzierbar sind.

2.2.4 Dynamik der Problemstellung

Das Basismodell und auch die bisher skizzierten Erweiterungen gehen implizit davon aus, dass es sich bei dem Selektionsproblem um eine einmalige Problemstellung handelt. In der Praxis stellt sich das Problem der Optimierung eines Portfolios für einen professionellen Fondsmanager jedoch im Prinzip täglich, da die Zulässigkeit eines Portfolios aufgrund von Kursänderungen nicht gesichert ist und insbesondere in Bezug auf die gesetzlichen Guidelines die Zulässigkeit täglich sichergestellt und dokumentiert sein muss. Hierbei stellt sich jedoch das Selektionsproblem etwas differenziert dar, da Investitionsentscheidungen nicht mehr „auf der grünen Wiese“ fallen, sondern immer in Bezug auf den aktuellen Bestand getroffen werden müssen. Insofern ist die Bezeichnung „Portfolio-Reoptimierung“ zweckmäßiger. Bei dieser Reoptimierung spielen nun die Transaktionskosten, die bei der Umstrukturierung anfallen, eine wesentliche Bedeutung und gehen insofern bei der Modellierung als zusätzliche Komponente in die Zielfunktion ein.

3 Das Konzept von PM-DSS

Das am WINFORS konzipierte Software-System PM-DSS zur Unterstützung des Portfolio Managements wurde mit der Zielsetzung entwickelt, die Defizite in Bezug auf die in der Einleitung erläuterte unzureichende Passung der Modellierung weitgehend abzubauen, d.h. Modelle und Methoden zur Verfügung zu stellen, die

- unterschiedliche, praxisrelevante Startegien und Ziele,
- komplexe Investment Guidelines und andere Restriktionen sowie
- die Dynamik der Problemstellung durch Reoptimierungskonzepte

zu repräsentieren erlauben. Hierzu wurde ein so genannter *DSS-Generator* entwickelt, dessen Modell- und Methodenbasis in einer konzeptionellen Phase der Problemanalyse und -repräsentation jeweils flexibel an die spezifischen Randbedingungen, d.h. Ziele und Restriktionen der konkreten Fonds, angepasst und durch Konfiguration zu einem *spezifischen Decision Support System* spezialisiert werden kann und dann nach erfolgter *Integration* in die IT-Architektur des Fondsmanagements der KAG in einem *interaktiven Einsatz* Lösungsvorschläge ermittelt. Dieses Konzept des DSS-Generators mit einer flexiblen Modell- und Methodenbasis hat sich dabei sowohl im Aktienbereich als auch im Rentenbereich in verschiedenen Anwendungen als tragfähig erwiesen.

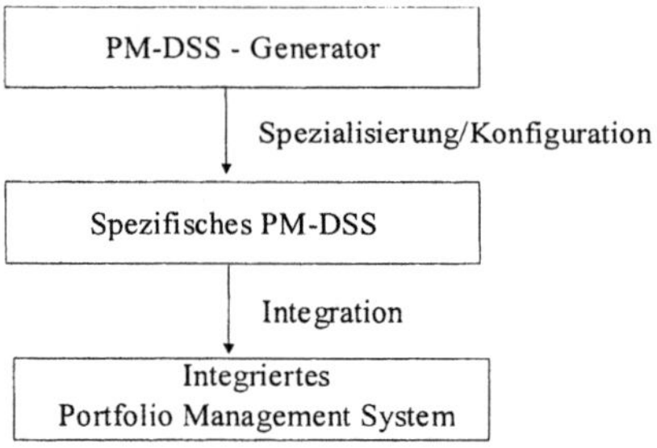

Abbildung.1: Das Implementierungskonzept von PM-DSS

3.1 Die Architektur des DSS-Generators PM-DSS

PM-DSS basiert auf dem so genannten DDM-Paradigma der DSS-Theorie (vgl. [WS86]) mit einer Datenbank, einer Dialogkomponente und einer Modell-/Methoden-Komponente als wesentliche Bausteine. Die Architektur von PM-DSS ist in Abbildung 2 verdeutlicht.

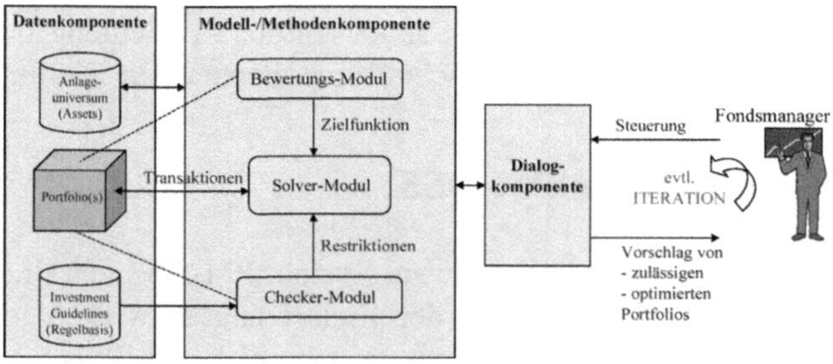

Abbildung 2: Architektur von PM-DSS

3.1.1 Datenkomponete

In der *Datenkomponente* werden sämtliche für die Optimierung eines Fonds notwendigen Daten verwaltet. Abstrahierend von einer konkreten Portfolio-

Optimierungsaufgabe sind dabei generell die folgenden drei Konzepte/Objekttypen von zentraler Bedeutung:

- Anlageuniversum
  Das Anlageuniversum umfasst alle Anlagealternativen (Assets), die im Portfolio enthalten sein dürfen. Hierzu sind je Asset die Werte-Ausprägungen der für die Optimierung relevanten Attribute gegeben.
- Portfolios
  Ein Portfolio ist eine konkrete Zusammensetzung eines Fonds (z.B. zu einem bestimmten Zeitpunkt). Hierzu wird zu jedem Asset aus dem Anlageuniversum die Menge, d.h. das Nominalvolumen bzw. die Stückzahl, des Assets spezifiziert. Neben dem durch die (interaktive) Optimierung zu bestimmenden Lösungsportfolio können weitere Portfolios als Parameter in die Optimierung einfließen, z.B. die Zusammensetzung eines zugrundegelegten Benchmark-Portfolios oder auch das aktuelle Bestandsportfolio des Fonds, um Transaktionskosten ermitteln zu können.
- Regelbasis

  Innerhalb einer Regelbasis werden sämtliche, für die zu optimierenden Fonds der KAG relevanten Investment Guidelines sowie weitere relevante Anlage- oder Handelsbedingungen in einer internen Repräsentierung verwaltet, wobei die Herkunft der Guidelines irrelevant und nur die Struktur der Guidelines für die Optimierung von Bedeutung ist. Eine Analyse von mehreren hundert in der Praxis verwendeten Guidelines hat zu einer Abstraktion in sieben formale Constraint-Klassen geführt. Grundlegend ist dabei das Konzept der so genannten Bundles, d.h. einer durch eine logische Bedingung spezifizierten Menge von Assets, für deren Anlage- bzw. Transaktionsvolumen bestimmte Eigenschaften erfüllt sein müssen (siehe [DN03a]).

3.1.2 Modellkomponete

Ergebnis der Konzeption ist dabei ein Mathematisches Optimierungsproblem der Form

$$\min\{F(x) \mid x \in X \subseteq [0,1]^N)\}$$

mit einer in der Regel nicht-linearen, nicht-konvexen Zielfunktion F und einem nicht-konvexen, diskreten Lösungsraum X.

Die *Modellkomponente* enthält drei Komponenten:

- Bewertungs-Modul
  Bei dem Bewertungsmodul handelt es sich um eine flexibel auf jeden zu optimierenden Fonds anpassbare Funktion F auf der Menge $[0,1]^N$ mit Hilfe der die Güte eines Portfolios im Hinblick auf die spezifischen Zielvorgaben, d.h. die Performance- und Risikokriterien, abgebildet und gemessen wird. Diese

Funktion kann als Komponente z.B. die erwartete Rendite eines Portfolios, den Tracking-Error zu einem Benchmark, d.h. die Abweichung der beiden Volatilitäten oder die Differenz in Bezug auf die Investition, in ein spezifisches Segment oder aber die Transkationskosten relativ zum Bestandsportfolio enthalten.

- Checker-Modul
  Diese Komponente besteht im Prinzip aus einer Menge von bool'schen Funktionen $Ful(g, x)$, die zu einer gegebenen Guideline $g \in G$ (aus der Menge aller Guidelines G) und einem Portfolio x mit 1 angibt, ob die Guideline für das Portfolio erfüllt ist (sonst 0). Abhängig vom zu optimierenden Fonds und dem zur Reoptimierung eingesetzten Verfahren des Solver-Moduls werden dann, durch den Solver initiiert, jeweils Teilmengen von Regeln der Regelbasis bezüglich der aktuellen Datenbasis instanziert, konjunktiv zu einem Ausdruck verknüpft und ausgewertet. Das Ergebnis der Auswertung wird dem Solver-Modul übergeben. Diese Komponente kann auch isoliert zur so genannten Grenzprüfung, d.h. der Verifizierung der Zulässigkeit eines Portfolios, eingesetzt werden.
- Solver-Modul
  Das Solver-Modul beinhaltet eine Menge von heuristischen Verfahren, mit denen Portfolios generiert werden können, die die Restriktionen erfüllen und eine konkrete Zielfunktion minimieren. Als heuristische Lösungsverfahren sind hier spezielle Implementierungen bekannter Metaheuristiken, wie etwa Simulated Annealing, Tabu Search, etc., implementiert (siehe [AL97]), die fondspezifisch, d.h. in Abhängigkeit der Bewertungsfunktion und der Restriktionenmenge, dann alternativ aktiviert werden können.

3.1.3 Dialogkomponente

In der Dialogkomponente werden dem Anwender in einer für ihn aus den Portfolioanalysesystemen gewohnten Spreadsheet-orientierten Oberfläche die wesentlichen Informationen zum Lösungsportfolio, Abweichungen zu Referenzportfolios, diverse Kennzahlen sowie letztendlich Orderlisten zur Verfügung gestellt, die dann in einem Download unmittelbar dem Ordersystem und der Fondsbuchhaltung übermittelt werden können.

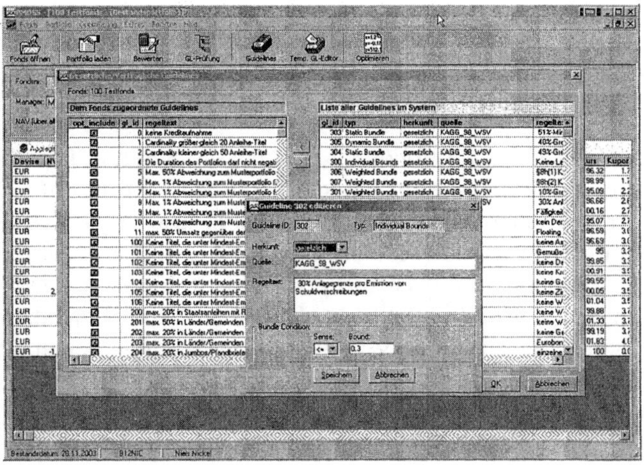

Abbildung 3: Spreadsheet-orientierte Dialogschnittstelle von PM-DSS

3.2 Implementierung von PM-DSS

Um PM-DSS bei einer KAG zu etablieren, sind innerhalb eines Customizings generell zwei Schritte zu leisten. In einem ersten fachlich-konzeptionellen Schritt geht es darum, das System für das zugrunde liegende Fonds-Optimierungsproblem zu *konfigurieren*, d.h. unter Verwendung der im Generator verfügbaren Modellbausteine und Methoden eine konkrete, für die Modellierung und die Lösung des spezifischen Problems zweckmäßige Belegungen der Module der Modell-/Methodenkomponente von PM-DSS zu spezifizieren. Durch Spezifikation der Zielfunktion F, der bool'schen Funktionen Ful sowie Auswahl und Parametrisierung einer passenden Meta-Heuristik entsteht so aus dem Generator ein spezifisches Decision Support System. Eine konkrete Modellierung bzw. Spezialisierung wird in Abschnitt 4 beschrieben.

In einem zweiten technischen Schritt gilt es, PM-DSS in die IT-Infrastruktur der KAG zu *integrieren*. Dabei ist in jedem Fall die Verknüpfung sowohl mit den Datenbeständen des Datawarehouses als auch mit dem gewohnten Frontend eines sog. Portfolio-Management-Systems (PMS) notwendig.

Bei der Integration von PM-DSS in die Systemlandschaft einer KAG ist sowohl die Instanzierung der Datenkomponente von PM-DSS, d.h. vor allem die Bereitstellung der Stammdaten zum Anlageuniversum und der Portfoliobestände, als auch die korrekte Übernahme der Guidelines aus dem Datawarehouse eine nicht triviale Aufgabe.

Zur Sicherstellung der Zulässigkeit von Portfolios in Bezug auf die vielfältigen Investment Guidelines werden dabei in KAG'en häufig so genannte *Investment-Guideline-Checker* oder *Investment-Compliance (IC) Systeme* (wie z.B. Mig21 von Aquin Components GmbH) eingesetzt, die unter Rückgriff auf im Datawarehouse verwaltete Informationen über Bestände, Kurse etc. im Rahmen der so genannten „Ex-Post-Grenzüberprüfung“ die konkreten Portfolios einer KAG in regelmäßigen Abständen/täglich prüfen und auf Verletzungen hinweisen.

Die Grenzprüfung eines Portfolios durch diese IC-Systeme ist dabei jedoch so zeitaufwendig, dass sich eine Integration dieser Software in PM-DSS zur Übernahme der Prüfung innerhalb der Meta-Heuristik, also quasi als Implementation des Constraint Checkers der Modellkomponente verbietet. Da die IC-Software jedoch schon mit dem Datawarehouse gekoppelt ist, bieten sich durch eine losere Kopplung neben der offensichtlichen Vermeidung von Redundanz und Inkonsistenz durch mehrfache isolierte Verwaltung von Guidelines erhebliche Potentiale für eine Reduktion des Konfigurationsaufwandes von PM-DSS, indem die zeitaufwendige Spezifikation der Investment Guidelines aus der Konfigurationsphase von PM-DSS in die nachgelagerte Integrationsphase transferiert und dort in hohem Maße automatisiert ausgeführt werden kann.

Typischerweise beinhaltet eine interne Datenbank der IC-Software die Investment Guidelines und sog. *Mapping-Einstellungen*, d.h. die für die Instanzierung der Guidelines notwendige Anbindung an das Datawarehouse der KAG. Die Kopplung mit PM-DSS erfolgt nun über Zugriff auf diese Datenbank, wobei die Auswertung in zwei Phasen abläuft: Beim *Daten-Mapping* liest PM-DSS die Mapping-Einstellungen und verwendet diese zum Aufbau des Anlageuniversums und zur Übernahme von Portfoliozusammensetzungen. Dazu werden die Meta-Informationen analysiert und in SQL-Anweisungen transformiert. Nach dem Übersetzen der Konstrukte wird eine Tabelle für das Anlageuniversum (AU) mit allen zur Auswertung der Guidelines benötigten Attributen initialisiert. Mit Hilfe der aus den Mapping-Einstellungen der IC-Software generierten SQL-Anweisungen wird auf das Datawarehouse direkt zugegriffen, die benötigten aktuellen Daten werden extrahiert und in die Anlageuniversum-Tabelle geladen. Im zweiten Schritt, dem *Regel-Mapping*, wird die Codierung der für den zu optimierenden Fonds relevanten Investment Guidelines aus der Datenbankstruktur der IC-Software extrahiert und in die interne Klassifizierung von PM-DSS, d.h. die Constraint-Klassen, umgewandelt. Das Übersetzen der Regeln aus der IC-Software in PM-DSS-eigene Konstrukte erfolgt in vier Phasen. In Phase 1 werden die dem zu optimierenden Fonds zugeordneten Regeln per ODBC-Verbindung aus der Datenbank der IC-Software abgerufen. Die Regeltexte werden sodann der Parserkomponente übergeben, die im zweiten Schritt mit Hilfe eines Scanners eine lexikalische Analyse und im dritten Schritt die syntaktische Analyse mit Hilfe des eigentlichen Parsers durchführt. In der vierten Phase wird schließlich die Auswertung an PM-DSS zurückgegeben.

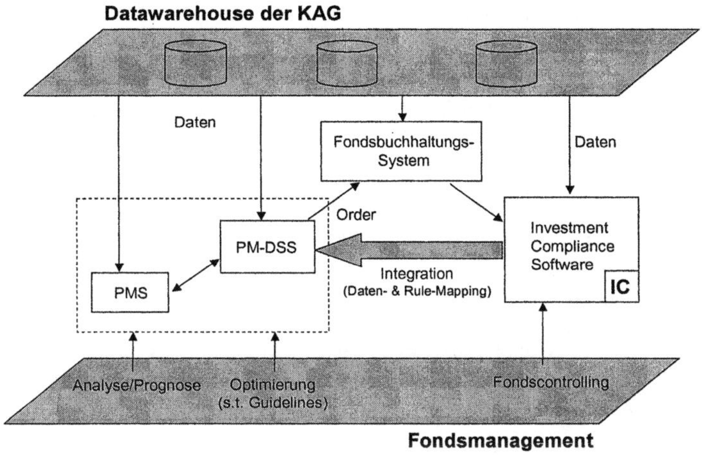

Abbildung 4: Integration von PM-DSS ins Fondsmanagement

4 Ein spezifisches PM-DSS: Implementierung einer Musterportfoliostrategie im Rentenmanagement

Nachfolgend wird eine Anwendung von PM-DSS aus dem Bereich des Rentenfondsmanagements skizziert, die sowohl Aspekte des aktiven als auch passiven Fondsmanagements enthält und die Anpassungsfähigkeit des PM-DSS Generatorenkonzeptes auf durchaus sehr spezielle Probleme darstellen soll.

Das Anlageuniversum der Rentenpapiere gliedert sich dabei in verschiedene Segmente wie Staatsanleihen, Länder/Gemeinden, Jumbos/Pfandbriefe, Industrieanleihen, Eurobonds der Konvergenzländer, nachrangige Anleihen und Asset-backed Securities. Desweiteren enthält das Anlageuniversum Zinsfutures und eine Kassenposition. Allein durch Vorgabe dieses sehr inhomogenen Anlageuniversums ist es nicht möglich, in der Literatur für spezifische Assettypen vorgeschlagene Bewertungs- bzw. Optimierungsmodelle zu übernehmen, vielmehr muss bei der Modellierung auf allgemeinere Anleihe-basierte Kennzahlen zurückgegriffen werden.

Im Folgenden wird zunächst der spezielle zugrundeliegende Investmentprozess beschrieben und anschließend auf abstrakter Ebene das Optimierungsmodell für das Problem dargestellt.

4.1 Der Investmentprozess

Die Fonds der KAG sind in sog. Produktklassen, z.B. die Euroland-Fonds, unterteilt. Für jede Klasse wird auf einer strategischen Ebene in regelmäßigen Abständen ein sog. Musterportfolio als Idealvorgabe für alle zur Klasse gehörenden Fonds definiert. Auf der operativen Ebene ist dieses Musterportfolio durch jeden einzelnen Fonds durch den Fondsmanager "so nahe wie möglich" und unter Erfüllung der spezifischen für den konkreten Fonds existierenden Investment Guidelines umzusetzen. Neben diesem Ziel, die vorgegebene Musterportfoliostrategie umzusetzen, das vom Wesen her einem Index-Tracking entspricht, sind die Überrendite zu einem fondsspezifischen Benchmarkportfolio zu maximieren und die Provisions- bzw. Transaktionskosten zu minimieren.

4.1.1 Strategische Ebene: Konstruktion des Musterportfolios

Die Festlegung des Musterportfolios erfolgt sequentiell in 2 Schritten, wobei zunächst Zielvorgaben für bestimmte Kennzahlen wie Portfolio-Duration, Kreditrisko, Rating etc. für die verschiedenen Assetsegmente und verschiedenen Laufzeiten getroffen werden und diese anschließend auf Titelebene zu einem konkreten Portfolio fixiert werden. Im Prinzip wird in der strategischen Phase ein „Cube" definiert, der für jede (Kennzahl-Assetsegment-Laufzeit)-Kombination Unter- und Obergrenzen angibt. Die Daten dieses „Cubes" werden im Mathematischen Modell für das operative Problem zur "Abstandsmessung" (i.S. eines Trackings) verwendet.

4.1.2 Operative Ebene: Approximation des Musterportfolios

Bei der Konstruktion des Musterportfolios für alle Fonds der Fondsklasse sind die spezifisch für einen Fonds einzuhaltenden Investment Guidelines unberücksichtigt geblieben, so dass es im Allgemeinen aufgrund von Verletzungen der Guidelines durch das Musterportfolio nicht zulässig sein wird, dieses unmittelbar umzusetzen.

Neben den gesetzlichen Guidelines aus dem KAGG sind hier weitere interne Guidelines zu berücksichtigen: *Lot-Sizes* erfordern, dass die georderten Stücke bzw. Nominalvolumen einem Vielfachen einer vorgegebenen Menge entsprechen. Die *Budget-Constraint* beschränkt den Net-Asset-Value (NAV) eines Portfolios. Hierbei ist zu berücksichtigen, dass sich der NAV bei jeder Order aufgrund der Provisionskosten vermindert, ein die Reoptimierung komplizierender Aspekt, der bei den in der Literatur vorgeschlagenen Modellen prinzipiell vernachlässigt wird. *Cardinality Constraints* limitieren für bestimmte Teilmengen von Assets die jeweilige maximale Anzahl von Assets, in die investiert werden darf. *Branchen-Abweichungs-Constraints* limitieren die Abweichungen von Investitionsanteilen innerhalb von Branchen zum Musterportfolio. *Rating- und Liquiditäts-Restriktionen* beschränken das Durchschnittsrating bzw. das Emissionsvolumen über spezifizierte Mengen von Assets.

4.2 Das Optmierungsmodell

I bezeichnet das Anlageuniversum (der Kardinalität $N := |I|$), das in die drei Teilmengen I_A der Anleihen, I_F der Zinsfutures und $I_C := \{i_c\}$ des einen (virtuellen) Cash-Assets partitioniert ist. Zu jedem Asset $i \in I$ gibt $y_i \in R$ das Nominalvolumen in einem durch den Vektor $y = (y_1, \ldots, y_N)$ repräsentierten (Lösungs-)Portfolio an. Analog dazu wird mit $\bar{y} = (\bar{y}_1, \ldots, \bar{y}_N)$, $\hat{y} = (\hat{y}_1, \ldots, \hat{y}_N)$ und $\tilde{y} = (\tilde{y}_1, \ldots, \tilde{y}_N)$ das Bestands-, das Muster-, bzw. das Benchmarkportfolio bezeichnet. Weiterhin assoziieren wir mit den Assets des Anlageuniversums die folgenden Daten:

$l_i \in Z$ einzuhaltende Lot-Size für Asset $i \in I_A$ beim Kauf/Verkauf

P_i^G, P_i^B Geld-/Briefkurs von Asset $i \in I$ (Prozentnotierung div. durch 100)

c_i^+, c_i^- Provisionskosten für den Kauf bzw. Verkauf von Asset $i \in I$

Zu gegebenen Nominalvolumen y_i bezeichnet $MV_i = y_i P_i^G$ den ausmachenden Betrag bzw. den Market-Value des Assets $i \in I$ und $NAV(y) = \sum_{i \in I} MV_i$ den Net-Asset-Value, d.h. Börsenwert von Portfolio y.

Die Zielfunktion des Optimierungsmodells ist eine Linearkombination aus den folgenden drei Komponenten:

- $ER(y, \tilde{y})$ Überrendite von y zu $\tilde{y}$
- $DIST(y, \hat{y})$ Abstand von y zu $\hat{y}$ hinsichtlich der Kriterien der strategischen Ebene
- $TAC(y, \bar{y})$ Transaktionskosten zur Umsetzung von y ausgehend von $\bar{y}$

Damit kann das Optimierungsmodell auf operativer Ebene wie folgt formuliert werden:

$$
\begin{array}{lll}
\min & -\mu_R \cdot ER(y,\tilde{y}) + \mu_D \cdot DIST(y,\hat{y}) + \mu_T \cdot TAC(y,\bar{y}) & \\
s.t. & Ful(g,y) = 1 & \text{(für alle } g \in G\text{)} \\
 & \sum\limits_{i \in I \setminus I_F} MV_i = NAV(y) & \\
 & \bar{y}_i - y_i = \alpha_i \cdot l_i \quad \text{mit } \alpha_i \in Z & \text{(für alle } i \in I\text{)}
\end{array}
$$

Die Parameter μ_R, μ_D und μ_T wichten den Einfluss der drei Abweichungen und können vom Anwender über die Dialogschnittstelle im Rahmen von What-if-Analysen variiert werden.

Es ist offensichtlich, dass neben den vorgegebenen Investment Guidelines, insbesondere die Lot-Size Constraints, die Geld-Brief-Spannen für die Preise der Assets sowie die Provisionskosten Rahmenbedingungen bilden, die auf ein hochdimensionales, diskretes und nicht-lineares Programm führen, das sich bezüglich Komplexität deutlich von den Standardmodellen der Portfoliooptimierung aus der Literatur abgrenzt. Die folgende Formel zeigt, wie sich z. B. der Cash-Betrag verändert, wenn das Portfolio y durch eine Sequenz von Orders aus dem Bestandsportfolio $\bar{y}$ konstruiert wird

$$MV_{i_c} = \bar{y}_{i_c} \cdot 1 + \underbrace{\sum\nolimits_{i \in I_A} \max\{0, \bar{y}_i - y_i\} P_i^G}_{Verkäufe} - \underbrace{\sum\nolimits_{i \in I_A} \max\{0, y_i - \bar{y}_i\} P_i^B}_{Käufe}$$
$$\underbrace{- (\sum\nolimits_{i \in I_A} c_i^- \max\{0, \bar{y}_i - y_i\} P_i^G - \sum\nolimits_{i \in I_A} c_i^+ \max\{0, y_i - \bar{y}_i\} P_i^B)}_{Provisionskosten}$$

und demonstriert damit die Komplexität der Bestimmung der Effektivität von im Rahmen der lokalen Suchverfahren untersuchten Transaktionen. Die Berücksichtigung dieser Budgetschmälerung durch Transaktionskosten ist aus praktischer Sicht unverzichtbar, wird aber in den in der Literatur diskutierten Ansätzen vernachlässigt.

Zur Lösung des Modells wurde in der Solver-Komponente ein mehrstufiges Verfahren implementiert. Zunächst wird mittels eines MIP-Solvers eine Lösung für eine Relaxation des Problems bestimmt. Ausgehend von dieser in der Regel unzulässigen Lösung wird mittels einer ersten Tabu-basierten Meta-Heuristik durch Minimierung einer Hilfszielfunktion, in der die Verletzungen der Restriktionen aggregiert sind, eine erste zulässige Lösung bestimmt. Anschließend wird mittels einer zweiten Tabu-basierten lokalen Suche eine „optimierte" Lösung bestimmt.

5 Zusammenfassung

Mit dem DSS-Generator PM-DSS wurde ein flexibles, an die unterschiedlichen Problemstellungen im Portfoliomanagement anpassbares Instrument zur Portfolio Optimierung geschaffen. Das Konzept konnte bisher erfolgreich sowohl für den Aktienbereich (siehe [DN03b]) als auch, wie in Abschnitt 4 gezeigt, für den Rentenbereich implementiert werden. Weitere Entwicklungen mit Praxispartnern sind geplant.

Literatur

[AL97] E. Aarts and J.K. Lenstra. *Local Search in Combinatorial Optimization*. John Wiley & Sons, 1997

[DN03a] U. Derigs and N.-H. Nickel. *Implementing reference portfolio strategies in bond portfolio management*. Working Paper, University of Cologne, Sept 2003

[DN03b] U. Derigs and N.-H. Nickel. *Meta-heuristic based decision support for portfolio optimization with a case study on tracking error minimization in passive portfolio management*. OR Spectrum, Vol. 25, No. 3, pp. 345-378

[Mar52] H. Markowitz. *Portfolio Selection*. Journal of Finance, (March), p. 77-91, 1952

[SvR02] A. Schmidt-von Rhein. *Portfoliooptimierung mit der Ausfallvarianz*. In: J.M. Kleeberg and H. Rehkugler. *Handbuch Portfoliomanagement*. Uhlenbruch Verlag, 2002

[Wag02] N.F. Wagner. *Passives Management: Methoden zum Tracking von Marktindizes*. In: J.M. Kleeberg and H. Rehkugler. *Handbuch Portfoliomanagement*. Uhlenbruch Verlag, 2002

Gewinnauswirkungen des Financial Supply Chain Management

Donovan Pfaff; Johann Wolfgang Goethe-Universität, Frankfurt

1 Einleitung

Besonders in Zeiten schwachen Wirtschaftswachstums sind Unternehmen gezwungen, die Profitabilität durch Effizienzsteigerung aufrecht zu erhalten bzw. zu erhöhen, um negative Auswirkungen auf den Aktienkurs zu vermeiden und die Liquidität mittel- und langfristig zu gewährleisten. Die Sicherung einer ausreichenden Liquidität wird zunehmend dadurch erschwert, dass die Banken bei der Vergabe von Krediten restriktiver geworden sind und der Kapitalmarkt nicht mehr so bereitwillig wie in der Vergangenheit Eigenkapital zur Verfügung stellt. Hinzu kommt, dass Unternehmen in Europa und den USA durchschnittlich 20-30% mehr Liquidität in Working Capital gebunden haben als notwendig.[1] So variiert die Kennziffer Days in Working Capital beispielsweise zwischen 43 und 136 Tagen in der Chemiebranche.[2] Das gebundene Kapital kann so nicht anderweitig eingesetzt werden und führt beispielsweise zu Zinsverlusten.

Dadurch rückt ein in vielen Unternehmen vernachlässigtes Optimierungspotenzial in den Vordergrund: Die effiziente Gestaltung der Finanzströme – von der Kreditwürdigkeitsprüfung bis zum Zahlungseingang – mit dem primären Ziel der Verkürzung des Cashflow-Cycles. Die bisherigen Lösungen für das Supply-Chain-Management haben es versäumt, auch die Finanzströme in und zwischen Unternehmen mit in die Optimierung einzubeziehen. Heutige Unternehmen brauchen Lösungen, die dynamisch, interaktiv und anpassungsfähig sind, da neben den Märkten auch die Logistikketten zu global vernetzten Gebilden gewachsen sind. Unternehmen müssen, um wettbewerbsfähig zu sein, ein Netz von Lieferanten, Herstellern, Zwischenhändlern und Kunden steuern. Die Transparenz in der Geschäftsabwicklung und die Dynamik in der unternehmensübergreifenden Zusammenarbeit wird immer entscheidender. Dieses gilt auch für die Finanzprozesse. Eine Studie aus dem Frühjahr 2003 zeigt, dass zwei von drei der deutschen Top-1.000-Unternehmen nicht "zufrieden" mit ihren Finanzprozessen sind, und die Hälfte bereits Verbesserungspotenziale identifiziert hat.[3]

---

1 Vgl. o.V. (2002), S. 1.

2 Vgl. McLannahan (2003), S. 24.

3 Vgl. Skiera et al. (2003), S. 9.

Ziel dieses Beitrages ist die Darstellung einer generischen Financial Supply Chain, sowie die Entwicklung von Dimensionen für Gewinnpotenziale innerhalb der Finanzströme. Anhand einer empirischen Studie werden die wesentlichen Faktoren für Verbesserungen in der Financial Supply Chain dargestellt. Darauf aufbauend werden die Faktoren der Dimension Zeit anhand eines Branchenvergleiches diskutiert.

Zunächst wird eine generische Financial Supply Chain aufgestellt, folgend werden drei Dimensionen für die Verbesserungen erläutert und empirische Ergebnisse dargestellt. Abschließend erfolgt eine Zusammenfassung und Handlungsempfehlungen für Unternehmen.

2 Financial Supply Chain

Die Financial Supply Chain besteht aus acht Teilprozessen. Diese sind in das Financial Trade Enablement, das vor der Auslieferung des Produktes bzw. der Erbringung der Dienstleistung sowie das Financial Trade Settlement, nach der Erbringung, eingeteilt.

2.1 Prozesse des Financial Trade Enablement

Die Teilprozesse des Financial Trade Enablement sind die Qualifikation, die Finanzierung, die Preisfindung und die Absicherung. Abbildung 1 zeigt diese Teilprozesse jeweils aus Sicht des Verkäufers bzw. Käufers sowie die jeweils eingesetzten (in- und externen) Systeme, die für eine Abwicklung des einzelnen Prozessschrittes entscheidend sind.

Der Qualifizierungsprozess steht am Anfang der Financial Supply Chain bei Aufnahme einer neuen oder Nutzung einer bereits bestehenden Geschäftsbeziehung. Grundsätzlich wird er in drei Schritte unterteilt.[4] An erster Stelle steht das Auffinden eines möglichen zukünftigen Geschäftspartners bzw. die Vorauswahl aus bereits bestehenden Firmenkontakten. Danach folgt die Authentifizierung, d. h. die Echtheitsprüfung des Kontaktes, und schließlich die Bonitätsprüfung. Der Qualifikationsprozess wirkt direkt auf die folgenden Prozessketten. So sollte bei einem Kunden mit schlechter Kreditwürdigkeit ebendies im Absicherungsprozess berücksichtigt werden.

---

4 Vgl. Arkhipov/Yong (2001), S. 10.

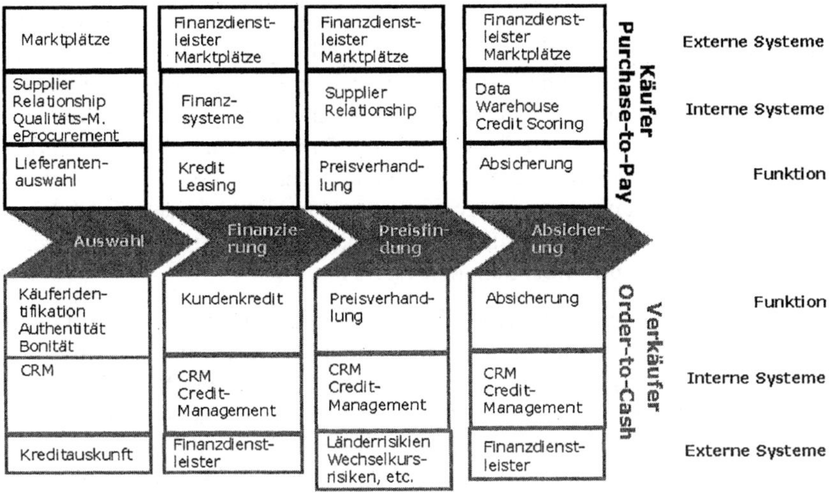

Abbildung 1: Prozesse des Financial Trade Enablement

In Abhängigkeit der Perspektive (Käufer, Verkäufer) spricht man bei dem Qualifizierungsprozess auch von einer Lieferanten- bzw. Käuferauswahl. Die häufig bereits vorliegenden SRM- oder CRM-Systeme werden ergänzt. So ist eine Integration von externen Kreditratinggesellschaften (z. B. Dun&Bradstreet) oder Marktplätzen mit einer qualifizierenden Bewertung der Teilnehmer denkbar.

Anschließend erfolgt der Finanzierungsprozess. Dieser ist eine notwendige Voraussetzung für jeden erfolgreichen Abschluss.[5] In dieser Phase werden sowohl die Finanzierungsfestlegung als auch das sich anschließende Kreditmanagement geregelt, wobei ein besonderes Augenmerk den Abwicklungskosten zukommt. Die im Business-to-Business am häufigsten genutzte Kreditart ist der Lieferantenkredit, d. h. der Lieferant räumt seinem Kunden ein Zahlungsziel ein. Für andere Kreditformen ist eine dritte Partei einzubinden, in der Regel ein Kreditinstitut, was zu erheblichen Verzögerungen im Geschäftsablauf führen kann. Hier liegt ein erhebliches Verbesserungspotenzial in der Automatisierung. So können elektronische Wechsel schnell und einfach in die Finanzierungsphase eingebunden werden (z.B. www.orbian.com).

Der Teilprozess Preisfindung betrifft die Feststellung der Preise sowie zusätzlicher Bedingungen wie Zahlungs- und Lieferkonditionen oder Rabatte. Die konkrete Auswahl eines Geschäftspartners wird getroffen.[6] Grundsätzlich gibt es verschiedene Möglichkeiten der Preisdifferenzierung.[7] Auch Auktionen und Tenderverfah-

---

5 Vgl. Arkhipov/Yong (2001), S. 11.

6 Vgl. Arkhipov/Yong (2001), S. 14.

7 Vgl. u.a. Skiera/Spann (2000).

ren gewinnen immer mehr an Bedeutung und können den Prozess der Preisfindung beschleunigen.[8] Durch die durchgängige Integration der Systeme und die Verfügbarkeit über sämtliche Daten, wie Bezahlverhalten, Liquidität oder Anzahl an Reklamationen, kann im Rahmen der Financial Supply Chain ein Preis-Scoring eingesetzt werden, das es dem Lieferanten ermöglicht, seinen Kunden Anreize für ein bestimmtes Verhalten zu geben. So könnte einem Kunden, der seine Rechnungen in der Vergangenheit immer zeitnah und ohne unbegründete Reklmation bezahlt hat, ein besserer Preis gemacht werden als Kunden, die erst nach mehrmaligen Aufforderungen ihre Rechnungen begleichen.

In der Absicherungsphase können die Transaktionsrisiken, die durch einen Vertragsabschluss entstehen können, eingeschränkt werden.[9] Hierbei wird zwischen Zahlungsausfall- und Kreditrisiken, Preisänderungsrisiken, Wechselkursrisiken, Produktbeschädigungsrisiken und Erfüllungsbetrug unterschieden. Ziel ist es, aufgrund von detaillierten Informationen über die jeweiligen Geschäftspartner diese Risiken wirtschaftlich und schnell abzusichern. Dieses kann auch durch eine Integration von externen Dienstleistern (z. B. Hermes Kreditversicherung) erfolgen.

2.2 Prozesse des Financial Trade Settlement

Die Teilprozesse des Financial Trade Settlement sind die Rechnungsstellung, die Rechnungsprüfung, die Reklamation und die Zahlung. Abbildung 2 zeigt diese Teilprozesse jeweils aus Sicht des Verkäufers bzw. Käufers sowie die jeweils eingesetzten (in- und externen) Systeme.

Die Rechnungserstellung sowie der Versand erfolgen häufig papierbasiert, was hohe Prozesskosten und Zeitverzögerungen mit sich bringt. Entsprechend ist die Rechnungsstellung der entscheidende Teilprozess zur Verbesserung des Financial Trade Settlement.[10] Vor allem zwischen Großunternehmen findet teilweise ein automatisierter digitaler Rechnungsaustausch mittels Electronic Data Interchange (EDI) statt. Daneben versuchen Systeme des Electronic Bill Presentment and Payment (EBPP) auch für kleinere Unternehmen eine elektronische Rechnungsstellung zu ermöglichen. Durch den Versand einer elektronischen Rechnung können die nachfolgenden Prozesse einfacher und besser optimiert werden. In der Literatur zu EBPP wird zwischen Direktmodellen und Konsolidatormodellen unterschieden.[11] Bei den Direktmodellen wird eine 1:1-Beziehung zwischen Rechnungssteller und Rechnungsempfänger aufgebaut. Konsolidatormodelle hingegen sammeln die Rechnungen mehrerer Rechnungssteller an einem zentral

---

8 Vgl. Rothkopf/Park (2001).

9 Vgl. Arkhipov/Yong (2001), S. 16; Büschgen (1998), S. 865.

10 Vgl. Greengard (2002), S. 45.

11 Vgl. u.a. Spann/Pfaff (2001).

zugreifbaren Punkt im Internet.[12] Der Empfänger der Rechnungen kann die elektronisch eingehenden Rechnungen im Idealfall direkt in seine Enterprise-Resource-Planning (ERP) Systeme einlesen und für verschiedene Prozessschritte weiterverwenden. So kann ein fehlerhafter Rechnungsbetrag abgeändert werden und gleich eine automatisierte Nachricht an den Rechungssteller erfolgen, der dieser dann zustimmen oder sie ablehnen kann.

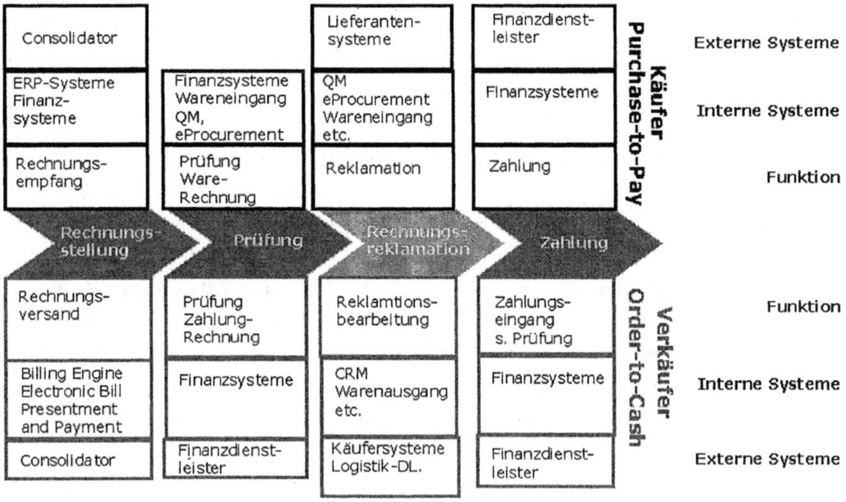

Abbildung 2: Prozesse des Financial Trade Settlement

Eine hohe Bedeutung hat im Rahmen des Financial Trade Settlement die Rechnungsreklamation, da sie die Day Sales Outstanding (DSO) signifikant beeinflusst.[13] Durch den papierbasierten Versand werden fehlerhafte Rechnungen spät erkannt, und eine Meldung an den Lieferanten über die Fehler in der Rechnung erfolgt meistens erst, wenn das Zahlungsziel bereits erreicht ist. In einem Rechnungsreklamationsmangement sind die unterschiedlichen Eingangskanäle, die diversen Vorgehensweisen bei Reklamationen und die Folgen einer Reklamation zu definieren.[14]

Der folgende Prozessschritt Prüfung beinhaltet auf Käuferseite die Prüfung von Wareneingang mit der Rechnung, bzw. der Bestellung. Hierbei wird insbesondere auch überprüft, ob die in Rechnung gestellten Konditionen mit den vorher verhandelten übereinstimmen. Auf Verkäuferseite werden die eingehenden Zahlungen mit den versandten Rechnungen geprüft.

---

[12] Vgl. O'Leary (2000), S. 381.

[13] Vgl. Lander (2001); Skiera/Pfaff (2003).

[14] Vgl. Arkhipov/Yong (2001), S. 21.

Die Financial Supply Chain endet mit der Zahlung der Rechnung. Nach Überprüfung der Rechnungen und deren Freigabe erfolgt die Auslösung der Zahlung. Dies kann über verschiedene Zahlungsmittel geschehen, z.B. Überweisung oder Scheckzahlung. Hierbei können Verbesserungen durch Netting- bzw. Matching-Verfahren erreicht werden. Dabei können sowohl Zahlungstransaktionen innerhalb eines Konzerns bzw. zwischen Unternehmen zusammengefasst als auch Forderungen und Verbindlichkeiten aufgerechnet werden. Aufgrund einer geringeren Anzahl von Zahlungen können so Transaktionskosten eingespart werden.[15] Jedoch erschweren bisher die zahlreichen Formate der Zahlungsströme eine einheitliche elektronische Zahlungsabwicklung.

2.3 Dimensionen der Verbesserungen

Das Financial Supply Chain Management ermöglicht, ähnlich wie das Supply Chain Management[16], Wettbewerbsvorteile in den Dimensionen Qualität, Zeit und Kosten.[17] Die Qualität wirkt sich dabei entscheidend auf Kosten und Zeit aus und ist somit die Basis und der Ausgangspunkt für die Verbesserungen.[18] Beispiele für die Qualitätsverbesserungen sind die Einbindung von Daten aus der gesamten Financial Supply Chain in den Preisfindungsprozess oder die Reduzierung des Ausfallrisikos durch eine verbesserte Datennutzung im Finanzierungsprozess.

Die Dimension Zeit spielt in unternehmensinternen wie auch -übergreifenden Finanzströmen eine wichtige Rolle. Zahlungs- und Informationsströme sollen zügig durch die Financial Supply Chain fließen und somit dem Unternehmen schnell wieder zur Verfügung stehen. Der Cashflow-Cycle stellt einen Zeitplan dar, in dem für das Unternehmen ersichtlich wird, wie viel Zeit in Anspruch genommen werden muss, bis das investierte Kapital wieder in Form von frei verfügbarem Kapital einfließt. Insbesondere die Einzelpositionen des Umlaufvermögens, wie z.B. Kundenforderungen und Vorräte, binden Kapital und erzielen keine Zinsgewinne für das Unternehmen. Eine Reduzierung des Cashflow-Cycles hätte unmittelbar positive Folgen für die Liquidität. Im Rahmen des Cashflow-Cycles spielen die Days Sales Outstanding (DSO) eine wichtige Rolle. Die DSO-Kennziffer analysiert das Kundenzahlungsverhalten. Die DSO soll Auskunft über die Anzahl der Tage geben, die ein Kunde zum Zahlen einer Rechnung tatsächlich in Anspruch nimmt.

Im Rahmen der Dimension Kosten gilt es, die Kostentreiber einer Integration unternehmensinterner und -übergreifender Finanzströme zu ermitteln und zu redu-

---

15 Vgl. Nitsch/Niebel (1997), S. 54ff.

16 Vgl. Vokurka/Zank/Lund III (2002), S. 14.

17 Vgl. Pfaff/Skiera/Weiss (2004), S. 71ff.

18 Vgl. Rothlauf (2001), S. 80 und S. 91; Killen & Associates Inc. (2002), S. 5 f.

zieren. So lassen sich z.B. im Prozess der Rechnungsstellung die Kosten für Porto und Versand der Rechnungen einsparen.

3 Empirische Studie

Anfang 2003 wurde das E-Finance Lab von der Universität Frankfurt am Main und der Technischen Universität Darmstadt gegründet. Gemeinsam mit den Unternehmen Accenture, der Deutschen Bank, Siemens, der Postbank, IBM und Microsoft wird das E-Finance Lab einen wichtigen Beitrag zur Industrialisierung in der Finanzwelt leisten. Im Sommer 2003 führte das E-Finance Lab eine umfassende Befragung unter den deutschen umsatzstärksten 1.000 Unternehmen durch. Insgesamt wurden 100 ausgefüllte Fragebögen zurückgesandt.

Ein inhaltlicher Fokus der Studie richtete sich auf potenzielle Optimierungen durch unternehmensinterne und -übergreifende Integration innerhalb der Finanzprozesse. Ebenfalls wurden die Prozessschritte Qualifikation, Preisfindung, Rechnungsstellung, Reklamation und Zahlung anhand der Dimensionen Qualität, Zeit und Kosten detailliert untersucht.

Die Branchenaufteilung der 100 teilgenommenen Unternehmen erfolgte nach der "Klassifikation der Wirtschaftszweige" des Statistischen Bundesamts: Rund 48% der Unternehmen gehören zum verarbeitenden Gewerbe, 14% der Unternehmen stammen aus der Branche Verkehr- und Nachrichtenübermittlung, 12% sind der Vermietung beweglicher Sachen und Erbringung von wirtschaftlichen Dienstleistungen (VS & WD Branche) zuzuordnen und 10% gehören dem Handel an. Die weiteren Unternehmen gehören zur Energie- und Wasserversorgung (5%), zum Kredit- und Versicherungsgewerbe (5%), zum Baugewerbe (3%) und die restlichen 3% sind sonstige Unternehmen.

19% der Unternehmen sehen in der Qualifikation bzw. 16% in der Preisfindung das höchste Optimierungspotenzial des Financial Trade Enablement. Die Prozessschritte Finanzierung (13%) und Absicherung (10%) werden von nur relativ wenigen Unternehmen als Optimierungspotenzial angesehen. Im Financial Trade Settlement wird insbesondere der Prozessschritt Rechnungsstellung von 26% der Unternehmen als höchstes Optimierungspotenzial geschätzt, gefolgt von der Reklamation (19%) und der Zahlung (14%).[19]

Im Durchschnitt sehen 19,66%, im Gegensatz zu 14,5% im Financial Trade Enablement, der Unternehmen in den Prozessschritten des Financial Trade Settlement ein Optimierungspotenzial. Grund hierfür sind die anscheinend großen Prob-

---

[19] Einige Unternehmen haben irrtümlich mehrere Prozessschritte als höchstes Optimierungspotenzial angegeben.

leme in der Rechnungsstellung und der Reklamationsbearbeitung, die noch sehr komplex, teuer und aufgrund der Medienbrüche umständlich zu lösen sind.[20]

Ein hohes Optimierungspotenzial kann z.B. durch die Reduktion der Prozessdauer, bessere Schnittstellen zu anderen Prozessen, eine höhere Automatisierung oder durch eine Optimierung der IT-Systeme realisiert werden. Hierbei mussten die Unternehmen zu diesen Optimierungsfaktoren Stellung beziehen und anhand einer Rating-Skala[21] das Optimierungspotenzial einstufen.

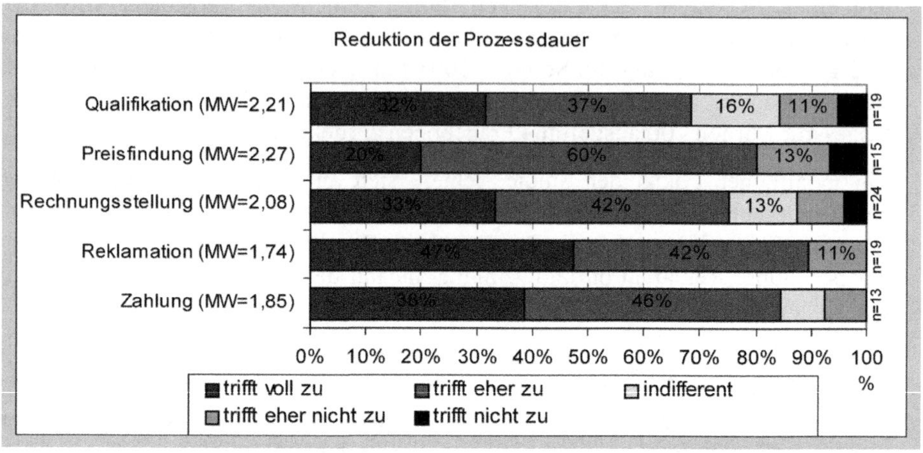

Abbildung 3: Reduktion der Prozessdauer als Optimierungsfaktor

Die Abbildung 3 verdeutlicht, dass insbesondere Unternehmen, die im Prozessschritt Reklamation das höchste Optimierungspotenzial sehen, mit ca. 90% die Reduktion der Prozessdauer als wesentlichen Faktor beurteilen, um Verbesserungen zu realisieren. Auf der Rating-Skala liegt der Mittelwert für die Reklamation bei 1,74, während für die Qualifikation und Preisfindung dieser bei lediglich 2,21 bzw. 2,27 liegt.

---

20 Vgl. Pfaff/Skiera/Weiss (2004), S. 178ff.

21 Die Skalierung sah folgendermaßen aus: 1 = „trifft voll zu“, 2 = „trifft eher zu“, 3 = „indifferent“, 4 = „trifft eher nicht zu“, 5 = „trifft nicht zu“, 6 = „weiß nicht“.

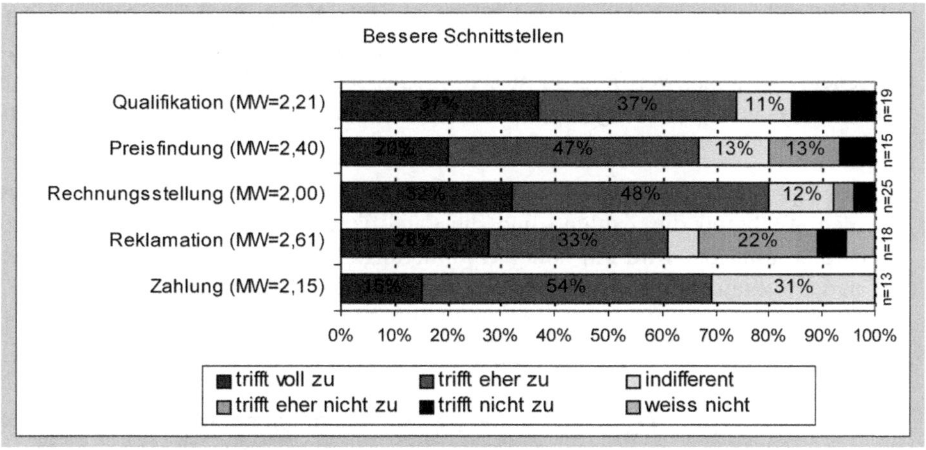

Abbildung 4: Schnittstellen zu anderen Prozessen als Optimierungsfaktor

Bessere Schnittstellen zu anderen Prozessen scheint insbesondere für die Rechnungsstellung als ein zutreffender Optimierungsfaktor zu gelten. Bis zu 80% stimmen der Aussage zu, dass sich durch bessere Schnittstellen in der Rechnungsstellung ein erhöhtes Optimierungspotenzial realisieren lässt. In der Preisfindung konnten nur 20% dieser Aussage voll zustimmen. Während der Mittelwert für die Rechnungsstellung bei 2,0 liegt, wurde im Prozessschritt Qualifizierung und Preisfindung ein Mittelwert von 2,21 bzw. 2,40 ermittelt. Der Mittelwert im Prozessschritt Reklamation beläuft sich sogar auf nur 2,61.[22]

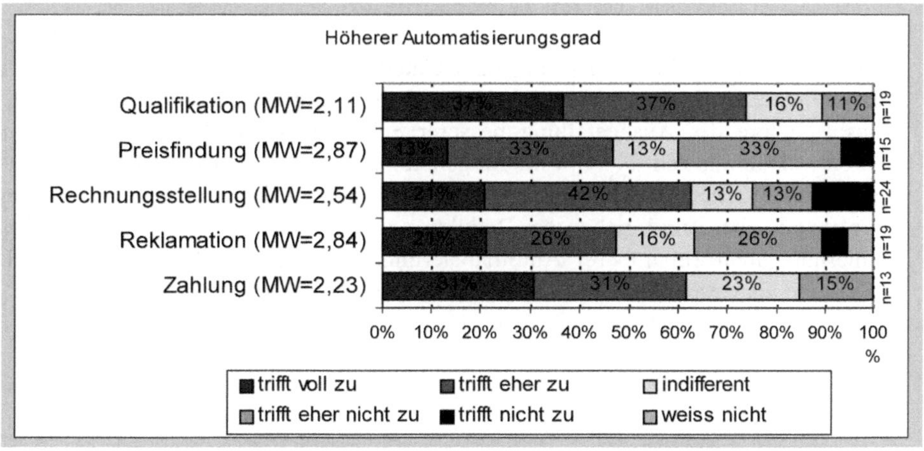

Abbildung 5: Automatisierungsgrad als Optimierungsfaktor

[22] Die Abweichung der Mittelwerte zwischen der Reklamation und der Rechnungsstellung ist schwach signifikant.

Ein höherer Automatisierungsgrad findet mit 37% bei denjenigen Unternehmen eine volle Zustimmung, die in der Qualifikation das höchste Optimierungspotenzial sehen. Der Mittelwert liegt in diesem Prozessschritt bei 2,11. Die Reklamation und die Rechnungsstellung werden in dieser Hinsicht im Mittel schlechter beurteilt.[23]

Hohes Optimierungspotenzial kann auch durch verbesserte IT-Systeme realisiert werden. Während die Zahlung und die Qualifikation einen Mittelwert von 2,0 bzw. 2,26 erzielen, wird ein hohes Optimierungspotenzial durch den Einsatz der IT in der Reklamation mit einem Mittelwert von nur 3,17 eingestuft.[24]

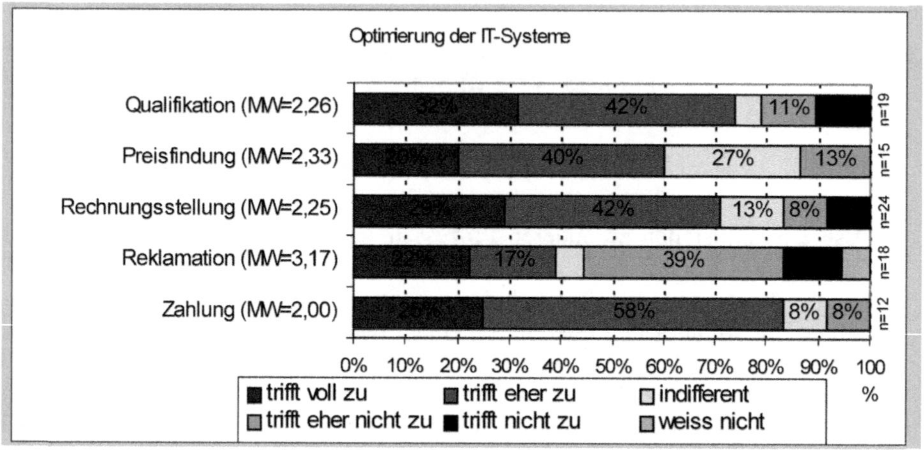

Abbildung 6: Optimierung der IT-Systeme als Optimierungsfaktor

Diese Ergebnisse besagen somit, dass Unternehmen, die in den Prozessschritten des Financial Trade Settlement das höchste Optimierungspotenzial vermuten, insbesondere die Ausgestaltung besserer Schnittstellen und die Reduktion der Prozessdauer als zentrale Optimierungsfaktoren ansehen. Bei Unternehmen, die in den Prozessschritten des Financial Trade Enablement das höchste Optimierungspotenzial sehen, sind, neben der Reduktion der Prozessdauer und der Ablaufoptimierung, auch ein höherer Automatisierungsgrad und die Optimierung der IT-Systeme als wesentliche Optimierungsfaktoren eingestuft.

[23] Die Abweichung der Mittelwerte zwischen Rechnungsstellung bzw. Reklamation und Qualifikation ist schwach signifikant bzw. signifikant.

[24] Die Abweichung der Mittelwerte zwischen Qualifikation bzw. Preisfindung und Reklamation ist signifikant bzw. schwach signifikant.

3.1 Gewinnauswirkungen der Dimension Zeit

Im Folgenden wird der Cashflow-Cycle für zwei Branchen und die Grundgesamtheit analysiert. Dabei sollen vor allem Gründe für die unterschiedlich hohe Anzahl der DSO ermittelt werden. In der Grundgesamtheit liegt der durchschnittliche DSO bei 38,35 Tagen, das durchschnittliche Zahlungsziel bei 31,33 Tagen und die, aus der Differenz zwischen DSO und Zahlungsziel errechnete, durchschnittliche Netto-DSO bei 8 Tagen. Der Handel hat, mit einer durchschnittlichen Netto-DSO von –1,57 Tagen, ein sehr gut funktionierendes Cash Management. Kunden zahlen im Durchschnitt ihre Rechnung vor Ende des Zahlungsziels. Dagegen verzeichnet die VS & WD Branche eine durchschnittliche Netto-DSO von 20,08 Tagen (Tabelle 1).

Sicherlich führt die Marktmacht des deutschen Handels zu einer so niedrigen Netto-DSO. Es gilt jedoch weitere Gründe zu erörtern. Der erste Prozessschritt der Financial Trade Enablement zeigt bereits potenzielle Gründe für das divergierende Ergebnis. Das Zahlungsverhalten wirkt sich bei 58,3% der Unternehmen aus der VS & WD Branche nicht auf die Bonität aus. Dagegen sprechen sich 70% der Handelsunternehmen gegen diese Aussage aus. Im Handel verschlechtert sich die Bonität bei verspäteter Zahlung, abhängig von der Anzahl der Verzugstage (50% der Unternehmen) und bei 60% der Unternehmen verschlechtert sich die Bonität abhängig von der Anzahl der verspäteten Zahlungen. In der VS & WD Branche spielt die Anzahl der Verzugstage und die Anzahl verspäteter Zahlungen nur bei jeweils 33,33% der Unternehmen eine Rolle für die Verschlechterung der Bonität.

Tabelle 1: Durchschnittliche Werte im Branchenvergleich

Brancheneinteilung	Ø Zahlungsziel	Ø DSO	Ø Netto-DSO
Handel (n=10)	25,43 (n=7)	21,37 (n=8)	-1,57 (n=7)
VS & WD) (n=12)	23,42 (n=12)	43,50 (n=12)	20,08 (n=12)
Gesamt (N=100)	31,33 (n=86)	38,35 (n=87)	8,00 (n=85)

Erstaunlich sind die Ergebnisse in der Preisfindung. Während der Handel durchschnittlich 25,43 Tage Zahlungsziel gewährt, liegt die VS & WD Branche mit durchschnittlich 23,42 Tagen knapp darunter. Interessant ist auch die Anzahl unterschiedlicher Zahlungskonditionen. Während die VS & WD Branche im Schnitt 8,36 Zahlungskonditionen ihren Kunden anbietet, sind es im Handel über 24,42. Im Handel konnte eine Korrelation (k=0,814**[25]) zwischen der DSO und dem durchschnittlichen Zahlungsziel ermittelt werden. Je kürzer die Einräumung eines Zahlungsziels, desto kleiner ist der DSO. Ein hoch signifikantes Ergebnis ist zwi-

[25] ***hoch signifikant(p<= 0,01); **signifikant(p<= 0,05); *schwach signifikant (p<= 0,10)

schen der Netto-DSO und der Anzahl unterschiedlicher Zahlungskonditionen bzw. der Anzahl an Neuverhandlungen zu finden. Je mehr Zahlungskonditionen (k=-0,94***) angeboten werden und je öfter mit den Kunden neuverhandelt (k=0,896***) wird, desto kleiner ist der Netto-DSO des Handels. Ein geringes Zahlungsziel (k=0,855***) und eine hohe Integration interner Informationen (k=0,312***) in die Verhandlungen führen bei der Grundgesamtheit zu einem geringeren DSO. Schwach signifikant ist dagegen die Korrelation zwischen dem Netto-DSO und der Anzahl unterschiedlicher Zahlungskonditionen (k=-0,200*). Je mehr Zahlungskonditionen angeboten werden, desto niedriger der Netto-DSO.

Während der Handel die Rechnungen zu 42,11% per Post versendet, liegt der Durchschnitt in der VS & WD Branche bei 88,33%.[26] Ein weiterer Großteil der Rechnungen wird im Handel durch externe Unternehmen versendet. Für die VS & WD Branche spielt diese Option der Rechnungsversendung mit 0,33% keine nennenswerte Rolle.[27] Verblüffend ist die Tatsache, dass knapp 10% der Rechnungen in der VS & WD Branche per standardisiertem Datenaustausch versendet werden. Im Handel liegt der Durchschnitt bei lediglich 2,66%. Die Betrachtung der DSO bzw. der Netto-DSO des Handels mit den einzelnen Kanälen der Rechnungsversendung ergibt jedoch keine signifikanten Zusammenhänge. Lediglich in der VS & WD Branche ist eine schwach signifikante Korrelation zwischen dem Anteil der versendeten Rechnungen per Post und der DSO ermittelt worden (k=0,499*). Je mehr Rechnungen per Post versendet werden, desto größer ist der DSO.

Die Reklamation, die sich theoretisch negativ auf die Dimension Zeit auswirkt[28], verzeichnet lediglich in der VS & WD Branche einen Zusammenhang zwischen der DSO und der Anzahl der Reklamationen per Telefon bzw. per Post. Unternehmen, die viele Reklamationen per Telefon erhalten (k=-0,512*), erzielen tendenziell einen niedrigeren DSO, als Unternehmen, die per Post (k=0,544*) eine Beschwerde erhalten. In der Grundgesamtheit ist ebenfalls zu erkennen, dass Reklamationen, die per Telefon eingehen, sich positiv auf den DSO auswirken (k=-0,383***). Erstaunlicherweise führt ein großer Reklamationsanteil per automatisierter Schnittstellen (k=0,333***) und Reklamationen per Außendienstmitarbeiter (k=0,219 **) zur Erhöhung des DSO.

Der letzte Prozessschritt ist die Zahlung. Das Zahlungsverhalten und die Zahlungsmethode beeinflusst die Zeit. Der Handel erhält signifikant mehr komplett bezahlte Rechnungen als die VS & WD Branche.[29] Ebenfalls liegt der prozentuale Anteil nur teilweise bezahlter Rechnungen im Handel um das fünffache niedri-

---

26 Die Abweichung der Mittelwerte ist signifikant.

27 Die Abweichung der Mittelwerte ist hoch signifikant.

28 Vgl. Arkhipov/Yong (2001), S. 21; Ross/Westerfield/Jaffe (1999), S. 703 ff.

29 Die Abweichung der Mittelwerte ist signifikant.

ger.[30] Dagegen weicht der prozentuale Anteil nicht bezahlter Rechnungen nicht signifikant von beiden Branchen ab.

Gründe für den hohen Anteil komplett bezahlter Rechnungen im Handel sind auch die eingesetzten Zahlungsmethoden. Während im Handel knapp die Hälfte der Rechnungsbeträge per Lastschriftverfahren[31] eingezogen wird, werden in der VS & WD Branche 71,75% der Rechnungen per Überweisung[32] beglichen. Allerdings kann im Handel nur eine schwach signifikante Korrelation zwischen der Rechnungsbegleichung per Überweisung und der DSO ermittelt werden. Je kleiner der Anteil an Überweisungen, desto kleiner der DSO im Handel (k=0,649*). Ein erstaunliches Ergebnis findet sich ebenfalls in der VS & WD Branche. Die Zahlungsmethoden beeinflussen weder signifikant den DSO, noch die Netto-DSO. Werden jedoch alle 100 Unternehmen betrachtet, dann lassen sich bedeutende Einflüsse der Zahlungsmethoden auf den DSO erkennen. Ein hoher Anteil an Überweisungen (k=0,385***) und Scheckzahlungen (k=0,197*) erhöhen den DSO. Das Lastschriftverfahren dagegen wirkt sich positiv auf den DSO aus. Je mehr Zahlungen per Lastschriftverfahren beglichen werden, desto kleiner der DSO (k=-0,379***).

Es zeigt sich im Handel, dass die Dimension Zeit insbesondere die Financial Trade Enablement günstig beeinflusst. Sowohl die Aktualisierung der Bonitätsinformationen, die Anzahl der Zahlungskonditionen, die Höhe des Zahlungsziels als auch die Anzahl an Neuverhandlungen sind wesentliche Hebel für einen Netto-DSO von –1,57. Dagegen konnten keine hoch signifikanten Auswirkungen der Dimension Zeit auf die Financial Trade Settlement ermittelt werden. In der VS & WD Branche offenbart sich ein umgekehrtes Bild. Die Dimension Zeit wirkt nicht auf die Prozessschritte des Financial Trade Enablement, weil keine signifikanten Auswirkungen auf den DSO gemessen wurden. Lediglich die Rechnungsversendung und der Reklamationseingang per Post beeinflussen negativ den DSO. In dieser Branche wirkt sich die Dimension Zeit somit nur auf das Financial Trade Settlement aus. Die Grundgesamtheit ergab ein gemischtes Bild. Die Qualifizierung wirkt nicht auf den DSO, während in der Preisfindung Maßnahmen getroffen werden können, die eine Reduktion des DSO erlauben. Im Financial Trade Settlement wirkt der Kanal der Rechnungsversendung nicht auf den DSO, während einige Kanäle der Reklamation den DSO beeinflussen können. Auch sind Zahlungsmethoden, wie das Lastschriftverfahren, bedeutend, um den DSO zu senken.

---

30 Die Abweichung der Mittelwerte ist signifikant.

31 Die Abweichung der Mittelwerte des Lastschriftverfahrens ist signifikant.

32 Die Abweichung der Mittelwerte der Überweisung ist signifikant.

4 Fazit und Handlungsempfehlungen

Die Finanzströme wurden bisher in der Supply Chain vernachlässigt, da die Zahlungsabwicklung erst nach Bestellung, Produktion und Logistik erfolgt und somit erst jetzt im Mittelpunkt der wissenschaftlichen Diskussion steht. Das Financial Supply Chain Management soll die Finanzprozesse innerhalb und zwischen Unternehmen sowohl analysieren als auch optimieren und umfasst kollaborative Geschäftsprozesse zwischen allen Partnern der Supply Chain.

Die Betrachtung der einzelnen Dimensionen, Qualität, Kosten und Zeit, ergab, dass in der Integration und Verzahnung mit anderen Geschäftspartnern ein wichtiger Erfolgsfaktor gesehen wird. Auch kann festgehalten werden, dass der Handel mit einer geringen Netto-DSO die Hebel zur DSO-Reduzierung in der Financial Trade Enablement hat, während die VS & WD Branche mit einem hohen Netto-DSO in der Financial Trade Settlement potenzielle Hebel zur Beeinflussung des DSO findet. In der empirischen Auswertung stellte sich zu dem heraus, dass die Unternehmen das höchste Optimierungspotenzial in der Financial Trade Settlement sehen. Insbesondere die Prozessschritte Rechnungsstellung, Reklamation und Zahlung benötigen eine Ablaufoptimierung und eine Reduktion der Prozessdauer. In der Financial Trade Enablement wurden insbesondere die Prozessschritte Qualifikation und Preisfindung als höchstes Optimierungspotenzial erkannt.

Auch wenn in der Integration und Verzahnung mit anderen Geschäftspartnern ein wichtiger Erfolgsfaktor gesehen wird, konnte in der empirischen Betrachtung der einzelnen Prozessschritte eine Problematik in der externen Integration von Daten, Informationen und Prozessen ermittelt werden. Der Einsatz standardisierter Kanäle beeinflusst zum jetzigen Zeitpunkt den DSO sogar negativ. Auch sind die Kosten externer Integration zu hoch und generieren ein negatives durchschnittliches Netto-Potenzial für zukünftige Reduzierungen des DSO. Die interne Integration von Daten, Informationen und Prozessen bietet dagegen positive durchschnittliche Netto-Potenziale und beeinflusst in einigen Prozessschritten positiv den DSO. Allerdings werden auch einige Grenzen interner Prozesse – insbesondere in der Rechnungsstellung – aufgezeigt.

Die Analyse der Dimemsion Zeit zeigt exemplarisch, dass einzelne Maßnahmen durchaus den Cashflow-Cycle reduzieren und so gebundenes Kapital der Unternehmen freisetzen können. Dieses Kapital kann anderweitig eingesetzt werden und so den Gewinn von Unternehmen verbessern.

Nicht zuletzt aufgrund solcher Potenziale werden zukünftig sowohl Anbieter von integrierten Unternehmenssoftwarelösungen als auch Anbieter spezialisierter Softwarelösungen um den mit bis zu US$ 550 Mio. bezifferten Markt kämpfen.[33]

---

33 Vgl. Killen & Associates Inc. (2002), S. 7.

Literatur

Arkhipov, A.V. / Yong, A. (2001), "Show Me the Money. How e-Business Will Transform B-to-B Financial Processes", Report, Aberdeen Group Inc., Boston.

Büschgen, H.E. (1998), "Bankbetriebslehre. Bankgeschäfte und Bankmanagement", Wiesbaden.

Greengard, S. (2002), "How To Make E-Billing Pay", Business Finance, 43-46.

Killen & Associates Inc. (2002), "Optimizing The Financial Supply Chain - How CFO of Global Enterprises Are Succeding by Substituting Information for Working Capital", Report, Palo Alto, Californien.

Lander, R.N. (2001), "Managing Customer Deductions", Strategic Finance, 5, 38-42.

McLannahan, B. (2003), "Please Release Me", CFO Europe, July/August, 20-29.

Nitsch, R. / Niebel, F. (1997), "Praxis des Cash Managements. Mehr Rendite durch optimal gesteuerte Liquidität", Wiesbaden.

o.V. (2002), "Improving Shareholder Value Through Total Working Capital Management", White Paper, REL Consultancy Group, New York.

O'Leary, D.E. (2000), "Reengineering Assembly, Warehouse and Billing Processes, for Electronic Commerce Using "Merge-in-Transit"", Information Systems Frontiers, 1, 4, 379-387.

Pfaff, D. / Skiera, B. / Weiss, J. (2004), "Financial Supply Chain Management", Bonn.

Ross, S.A. / Westerfield, R.W. / Jaffe, J. (1999), "Corporate Finance", Boston.

Rothkopf, M.H. / Park, S. (2001), "An Elementary Introduction to Auctions", Interfaces, 31, 6, 83-97.

Rothlauf, J. (2001), "Total Quality Management in Theorie und Praxis", München.

Skiera, B. / König, W. / Gensler, S. / Weitzel, T. / Beimborn, D. / Blumenberg, S. / Franke, J. / Pfaff, D. (2003), "Financial-Chain-Management, Prozessanalyse, Effizienzpotentiale und Outsourcing-Eine Empirische Studie mit den 1.000 Größten Deutschen Unternehmen." E-Finance Lab, Frankfurt.

Skiera, B. / Pfaff, D. (2003), "Financial Supply Chain Management - Wie Sie Ihren Cash Cycle in den Griff bekommen!" Der Controlling Berater, 6,

Skiera, B. / Spann, M. (2000), "Flexible Preisgestaltung im Electronic Business", in: Weiber, R. (Hrsg.), "Handbuch Electronic Business", Wiesbaden, 539-557.

Spann, M. / Pfaff, D. (2001), "Electronic Bill Presentment and Payment (EBPP)", Die Betriebswirtschaft (DBW), 61, 4, 509-512.

Vokurka, R.J. / Zank, G.M. / Lund III, C.M. (2002), "Improving Competiveness Through Supply Chain Management: A Cumulative Improvement Approach", Competitiveness Review, 12, 1, 14-25.

Die Folgen einer rational-ökonomischen Wissensbewirtschaftung für Unternehmensführung und Forschungsmanagement

Georg Rainer Hofmann; Fachhochschule Aschaffenburg

1 Die Wissensbewirtschaftung wird notwendig

Die Grundthese *„Wissen ist Vermögen"* ist die Basis des Knowledge-Asset-Management[1]-(„KAM")-Projekts, das seit 2001 unter der Leitung des LIWS[2] an der Fachhochschule Aschaffenburg durchgeführt wird. Für etliche Firmen und Organisationen ist das ihnen eigene Wissen (id est: Das Wissen oder die Expertise des Personals) oftmals der wesentliche oder gar einzige Vermögensgegenstand – welcher sich freilich nach Maßgabe einer bislang fehlenden Theorie einem rational-ökonomischen Zugang entzieht. Konsequenterweise werden im KAM-Projekt Begriffe aus der Vermögenstheorie (wie Bilanzierung, Controlling, Liquidität, Rendite) auf den Gegenstand „Wissen" übertragen. Wissen als ein (zum Teil) liquides Vermögen ist auf einem entsprechenden „Wissensmarkt" handelbar; Strukturen dieses Wissensmarktes, aber auch der handelbaren Einheit, dem „Stück Wissen"[3] werden im KAM-Projekt adressiert. Dies zeitigt Folgen für die Unternehmensführung, da diese das Wissen als (betriebliches) Vermögen aktiv bewirtschaften muss; dies ist Gegenstand der folgenden Betrachtungen und Ausführungen dieses Beitrags.

Die Wissensbewirtschaftung ist mithin eine Notwendigkeit dahingehend, als Wissen seitens der Unternehmensführung und insbesondere des Forschungsmanagements zu bewerten, zu quantifizieren, und zu qualifizieren ist:

- Leistungsfähige Wertansätze für das „Wissen in einer Organisation" sind wesentlich für die Ermittlung des Unternehmens(markt)wertes (und insbesondere

---

[1] Anstatt der etwas holprigen wörtlichen Übersetztung „Wissensvermögensverwaltung" wird der Terminus „Wissensbewirtschaftung" benützt.

[2] Das LIWS ist das *Labor für Informationsmanagement- und Wissensbewertungssysteme* an der FH Aschaffenburg, es steht unter der Leitung von Prof. Dr.-Ing. Georg Rainer HOFMANN und Prof. Dr.-Ing. Wolfgang ALM; für Details zu den Aufgaben und Partnern des Labors siehe unter http://www.fh-aschaffenburg.de/liws/ und, speziell zum Projekt KAM unter http://www.fh-aschaffenburg.de/kamcom/ im Internet.

[3] Synonym zum „Stück Wissen" ist das „Wissenselement", oder „Knowledge Item (KI)".

eines gerechten Kaufpreises bei Mergers und Acquisitions), da Substanzwerte (Buchwerte) bei nicht-produzierenden und Dienstleistungsunternehmen zunehmend in den Hintergrund gedrängt werden, resp. für den Marktwert eines solchen Unternehmens irrelevant oder vernachlässigbar sind.

- Der Unternehmenserfolg hängt „irgendwie", speziell im Dienstleistungs- und Beratungsbereich, vom Wissen der Mitarbeiter, der Mitarbeiterexpertise ab. Letztere ist aber – nicht zuletzt im Rahmen eines gerechten Entlohnungssystems – zu identifizieren und zu beurteilen, aber auch weiterzuentwickeln.
- Ein gewisser Druck, seitens der öffentlichen Meinung oder auch der (Börsen-) Analysten, existiert bzgl. der Höhe, der Transparenz und der Effizienz der Forschungsaufwendungen, speziell wenn öffentliche Gelder für Forschungsaufwendungen eingesetzt werden.
- Die Verordnungslage, wie sie seit dem Jahr 2002 zum Beispiel für den Bereich der österreichischen Universitäten[4] entstanden ist, zwingt dazu, Wissensbilanzen zu erstellen. Es stellt sich die Frage nach den diese Art der Bilanzierung („intellectual capital report") positiv beeinflussenden Faktoren.
- Die Legitimationsproblematik bei einer geforderten sparsamen Verwendung (öffentlicher) Forschungsgelder; es entsteht die Frage nach einem adäquaten Forschungs- und Wissens-„Output" im Verhältnis zu den eingesetzten Mitteln.

Es ist mittlerweile völlig unstrittig, dass – beispielsweise bei der Erbringung von Beratungsleistungen[5] – eine planmässige Verwaltung der Daten und Informationen zu erfolgen hat; der damit verbundene Aufgaben- und Problemkreis wird – wie allgemein bekannt – als „Wissensmanagement" oder „Knowledge Management"[6] bezeichnet.

Dabei wurden vor allem zwei Arten von Daten typischerweise erhoben und verwaltet: Projekt-bezogene Profile, und Lebenslauf-orientierte Daten des persönlichen Erfahrungsgewinns. Sinn und Zweck war, wenigstens einen Teil der im Betrieb vorhandenen Informationen zu kodifizieren[7], und damit ein Stück „Personen-

---

4 Ein möglicherweise repräsentativer Abriss dieser – nicht ganz *sine ira et studio* geführten (führbaren?) – österreichzentrierten Diskussionen findet sich unter o.V. (2003) „Wissensbilanzen".

5 Hierzu weiteres bei HOFMANN (2001).

6 „Knowledge Management" ist eine eingetragene Wort-/Bildmarke (Registernummer / Aktenzeichen 30168476.6) der BAYER AG, Leverkusen.

7 Weitere Ausführungen zu den „elektronischen Aktenplänen" und Dokumentenordnungen bei Beratungsbetrieben finden sich bei HOFMANN (2001), und auch bei DISTERER (2000); mehr zu Beratungsbetrieben auch bei HOFMANN (2000).

Unabhängigkeit" in Bezug auf die eigenen Mitarbeiter zu erzielen, die vordem ihr (quasi Herrschafts-)Wissen „eher für sich behalten" hatten.

Das Regulativ (das „Anreizsystem"), um diese einfache Form des „Wissensaustauschs" und einer „Wissensbörse" in Gang zu bringen, war – wenn überhaupt vorhanden – meist restriktiver Natur: Es bestanden Dienstverpflichtungen, nach Maßgabe der allgemeinen Qualitätssicherung der betrieblichen Prozesse, entsprechende Dokumentationen (zeitnah und fachlich korrekt!) zu erstellen.

Es wird aus der betrieblichen Praxis oft berichtet, dass Mitarbeiter am Wissensaustausch nicht teilnehmen. Der Grund liegt – prima vista – in den meisten Fällen darin, dass von den Mitarbeitern quasi eine Sozialisierung ihres Wissensvermögens verlangt wird, ohne dass die Wissensveräusserung von irgendwelchen betrieblichen Gegenleistungen (den „Anreizen") gekennzeichnet ist. Dieses motiviert jene offenbar nicht.[8]

Der Bedarf einer rationalen Bewirtschaftung des Wissens und der Wissensgewinnungsprozesse (id est: Forschung) macht sich insbesondere bei der Durchführung von unumgänglichen Kostenkürzungsprogrammen besonders schmerzlich negativ bemerkbar – hier wird nicht selten eine Art „Blindflug"[9] veranstaltet; mit zum Teil katastrophalen Folgen für die betroffenen Organisatioen und Unternehmen.

2 Fehlen eines geschlossenen Modells für „Wissen"

Das Fehlen eines geschlossenen Modells für „Wissen" in Organisationen hat diese offenbar nicht davon abgehalten, mit demselben munter zu wirtschaften: Seit Mitte der 1990-er Jahre hat man begonnen, bei den Wissens-intensiven Dienstleistungen systematisch „Wissensmanagement" zu betreiben. Eigenartigerweise tat man das – historisch gesehen – bevor man überhaupt ein präzises Verständnis davon hatte, was exakt „ein Stück Wissen" überhaupt ist.[10]

---

[8] Hierzu bereits umfänglich HOFMANN (2001), weitere Gründe sind unten angeführt.

[9] Die Beispiele sind zahlreich (sic!), dass in einem linearen Kostenkürzungsprogramm – sei es in der Konzernforschung, oder auch im öffentlich-universitären Bereich – quasi gerade die falschen, weil eigentlich wertvollen Forschungsbereiche und Expertisenträger entlassen worden sind. Allerdings sind Fälle dieser Art kaum (gar nicht?) literaturnotorisch, resp. publiziert, aus naheliegenden Gründen!

[10] Man könnte (zu Recht!) argumentieren, dass eine derartige „präzise Definition" gar erforderlich sei, da man – beispielsweise – auch nicht präzise wisse, was denn „Geld" sei, sich aber unbeschadet dessen damit wirtschaften lässt. Dem ist entgegen zu halten, dass die Lage im Falle des Wissens dramatischer ist, da es zum Teil – bei offensichtlicher Verwechselung mit Daten – zu deutlichen negativen Effekten gekommen ist.

Besonders interessant ist die notorische Verwechselung von Wissen mit Daten, das bedeutet insbesondere, dass Wissensverwaltung mit Datenverwaltung verwechselt wurde und wird. Dadurch wird ein zu „technisierter Ansatz" im Bereich der Wissensverwaltung verfolgt[11]. Im KAM-Projekt wurde ein anderer Ansatz verfolgt: Ein sicheres Indiz für die Vermögenseigenschaft des Wissens ist, dass es einen Markt für Wissen gibt.

Es stellt sich die Frage, wie die Güter und die Marktteilnehmer eines „Wissensmarktes" beschaffen sind. Welches sind die exakten Eigenschaften der zu handelnden „Wissensgüter", wie sind sie seitens der Unternehmensführung zu bewerten, zu quantifizieren, zu qualifizieren?

Die bisherige Diskussion um diese Fragestellungen fokussieren eher auf die indirekten Eigenschaften, die so genannten „Indikatoren" des Wissens. Zu diesen Indikatoren zählen Patente, Lizenzen, Marken, Publikationen, Vorträge, und anderes mehr – ein guter Querschnitt der aktuellen Diskussion war an der letzten „S&T Indicators Conference 2002" im September 2002 in Karlsruhe[12] oder auch an der Konferenz „Wissensbilanzen" im Dezember 2003 in Wien[13] vertreten.

Es stellt sich aber die Frage, ob nicht ein gewisser – wenn nicht gar der grösste – Teil wertvollen und veräusserbaren Wissens in Gewerbebetrieben der Wirtschaft und sonstigen Organisationen durch eben diese Indikatoren nicht erfasst wird. Es ergeben sich in der Tat Hinweise, vor allem im Bereich der Beratungsunternehmen, welche doch nichts anderes veräussern (können) als die Expertise (das Wissen) ihrer Mitarbeiter, und es offensichtlich gegen Honorar auch tun.

Diese Phänomene waren der Anlass, in den KAM-Projekten nach einem neuen Ansatz zur Modellierung von Wissen als Vermögenswert zu suchen.

3 Wissen ist ein Teil des wirtschaftlichen Vermögens

Im Rahmen des Projekts KAM (Knowledge Asset Management – Wissensvermögensverwaltung) wurde die These aufgestellt, dass „Wissen" mit Vermögen gleichzusetzen ist, weil es eben für den Beratungsbetrieb das (oftmals gar einzige!) Betriebsvermögen darstellt. Ergo ist es sinnvoll, analog zur Vermögensverwaltung, von einer Wissensvermögensverwaltung (*knowledge asset management* – KAM) zu sprechen, für die die folgenden (aus der Vermögenstheorie abgeleiteten) Komponenten und Aufgabenbereiche der Unternehmensführung zu berücksichtigen wären:

---

[11] Das entsprechende Knowledge-Management-Informationssystem möge es richten!

[12] Siehe unter o.V. (2002) im Literaturverzeichnis.

[13] Siehe unter o.V. (2003) im Literaturverzeichnis.

Die Relative Wissensvermögens-Bilanzierung:

- Zu- oder Abnahme der in einer Organisation enthaltenen Wissenswerte,
- Wirkungsgrad und Effizienz des Wissenserwerbs in einer Organisation, insb. Zunahme des Wissens nach Maßgabe der für den Wissenserwerb eingesetzten monetären Mittel (Forschungs- oder Lern-Wirkungsgrad).

Die Absolute Wissensvermögens-Bilanzierung:

- Monetäre Äquivalente für Wissen in Organisationen zum Zwecke der (internen) Bilanzierung,
- Leistungsfähige Wertansätze wie Marktwert, Zeitwert und Wiederbeschaffungswert von Wissen in einer Organisation,
- Bilanzielle Aktivierbarkeit von Wissen in einer Organisation.

Das Wissenscontrolling:

- Prozesse der Aufrechterhaltung der gleichförmigen Beratungsqualität in Organisationen; Verfügbarkeit und Lieferbarkeit eines Wissens-Contents,
- Prozesse zur wertschöpfenden Kontrolle der „Ausgabe“[14] von Wissen (im Sinne von Veräusserung) aus Betrieben.

Die Wissensliquidität:

- Verfügbarkeit und Veräusserbarkeit von Wissen, speziell in großen und internationalen Organisationen,
- Liquidität von Wissen analog zur Liquidität bilanzieller Aktiva (Parallelen zur Veräusserbarkeit und Verfügungsgeschwindigkeit von Vermögenswerten),
- Prozesse der Aufrechterhaltung der Wissensliquidität und -Mobilität in Organisationen (Verfügbarkeit und Lieferbarkeit eines Wissens-Contents).

Bei der Wissensvermögens-Verwaltung treten mithin die folgenden Fragestellungen in den Vordergrund:

- den Erfolgs- und Vermögensfaktor Wissen bzgl. seiner Bilanzierbarkeit und Veräusserbarkeit messbar und damit steuerbar zu machen,
- einen Beitrag zum Verständnis von Wissen und Prozessqualität als Vermögensarten zu leisten,
- die proaktive Steuerung der Wissens-Vermögenswerte in Bezug auf Struktur, Risiko und Rendite zu ermöglichen.

---

[14] Hierunter fällt insbesondere die leidige Verausgabung von Expertise durch Gratis-Beratung von – auch vermeintlichen – Kunden am Telefon durch Mitarbeiter.

In der Literatur[15] wurde bisher die Wissensverwaltung vor allem als algorithmisches und organisatorisches Problem adressiert; konsequenterweise dominiert eine Prozess- und Produkt-orientierte Sicht die Diskussion um das Wissensmanagement: Wissensmanagement wurde – und wird – vor allem als ein Problem der korrekten und effizienten Datenhaltung und Datenbankorganisation verstanden: Probleme des *information retrieval* und *information filtering* – aber auch die damit verbundenen Problemem der System- und Technologie-Akzeptanz (es kommen wieder die bekannten „Anreizmodelle" in die Diskussion) – stehen im Vordergrund und scheinen die bisherigen Erörterungen zu dominieren.

Weiter kann – pauschal – festgehalten werden, dass die oben genannten Punkte zwar in der einen oder anderen Form, aber bislang kaum systematisch als Gegenstand unternehemensführerischer Aufgaben angesehen worden sind.

4 Was ist ein „*Stück Wissen*" (Knowledge Item) ?

Nach der Darlegung der Personenbezogenheit von Wissen und dessen – nach Ansicht des KAM-Projekts – untrennbarer Verbindung mit Können und persönlichen Fähigkeiten, kann nunmehr ein „Stück Wissen" (*Knowledge Item*) definiert werden:

Ein *Knowledge Item* besteht aus drei Komponenten:

1. Identifier-Komponente: In erster Linie eine Bezeichnung und ein Index. Unter „Personelle Aspekte" ist eine Person (oder eine Gruppe von Personen) als Ansprechpartner und Know-how-Träger zu listen, inkl. ihrer Vertreter[16], etc.
2. Funktional-quantitative Komponenten: Die Potential-Prozess-Resultat-Beschreibung lehnt sich an die klassische Definition der Beratungsprodukte[17] an. Die „Menge" adressiert in erster Linie die personelle Kapazität, aber auch die informationelle Verfügbarkeit (Copyrights, Non-Disclosure, etc.).
3. Strukturell-qualitative Komponenten: Das sind die Aspekte, die bislang im Rahmen des Ratingsystems RASY[18] vorrangig bearbeitet und modelliert worden sind – hierzu zählen insbesondere die ständig hohe Qualität der Darstel-

---

15 Einen schöner Querschnitt dieser Diskussion findet sich in der Aufsatzsammlung von FRANKEN und GADATSCH.

16 So keine Vertreter benannt werden können, hat das natürlich eine große Auswirkung auf die Fungibilität und Kapazität der beschriebenen *Knowledge-Items*.

17 Ganz ähnlich die – mittlerweile – gängige, auch in Beratungsunternehmen nicht unübliche, Definition der Dienstleistungsprodukte; siehe hierzu auch BRUHN.

18 Weitere Ausführungen zum Ratingsystem RASY bei ALM ET AL.; ferner unter http://www.rasy.de/ im Internet.

lung und Anwendung des Wissens und der Expertise. Es ist zu vermuten, dass diese Attribute der *Knowledge Items* weitgehend Branchen-unabhängig (unabhängig vom aktuellen Anwendungskontext) modelliert werden können. Hierbei spielt speziell die „Fungibilität" eine große Rolle: Wer ist als Anbieter, und wer als Nachfrager in welchen Situationen des Wissenshandels „akzeptiert"?

Die „Wissensverwaltung" ist daher zu verstehen als der Handel mit KIs, in einem inter-personellen „Dialog", etwa zwischen den Mitarbeitern einer Organisation oder eines Betriebs. Man entscheidet, ob eine Information nach den anzuwendenden Maßstäben als *nicht-trivial* gelten kann, und eben auch die „Erklärungskomponente" zur Verfügung stellt. Letzteres bedeutet, dass das Wissen „vertreten" werden muss. Die blosse Schaffung einer Zugangsmöglichkeit zu einer Information genügt dazu nicht; es muss zusätzlich sichergestellt sein, dass es Personen („Trainer") gibt, die die gespeicherte Information gegenüber Dritten erklären und erläutern können.

Diese „Wissenserklärer" sollten in ihrer Bedeutung für den betrieblichen Kontext nicht unterschätzt werden. In den meisten Wissensmanagement-Systemen sind daher die Daten dieser Personen (also die Antwort auf die Frage, wer eine bestimmte Information zu erklären in der Lage und bereit ist) integraler Bestandteil der gespeicherten Informationen. Fehlen die „Wissenserklärer" für eine Information, spricht man auch konsequenterweise von „herrenlosem" oder „totem" Wissen, welches für den Betrieb natürlich weniger wertvoll ist.

5 Wissen hat einen (Markt-)Wert

Vorige Überlegungen zeigen, dass sich „Wissen" nicht isoliert von einer organisatorischen Umgebung und der Personal-Umgebung betrachten lässt.

Ergo muss seitens der Unternehmensführung ein – interner und externer – „Wissensmarkt" betrachtet werden, dieser könnte aus den folgenden Komponenten bestehen:

- Eine Person, der *Sender* der Wisseneinheit K_{out}, veräussert dieselbe. Diese Veräusserung geschieht operativ in zwei Schritten. Zum Ersten agiert ein Gremium („Filtergruppe"), welches entscheidet, ob eine bestimmte Information überhaupt insoweit als nicht-trivial und den Qualitätsanforderungen der Organisation entsprechend anzusehen ist, dass eine weitere Beschäftigung mit derselben überhaupt als adäquat anzusehen ist. Zum Zweiten werden die Informationen, die zu diesem *Knowledge Item* gehören, in eine Datenhaltung (o. ä.) eingestellt.
- Bei der Veräusserung der Wisseneinheit K_{out} entstehen monetäre Prozesskosten C_{proc}, unterschieden wird hier zwischen einmaligen Prozesskosten $C_{proc(0)}$, und periodisch auftretenden Prozesskosten $C_{proc(i)}$. Diese Unterscheidung macht Sinn, da neben der einmaligen Einstellung der Informationen

in die Datenhaltung auch weitere Kosten, die aus der Verpflichtung zur Aktualisierung der eingestellten Information resultieren, entstehen können.

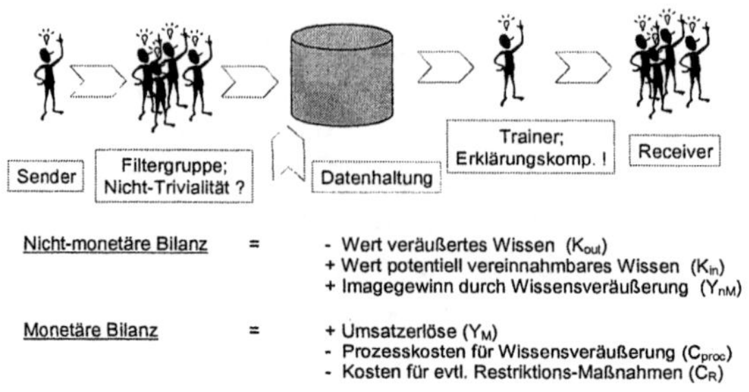

Abbildung 1: Bilanzierung des Austauschs von Wissen zwischen Personen oder Personengruppen mit den monetären und nichtmonetären Teilbilanzen[19].

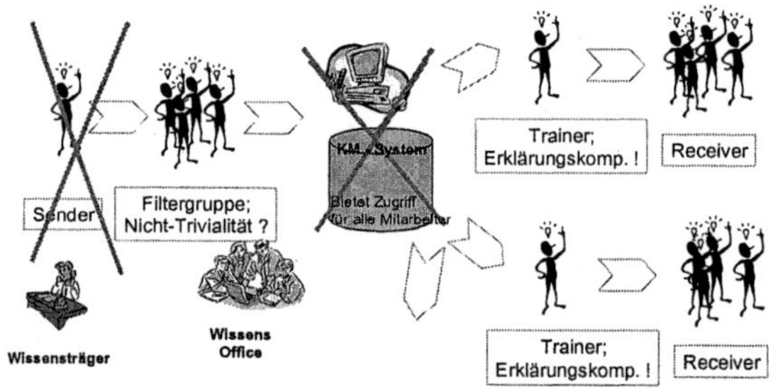

Abbildung 2: Eines der Hauptprobleme des „Austauschs von Wissens“ ist die Nichtbewertung des Wissens. Von den Inhabern der Wissenswerte wird erwartet, dass sie sich ihrer Expertise gern und per Gratisgabe entledigen. Ein leidiges Warten auf die „Sozialisierung“ des Wissens ist die Folge. Aus Mangel an einem Vergütungsmechanismus für die Warenpreise[20] kommt der Wissensmarkt nicht in Gang.

---

[19] Der fundamentale Mechanismus dieses rational-ökonomischen Marktmodells wurde bereits in Hofmann (2003) en detail beschrieben.

[20] Diese Preise sind allerdings gar nicht erst ermittelt worden – auch ein Versuch wird in vielen Fällen nicht unternhommen. Da aber das Wissen (die Expertise)

- Durch die aktive Teilnahme am Wissensmanagement-Prozess eines Unternehmens „kauft" sich ein Mitarbeiter quasi in eine Gemeinschaft ein, vom Mitarbeiter wird erwarten, dass er nunmehr selbst Zugriff auf die Informationssammlung des Unternehmens erwirbt, und dass er ferner einen Anspruch darauf hat, dass ihm unklare Sachverhalte seitens seiner Kollegen erläutert und erklärt werden. Es entsteht also ein – zumindest potenzieller – Wissensgewinn K_{in}, welcher gegen die Wissensveräusserung K_{out} aufgerechnet werden kann. Außerdem wird der Veräusserer einen nicht-monetären Y_{nM} „Erlös" gegenwärtigen, der dadurch entsteht, dass er sich durch die Wissensveräusserung als ein Experte zu erkennen gegeben hat, welcher von Kollegen zu einem Thema oder Problemkreis „fragbar" geworden ist; es ist dies vor allem auch ein Imagegewinn.
- Aus der Datenhaltung wird „Wissen" in ebenfalls zwei Schritten entnommen: Die fraglichen Informationen werden von einem *Receiver* entnommen, und entweder vorher, oder parallel zum eigentlichen Entnahmeprozess, von hierfür geeigneten Personen (*Trainer*) erklärt. Diese Erklärungskomponente kann natürlich entfallen, wenn die Informationen „selbsterklärend" sind – dies heisst natürlich nichts anderes, als dass diese Informationen (oder doch ihnen sehr ähnliche) dem betreffenden Personenkreis bereits vorher erklärt worden sein müssen.

Vor diesem Hintergrund können nunmehr Schwerpunkte gesetzt werden: Das heisst, der dargestellte Referenzprozess kann sich in Richtung(!) einer stärkeren Kodifizierung oder in Richtung einer stärkeren Personifizierung variieren.

6 Die Wissenskartierung als Graph löst die lediglich eindimensionale Wissensbilanz ab

Vorige Überlegungen zeigen, dass sich „Wissen" nicht isoliert von einer organisatorischen Umgebung und der Personal-Umgebung betrachten lässt. Wissen ist demnach insbesondere

- nicht vom Personal unabhängig bilanzierbar; „Interpretation" und „Vertretung" der Gegenstände sind erforderlich – dieser Aspekt spielt traditionell für die Rolle von Lehrbüchern und neuerdings auch für das so genannte eLearning, im akademischen Lehrbetrieb eine gewisse Rolle. Zeichensammlungen und Datenbanken repräsentieren ergo *per definitionem* kein(!) Wissen.

---

in den meisten Fällen das einzige(!) Gut ist, über das die Wissensbesitzer verfügen, erscheint die Erwartungshaltung einiger „Knowledge Manager" geradezu verwegen, dass dieses einzige Gut hergeschenkt werden könnte. Verwegen erscheint aus dieser Perspektive der Versuch, die mangelnde Vergütung durch naive „Anreizsysteme" ersetzen zu wollen.

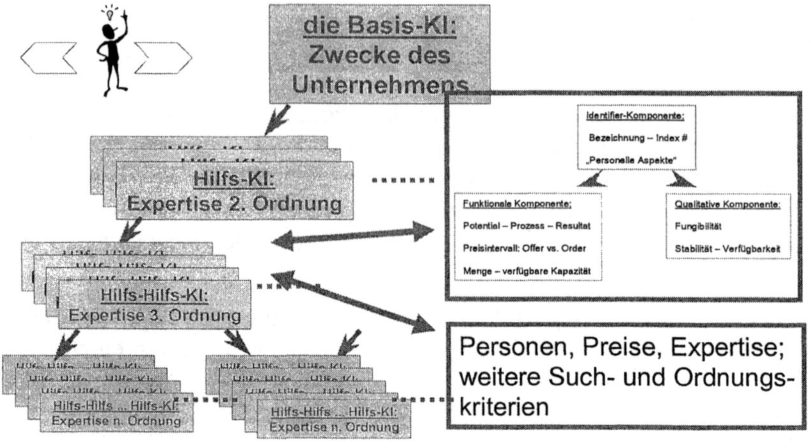

Abbildung 3: Illustration der Kartierung (als Weiterentwicklung der linearen Bilanzierung) der Knowledge Assets als Graph. Einem dreigliedrigen Wissenselement (KI – Knowledge Item – als gelbes Rechteck dargestellt) können weitere KIs zu-, über- oder untergeordnet sein. Queries sind in dieser Kartierung naturgemäß möglich. Offen ist das Problem der „richtigen" Granularität des Graphen der KIs.

- Wissen ist offenbar hierarchisch aufgebaut, Expertise greift einerseits auf Hilfsexpertisen zurück, ist aber andererseits akkumulierbar.
- Die Kapazität und Qualität des Wissens muss berücksichtigt werden – das ist der wesentliche(!) Unterschied von Wissen zu den beliebig duplizierbaren Daten und Zeichenmengen. Wissen kann *nicht* – da es aktiv zu seiner Vermittlung vertreten werden muss – in beliebiger Menge und Geschwindigkeit verbreitet werden (Daten hingegen sehr wohl).

Es bleibt das eminente Problem der „Granularität" der Modellierung des Wissensgraphen – das hat der Graph allerdings mit einer normalen linearen Bilanzliste gemeinsam!

7 Ein methodischer Ansatz zur Wissensbewertung – eine Analogie zwischen dem Graphen der Wissenskartierung und der klassischen Vermögensbilanz

Vorige Überlegungen zeigen, dass sich aus der Grundthese „Wissen ist Vermögen" eine ganze Reihe quasi *qualitativer* Erkenntnisse für den Wissensmarkt gewinnen lassen. Von durchaus besonderem Intreresse ist aber die *quantitative* Frage nach dem speziellen monetären Wert eines bestimmten Knowledge Items. Die monetären Bewertungsverfahren (im Sinne einer Monetarisierung der Posten der Wissensbilanz) lassen sich nach MAUL unterteilen[21] in

- Marktwert-orientierte Verfahren, welche auf die Ermittlung oder Schätzung von Preisen für identische oder funktionsgleiche Vermögenswerte abzielen,
- Kosten-orientierte Verfahren, welche die Kosten für den Erwerb des Wissens (oder alternativ die Kosten für Reproduktion oder Funktionsersatz) ermitteln, und dies als Wertansatz nehmen, und
- Ertragswert-orientierte Verfahren, welchen als Basis künftige Nettoerträge, Lizenzerträge, modifiziert nach Höhe, zeitlicher Struktur und Sicherheitsgrad, erwartetes Wachstum, etc., dienen.

Nach MAUL sind – auch in der Wissensbewertung – Folgebewertungen planmäßig in Abhängigkeit von der erwarteten Nutzungsdauer mit jährlichem Werthaltigkeitstest angezeigt und zu unternehmen.

Der KAM-Ansatz stützt sich auf eine Orientierung am Ertragswert – dies hat seinen einfachen Grund in der in aller Regel Nichtverfügbarkeit der Marktwerte, sowie in der relativen Belanglosigkeit der Kostenansätze. Der bereits vorgestellte Graph zur Wissenskartierung ist die Basis für eine „Inventurliste" der in einer Organisation vorhandenen Wissenselemente.

Der wesentliche methodische Ansatz der Wissensbewertung (im Sinne einer monetären Wissensbilanzierung) ist eine Katalogisierung der Aktiva-Seite (in Sinne eines Query der KIs). Dabei wird im Ansatz des KAM-Projekts zwischen *Aktiva und Passiva des Wissensvermögens* unterschieden.

Die *Aktiva* erscheinen gleichsam als die Liste der veräusserbaren Vermögensgegenstände, den identifizierten und inventarisierten Wissenselementen.

Die *Passiva* hingegen sind die Aufwendungen, die getätigt worden sind, um die in der Aktiva-Seite gelisteten KIs erwerben zu können. So erscheint zum Beispiel in der Passiva-Seite der Wissensbilanz ein Aufwand für eine Mitarbeiterweiterbildung[22] des Unternehmens oder der Organisation.

---

21 Der Vortrag von MAUL ist in o.V. (2003) enthalten.

22 Es ist interessant, dass einige der kürzlich erstellten aktuellen Wissensbilanzen (hier keine Quellenangabe) die Aktiva und Passiva (im Sinne des KAM-Ansatzes) verwechseln. Ganz so, als ob die Verausgabung von monetären Mitteln und (beispielswiese) die Entsendung von Mitarbeitern zu einer Weiterbildungsmaßnahme bereits absolut hinreichend für die Zunahme der Expertise des betroffenen Personals sei. *Non sic se habet.* Denn was bedeutete das im Fall der klassischen Vermögensbilanz? – Dies illustriert einmal mehr die zentrale Schwachstelle einer Kosten-orientierten Wissenswertermittlung.

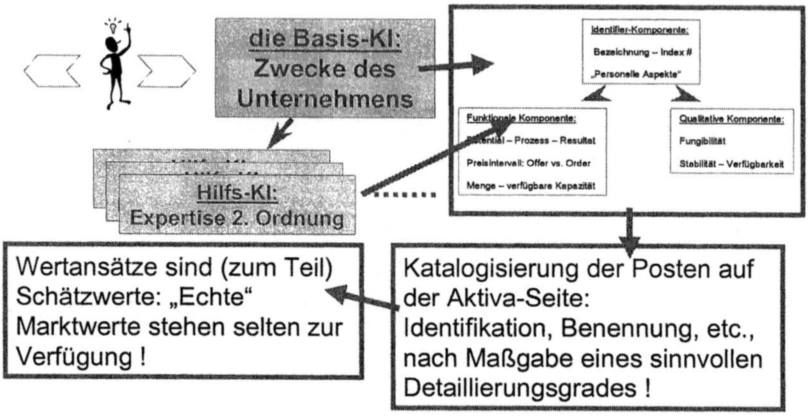

Abbildung 4: Methodischer Ansatz Bewertung – eine Katalogisierung der Aktiva-Seite (in Sinne eines Query der KIs) wird erstellt.

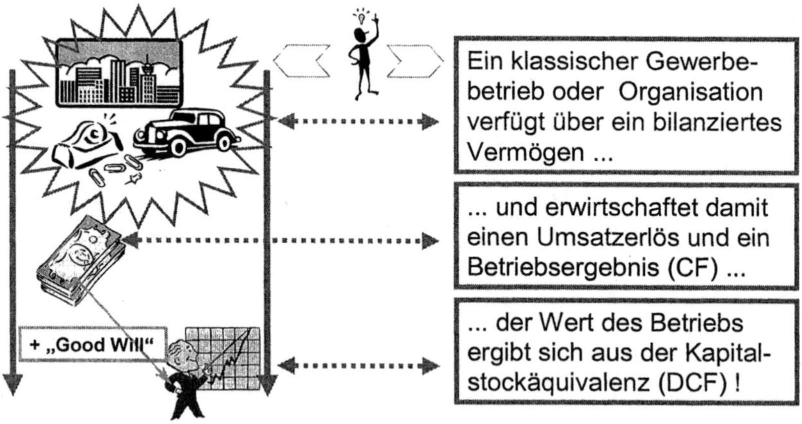

Abbildung 5: Methodischer Ansatz Bewertung – bekannter Ansatz der Wertermittlung bei klassischem Vermögen.

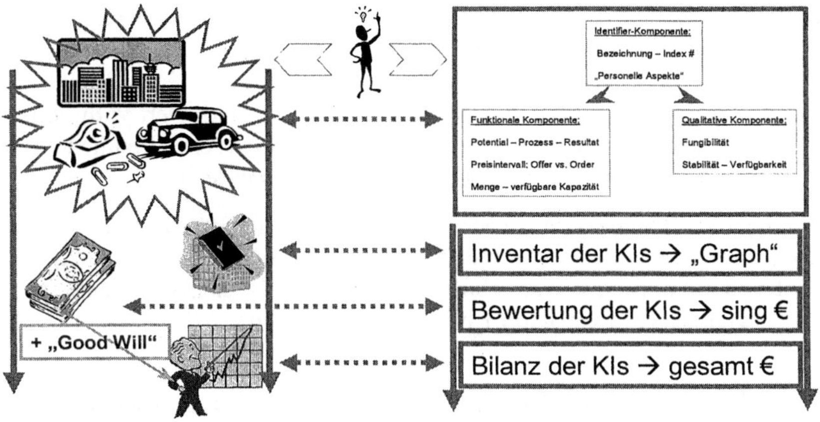

Abbildung 6: Methodischer Ansatz Bewertung – Analogie zwischen Knowledge Items und klassischem Vermögenswerten.

Den methodischen CF/DCF-basierten Ansatz zur Ermittlung des Wertes von KIs illustriert die Abbildung 6. Zu beachten ist, dass eine ganze Reihe von Einflussgrössen auf den in Ansatz zu bringenden Zinssatz des DCF sind. Es sind Maßgabe der Diskussion im KAM-Projekt insbesondere zu nennen:

- die Stabilität des auf einem KI basierenden CF in der Vergangenheit und auch dessen geschätzte Stabilität in der Zukunft, einschliesslich der damit verbundenen Personal-, technischen und Markt-Risiken,
- die Zinsen am Kapitalmarkt,
- Kontextfreiheit der zu bewertenden KIs.

Ansonsten wird im KAM der traditionelle Ansatz verfolgt, also Cashflow dividiert durch Zinssatz ist gleich Wert der KIs! Eben die Schätzung dieses Zinssatzes nach Maßgabe der oben gelisteten Modifikatoren stellt in der Tat keine geringe Schwierigkeit dar.

Der Ansatz zur Bewertung von immateriellen Wissenswerten bei LEITNER geht über die reine monetäre Bewertung hinaus und versucht Indikatorensysteme, wie Strukturmodelle und Prozessmodelle, aber auch „qualitative Bewertungen"[23] ein-

[23] Der Beitrag von LEITNER, in o.V. (2003) enthalten, scheint ohnehin mehr Gewicht auf das Legitimationsproblem zu legen, insbesondere die Rechtfertigung öffentlicher Forschungsaufwendungen.

zubeziehen. Bei LEITNER werden auch für die von ihm vertretene Organisation „Wissensziele" identifiziert – das scheint die wissensökonomische Analogie zu den *visions and missions* der klassischen Unternehmensführung darzustellen.

Ein doch spezielles Problem[24] scheint indes die Existenz von Marktversagen für den Wissensmarkt darzustellen. Dies bedeutet, dass es – ganz wie es im Bereich der klassischen Gütermärkte auch der Fall ist – Wissen ohne einen Marktwert gibt. Daraus folgt natürlich nicht, das dieses Wissen ohne Marktwert völlig ohne Wert und Wertschätzung ist. Es gibt Wissen, das gleichsam als ein öffentliches Gut, wie die städtische Strassenbeleuchtung etc., vorgehalten werden muss.

Es ist zu vermuten, dass dieses Marktversagen vor allem im Bereich der Basiswissenschaften, aber auch Geisteswissenschaften im besonderen Maße anzutreffen ist. Es ist also zu warnen vor der Einführung irgendwelcher marktorientierter „Quoten"[25] im (speziell universitären) Wissenschaftsbetrieb!

8 Weitere offene Fragen zur Wissensbewirtschaftung

Als weitere Forschungsgegenstände erscheinen u.a. die systematische und *vollständige*(!) Identifikation der KIs in einer Organisation; hier wäre nicht zuletzt eine Softwareunterstützung wünschenswert, einige dahingehende Ansätze finden sich bei RATHERT ET AL. Weiter wäre das Problem der immensen Wissensvermögenswerte ohne jede oder ohne vernünftige Datenbasis; wie Aspekte des Business-Talents, des fortgeschrittenen Handwerks, Kunst, Sport, etc. Hier hat die Konzentration auf Informations-/Datensysteme bislang den Erkenntnisfortschritt eher zu behindern vermocht.

Die Interdisziplinarität der Wissensbewirtschaftung führt zu der Frage der Zuständigkeit in den einzelnen Organisationen. Die *Technische Komponente*, die automatisierten Prozesse, das „System" ist ein Aspekt, die *Personal-Komponente*, die Steuerung und Kontrolle, die Stabilität und die gerechte „Entlohnung" ist aber ein ganz anderer. Da es scheint, dass die jeweiligen Personalabteilungen(!) die stabilste Komponente der Unternehmen und Organisationen im deutschsprachigen Raum sind – anders als die von Outsourcing betroffene IT – so wäre Wissensbewirtschaftung im Sinne von KAM wohl am ehesten in der Zuständigkeit der Personalabteilungen zu sehen.

---

[24] Das ob seiner politischen Brisanz (*tu felix austria?*) hier nicht unerwähnt bleiben soll.

[25] Wie z.B. die Zahl der Studierenden in den einzelnen Fakultäten – man vergleiche nur die Mechanismen im Bereich des Privatfernsehens!

Besonders erfreulich ist der Start Europäischer Aktivitäten wie der *EUROTECH Working Group on „Intellectual Capital Reporting" for Contract Research Organisations*, welche sich kürzlich[26] etablierte.

Die Identifikation der Strategien und Ziele, die Integration von Strategie- und Forschungsmanagement und die Koordination mit anderen Formen des Berichtswesens erscheinen als weitere künftige Aufgabenstellungen der Wissensökonomie.

Literatur

Alm et al. (2000): „RASY Ratingsystem"; in: Everling et al. "Technologie-Rating", Wiesbaden 2000

Becker (1976): „Der ökonomische Ansatz zur Erklärung menschlichen Verhaltens", 2. Aufl.; Tübingen 1982

Becker (1992): Ansprache zur Verleihung des Nobelpreises; in: Grüske: „Die Nobelpreisträger der ökonomischen Wissenschaft"; Düsseldorf 1994

Blum (2002): „Management der Mitarbeiter-Expertise in (IT-) Beratungsbetrieben – Knowledge Management bei der Detecon International", Veranstaltung MKWI 2002, Vortrag am 9. September 2002 in Nürnberg

Bruhn (2002): „Marketing"; 6. Aufl.,Wiesbaden 2002

Crichton (1990): „Jurassic Park"; New York 1990

Disterer (2000): „Individuelle und soziale Barrieren beim Aufbau von Wissenssammlungen", Wirtschaftsinformatik, Heft 6, Dezember 2000

Franken, Gadatsch (Hrsg.) (2002): „Integriertes Knowledge Management", Braunschweig, Wiesbaden 2002

Gehle (2000): „IT-unterstützter Wissenstransfer in der internationalen Forschung & Entwicklung", Wirtschaftsinformatik, Sonderheft, Oktober 2000

Hansen, Nohira, Tierney (1999): „Wie managen Sie das Wissen in Ihrem Unternehmen?", Harvard Business manager, 5/1999

Hofmann (1999): „Software- und Service-Markt – IT-Beratung", in: Britzelmaier, Geberl: „Wirtschaftsinformatik als Mittler zwischen Technik, Ökonomie und Gesellschaft"; Stuttgart, Leipzig 1999

Hofmann (2001): „Wissensmanagement (Knowledge Asset Management – KAM) in Beratungsbetrieben – Zur Bewertung und Verwaltung von personifizierten und kodifizierten Wissenseinheiten als Vermögenswerte ", in: Britzelmaier et al.: „Informationsmanagement – Herausforderung und Perspektiven"; Stuttgart, Leipzig 2001

Hofmann (2003): „Rational-ökonomische Wissensbewirtschaftung und die Folgen für die Unternehmensführung – einige Thesen aus den *Knowledge-Asset-Management*-Pro-

26 Nach Maßgabe eines Berichts von KOCH in Wien – siehe o.V. (2003).

jekten“, in: Uhr et al.: „Wirtschaftsinformatik 2003 – Medien, Märkte, Mobilität“, Bd. II, pp. 353ff., Heidelberg 2003

Kluge et al. (2003): „Wissen entscheidet: Wie erfolgreiche Unternehmen ihr Know-how managen“; Frankfurt, Wien 2003

Koch (2002): „Wissen als Wertbestandteil unternehmerischen Vermögens“, Veranstaltung KAM.sys, Vortrag am 22. Oktober 2002 in Hof /Saale

Mentzas et al. (2003): „Knowledge Asset Management“; London 2003

o.V. (2002): „Seventh International S&T Indicators Conference 2002“im September 2002 in Karlsruhe, Book of Abstracts, Fraunhofer IRB Verlag, Stuttgart 2002

o.V. (2003): „Wissensbilanzen” Thementag im Dezember 2003 an der Technischen Universität Wien, CD-ROM, IVM e.V., Speyer 2003

Ortner (2000): „Wissensmanagement“ Teil 1 und 2, Informatik Spektrum Heft 2 und 3, 23/2000

Rathert et al. (2002): Diverse Berichte zu „KAM.sys“, www.kam-sys.de

Rudolph (2002): „Wissensbilanzierung als Instrument der Steuerung des FuE-Prozesses: Praxiserfahrungen mit der Einführung“, Veranstaltung KAM.sys, Vortrag am 22. Oktober 2002 in Hof /Saale

Wille (2000): „Begriffliche Wissensverarbeitung: Theorie und Praxis“, Informatik Spektrum Heft 6, 23/2000

Anreizsysteme im Wissensmanagement zur Unterstützung kooperativ verteilter Formen der Produktion und der Aneignung von Wissen

Wolfgang Semar; Universität Konstanz

1 Einleitung

Durch einen immer stärker werdenden Wettbewerb erlangt der Faktor Wissen in Unternehmen zunehmende Relevanz. Einige Experten bezeichnen ihn sogar als den vierten Produktionsfaktor. Nach dem Ressourcen-orientierten Ansatz stellt für Unternehmen die Schaffung, Organisation und Nutzung intellektuellen Kapitals einen essentiellen Wettbewerbsfaktor dar [De Long 2000; Frey 2002]. Da Wissen ein Gut ist, das oft nur im persönlichen Austausch zwischen Individuen übertragen werden kann [Probst 1999, S. 224], rückt im Zusammenhang mit Wissensmanagement der kooperative und kommunikative Aspekt verstärkt in den Vordergrund. Der Erfolg des Wissensmanagements wird in starkem Maße davon abhängen, wie sich Kommunikation und Interaktion in Unternehmen gestaltet.

Im Rahmen des Wissensmanagements spielen dabei verschiedene Instrumente eine Rolle. Ihr gemeinsames Ziel ist es, Wissen nutzbar zu machen, um somit die Produktivität und die Qualität von Leistungen zu steigern. In diesem Zusammenhang gewinnen Wissensnutzung und Wissensbereitstellung an Bedeutung und werden zu einem wichtigen Indikator für den Erfolg von Wissensmanagement. So werden bereits in vielen Unternehmen Wissens-Management-Projekte mit technischer Unterstützung durch ein Intranet durchgeführt. Nach einer Studie der Unternehmensberatung KPMG nutzen bereits 56% führender europäischer[1] und US-amerikanischer Unternehmen das Intranet als technisches Modul für das Wissensmanagement [KPMG 2001]. Bisher wird der Einsatz elektronischer Plattformen vorwiegend in Zusammenhang mit der Distribution expliziten Wissens genannt. Gemäß dem Paradigma des kooperativen und kommunikativen Wissensmanagements ist es jedoch nötig, sich vom bisher dominierenden Wissenswarehouse-Ansatz des Wissensmanagements abzuwenden und elektronischen Kommunikations- und Interaktionsplattformen darüber hinaus Mehrwerte für den Prozess der Wissensgenerierung zuzusprechen [Kuhlen 2002].

---

[1] In Deutschland liegt der Einsatz von Wissensmanagementsystemen derzeit bei 41%, allerdings halten 98% der Unternehmen deren Einsatz in Zukunft für wichtig bzw. sogar sehr wichtig [Bullinger 2003].

Weiterhin werden in letzter Zeit immer häufiger Maßnahmen gefordert, welche die Mitarbeiter motivieren sollen, ihr implizites Wissen der Organisation zur Verfügung zu stellen und aktiv am Wissensmanagement zu partizipieren. Das Wissen in einem Unternehmen ist stark an seine Mitarbeiter gekoppelt. Doch wie gelingt es nun einem Unternehmen, seine Mitarbeiter zur Preisgabe ihres persönlichen Wissens zu bewegen? Wie können Mitarbeiter dazu bewegt werden, vorhandenes Wissen zu nutzen? Und wie kann eine aktive Teilnahme am Wissensmanagement durch eine rege Nutzung elektronischer Plattformen unterstützt werden?

Die Antwort hierauf ist simpel: Die Mitarbeiter müssen dazu motiviert werden. Diese Motivation kann mittels Anreizsystemen geschehen. Ihre Aufgabe im Wissensmanagement ist die Gewährleistung eines strukturierten und kontinuierlichen Wissenstransfers. Doch liegt nun die Schwierigkeit in der Ausgestaltung von Anreizsystemen. Sollte man besser ausschließlich immaterielle oder materielle Anreize oder gar einen Mischtyp verwenden?

2 Wissensmanagement

In diesem Kontext tauchen immer wieder die Begriffe Wissensmanagement und Informationsmanagement auf. Um den Unterschied darstellen zu können, müssen zunächst die Begriffe Wissen und Information voneinander abgegrenzt werden. Nonaka und Nishiguchi [Nonaka 2001, S. 13] beschreiben den Unterschied anhand der Charakteristika und der Entstehung von Information bzw. Wissen: „*Information is a flow of messages, while knowledge is created by that very flow of information and is anchored in the beliefs and commitment of its holder*". Wissen kann also als Vernetzung und Interpretation von Informationen verstanden werden. Es ist stets personengebunden und kontextspezifisch, d.h. es hat einen handlungsorientierten Charakter.

Formal betrachtet stellt Wissen einen umfangreichen Begriff dar und ist eine definitorisch kaum bzw. schwer greifbare Größe. Umgangssprachlich wird Wissen verstanden als „*begründete und begründbare Erkenntnis, die aus Informationen gewonnen wird*" [Bürgel 1998, S. 53]. Aber was wird konkret unter dem Begriff »Wissen« subsumiert? Die Vorstellungen hierüber gehen weit auseinander, da je nach Fragestellung und eigenem Verständnis unterschiedliche Auffassungen entstehen. Durch eine genaue Abgrenzung der Begriffe Zeichen, Daten, Information und Wissen erhält man einen ersten Ansatz. Diese Begriffe sind zwar eng miteinander verbunden, stehen aber in einer klaren Begriffshierarchie.

Es wird zwischen praktischem und theoretischem Wissen oder kollektivem und individuellem Wissen unterschieden. Die erste Unterscheidung betrifft die Herkunft des Wissens, also ob das Wissen aus Erfahrungen stammt oder ob es durch Theorien entwickelt wurde. Die zweite Differenzierung zielt mehr auf den Träger bzw. die Verbreitung des Wissens ab. Individuelles Wissen ist nur für einzelne Individuen zugänglich, während kollektives von mehreren Individuen geteilt wird und damit auch von mehreren genutzt werden kann [Rebhäuser 1996b, S. 7]. Für Unternehmen ist dies von großer Bedeutung, da sie koordinierte Handlungssysteme sind und von kollektivem Wissen abhängen.

An diesem Punkt setzt auch die Unterscheidung zwischen explizitem und implizitem Wissen an. Implizites Wissen stellt den Bereich des Wissens dar, der nur in den Köpfen von Personen gespeichert ist. Dieses Wissen ist also schwer kommunizierbar und dadurch auch schwer zu teilen. Das explizite Wissen hingegen setzt sich z. B. aus Modellen, Berichten und Arbeitsanweisungen zusammen. Es ist also außerhalb der Köpfe einzelner Personen gespeichert und kann damit leichter verarbeitet bzw. übertragen werden. Ein weiteres Merkmal der Wissensdifferenzierung stellt der relevante Inhalt des Wissens dar. Dabei wird zwischen aktuellem, also schon vorhandenem Wissen und zukünftigem Wissen differenziert. Das zukünftige Wissen ist hierbei eher als Wegweiser für die weitere Entwicklung zu sehen, also als eine Art Soll-Profil [Bürgel 1998, S. 58].

Subsumiert man neben dem kognitiven Aspekt auch Emotionen, Intentionen etc. unter Wissen, so kann man Informationen auch als Wissen in Aktion interpretieren [Kuhlen 1998, S. 87].

Während das Informationsmanagement den Erwerb von Wissen bzw. Informationen zum Gegenstand hat, steht im Wissensmanagement die Anwendungsorientierung im Vordergrund, d.h. die Nutzung des Wissens als kritische Ressource zur Erreichung der Unternehmensziele [Probst 1997, S. 47]. Die beiden Begriffe Informationsmanagement und Wissensmanagement können als sich gegenseitig ergänzende Ansätze betrachtet werden. Für das berufliche Umfeld sind sowohl das personengebundene Wissen als auch gezielte, ausgewählte Informationen wichtig.

2.1 Rahmenbedingungen für das Wissensmanagement

Betrachtet man Wissen als einen Produktionsfaktor, erkennt man einige Besonderheiten, da Wissen sich, bedingt durch seine Komplexität, von anderen Produktionsfaktoren eines Unternehmens unterscheidet. Es ist z.B. nicht beliebig teilbar, transportierbar oder lagerbar [North 1999, S. 3]. Die Immaterialität von Wissen hat auch Auswirkungen auf den Besitz. Es lässt sich nie genau sagen, wer im Besitz des jeweiligen Wissens ist und ob es sich bei mehreren Personen um das identische Wissen handelt. Wissen ist eine Ressource, die mit der Zeit veraltet, da die neuesten Erkenntnisse von heute schon morgen überholt sein können. Es muss daher permanent aktualisiert bzw. neu geschaffen werden, und überholtes Wissen, das nicht mehr benötigt wird, sollte vergessen werden. Ein Vorteil des Produktionsfaktors Wissen gegenüber anderen Produktionsfaktoren oder Ressourcen besteht darin, dass Wissen sich durch den Gebrauch vermehrt. Dies ist als ein wichtiger Vorteil zu sehen, da man durch einen aktiven Umgang mit Wissen einen Vorteil gegenüber Wettbewerbern erlangen kann. Um Wissen zielgerichtet einzusetzen, muss man einen ganzheitlichen Ansatz zur Problemlösung verfolgen. Zu diesem Zweck werden die verschiedene Faktoren eines solchen Wissensmanagements betrachtet, die sich in die Informations- und Kommunikationstechnologien, die Organisation und das Human Resource Management aufteilen. Das Wissensmanagement besteht zum einen aus den Methoden und deren organisatorischer Verknüpfung, zum anderen aus der technologischen Realisation. Erfolgreich wird ein Wissensmanagementsystem aber erst dann, wenn man den Menschen als dritten Faktor mit berücksichtigt. Der Mensch nimmt eine sehr zentrale Rolle im Wissensmanagement ein, weil nur er Träger seines persönlichen Wissens ist. Deshalb muss, neben den Fragestellungen der Organisation des Systems und der technologischen Umsetzung, der Mensch aktiv mit einbezogen werden. In diesem Zusammenhang wird auch häufig von Anreizsystemen zum Wissenstransfer gesprochen, die unabdingbar für einen aktiven und effektiven Wissensaustausch sind. Durch die Schaffung der geeigneten Rahmenbedingungen lässt sich dies realisieren und die Potenziale eines Wissensmanagements werden ausgeschöpft [Bullinger 1998b, S. 22 f.].

Zwei Denkrichtungen lassen sich in der Wissensmanagement-Diskussion ausmachen, das technokratische Wissensmanagement und die Wissensökonomie [North 2000, S. 35]. Ersteres geht dabei von der Tatsache aus, dass Wissen wie Kapital oder Betriebsmittel gesteuert und gemessen werden kann. Dadurch können eindeutige Ziele für ein Wissensmanagement aus den Unternehmenszielen abgeleitet werden.

Die Wissensökonomie andererseits beschäftigt sich eher mit dem Prozesscharakter von Wissen und rückt eine Gestaltung der Rahmenbedingungen in den Vordergrund. Dieser Ansatz eignet sich für unsere Zwecke, die gezielte Motivation der Mitarbeiter besonders. Es soll eine Umgebung geschaffen werden, in der die Mitarbeiter motiviert sind, Wissen zu erwerben. In der Zwischenzeit versuchen einige Autoren eine Integration beider Sichtweisen indem sie einzelne Elemente von beiden in ein Modell einbeziehen [North 1999, S. 150 f.]. Das Management von Wissen lässt sich in die drei Grundfunktionen Führung, Planung und Organisation unterscheiden, die in ein Drei-Ebenen-Modell für die Wissenshandhabung eingepasst werden. Dieses Modell besteht aus den Ebenen Wissenseinsatz, Wissensträgersysteme und Wissensverarbeitung. Darauf aufbauend lassen sich auch verschiedene Aufgaben für das Wissensmanagement ableiten. Diese Aufgaben sind [Rebhäuser 1996a, S. 21]:

- Management der Wissens- und Informationsquellen,
- Management der Wissensträger- und Informationsressourcen,
- Management des Wissensangebots,
- Management des Wissensbedarfs,
- Management der Infrastrukturen.

2.2 Instrumente des Wissensmanagements

Zur Umsetzung von Wissensmanagement gibt es eine Vielzahl von Instrumenten, die einen Teilprozess realisieren. Diese Instrumente können dabei sowohl Methoden oder Verfahren sein, als auch in Form von Software-Tools vorliegen. Sie sind häufig von der Grundkonzeption her variabel, so dass sie auf viele Unternehmen, mit einer individuellen Anpassung, übertragen werden können. Eine vollständige Aufzählung dieser Instrumente wäre hier zu umfangreich[2]. Deshalb werden drei der bekanntesten Instrumente kurz dargestellt. Sie bilden die verschiedenen Aspekte im Wissensmanagement ab und schaffen so einen exemplarischen Überblick:

- Community of Practice (CoP)
- Wissenslandkarten
- Anreizsysteme

2.2.1 CoP

Ein erfolgsversprechender und in der Literatur häufig diskutierter Ansatz für das Wissensmanagement sind Communities of Practice (CoPs). Darunter sind Gruppen von Personen zu verstehen, die durch gemeinsame Interessen, Tätigkeiten, Probleme oder ein gemeinsames Bestreben miteinander verbunden sind. Im Zentrum der Aktivitäten dieser sozialen Netzwerke stehen der Austausch von Ideen, Einsichten und Erkenntnissen durch kontinuierliche Interaktion. Die Mitgliedschaft in einer CoP wird nicht zugewiesen wie beispielsweise bei Projektteams, sondern beruht auf persönlichen Präferenzen sowie intrinsischen Motivationsfaktoren [Henschel 2001].

Virtuelle Gemeinschaften können als Sonderform von CoPs betrachtet werden, da die Interaktion und Kommunikation fast ausschließlich über elektronische Medien erfolgt: *„Eine virtuelle Gemeinschaft ist ein Zusammenschluss von Menschen mit gemeinsamen Interessen, die untereinander mit gewisser Regelmäßigkeit und Verbindlichkeit auf computervermitteltem Wege Informationen austauschen [damit Wissen gemeinsam aufbauen] und Kontakte knüpfen“* [Döring 2001, S. 2]. Während Informations- und Kommunikationstechnologien im Zusammenhang mit Wissensmanagement bisher vorwiegend als Medien zur Distribution expliziten Wissens angesehen wurden, sehen Verfechter der virtuellen Communities ein neues Paradigma in der zwischenmenschlichen Kommunikation [Kuhlen 2002]. Die Unterstützung für informelle Prozesse, die Generierung neuen Wissens, das Aufdecken und Kommunizieren impliziten Wissens sowie vertrauensbildende und identitätsstiftende Maßnahmen rücken dabei in den Mittelpunkt der Betrachtung. Das Paradigma des kommunikativen Wissensmanagements geht davon aus, dass

---

2 Einen guten Überblick über die verschiedenen Instrumente gibt [Döring 2003].

elektronische Kommunikation und virtuelle Gemeinschaften (Virtuelle Knowledge Communities bzw. Communities of Practice) Mehrwerteffekte für verteilte kooperative Prozesse der Wissensgenerierung erbringen können [ebenda]. Mehrwerte ergeben sich zum einen durch die Integration multimedialer Elemente; so können Informationen inhaltlich angereichert und auf verschiedenste Art und Weise präsentiert werden. Neben dem schriftlichen Text können somit auch grafische Präsentationen, bildliche Darstellungen oder akustische Sequenzen und Bewegtbilder gleichzeitig übermittelt werden [Hoffmann 2001, S. 101]. Der Einsatz von Kommunikationsforen bietet nach Kuhlen [Kuhlen 1998, S 60] eine Reihe weiterer Mehrwerte. Sie ermöglichen den Informationsaustausch zwischen Leuten, die im realen Leben kaum eine Chance haben sich zu treffen. Dieser Vorteil kommt vor allem bei international tätigen Unternehmen zum Tragen, da die Mitarbeiter oft tausende von Kilometern voneinander entfernt sind und reale Treffen mit einem erheblichen Zeit- und Kostenaufwand verbunden wären. Weiterhin ermöglicht elektronische Kommunikation die Zusammenarbeit von Personen mit unterschiedlichen fachlichen, professionellen und persönlichen Hintergründen und fördert damit die Aufweichung von Hierarchien. Funktionale Organisationsbarrieren bzw. soziale Barrieren können folglich durch elektronische Kommunikationsformen leichter überwunden werden [Hoffmann 2001, S. 135].

Die in der Regel asynchrone Kommunikationsform hat den Vorteil, dass Antworten durch eine Phase der Informationssammlung bzw. des Nachdenkens angereichert werden können. Ergänzt wird dieser Mehrwert durch die Raum- und Zeitunabhängigkeit elektronischer Foren, wodurch die Erreichbarkeit positiv beeinflusst werden kann. Nicht zu vernachlässigen sind schließlich die in der Regel geringen Kosten (vor allem im Vergleich zu realen Konferenzen) und das Potenzial, dass sich Foren durch die Organisation nach Hypertextprinzipien zu umfassenden Wissensplattformen und Wissensnetzen entwickeln können.

2.2.2 Wissenslandkarten

Wissenslandkarten stellen ein Instrument des Wissensmanagements dar, mit dem man Wissen und Wissensträger in einem Unternehmen identifizieren und strukturieren kann. Sie sind grafische Verzeichnisse von Wissensträgern, Wissensstrukturen, Wissensbeständen, Wissensquellen oder Wissensanwendungen [Probst 1999, S. 110]. Sie erleichtern diese strukturierten Übersichten, das Auffinden von Wissensträgern oder -quellen und erhöhen die Transparenz über das vorhandene Wissen. In einem nächsten Schritt können nun diese Karten genutzt und z.B. ein Expertenverzeichnis für das eigene Unternehmen erstellt werden, gewissermaßen die »Gelben Seiten« des Unternehmens. Durch geeignete Maßnahmen können diese „Gelben Seiten“ der gesamten Organisation zur Verfügung gestellt werden und so bei Problemlösungsprozessen als Hilfe dienen.

2.2.3 Anreizsysteme

Im Zusammenhang mit dem Human Resource Management und dem Wissensmanagement werden oft Anreizsysteme genannt. Die Anreize sollen die Mitarbeiter motivieren und dadurch ihren Beitrag im System vergrößern. Daher gehören sie zu den zentralen Fragestellungen im Wissensmanagement. Anreizsysteme, sowohl materielle als auch immaterielle, stellen einen wichtigen Erfolgsfaktor zur Unterstützung des Wissensmanagements dar [Bullinger 1998, S. 88]. Auf die Anreizproblematik wird im nächsten Kapitel näher eingegangen.

3 Motivation und Anreizsysteme

Die Begriffe Motiv und Motivation spielen im Zusammenhang mit Wissensmanagementsystemen insofern eine Rolle, als dass alles Verhalten von Mitarbeitern, also auch das Verhalten bezüglich Wissensteilung und aktiver Nutzung elektronischer Kommunikations- und Interaktionsplattformen, als eine Funktion der Person und der Situation angesehen werden kann [Rosenstiel 1995, S. 211]. Die Qualität und die Quantität von Leistungen, die von Personen erbracht werden, werden von vier Determinanten bestimmt [Comelli 2001]. Danach ist die aktive Beteiligung am Wissensmanagement davon abhängig, ob die Mitarbeiter es wollen, d.h. dazu motiviert sind (persönliches Wollen), ob die nötigen Fähigkeiten und Fertigkeiten vorhanden sind (Können), ob es erlaubt ist (soziales Dürfen) und ob es die Situation zulässt (situative Ermöglichung). Die Leistungsabgabe eines Mitarbeiters erfolgt also nicht automatisch, wenn die entsprechenden Fähigkeiten vorhanden sind, sondern wird durch äußeren Zwang oder durch innere Motivation hervorgerufen [Schulz 2000, S. 39]. Der äußere Zwang verursacht allerdings meist nur Leistungen, die zum Pflichtbereich gehören. Will man Leistungen darüber hinaus erzielen, so muss man die Leistungsbereitschaft bzw. die Motivation des Mitarbeiters fördern. Als Arten von Motivation werden in der Literatur die extrinsische und die intrinsische Motivation unterschieden. Die extrinsische Motivation dient einer mittelbaren Bedürfnisbefriedigung, die außerhalb des zu motivierenden Bereiches liegt. Im Bezug auf den Beruf bedeutet das, dass die unmittelbare Bedürfnisbefriedigung außerhalb der Arbeitstätigkeit z.B. durch die Entlohnung erfolgt. Die intrinsische Motivation hingegen erfolgt unmittelbar aus der Tätigkeit heraus, die an sich als herausfordernd oder befriedigend empfunden wird [Mergel 2000, S. 16].

Motivation entsteht, wenn durch Faktoren der Umgebung Motive aktiviert werden, die ein bestimmtes Verhalten auslösen. Motive bezeichnen hierbei ein kognitives, affektives und wertgerichtetes Teilsystem einer Person, das angeboren ist oder durch Sozialisation entsteht. Aus latenten Motiven werden erst durch das Zusammenspiel individuell wirksamer Situationsfaktoren und personaler Faktoren konkrete Handlungen [Kehr 1999, S. 4]. Diesen Prozess bezeichnet man als Personen-Situations-Interaktion.

Im Bereich der Motivationspsychologie gibt es noch keine konzeptuelle Klarheit. Dabei lassen sich zwei verschiedene Klassen von Ansätzen unterscheiden, die Inhaltstheorien und die Prozesstheorien [Rosenstiel 1992, S. 218]. Die Inhaltstheorien der Motivationspsychologie beschäftigen sich mit den Gesetzmäßigkeiten, nach denen der Mensch Ziele anstrebt. Sie werden in die hierarchischen (Maslow, Alderfer) und die nichthierarchischen Inhaltstheorien (Herzberg, McClelland) differenziert. Die Klasse der Prozesstheorien erlangt in letzter Zeit eine immer größere Bedeutung in der Motivationspsychologie. Sie versuchen die Frage zu beantworten, warum Menschen bestimmte Verhaltenswege wählen, um ihre Ziele zu erreichen und wie Verhalten zustande kommt, gerichtet und beendet wird.

Der Begriff Anreizsystem wird in der Literatur vielfältig definiert. Wild definiert Anreizsysteme als *„...die Summe aller bewusst gestalteten Arbeitsbedingungen, die bestimmte Verhaltensweisen (durch positive Anreize, Belohnung etc.) verstärken, die Wahrscheinlichkeit des Auftretens anderer dagegen mindern (negative Anreize, Strafen)...“* [Wild 1973, S. 47]. So gefasst gilt die gesamte Unternehmung als ein Anreizsystem und alle Anreize werden erfasst, man spricht hierbei auch von Anreizsystemen im weitesten Sinne.

In diesem Kontext werden noch zwei weitere Ebenen von betrieblichen Anreizsystemen unterschieden. Zum einen die Anreizsysteme im weiteren Sinn, hierunter wird das gesamte Führungssystem eines Unternehmens gefasst, das sich dann analog zu den Managementfunktionen aufteilt. Zum anderen die Anreizsysteme im engeren Sinn, hierbei handelt es sich um abgeleitete und individualisierte Anreizpläne, die sich konkret an einzelne Mitarbeiter richten [Becker 1995, S. 37]. Betrieblichen Anreizsystemen werden auch bestimmte Aufgabenkomplexe zugeordnet. Sie sollen das erwünschte Verhalten kommunizieren (Lenkungsfunktion), die Individuen veranlassen, das Verhalten im Sinne des Anreizgebers zu ändern (Motivierungsfunktion) und die Individuen bestärken, das Verhalten zu wiederholen (Fortführungsfunktion) [Wälchli 1995, S. 30].

3.1 Anreizarten

Hinsichtlich der Wirkung von Anreizen auf das Individuum kann zwischen einer extrinsischen und intrinsischen Motivation differenziert werden. Ein extrinsischer Anreiz dient einer mittelbaren Bedürfnisbefriedigung, der extrinsische Anreiz fungiert als *„...Mittel zum Zweck der Bedürfnisbefriedigung...“* [Schanz 1991 S. 15.]. Eine Handlung wird nur durchgeführt, weil damit positive Folgen herbeigeführt oder negative Folgen vermieden werden. Der klassische extrinsische Leistungsanreiz ist die monetäre Gratifikation. Im Gegensatz hierzu stellt bei der intrinsischen Motivation die Aktivität oder deren Ziel eine unmittelbare Bedürfnisbefriedigung dar. Individuen sind meist nicht nur extrinsisch bzw. intrinsisch motiviert, sondern diese beiden Zustände stellen eher die Endpunkte eines Kontinuums dar. Anreize lassen sich anhand von zwei verschiedenen Aspekten systematisieren. Zunächst können Anreize, abgeleitet aus der Unterscheidung zwischen extrinsischer und intrinsischer Motivation, in extrinsische und intrinsische Anreize aufgeteilt werden. In einer zweiten Stufe werden Anreize noch anhand ihres Anreizobjektes in materielle und immaterielle Anreize unterschieden [Mergel 2000, S. 15].

Die extrinsischen Anreize bestehen aus materiellen und immateriellen Anreizen. Materielle Anreize bestehen aus direkten monetären Zuwendungen oder Leistungen, die unmittelbar auf monetäre Faktoren zurückzuführen sind, wie bspw. soziale Zusatzleistungen. Der Vorteil der monetären Anreize ist darin zu sehen, dass sie variabel und leicht steuerbar sind und sie ein nahezu universelles Mittel zur Bedürfnisbefriedigung darstellen [Schanz 1991, S. 14].

Da die Wirkung monetärer Faktoren mit zunehmender Höhe nachlässt, werden rein materielle Anreizsysteme durch immaterielle Anreize ergänzt. Für die Gestaltung solcher Anreize können sechs Gestaltungsfelder identifiziert werden. Hierbei handelt es sich um die Bereiche Karriere, Unternehmenskultur, persönliches Umfeld, Führungsverhalten, Arbeitsumfeld und Qualifikation. Der Einbezug von immateriellen Anreizen birgt aber auch Herausforderungen, da sie häufig situationsgeprägt sind, von Individuen unterschiedlich wahrgenommen werden und schwierig zu steuern sind [Wälchli 1995, S. 131 f.].

Die intrinsischen Anreize sind eng mit der Arbeit und ihrer Ausgestaltung verbunden, da die Motivation direkt aus dem Arbeitsinhalt oder ihrem Ergebnis erfolgt. Die Anreize in diesem Bereich der Motivation haben fast ausnahmslos immateriellen Charakter. Es lassen sich in diesem Zusammenhang einige Erlebnismerkmale unterscheiden [Hackmann 1980, S. 77]:

- Erleben eines Arbeitsinhaltes
- erlebte Arbeitsverantwortung
- Kenntnis des Arbeitsergebnisses

Das Erleben des Arbeitsinhaltes wird durch drei Faktoren beeinflusst, die Vielfältigkeit der Aufgabe, die Ganzheitlichkeit der Aufgabe und die Bedeutung der Aufgabe. Die Vielfältigkeit bezieht sich dabei auf die Anforderungen des Arbeitsinhaltes bzgl. der Breite der Fähigkeiten, die zur Erfüllung benötigt werden. Des Weiteren sollte die Aufgabe einen erkennbaren Start- und Endpunkt sowie einen Einfluss auf das Produkt haben. Die Arbeit sollte ferner einen Einfluss auf das Leben von anderen Menschen haben und so eine Bedeutung erfahren.

Die erlebte Arbeitsverantwortung setzt eine gewisse Eigenständigkeit des Mitarbeiters voraus. Er muss Raum für eigene Entscheidungen bezüglich der Arbeitsdurchführung haben, dadurch fühlt er sich verantwortlicher für die erreichten Ergebnisse. Die Kenntnis des Arbeitsergebnisses sollte durch eine rückkoppelnde Information erfolgen. Die Wirkung hängt dabei stark von der Unmittelbarkeit und der Schnelligkeit der Information, in Bezug auf das Ende der Tätigkeit, ab [Hackmann 1980, S. 80].

3.1.1 Anforderungen an ein Anreizsystem

Resultierend aus den Ergebnissen der Motivationspsychologie ergeben sich somit sieben Anforderungen an ein Anreizsystem:

Tabelle 1: Anforderungen an ein Anreizsystem

Anforderung	Inhalte
Transparenz	Zusammenhang Leistungsverhalten-> Anreiznutzen beachten
Individualität	Die spezifischen Leistungsmotive sind anzusprechen
Langfristigkeit	Schrittweise Anpassung an die Motivstrukturen der Partizipanten
Qualifikationsorientierung	Qualifikation der Partizipanten zur Beteiligung
Flexibilität	Bewusstsein bei den Partizipanten aufbauen
Leistungsorientierung	Möglichkeit der Anpassung der Elemente des Anreizsystems an sich verändernde Bedingungen
Wirtschaftlichkeit	Leistungsergebnisse sind auf der Grundlage von (durch die Partizipanten) beeinflussbaren Bemessungsgrundlagen zu quantifizieren

3.2 Instrumente eines Anreizsystems

Unter der Berücksichtigung externer und interner Motive ergeben sich für den Einsatz von Anreizsystemen folgende Ebenen, in denen unterschiedliche Anreize angespochen und durch entsprechende Systeme gestaltet werden können:

- Arbeitsklima, Arbeitsinhalte, Ansehen des Unternehmens, Verdienst, Aufstiegschancen, betriebliche Sozialleistungen und zeitliche Freiräume[3].

Instrumente, die zum einen die Wissensbereitstellung und zum anderen die Wissensnutzung fördern sollen sind:

- Anerkennung durch andere Mitarbeiter, Dienstbefreiung, Prämien, Sachgeschenke (Reisen, Buchpreise), Arbeitsplatzausstattung, Fortbildung, Reportveröffentlichungen, Beförderung oder Erhöhung des internen Budgets.

Der richtige Einsatz dieser Instrumente in den einzelnen Ebenen ist die Aufgabe bei der Gestaltung eines Anreizsystems für das Wissensmanagement. Dabei muss ganz individuell auf die Eigenheiten der Unternehnung eingegangen werden. Es

---

[3] Die Reihenfolge entspricht dem Ergebnis der Befragung der Mitarbeiter von 314 mittelständischen Unternehmen. 75% der Unternehmen setzten dabei bereits Anreizsyteme in ihrem Wissensmanagement ein. Die Ergebisse sind aus der Studie „Anreizsysteme im Wissenmanagement" [Bullinger 2003] entnommen.

gibt also nicht „das“ Anreizsystem, sondern unterschiedliche Anreizsysteme die jeweils auf die Bedürfnisse der einzelnen Unternehmung zugeschnitten sind.

Im Folgenden wollen wir uns der Gestaltung eines Anreizsystems widmen, das in der wissenschaftlichen Ausbildung eingesetzt werden soll.

4 Anreizsystem für den Einsatz in der wissenschaftlichen Ausbildung

Bei „K3[4]“ handelt es sich um ein offenes Software-System, das in Ausbildungssituationen an Hochschulen kollaboratives und verteiltes Erarbeiten von konzeptuellem Wissen über heterogene Ressourcen und moderierte elektronische Kommunikationsforen ermöglicht. Zusätzliche Informationskompetenz soll durch die Einbindung externer Informationsressourcen (aus dem Web und der Fachwelt) erworben werden. Das aufgebaute Wissen wird hochgradig vernetzt, begriffs- und textsemantisch strukturiert sowie für eine komfortable Navigation in seiner Vernetzung visualisiert.

Die Besonderheit von K3 ist das vorgesehene Crediting-/Rating-System. Die Beiträge der Lernenden werden über ein flexibles Anrechnungssystem bewertet. Jeder noch so kleine Beitrag der Studierenden, z.B. ein Kommentar zu einem Eintrag in einem Kommunikationsforum oder das kommentierte Einbringen einer externen Verknüpfung, wird dem Beitragenden angerechnet, entweder als individuelle Leistung oder als Teil der Gruppenleistung. Hierdurch wird eine dynamische und individuelle, aber auch das Gruppenverhalten berücksichtigende Evaluierung des Lernerfolgs über aktive Teilnahme möglich.

Die klassischen Benotungsverfahren sollen durch flexible und kontinuierlich bekannt gemachte Anerkennungs- und Feedback-Verfahren ersetzt bzw. ergänzt werden. Jeder Studierende kann laufend seinen Lernerfolg und seine Positionierung in der Gesamtgruppe kontrollieren. Da es sich bei K3 um ein kooperatives System handelt, ist nicht mehr das "einfache" Abfragen von Wissen (mittels Klausur) oder die individuelle Hausarbeit zur Bewertung der Leistung der Studierenden geeignet, es ergeben sich völlig neue Bewertungsmöglichkeiten. Die Evaluierung der Studierenden kann nun z.B. über die aktive Nutzung des Systems, die Häufigkeit der Beiträge, deren Rezeption sowie deren Qualität durchgeführt werden. Makro-Lernziele sind so gleichermaßen die Entwicklung von Informations- und

---

[4] Dieses System wird zur Zeit an der Universität Konstanz am Lehrstuhl Informationswissenschaft (Prof. Kuhlen) entwickelt. Es handelt sich dabei um ein vom BMBF (FhG PT-NMB+F) im Rahmen des Programms „Innovation und Arbeitsplätze in der Informationsgesellschaft des 21. Jahrhunderts“ in Bezug auf die Fachinformation, gefördertes Projekt (Projektnummer: 08C5896). Unter http://www.k3-forum.net sind weitere Informationen zu erhalten.

Kommunikationskompetenz. Wegen der großen Anzahl der zu bewertenden Beiträge müssen automatische Evaluierungsverfahren entwickelt werden. Notwendig sind ebenfalls neu zu entwickelnde, dem kollaborativen Ansatz angemessene Anreiz- und Belohnungssysteme mit starker reputativer Ausrichtung. Dabei können nur die intrinsischen Motive der Teilnehmer angesprochen werden, dies ergibt sich aus der Tatsache, dass jeder Studierende zunächst rein intrinsich motiviert sein Studium absolviert.

4.1 Bewertungssystem

Die klassische Benotung eines Studenten durch das Schreiben einer Klausur (Haus-, Studien-, Projektarbeit) wird durch ein flexibles An-(Ab)rechnungssystem ersetzt, das ganz auf die Anforderungen der kooperativen Produktion und Aneignung von Wissen abgestimmt ist. Jeder geschriebene Beitrag erhält, abhängig von seiner Qualität, eine bestimmte Punkteanzahl. Dabei werden untenstehende Bewertungsmerkmale berücksichtigt (siehe Tabelle 2). Für jede einzelne Ausprägung wird eine bestimmte Punktezahl vergeben, die dann zu einem Endergebnis aufsummiert wird. Der Bewertung der Qualität der einzelnen Beiträge ist dabei wohl die größte Aufmerksamkeit zu schenken. Einiges lässt sich hier sicherlich automatisieren, so z.B. das Überprüfen der Funktionsfähigkeit eines Links oder die vollständige und richtige Zitierweise einer Quelle. Was die inhaltliche Bewertung der Qualität angeht, ist letztendlich doch die kognitive Leistung eines Experten von Nöten. Aber auch hier könnte man z.B. die Lese-, Zitier- oder Verlinkungshäufigkeit eines Beitrags als Maß für seine Qualität heranziehen, denn ein guter Beitrag wird sicherlich häufiger gelesen und zitiert, als ein schlechter Beitrag.

Tabelle 2: Merkmale und Ausprägungen eines Bewertungssystems

Merkmal	Ausprägung
Zeit	Reaktionszeit, Einhalten einer vorgegeben Bearbeitungszeit
Beitrag	Link, Kommentar, Frage, Artikel, Zusammenfassung, neuer Aspekt, Anregung,
Qualität	Gliederung, Struktur, Verständlichkeit, Vollständigkeit, Neuigkeitsgrad, Einschlägigkeit, Validität, Relevanz, ...
Häufigkeit (Anzahl)	Anzahl eigener Beiträge, Lesehäufigkeit eines Beitrags, Zitierhäufigkeit eines Beitrags, ...
Rolle des Teilnehmers	Gast, Anfänger, Moderator, Experte, Dozent, Gruppenmitglied, ...
Reaktion auf	Anfrage eines Gruppenmittglieds, Aufforderung des Dozenten, ...

4.2 Anreizsystem

Die Schaffung von Anreizen gestaltet sich bei einem System, dessen Einsatz in der wissenschaftlichen Ausbildung liegt, recht schwierig, da nur die intrinsische Motivation angesprochen werden kann. Dies wird bei K3 auf drei verschiedenen Wegen versucht.

- Über ein Peronalisierungs-System (My K3) kann sich jeder Teilnehmer seine eigenen Leistungen/Punkte in unterschiedlichen Darstellungsformen anzeigen lassen. Er sieht somit, wo seine Stärken und Schwächen liegen und kann entsprechend reagieren.
- Über ein Anonymisierungs-System bekommt jeder Teilnehmer seine Leistungen/Punkte im Verhältnis zu denen anderer Teilnehmer und da es sich um ein kollaboratives System handelt, auch zur eigenen Gruppe, ebenfalls in unterschiedlichen Darstellungsformen, angezeigt.
- Mit Hilfe regelmässig stattfindender Präsenzveranstaltungen wird versucht, die soziale Motivation der Teilnehmer anzusprechen und dementsprechend die Gruppendynamik zu verbessern.

Literatur

Becker 1995: Becker, F.G.: Anreizsysteme als Führungsinstrumente. In: Kieser, A. (Hg.): Handwörterbuch der Führung. Stuttgart: Schäffer- Poeschel, 1995, S. 34 - 45

Bullinger 1998: Bullinger, H.-J.; Prieto, J.: Wissensmanagement: Paradigma des intelligenten Wachstums - Ergebnisse einer Unternehmensstudie in Deutschland. In: Pawlowsky, P. (Hg.): Wissensmanagement: Erfahrungen und Perspektiven. Wiesbaden: Gabler, 1998, S. 87 - 118

Bullinger 1998b: Bullinger, H.-J.; Warschat, J.; Prieto, J.; Wörner, K.: Wissensmanagement - Anspruch und Wirklichkeit: Ergebnisse einer Unternehmensstudie in Deutschland. In: Information Management, 13, 1998, 1, S. 7 –23

Bullinger 2003: Bullinger H.-J.; Rüger, M.; Koch, A.; Staiger M.: Anreizsysteme im Wissensmanagement – Knowledge meets Motivation. Fraunhofer IAO. Arbeitsbericht 2003

Bürgel 1998: Bürgel, H.D.; Zeller, A., Forschung und Entwicklung als Wissenscenter. In: Bürgel (Hg.): Wissensmanagement. Berlin; Heidelberg: Springer, 1998, S. 53 – 65

Comelli 2001: Comelli, G.; v. Rosenstiel, L.: Führung durch Motivation: Mitarbeiter für Organisationsziele gewinnen. München: Vahlen, 2001

De Long 2000: De Long, D.W.; Fahey, L.: Diagnosing cultural barriers to knowledge management. The Academy of Management Executives 4: 2000, S. 113-127.

Döring 2001: Döring, N.: Virtuelle Gemeinschaften als Lerngemeinschaften!? Zwischen Utopie und Dystopie. Zeitschrift für Erwachsenenbildung des Deutschen Instituts für

Erwachsenenbildung (DIE). http://www.die-frankfurt.de/Zeitschrift/32001/ positionen4.htm. (Letzter Zugriff Januar 2003)

Döring 2003: Döring, N.: Sozialpsychologie des Internet. Die Bedeutung des Internet für Kommunikationsprozesse, Identitäten, soziale Beziehungen und Gruppen. Göttingen; Bern: Hogrefe, 2003

Frey 2002: Frey, B.S.; Osterloh, M.: Managing Motivation: Wie Sie die neue Motivationsforschung für Ihr Unternehmen nutzen können. Wiesbaden: Gabler, 2002

Hackmann 1980: Hackmann, J.R.; Oldham, G.R.: Work redesign, Reading (Mass.), 1980

Henschel 2001: Henschel, A.: Communities of Practice. Plattform für individuelles und kollektives Lernen sowie den Wissenstransfer. St. Gallen: Universität St. Gallen, 2001

Kehr 1999: Kehr, H.M.; Bles, P.; v. Rosenstiel, L.: Motivation von Führungskräften: Wirkungen, Defizite, Methoden. In: zfo, 68,1999, 1, S. 4 -9

KPMG 2001: KPMG: Knowledgemanagement im Kontext von eBusiness. Status quo und Perspektiven 2001. http://www.bearingpoint.de/media/library_solution_km/ Knowledge%20Management%20im%20Kontext%20von%20eBusiness%202001.pdf. (Letzter Zugriff Januar 2003)

Kuhlen 1998: Kuhlen, R.: Die Mondlandung des Internet. Die Bundestagswahl 1998 in den elektronischen Kommunikationsforen. Konstanz: UVK, 1998

Kuhlen 2002: Kuhlen, R.: Wissensmanagement über elektronische Kommuikationsforen. In: Proceedings SEL-ALCATEL: Summer school Berlin. http://www.inf-wiss.uni-konstanz.de/People/RK/Publikationen2002/sel-alcatel-rk-wissensmanagement.pdf. (Letzter Zugriff Januar 2003)

Mergel 2000: Mergel, I.; Reimann, M.: Anreizsysteme für Wissensmanagement in Unternehmensberatungen. In: Wissensmanagement, 2, 2000, 4, S. 15 -19

Nonaka 2001: Nonaka, I.; Nishiguchi, T.: Knowledge Emergence. Social, Technical, and Evolutionary Dimensions of Knowledge Creation. Oxford: Oxford University Press, 2001

North 1999: North, K.: Wissensorientierte Unternehmensführung: Wertschöpfung durch Wissen. Wiesbaden: Gabler, 1999

North 2000: North, K.: Wissen schaffen in Forschung und Entwicklung. In: Bürgel (Hg.): Wissensmanagement. Berlin; Heidelberg: Springer, 1998, S. 29 - 49

Probst 1999: Probst, G.J.B.; Raub, S.; Romhardt, K.: Wissen managen: wie Unternehmen ihre wertvollste Ressource optimal nutzen. Frankfurt am Main; Wiesbaden: Gabler, 1999

Rebhäuser 1996a: Rebhäuser, J.; Krcmar, H.: Wissensmanagement im Unternehmen, Arbeitspapier Nr. 98 Lehrstuhl für Wirtschaftsinformatik Universität Hohenheim. Stuttgart, 1996

Rebhäuser 1996b: Rebhäuser, J.; Krcmar, H.: Wissensmanagement im Unternehmen. In: Schreyögg, G.; Conrad, P. (Hg.): Wissensmanagement. Berlin; New York: de Gruyter, 1996, S. 1 - 40

Rosenstiel 1992: v. Rosenstiel, L.: Grundlagen der Organisationspsychologie: Basiswissen und Anwendungshinweise. Stuttgart: Schäffer-Poeschel, 1992

Rosenstiel 1995: v. Rosenstiel, L.; Molt, W.; Rüttinger, B.: Organisationspsychologie. Stuttgart; Berlin; Köln: Kohlhammer, 1995

Schanz 1991: Schanz, G.: Motivationale Grundlagen der Gestaltung von Anreizsystemen. In: Schanz (Hg.): Handbuch Anreizsysteme in Wirtschaft und Verwaltung. Stuttgart: Poeschel, 1991, S. 3 - 30

Schulz 2000: Schulz, V.: Nichtmaterielle Anreize als Instrument der Unternehmensführung: Gestaltungsansätze und Wirkungen. Wiesbaden: Dt. Univ.-Verl., 2000

Wälchli 1995: Wälchli, A.: Strategische Anreizgestaltung: Modell eines Anreizsystems für strategisches Denken und Handeln des Managements. Bern; Stuttgart; Wien: Haupt, 1995

Wild 1973: Wild, J.: Organisation und Hierarchie. In: zfo, 42, 1973, 1, S. 45 – 54

Die Berücksichtigung von intellektuellem Kapital in der Rechnungslegung zur Ermöglichung einer umfassenden Unternehmensbewertung

Michaela Schaffhauser-Linzatti; Universität Wien

1 Einleitung

Die wachsende Diskrepanz von Bilanzwerten und tatsächlichem Unternehmenswert geht in einem großen Ausmaß auf die steigende Bedeutung von Intellektuellem Kapital zurück.[1] Das Intellektuelle Kapital löst zunehmend Sach- und Finanzvermögen als Schlüsselressource für Wertschöpfung und Vermögensbildung auf betrieblicher – und volkswirtschaftlicher – Ebene ab.[2] Dennoch wird es entgegen seiner Bedeutung am Kapitalmarkt kaum wahrgenommen, da noch zu wenig bekannt ist, wie die nicht finanziell dargestellten – und darstellbaren – Faktoren den langfristigen Unternehmenserfolg beeinflussen.[3]

Weltweit existieren keine gesetzlichen Regelungen, die eine Einbeziehung von Intellektuellem Kapital ermöglichen oder sogar vorschreiben.[4] Seine unzureichende Berücksichtigung in der Rechnungslegung verlangt nach tiefgreifenden Reformen,[5] um die gesetzlichen Erfordernisse nach einer den tatsächlichen Verhältnissen entsprechenden Darstellung der Vermögens-, Finanz- und Ertragslage eines Unternehmens zu erfüllen. Nach Steven Wallman von der Securities Exchange

---

1 Vgl. Lev/Sougiannis (1996), Maul (2000). Die Diskrepanz beträgt nach Lev/Zarowin (1999) in den USA bis zu 40% des Unternehmenswertes, Jorritsma/Lebbink (1999) erheben für die Niederlande einen Anteil von 35 %. Maul/Menninger (2000) weisen nach, dass zwischen rund 50-90% des Wertes deutscher Unternehmen aus nicht aktivierten Marken resultieren. Zu immateriellen Vermögenswerten in der Schweiz siehe z.B. von Rütte/Hoenes (1995).

2 Vgl. Stewart (1997), Edvinsson (2003).

3 Vgl. Exer (2002), S. 9. Nach Helbling (2002), S. 735, orientiert sich die Unternehmensbewertung immer mehr am Kapitalmarkt. Die Bedeutung der Rechnungslegung wird – vielleicht wegen ihrer Unvollständigkeit – weiter zurückgedrängt.

4 Eine Ausnahme bildet das Universitätsgesetz 2002, das eine Wissensbilanz für staatliche Universitäten in Österreich vorschreibt.

5 Malone (1999), Roos/Roos (1997), Drucker (1993).

Commission wird künftig die Wissensbilanz Kernstück der Rechnungslegung, das traditionelle Rechnungswesen nur Beiwerk.[6] Unter Wissensbilanz wird im folgenden jedes dem Rechnungswesen nahestehende Berichtwesen an unternehmensexterne Dritte verstanden, das Informationen über Intellektuelles Kapital enthält.[7] In der Praxis entwickelt sich tatsächlich die – freiwillige – Veröffentlichung von Wissensbilanzen schon beinahe zum Standard von Kapitalmarktinformationen.[8] Diese Wissensbilanzen versuchen, in Form des Intellectual Capital Reportings die Gesamtheit des Intellektuellen Kapitals in eigenständigen Berichten abzubilden, wobei einer individuellen Darstellung auf Basis unternehmensspezifischer Indikatoren der Vorzug gegeben wird.[9] Aus wissenschaftlicher Sicht stellt diese zur Zeit präferierte Methode des Ausweises von Intellektuellem Kapital in Form von individuellen Kennzahlen und qualitativen Beschreibungen einen wichtigen Beginn, aber dennoch nur eine Zwischenlösung dar. Erst eine rechtliche Gleichstellung und Gleichbehandlung aller Vermögenswerte im Rahmen der gesetzlich vorgeschriebenen Rechnungslegung erlaubt eine umfassende Beurteilung von Unternehmen. Solche integrativen Ansätze werden von Wissensbilanzen in Form des Human Resource Accounting entwickelt, die eine monetäre Bewertung des Humankapitals sowie seine Eingliederung in die Bilanz in den Vordergrund stellen.[10] Weder die Vorschläge des Intellectual Capital Reportings noch des Human Resource Accounting ermöglichen eine umfassende Berücksichtigung von Intellektuellem Kapital in Übereinstimmung mit der gesetzlichen Lage.

Die vorliegende Arbeit fasst den Stand der Diskussion zusammen. Sie versteht sich als Beitrag, wie Intellektuelles Kapital im Sinne des Human Resource Accounting in die Rechnungslegungsvorschriften der deutschsprachigen Volkswirtschaften Deutschland, Liechtenstein, Österreich und Schweiz[11] eingebettet werden

---

6 Vgl. Edvinsson/Malone (1997), S. 1.

7 Es existiert in Literatur und Praxis keine allgemeingültige Definition des Begriffes Wissensbilanzierung. Die vorgeschlagene Begriffsbestimmung versucht, die zahlreichen Termini und Synonyme auf einer breiten Basis zusammenzufassen.

8 Siehe z.B. Haller/Dietrich (2001b). Als grobe Richtlinie von Intellectual Capital Reports veröffentlichen das Dänische Handels- und Industrieministerium (2003 a,b) und die Dänische Handelskammer (2003) ausführliche Vorschläge.

9 Z.B. Skandia (1994), Austrian Research Centers Seibersdorf (2002), Deutsche Luft- und Raumfahrt (2002), Donau-Universität Krems (2003).

10 Siehe z.B. Hekimian/Jones (1967), Likert (1967), Brummet/Flamholtz/Pyle (1969), Flamholtz (1985).

11 Der Artikel folgt der Struktur der deutschen Rechnungslegung und integriert die anderen Vorschriften entsprechend. Es wird generell auf die Regelungen zum Einzelabschluß Bezug genommen, für Deutschland das deutsche Handelsgesetzbuch (dHGB), für Liechtenstein das Personen- und Gesell-

kann. Dafür wird eine mögliche Aufnahme von Intellektuellem Kapital in die Bilanz nach den traditionellen Kriterien Bilanzierung dem Grunde nach (Kapitel 2), Bilanzierung der Höhe (Kapitel 3) und Bilanzierung dem Ausweis nach (Kapitel 4) überprüft und gesetzliche Grundlagen, aktuelle Forschungserkenntnisse und empirische Studien zur Ableitung von Handlungsempfehlungen (Kapitel 5) an Gesetzgebung und betriebswirtschaftliche Forschung herangezogen. Das Fazit in Kapitel 6 fasst die Ergebnisse zusammen und unterstreicht nochmals den Bedarf einer intensiven Auseinandersetzung mit der Integration der Wissensbilanz in die traditionelle Rechnungslegung.

2 Bilanzierung von Intellektuellem Kapital dem Grunde nach

Die Bilanzierung dem Grunde nach klärt, ob eine wertbestimmende Größe aktiviert werden darf. Für die Wissensbilanzierung ist zu untersuchen, ob bzw. wie Intellektuelles Kapital in der Rechnungslegung als Vermögensgegenstand berücksichtigt wird.[12] Nach der Beschreibung der diesem Artikel zugrundegelegten Definition von Intellektuellem Kapital wird die Aktivierbarkeit von Intellektuellem Kapital als Vermögensgegenstand untersucht.

Mit der zunehmenden Bedeutung der Wissensbilanzierung wächst die Notwendigkeit eines einheitlichen Verständnisses von Intellektuellem Kapital.[13] Trotz (noch)

---

schaftsrecht (PGR), für Österreich das Österreichische Handelsgesetzbuch (öHGB), und für die Schweiz das Obligationenrecht (OR), jeweils in der aktuellen Fassung. Aufgrund des engen Bezuges vom Schweizer Obligationenrecht zu den Swiss GAAP FER (FER, z.B. FER 19 Art. 70 Kotierungsreglement) werden die FER ebenfalls in die Analyse einbezogen. Die International Accounting Standards (IAS) beeinflussen in zunehmendem Ausmaß die nationalen Rechnungslegungsvorschriften und sind bis spätestens 2005 Teil der nationalen Gesetze. Es wird daher ergänzend auf entsprechende Regelungen und Unterschiede hingewiesen.

[12] Eine Berücksichtigung von Intellektuellem Kapital nur in der Bilanz greift aufgrund der Auswirkungen auf Gewinn- und Verlustrechnung (G&V), Anhang, Lagebericht (in Deutschland und Österreich; Erfolgsrechnung, Anhang, Jahresbericht in Liechtenstein und der Schweiz) sowie Wirtschaftsprüfung zu kurz, steht aber – in Einklang mit der Literatur – aufgrund seines Charakters als Vermögenswert/Vermögensgegenstand im Vordergrund.

[13] Zum aktuellen Stand der Diskussion darf nicht übersehen werden, dass die jeweiligen Teilbereiche in der Literatur unterschiedliche Aspekte umfassen und trotz der identen Bezeichnung nicht vergleichbar sind. Siehe z.B. Leitner (2002), Mouritsen et al. (2001), Edvinson (1997), Sveiby (1997). Zur irreführenden Bezeichnung Intellektuelles „Kapital" anstelle „Vermögen" siehe ausführlich Edvinsson/Malone (1997).

unklarer Abgrenzung herrscht Einigkeit, dass Intellektuelles Kapital einen selbsterstellten immateriellen Vermögenswert darstellt, der zur Zeit größtenteils nicht als immaterielles Anlagevermögen aktivierbar ist.[14] Von seinem Charakter her ist Intellektuelles Kapital kein Synonym und kein Teilaspekt des Goodwill, auch wenn es in der derzeitigen Rechtslage im derivativen Goodwill enthalten ist.[15]

Die vorliegende Arbeit lehnt sich an die Definition des Arbeitskreises „Immaterielle Werte im Rechnungswesen" der Schmalenbachgesellschaft (AK SG 2001) an, dessen detaillierte Kategorisierung von Teilbereichen des Intellektuellen Kapitals eine differenzierte Behandlung des Intellektuellen Kapitals ermöglicht. (a) Das Innovationskapital bezieht sich auf die Forschung&Entwicklung eines Unternehmens, wobei nicht nur Lizenzen und Patente, sondern auch innerbetriebliche oder selbsterstellte Leistungen subsumiert werden. (b) Das Humankapital umfasst das im Personal und Management inhärente Wissen; es bezieht aber auch psychologische Faktoren wie das Betriebsklima ein.[16] Humankapital wird in der Human Capital Theory[17] als volkswirtschaftlich relevante Größe analysiert, in der betriebswirtschaftlich orientierten Wissensbilanzierung ist es die in der Literatur am häufigsten diskutierte Kategorie. (c) Das Kundenkapital rückt verstärkt in den Blickpunkt der Wissensbilanzierung und umfasst z.B. Kundendateien oder Kundenzufriedenheit. (d) Lieferantenkapital im Sinne von Verbindungen zu Lieferanten ist v.a. bei knappen Ressourcen wesentlich. (e) Unter Investorenkapital werden Beziehungen zu Kapitalgebern und allgemeine Werte, z.B. Kredit-Rating, verstanden, die sich auf Finanzierungskonditionen auswirken. (f) Das Prozesskapital[18] beinhaltet den Wert der Organisation eines Unternehmens, z.B. Kommunikationsnetze oder Qualitätssicherung. (g) Als Standortkapital werden Einflüsse des Standortes auf den Unternehmenswert und die Unternehmensleistung verstanden.

Unabhängig von einer standardisierten Definition vom Begriff Intellektuellem Kapital beinhalten alle analysierten Gesetze beinhalten keine eindeutige Definition

---

[14] Eine Analyse der entsprechenden gesetzlichen Regelungen hat folglich besonders auf selbsterstellte immaterielle Vermögensgegenstände einzugehen.

[15] Folglich wird der Goodwill (Geschäfts- und Firmenwert) nicht weiters berücksichtigt. In Deutschland ist gemäß § 255 Abs. 4 dHGB; in Liechtenstein gemäß Art. 1054 PGR; in Österreich § 203 Abs. 5 öHGB; in der Schweiz gemäß FER 9 ein Ansatz des orginären Goodwills verboten. Somit fiele, wenn man Intellektuelles Kapital als Teil des originären Goodwill interpretierte, eine mögliche Aktivierung unter dieses Ansatzverbot. Ähnlich IAS 38.36 bzw. 38.9.

[16] Vgl. Likert (1967).

[17] Z.B. Ryle (1949), Becker (1964), Schultz (1971).

[18] Nach Edvinsson (1997) organisatorisches Kapital.

vom Begriff Vermögensgegenstand.[19] Sie zählen lediglich auf, welche Vermögensgegenstände jedenfalls zu aktivieren sind.[20] Ist unklar, ob ein Vermögenswert einen Vermögensgegenstand darstellt und gesetzlich in der Bilanz anerkannt wird, ist seine abstrakte und konkrete Bilanzierungsfähigkeit zu überprüfen.[21] Um das Kriterium der abstrakten Bilanzierungsfähigkeit zu erfüllen, müssen folglich die Teilbereiche des Intellektuellen Kapitals selbständig verwertbar, selbständig bewertbar und durch das Recht konkretisierbar sein. Um dem Kriterium der konkreten Bilanzierungsfähigkeit zu genügen, müssen eine subjektive Zugehörigkeit zum Eigentum und zum Betriebsvermögen gegeben sein und dürfen keine expliziten Bilanzierungsverbote bestehen.

---

[19] Nur FER 9 konkretisiert immaterielle Werte als nicht monetäre Werte ohne physische Substanz und zählt in FER 9/17 grundsätzlich aktivierbare immaterielle Vermögenswerte auf.

[20] Deutschland: § 240 Abs. 1, § 247 Abs. 1, § 266 Abs. 2 dHGB; Liechtenstein: Art. 1051, Art. 1068 PGR; Österreich § 198 Abs. 1, § 224 öHGB; Schweiz: Art. 663a OR, FER 1, FER 7. Im Gegensatz zu Deutschland, Liechtenstein und Österreich enthalten die Schweizer Vorschriften eine sehr unverbindliche Gliederung mit großer Wahlfreiheit.

[21] Vgl. Federmann (2000), S. 195ff. In der Schweiz ist die Aktivierung immaterieller Aktiven nach FER 9 optional, wenn die Kriterien der Identifizierbarkeit und des messbaren Nutzungspotentials > 1 Jahr, die für alle Immateriellen gelten, und zusätzlich die Kriterien der separaten Erfassbarkeit und Messbarkeit von Aufwendungen und einer hohen Wahrscheinlichkeit, dass Mittel für Fertigstellung, Vermarktung oder Nutzung verfügbar sind, die für selbst-entwickelte Immaterielle gelten, erfüllt sind (FER 9/2; siehe auch Teitler-Feinberg (4/02), S. 314). Somit sind die Schweizer Kriterien viel weiter gefasst als die abstrakte und konkrete Bilanzierungsfähigkeit, und sogar weiter als die IAS. Diese definieren in Sinne eines case laws einen Vermögensgegenstand als eine Ressource, die von einem Unternehmen beherrscht wird, als Ergebnis vergangener Ereignisse und von der ein Zufluss künftigen wirtschaftlichen Nutzens zum Unternehmen erwartet wird (Framework (F) 49, IAS 38.7); er ist eindeutig identifizierbar vom Geschäfts- oder Firmenwert zu unterscheiden und separierbar (IAS 38.10-11) und verfügt über Kosten oder Werte, die zuverlässig gemessen werden können (F 89). F 50 stellt ausdrücklich fest, dass die in F 49 aufgestellten Kriterien zur Anerkennung eines Vermögensgegenstandes nicht zwingend zur Aktivierung dieses Gegenstandes führen, sondern zusätzlich die Vorschriften in F 82-98 über Anerkennung, Eintrittswahrscheinlichkeit und Zuverlässigkeit ausschlaggebend sind. Somit sind in den IAS der Aktivierung von Vermögensgegenständen ebenfalls enge Grenzen gesetzt, auch wenn einzelne Teilaspekte wie z.B. Forschung&Entwicklung (IAS 38.40) berücksichtigt werden.

(i) Selbständige Verwertbarkeit

Die selbständige Verwertbarkeit im Sinne einer selbständigen Verkehrsfähigkeit ist nur in eingeschränktem Ausmaß gegeben. Beispiele sind der Verkauf von in Datenbanken gespeicherte Kundeninformationen, Weitergabe von bevorzugten Liefer- und Kreditkonditionen an Dritte.

(ii) Selbständige Bewertbarkeit

Die selbständige Bewertbarkeit im Sinne des Grundsatzes der Einzelbewertung ist – zumindest theoretisch – bei jenen Kategorien gegeben, bei denen jede einzelne Handlung bzw. jeder einzelne Sachverhalt für sich alleine nachvollziehbar ist. Beispiele sind Erfindungen im Rahmen konkreter Projekte oder Informationen über Stammkunden. Die durch Synergien innerhalb des Unternehmens oder zwischen Unternehmen und ökonomischer Umwelt charakterisierten Vermögenswerte sind nur in ihrer Gesamtheit zu bewerten und erfüllen daher das Kriterium der Bilanzierungsfähigkeit nicht. Beispiele sind optimal gestaltete Produktionsabläufe oder ein hervorragendes Betriebsklima.

(iii) Konkretisierbarkeit durch Recht

Die Konkretisierbarkeit durch Recht im Sinne einer Einklagbarkeit ist teilweise beim Standortkapital und beim Innovationskapital gegeben, jedoch für alle anderen Kategorien abzulehnen. Beispiele sind regionale Steuervorteile oder noch nicht patentierte Erfindungen.

(iv) Subjektive Zugehörigkeit zum Eigentum

Alle Teilbereiche des Intellektuellen Kapitals mit Ausnahme des Humankapitals enthalten personenabhängige, subjektiv dem Unternehmen zurechenbare Werte. Beispiele sind Prozess- und Standortkapital, Kundendatenbanken oder dokumentierte, aber noch nicht patentierte Erfindungen. Die personenabhängigen Aspekte erfüllen das Kriterium der subjektiven Zugehörigkeit nicht, da Personen nicht im Sinne des rechtlichen Eigentums von einem Unternehmen besessen werden können. Beispiele sind Humankapital oder Kundenbeziehungen.

(v) Zugehörigkeit zum Betriebsvermögen

Das Kriterium der Zugehörigkeit zum Betriebsvermögen wird von allen Teilaspekten unter der Annahme erfüllt, dass das Intellektuelle Kapital ausschließlich im Rahmen des Geschäftsbetriebes eingesetzt wird.

(vi) Bilanzierungsverbot

Wären Intellektuelles Kapital oder Teilaspekte des Intellektuellen Kapitals gemäß den Kriterien (i) – (v) gesetzlich als Vermögensgegenstand anerkannt, sprächen dennoch konkrete Bilanzierungsverbote gegen eine Aktivierung.[22]

Zusammenfassend muss bei Überprüfung des gesamten Intellektuellen Kapitals und seiner einzelnen Teilbereiche festgestellt werden, dass eine gesetzliche Anerkennung als Vermögensgegenstand aufgrund der Kriterien der abstrakten und konkreten Bilanzierungsfähigkeit nicht gegeben ist, auch wenn für einzelne Aspekte v.a. im Bereich des Innovations-, Kunden-, Prozess- und Standortkapitals eine rechtlich erlaubte Bilanzierungsfähigkeit angenommen werden könnte. Aufgrund der umfassenden Bilanzierungsverbote sind letztlich fast alle Teilbereiche von einer gesetzlich erlaubten Aktivierung ausgeschlossen.[23] Dieses Ansatzverbot widerspricht den gesetzlichen Vorschriften, wonach der Jahresabschluss ein möglichst getreues Bild der Vermögens- und Ertragslage zu vermitteln hat.[24] Um Intel-

---

[22] Deutschland: § 248 Abs. 2 dHGB; Liechtenstein: implizit Art. 1068, Art. 1084 PGR; Österreich: § 197 Abs. 2 öHGB; Schweiz: Während nach Art. 664 OR Gründungs-, Kapitalerhöhungs- und Organisationskostenkosten, die aus der Errichtung, Erweiterung oder Umstellung des Geschäfts entstehen, als Bilanzierungshilfen aktiviert werden dürfen, sind nach FER 9 selbsterarbeiteter Goodwill, Kosten für Aus- und Weiterbildung, Restrukturierung sowie für Grundlagen- und angewandte Forschung untersagt. FER 9/17 verbietet ähnlich den IAS 38.15 (Humankapital), IAS 38.16 und 38.51 (Kundenkapital) oder IAS 38.42 (Innovationskapital) den Ansatz von Kundenberatung, Kundenstamm, Marktanteilen oder Absatzrechten.

[23] Die Schweiz hat bezüglich Aktivierungskriterien und -verbote die weitesten Regelungen und ermöglichst somit eine teilweise Berücksichtigung Intellektuellen Kapitals. Nach FER 9 ist zumindest der Ansatz von Entwicklungskosten, (Innovationskapital), Konkurrenzklauseln (Humankapital), Marken und Kundenkarteien (Kundenkapital) oder Modellen und Plänen (Innovations- oder Prozesskapital) erlaubt. Liechtenstein berücksichtigt explizit Forschung&Entwicklung, während Deutschland und Österreich die Aktivierung von Intellektuellem Kapital (allzu?) sehr restriktiv einschränken.

[24] Es entspricht dem Grundsatz der Vorsicht, wonach nur solche Vermögensgegenstände aktiviert werden dürfen, „die konkretisiert, im Rechtsverkehr einen feststehenden Inhalt und im Handelsverkehr einen bestimmten Wert haben" siehe Beck (2003), S. 396. Siehe auch z.B. Art. 1084 Abs. 4 PGR; Art. 662a OR, FER 2. Hingegen zur Verpflichtung zu einer den tatsächlichen Verhältnissen entsprechenden Darstellung des Vermögens: Deutschland: § 242 Abs. 1, § 246 Abs. 1 dHGB; Liechtenstein: Art. 1066 Abs. 1, Art. 1096, Abs. 1 PGR; Österreich: § 195 öHGB; Schweiz: Art. 662a Abs. 1, Art. 959 OR. Ebenso stehen die Einschränkung der IAS in krassem Gegensatz zu F 46, IAS 1.10 und IAS 1.20, die zuverlässige und vollständige Informationen im Sinne

lektuelles Kapital als Vermögensgegenstand anzuerkennen und somit dem Gesetz genüge zu tun, müssen folglich die bestehenden Aktivierungskriterien adaptiert, d.h. aufgelockert, sowie die Bilanzierungsverbote aufgehoben werden. Die Auswirkungen auf die gesamte Rechnungslegung müssen zuvor aufgrund ihrer Bedeutung intensiv diskutiert werden.

3 Bilanzierung von Intellektuellem Kapital der Höhe nach

Die Bilanzierung der Höhe nach klärt, in welcher Höhe, d.h. mit welchem Wert, ein Vermögensgegenstand in die Rechnungslegung aufgenommen werden darf. Für die Wissensbilanzierung ist – unter der Annahme, dass Intellektuelles Kapital als Vermögensgegenstand anerkannt wird – zu untersuchen, ob Intellektuelles Kapital in Einklang mit den gesetzlichen Bestimmungen bzw. Grundsätzen ordnungsmäßiger Bilanzierung (GoB) bewertet werden kann.[25]

Im Rahmen der Erstbewertung werden die Anschaffungs- und Herstellungskosten ermittelt, mit denen ein Vermögensgegenstand aktiviert wird. Die Berechnung der Anschaffungs- und Herstellungskosten ist für alle Gegenstände des Anlagevermögens geregelt.[26] Die Anschaffungskosten umfassen die für Erwerb und Inbetriebnahme benötigten Aufwendungen inklusive nachträglicher Kosten abzüglich Anschaffungspreisminderungen. Die gesetzlich vorgeschriebene Berechnung ist für Intellektuelles Kapital generell möglich, allerdings aufgrund seines Charakters als selbsterstellter immaterieller Vermögensgegenstand nahezu nie anzuwenden. In den Herstellungskosten für immaterielle Vermögensgegenstände des Anlagevermögens sind alle direkt zuordenbaren Material- und Fertigungseinzelkosten sowie Sonderkosten der Fertigung aktivierbar, die direkt zuordenbaren Material- und

---

einer „fair presentation" verlangen. Auch wenn die IAS den Grundsatz des Gläubigerschutzes nicht so nachdrücklich wie die deutsche Rechnungslegung betonen (F 37, IAS 1.20 (b) (iv)), steht der Grundsatz einer vorsichtigen Bilanzierung dem „true and fair view" ohne Verzerrung (IAS 1.20 (b) (iii)) entgegen.

25 Liechtenstein, Schweiz: Grundsätze ordnungsmässiger Rechnungslegung.

26 Anschaffungskosten: Deutschland: § 255 Abs. 1 dHGB; Liechtenstein: Art. 1087 PGR; Österreich: § 203 Abs. 2 öHGB; Schweiz: Art 665 OR, FER 9/7. IAS 38.23-38.26 enthalten die Berechnung der Anschaffungskosten für den separaten Erwerb immaterieller Vermögensgegenstände. Falls kein Marktpreis existiert, gilt IAS 38.7 (at fair value). Herstellungskosten: Deutschland: § 255 Abs. 2,3 dHGB; Liechtenstein: Art. 1088 PGR; Österreich: § 203 Abs. 3 öHGB; Schweiz: Art. 665 OR, FER 9/7. Die Schweizer Vorschriften erlauben große Spielräume bei Ansatz und Bewertung, ähnlich IAS 38.53-IAS 38.55 parallel zu IAS 2 Vorräte. IAS 38.55 schließt ebenso Kosten der Ineffizienz, der Einschulung, der Verkaufsaktivitäten, einer örtlichen Veränderung oder einer Betriebsumstrukturierung aus.

Fertigungsgemeinkosten aktivierungsfähig. Für Vertriebsgemeinkosten und Fremdkapitalzinsen besteht i.a. ein Ansatzverbot.

Diese Ansatzvorschriften sind für die Aktivierung von Intellektuellem Kapital nur sehr eingeschränkt anwendbar. Erstens stellen die gesetzlichen Vorschriften auf eine genaue Zeitdauer bzw. auf genaue Zeitpunkte zwischen Beginn und Fertigstellung der Produktion ab. Die meisten Teilaspekte des Intellektuellen Kapitals hingegen entwickeln sich kontinuierlich und ermöglichen keine terminliche Konkretisierung. Zweitens entstehen Teile des Intellektuellen Kapitals aus sich selbst, ohne dass direkte Kosten anfallen. Dazu zählen Synergien, die in allen Teilaspekten des Intellektuellen Kapitals eine große Bedeutung einnehmen. Sie können somit nicht aktiviert werden.

Im Rahmen der Folgebewertung wird der Restbuchwert der aktivierten Vermögensgegenstände bestimmt. Maßgeblich sind im generellen das Niederstwertprinzip als Ausprägung des Vorsichtsprinzips und im speziellen die konkreten Vorschriften zur Abwertung. Grundsätzlich errechnet sich der Buchwert eines Vermögensgegenstandes am Jahresende durch die Anschaffungs- und Herstellungskosten abzüglich der planmäßigen und außerplanmäßigen Abschreibungen.[27] Im allgemeinen unterliegt Intellektuelles Kapital – außer in Teilaspekten des Innovations-, Human- und Kundenkapitals – keinem planmäßigen Wertverlust und kann daher den gesetzlichen Verpflichtungen zu einer planmäßigen Abschreibung nicht Folge leisten. Die Eignung der – de facto verlangten – linearen Abschreibungsmethode ist für die verbleibenden Teilaspekte, die grundsätzlich einem planmäßigen Wertverlust unterliegen, zu bezweifeln, da diese anderen Wertverläufen wie z.B. dem Lernkurveneffekt

[27] Deutschland: § 253-254, § 279, § 281 dHGB; Liechtenstein: Art. 1052, Art. 1085-1086; Österreich: § 204, § 232 Abs. 4 öHGB; Schweiz: Art. 665, Art. 669 OR, u.a. FER 9/8, 9/10, 9/15, FER 20. Interessant in Bezug auf Humankapital ist die Regelung, dass personenbezogene (sic!) Aktiven nicht mit mehr als 5 Jahre Nutzungsdauer abgeschrieben werden dürfen. Aus der Regelung, dass standortbedingter Goodwill mit einer Nutzungsdauer > 5 Jahre abgeschrieben werden darf, kann geschlossen werden, dass grundsätzlich standortbezogene Faktoren des Intellektuellen Kapitals anerkannt werden könnten (siehe Herzog (1997), S. 9). Siehe auch die bevorzugte Methode (IAS 38.63, 38.80) und die alternativ zulässige Behandlung auf Basis einer regelmäßigen Neubewertung aufgrund von Marktpreisen (IAS 38.64-38.78). Da für beinahe alle Teilaspekte des Intellektuellen Kapitals die Voraussetzungen eines aktiven Marktes mit homogenen Produkten, regelmäßigem Handel und öffentlich zugänglichen Preisen fehlen (IAS 38.7, IAS 38.67), dürfte die alternativ zulässige Behandlung i.a. nicht angewandt werden. Nichtsdestotrotz erscheint sie geeigneter als die bevorzugte Behandlung, da Wertverluste und Wertzuwächse genauer nachvollzogen werden können und keine Abhängigkeit von planmäßigen Abschreibungen besteht.

läufen wie z.B. dem Lernkurveneffekt folgen.[28] Außerplanmäßige Wertverluste sind für alle Teilaspekte des Intellektuellen Kapitals zu berücksichtigen. Wertaufholungen sind im Sinne der tatsächlichen Wertbestimmung zielführend, müssten aber über die Höhe der tatsächlichen Anschaffungs- und Herstellungskosten hinausgehen dürfen.[29]

Zusammenfassend muss verneint werden, dass die gesetzlich vorgeschriebenen Bewertungsmethoden zur Bestimmung des den tatsächlichen Verhältnissen entsprechenden Wertes von Intellektuellem Kapital geeignet sind, da sie dessen prinzipielle Charaktereigenschaften nicht berücksichtigen. Wesentliche Schwachstellen der derzeitigen Regelungen sind, dass der Wert von Intellektuellem Kapital i.a. mit dessen Nutzung steigt, aber eine Überschreitung der Anschaffungs- und Herstellungskosten verboten ist, und dass für die Vielzahl der Teilaspekte von Intellektuellem Kapital keine individuellen Bewertungsverfahren erlaubt sind. Die Bewertung von Anlagevermögen[30] wird vom Gläubigerschutzgedanken geprägt, der sich in allgemeinen Grundsätzen wie Anschaffungswertprinzip, Niederstwertprinzip, Realisationsprinzip, Imparitätsprinzip oder Einzelbewertung niederschlägt. Die daraus resultierenden Bestimmungen sind teilweise auf Intellektuelles Kapital übertragbar, widersprechen aber noch mehr als bei bisher aktivierungsfähigen Vermögensgegenständen dem Ausweis aussagekräftiger Werte. Beispielsweise ist der Grundsatz der Einzelbewertung[31] i.a. nicht anwendbar, da Intellektuelles Kapital hauptsächlich aus Synergien besteht und für eine Bewertung nicht aufgespalten werden kann. Ebenso verzerrt das Anschaffungswertprinzip die tatsächlichen Werte, da die meisten Aspekte von Intellektuellen Kapital dadurch charakterisiert sind, dass sie im Zeitablauf an Wert gewinnen. Beispiele sind noch nicht abgeschlossene Forschungsergebnisse oder langfristige Kundenbeziehungen. Hinter diesen Bewertungsproblemen stehen implizit Forderungen, die eine Abschaffung von Eckpfeilern der traditionellen Rechnungslegung nach sich ziehen. Davon betroffen sind u.a. das Anschaffungswertprinzip, das Nie-

---

[28] Ähnlich den IAS FER 20, die eine tatsächliche Wertminderung auf den Wert, der dem Geschäft zukommt, ermöglicht.

[29] Deutschland: § 253, 280 dHGB; Liechtenstein: Art. 1090 PGR; Österreich: § 208 öHGB; Schweiz: Art. 669a, FER 20. Ähnlich der Schweiz: IAS 36.95, 36.100-36.106.

[30] Die Kapitalmarktorientierung der IAS präferiert eine tageswertnähere Bewertung.

[31] Deutschland: § 240 Abs. 3,4, § 252 Abs. 1 dHGB; Liechtenstein: Art. 1084 Abs. 3 PGR; Österreich: § 201 öHGB; Schweiz: FER 3 (im Einzelabschluss dürfen entgegen der Konzernrechnungslegung gleichartige zusammen ausgewiesene Aktien gesamthaft bewertet werden). In den IAS wird der Grundsatz der Einzelbewertung weiter ausgelegt (IAS 2.19), zur Gruppenbewertung siehe IAS 2.20-2.21.

derstwertprinzip und der Grundsatz der Einzelbewertung. Die Konsequenzen aus diesen Forderungen werden noch intensiv zu diskutieren sein.

4 Bilanzierung von Intellektuellem Kapital dem Ausweis nach

Die Bilanzierung dem Ausweis nach klärt, wie und wo ein Vermögensgegenstand im Jahresabschluss dargestellt wird. Alle Vorschriften zur Rechnungslegung verpflichten zu einer klaren und übersichtlichen Darstellung von Jahresabschlussinformationen, wobei Gliederung und Inhalt gesetzlich reglementiert sind.[32] Für die Wissensbilanzierung ist zu untersuchen, in welcher Form die gesetzlichen Regelungen die Abbildung des Intellektuellen Kapitals ermöglichen.[33]

Die Wissensbilanz, die eine Eingliederung von Intellektuellem Kapital in die Bilanz und G&V fordert, hat dem System der Doppik zu entsprechen. In der Literatur werden zumeist ausschließlich die Aktivseite der Bilanz, jedoch selten die Passivseite sowie die G&V diskutiert.[34] Die Einbettung von Intellektuellem Kapital in die Aktivseite der Bilanz erfordert – je nach Konkretheit der Vorschriften – eine Erweiterung des immateriellen Anlagevermögens bzw. die Ausnutzung bereits vorhandener Spielräume. Die Gliederung der Passivseite und der G&V folgt der Auffassung, ob Aufwendungen und Erträge aus Intellektuellem Kapital in der G&V berücksichtigt, Aktivposten gewinnneutral gegen adaptierte, im Grunde bereits bestehende Passivposten verbucht oder die Teilaspekte des Intellektuellen Kapitals als eigenständige Negativposten definiert werden.

---

32 Mindestgliederung Bilanz, G&V, Anhang, Lagebericht: Deutschland: § 266, § 275, §§ 284-289 dHGB; Österreich: § 231, §§ 236-243 öHGB. Mindestgliederung Erfolgsrechnung, Bilanz, Anhang, Jahresbericht: Liechtenstein: Art. 1068, Art. 1079, Art. 1091, Art. 1092, 1096 PGR; Schweiz: Art. 663, 663a,b,d OR, FER 1.

33 Da trotz steigender Bedeutung und steigenden Bedarfs nach Informationen über Intellektuelles Kapital nicht verpflichtend zu berichten ist, veröffentlicht eine wachsende Zahl von Unternehmen im Sinne des „Value Reporting" freiwillige, unternehmenswertorientierte Informationen über Intellektuelles Kapital (siehe z.B. Haller/Dietrich (2001a)). Diese Berichte unterliegen allerdings keiner Überprüfungspflicht, da sie meist in eigenständigen Berichtsteilen außerhalb des Jahresabschlusses veröffentlicht werden (siehe dazu eine Untersuchung von Fischer et al. (2001) über den NEXAM 50), und sind aufgrund ihrer individuellen Gestaltung nicht vergleichbar.

34 Vorschläge zu einer umfassenden Bilanzgliederung stammen u.a. von Bürgel/ Luz (2000) und Milost (2000). Conrads (1976) bezieht in seine Humanvermögensrechnung auch die G&V ein. Woodruff (1982) beschreibt die von der Barry Corporation veröffentlichte Wissensbilanz.

Den ergänzenden Berichtsteilen kommt in Bezug auf Intellektuelles Kapital wegen des zusätzlichen Informationsbedarfs eine erhöhte Bedeutung zu.[35] Beispiele sind erweiterte Angaben über Bewertungsgrundsätze oder eine detaillierte Aufgliederung der Entwicklung von Intellektuellem Kapital.[36] Da Intellektuelles Kapital in vielen Teilaspekten aus Synergien besteht, sind verstärkt Mitzugehörigkeitsverweise erforderlich. Die existierenden gesetzlichen Ausweisvorschriften ermöglichen die Ausweitung der Berichtspflicht um Intellektuelles Kapital, benötigen jedoch punktuell Zusatzangaben.

Zusammenfassend kann festgehalten werden, dass zur Integration von Intellektuellem Kapital in die gesetzlich verpflichtenden Informationsinstrumente keine tiefgreifenden Veränderungen, sondern partielle Erweiterungen vonnöten sind. Vor allem durch eine ausführliche Berichterstattung im Anhang könnten ausführliche und durch die Wirtschaftsprüfung[37] testierte Informationen übermittelt werden.

5 Handlungsempfehlungen

Zur Berücksichtigung von Intellektuellem Kapital in der Rechnungslegung sind fünf Schritte notwendig, (1) Allgemeingültige Definition von Intellektuellem Kapital, (2) Anerkennung und Aktivierung Intellektuellen Kapitals als Vermögensgegenstand und Integration in die gesetzlich verpflichtete Rechnungslegung, (3) Entwicklung und Auswahl adäquater Bewertungsmethoden, (4) Entwicklung und Auswahl adäquater Darstellungsformen, (5) Berücksichtigung des Zusammenhanges aller betrieblichen Informations- und Managementsysteme.[38]

---

[35] In den IAS verpflichten die notes und schedules gemäß F 21 zu einer umfangreichen Berichterstattung alternativ in der Bilanz oder in den notes (IAS 1.72-1.74, IAS 1.77, IAS 1.85), ausschließlich in den notes (IAS 1.91-1.101) bzw. an einer beliebigen Stelle des Jahresabschlusses (IAS 1.102). In jedem Fall sind Vermögenswerte anzugeben, die nicht aktiviert werden dürfen, aber wesentlich sind (F 88, IAS 1.15c)). Gemäß F 88 und IAS 1.15 wäre Intellektuelles Kapital bereits unter den bestehenden Regelungen als wesentlicher Bestandteil des den tatsächlichen Verhältnissen entsprechenden Bildes bzw. des „true and fair view" in die ergänzenden Berichtsinstrumente aufzunehmen.

[36] Conrads (1976), S. 153ff, und Woodruff (1982), 120ff, haben auf Basis ihres Gesamtkonzeptes detaillierte Anlagespiegel ausgearbeitet, die sich an die Aufzeichnungen über das bisher anerkannte Anlagevermögen anlehnen und alle wesentlichen Informationen enthalten.

[37] Zur vernachlässigten Diskussion über die Wirtschaftsprüfung von Wissensbilanzen siehe Batra (1996).

[38] Der Schwerpunkt der vorliegenden Arbeit und somit die Handlungsempfehlungen konzentrieren sich auf die Punkte 2-4, Punkt 1 ist

(1) Allgemeingültige Definition von Intellektuellem Kapital

Die im Universitätsgesetz 2002 geforderte Dreiteilung in Human-, Struktur- und Beziehungskapital scheint sich bei den bisher entwickelten Definitionen als Standard abzuzeichnen. Diese Gliederung ist aufgrund starker Überschneidungen und schwieriger Operationalisierbarkeit für eine allgemein anwendbare Wissensbilanz kritisch zu hinterfragen. Vor allem aus Gründen der übersichtlichen Strukturierung und Interpretationsmöglichkeit sollte die Kategorisierung des Arbeitskreises der Schmalenbach-Gesellschaft intensiver in die aktuelle Diskussion einbezogen werden.

(2) Anerkennung und Aktivierung Intellektuellen Kapitals als Vermögensgegenstand

Die Anerkennung Intellektuellen Kapitals als Vermögensgegenstand folgt der Auffassung, dass die Definition eines Vermögensgegenstandes von gesamtwirtschaftlichen und allgemein akzeptierten Vorstellungen abhängt.[39] Für eine Aktivierung müssen folglich die gesetzlichen, sehr restriktiven Vorgaben dahingehend adaptiert werden, dass auch selbsterstellte immaterielle Vermögenswerte gleichberechtigt mit körperlichen und angeschafften immateriellen Vermögensgegenständen aktiviert[40] und die bestehenden Bilanzierungsverbote aufgehoben werden. Die in AK SG (2001) diskutierten alternativen Möglichkeiten einer Einbettung in die Bilanz als Korrekturposten im Sinne der Periodisierung, als Bilanzierungshilfe oder als Projekt sind aufgrund ihres Charakters als Behelfslösung abzulehnen.[41] Der dynamische Charakter von Intellektuellem Kapital sowie dessen Individualität verhindern eine lückenlose und dauerhafte Kodifizierung, daher müssen in Anlehnung an die GoB allgemeine Grundsätze ordnungsmäßiger Wissensbilanzierung entwickelt werden, an denen sich Aktivierung und Bewertung bei fehlenden ge-

---

eine Voraussetzung für alle weiteren Schritte, Punkt 5 wird in Hinblick auf eine künftige Einbettung der Wissensbilanzierung in die Kostenrechnung sowie allgemeine Informationssysteme erwähnt (siehe dazu ausführlich Schaffhauser-Linzatti/Kuntner 2003).

39 Vgl. Hamel (Interview 1996 an der London School of Business, zitiert in Edvinsson/Malone (1997)), S. 5. Die Akzeptanz von Intellektuellem Kapital ist aufgrund seiner Bedeutung in Wissenschaft und Praxis als gegeben vorauszusetzen.

40 Einen Ausgangspunkt für die Diskussion könnte Swiss GAAP FER 9 darstellen, die, weiter als die IAS, für alle immateriellen Aktien Identifizierbarkeit und messbares Nutzenpotenzial für alle selbstentwickelten immateriellen Aktien zusätzlich separate Erfassbarkeit und Messbarkeit der Aufwendung, und eine hohe Wahrscheinlichkeit, dass Mittel für Fertigstellung, Vermarktung oder Nutzung verfügbar sind, verlangt. Gerade die expliziten Aktivierungsverbote schränken allerdings die Berücksichtigung von Intellektuellem Kapital wesentlich ein.

41 Vgl. AK SG (2001), S. 991.

setzlichen Regelungen orientieren können. Günther/Günther (2003) präsentieren ein Rahmenkonzept für Grundsätze ordnungsmäßiger Wissensbilanzierung, Schaffhauser-Linzatti (2003) entwickelt Grundsätze für die Wissensbilanzierung an österreichischen Universitäten, die sich an den Erfordernissen der Praxis orientieren.

(3) Entwicklung und Auswahl adäquater Bewertungsmethoden

Die gesetzlich vorgeschriebenen Bewertungsmethoden für bisher anerkannte Vermögensgegenstände bilden den tatsächlichen Wert von Intellektuellem Kapital nicht ab, da sie vorrangig für materielle, abnutzbare Vermögensgegenstände entwickelt wurden und nicht auf die individuellen Charakteristika einzelner Vermögensgegenstände eingehen. Sie sind daher für Intellektuelles Kapital außer Kraft zu setzen.[42] Die in der älteren Literatur entwickelten Bewertungsmethoden haben auf Basis von Kosten, zukünftigen Einnahmen und Marktpreisen einer erfolgreichen Umsetzung in die Praxis nicht standgehalten.[43] Von den neueren Forschungen, die bereits in anderen Bereichen der Betriebswirtschaft anerkannte und erprobte Bewertungsinstrumente adaptieren,[44] erscheint vor allem der Ansatz, eine Bewertung auf Basis von Realoptionen vorzunehmen, aussichtsreich.[45]

(4) Entwicklung und Auswahl adäquater Darstellungsformen

Die gesetzlichen Regelungen sind grundsätzlich zur übersichtlichen und adäquaten Darstellung geeignet und bedürfen nur geringfügiger Adaptionen bzw. Erweiterungen. Die Literatur diskutiert kontroversiell, ob Intellektuelles Kapital in die traditionelle Bilanz eingegliedert oder in einem selbständigen Instrument abgebildet werden soll.[46] Will man Intellektuelles Kapital gleichberechtigt mit den bisher anerkannten Vermögensgegenständen des Anlagevermögens ansehen, muss es in die Bilanz eingegliedert werden. Auf der Aktivseite ist eine Erweiterung des Gliederungsschemas in Abhängigkeit von den gewählten Definitionen und Kategorisierungen für das immaterielle Anlagevermögen zielführend,[47] auf der Passivseite ist zu entscheiden, ob Intellektuelle Verbindlichkeiten als Fremd- oder Eigenkapi-

---

42 Dazu zählen v.a. die Einzelbewertung, das Anschaffungswert- und Niederstwertprinzip sowie die Verpflichtung zu planmäßigen Abschreibungen.

43 Z.B. Lev/Schwartz (1971), Filios (1991), Jaggi/Lau (1974), Albert/Bradley (1995).

44 Z.B. greifen Boudreau/Ramstad (1997) auf Methoden zur Bewertung von Finanzinstrumenten zurück, Dawson (1994) adaptiert Simulationsmodelle, die im Bereich der Logistik angewandt werden.

45 Z.B. Kossovsky (2002), Schaffhauser-Linzatti/Moritsch (2003).

46 Maul (z.B. 2000) spricht sich für eine Integration aus, Altenburger (2003) und Edvinsson/Malone (1997) präferieren eine eigenständige Darstellung.

47 Siehe auch Hofians (1991).

talanteil anerkannt werden.[48] Die Erweiterung der Gewinn- und Verlustrechnung folgt entsprechend der gewählten Bilanzgliederung. Zusatzinformationen sind analog zu den bestehenden Verpflichtungen in den ergänzenden Berichtsinstrumenten auszuweisen. Ein Beispiel wäre die Darstellung der Entwicklung Intellektuellen Kapitals in einem selbständigen oder bereits bestehenden Anlagespiegel. Den Informationen über Bewertungs- und Abschreibungsmethoden sollte aufgrund der notwendigen Individualität für Teilaspekte des Intellektuellen Kapitals eine erhöhte Bedeutung zugewiesen werden.

(5) Berücksichtigung des Zusammenhanges aller betrieblichen Informations- und Managementsysteme

Das interne Rechnungswesen im deutschsprachigen Raum ist sehr stark ausdifferenziert.[49] Dennoch folgt es trotz Freiwilligkeit und rechtlicher Ungebundenheit sehr oft den Strukturen des externen Rechnungswesens. Es ist daher bei der Implementierung von Wissensbilanzen rechtlich und innerhalb der Unternehmen von Beginn an auf eine größtmögliche Einbettung in das interne Rechnungswesen sowie in andere Informations- und Managementsysteme[50] zu achten.

6 Fazit

Weltweit reagieren Unternehmen auf die zunehmende Bedeutung des Intellektuellen Kapitals für die Unternehmensbewertung mit einer wachsenden Anzahl freiwilliger Veröffentlichungen und kreativen, individuellen Darstellungen ihres Intellektuellen Vermögens. Im Gegensatz zu den von den Praktikern präferierten indikatorbasierten Ansätzen bietet die Integration von Intellektuellem Kapital in die traditionelle Rechnungslegung eine allgemein anwendbare, langfristig erfolgversprechende Lösung. Seitens der Wissenschaft liegen allerdings noch keine ausgereiften Konzepte vor, wie die heterogenen Teilaspekte des Intellektuellen Kapitals im Sinne einer den tatsächlichen Verhältnissen entsprechenden Darstellung möglichst umfassend und objektiv nachprüfbar abgebildet werden können.

Monetär orientierte Wissensbilanzen erlauben Vergleiche über Bestand an und Wertschöpfung von Vermögensgegenständen und erarbeiten eine operationale Datengrundlage für das Wissensmanagement. Der Bedarf nach – internationaler – Standardisierung sowie nach gesetzlicher Verankerung von Wissensbilanzen wächst. Durch – teilweise tiefgreifende – Änderungen der analysierten Rechnungslegungsvorschriften in Deutschland, Liechtenstein, Österreich und der

---

48 Für eine ausführliche Diskussion über die Passivseite der Wissensbilanz siehe Berkowitz (2001), Caddy (2000), Harvey/Lusch(1999).

49 Eine Harmonisierung beider Bereiche des Rechnungswesens wird u.a. von Hax (2002) und Küting/Lorson (1998) diskutiert.

50 Z.B. Wissensmanagementsysteme oder Balanced Scorecards.

Schweiz ist eine Einbettung in den traditionellen Jahresabschluss den Grundsätzen ordnungsmäßiger Rechnungslegung durchführbar. Die vorliegende Untersuchung zeigt den Stand der Diskussion auf und entwickelt Handlungsempfehlungen, welche Schritte seitens der Wissenschaft und der Gesetzgebung für eine erfolgreiche Implementierung von Wissensbilanzen im Sinne der Integration in die traditionelle Rechnungslegung notwendig sind.

Literatur

Albert, S., Bradley, K. (1995) The management of intellectual capital. Report of the Business Performance Group (LSE), London, S. 101-107.

Altenburger, O. A. (2003) Die Wissensbilanz nach § 13 UG 2002 aus der Sicht des externen Rechnungswesens, in: Österreichische Rektorenkonferenz (Hrsg.) Wissensbilanz: Bilanz des Wissens? Die Wissensbilanz für Universitäten im Universitätsgesetz 2002, Wien.

Arbeitskreis „Immaterielle Werte im Rechnungswesen" der Schmalenbachgesellschaft (AK SG 2001) Kategorisierung und bilanzielle Erfassung immaterieller Werte, in: Der Betrieb, 54. Jg., Heft 19, 11. Mai 2001, S. 989-995.

Austrian Research Centers Seibersdorf (2002) Wissensbilanz 2001, Wissen schafft Zukunft, Seibersdorf.

Batra, G. S. (1996) Human resource auditing as a tool of human resource valuation: interface and emerging practices, in: Managerial Auditing Journal, Vol. 11, Iss. 8, S. 23-30.

Beck'scher Bilanz-Kommentar, Handels- und Steuerrecht – §§ 238 bis 339 HGB –, (Beck 2003), München.

Becker, G. S. (1964) Human Capital, New York.

Berkowitz, S. J. (2001) Measuring and reporting human capital, in: Journal of Government Financial Management, Vol. 50, Iss. 3, S. 12-17.

Boudreau, J. W., Ramstad P. R. (1997) Measuring Intellectual Capital, Learning from Financial History, in: Human Resource Management, 36 (3), S. 343-356.

Brummet, L., Flamholtz, E. G., Pyle, W. C. (1969) Human resource accounting – development and implementation in industry, Ann Arbor, Michigan.

Bürgel, H. D., Luz, J. (2000) Wissen nutzen – Nutzen messen, Die Wissensbilanzierung als Erfolgsindikator von Wissensmanagement, in: iomanagement, Nr. 10, S. 18-24.

Caddy, I. (2000) Intellectual capital: recognizing both assets and liabilities, in: Journal of Intellectual Capital, Vol. 1, Number 2, S. 129-146.

Conrads, M. (1976) Human Resource Accounting, eine betriebswirtschaftliche Humanvermögensrechnung, Wiesbaden.

Danish Agency for Trade and Industry (2003) A Guideline for Intellectual Capital Statements – a Key to Knowledge Management, Copenhagen, http://www.efs.dk/ publikationer/rapporter/guideline/CS/kolofon.htm.

Danish Ministry of Science, Technology and Innovation (2003a) Analysing Intellectual Capital Statements, Copenhagen,

http://videnskabsminiseriet.dk/cgi-bin/theme-list.cgi?theme_id=100650&_lang=uk.

Danish Ministry of Science, Technology and Innovation (2003b) Intellectual Capital Statements in Practice, Copenhagen,

http://videnskabsministriet.dk/cgi-bin/theme-list.cgi?theme_id=100650&_lang=uk.

Dawson, C. (1994) The use of simulation methodology to explore human resource accounting, in: Management Decision, 32(7), S. 46-52.

Deutsche Luft- und Raumfahrt (2002) Wissensbilanz 2001, Köln.

Donau-Universität Krems (2003) Wissensbilanz 2002, Krems,

www.donau-uni.ac.at/presse/kategorie_offen8.html.

Drucker, P. F. (1993) Post-Capitalist Society, New York.

Edvinsson, L. (1997) Developing Intellectual Capital at Skandia, in: Long Range Planning, Vol. 30, No. 3, S. 366-373.

Edvinsson, L. (2003) New Perspectives of Austrian Enterprising Leadership for Value Creation, Vortrag im Rahmen der Tagung: Wissensbilanz: Bilanz des Wissens? Die Wissensbilanz für Universitäten im Universitätsgesetz 2002, 24.6.2003, Wien.

Edvinsson, L., Malone, M. (1997) Intellectual capital – Realizing your company's true value by finding its hidden brainpower, New York.

Exer, A. (2002) Immaterielle Werte, ABT Revisions-Gesellschaft, Vortrag 19.8.2002.

Federmann, R. (2000) Bilanzierung nach Handelsrecht und Steuerrecht, Berlin.

Filios, V. (1991) Human resource accounting. Is social accounting a managerial reappraisal? Human Systems Management, 10, S. 267-280.

Fischer, T. M., Wenzel, J., Kühn, Ch. (2001) Value Reporting – Wertorientierte Berichterstattung in den Nemax 50-Unternehmen, in: Der Betrieb, Heft 23 vom 8.6.2001, 54. Jg., S. 1209-1216.

Flamholtz, E. (1985) Human Resource Accounting, Los Angeles.

Günther, E., Günther, Th. (2003) Zur adäquaten Berücksichtigung von immateriellen und ökologischen Ressourcen im Rechnungswesen, in: Controlling, Heft 3/4, März/April 2003, S. 191-199.

Haller, A., Dietrich, R. (2001a) Freiwillige Unternehmensberichterstattung in den USA, in: KOR, Zeitschrift für kapitalmarktorientierte Rechnungslegung, 1. Jg., September/Oktober 2001, S. 206-210.

Haller, A., Dietrich, R. (2001b) Intellectual Capital Bericht als Teil des Lageberichts, in: Der Betrieb, Heft 20 vom 18.5.2001, 54. Jg., S. 1045-1052.

Harvey, M. G., Lusch, R. F. (1999) Balancing the Intellectual Capital Books: Intangible Liabilities, in: European Management Journal, Vol. 17, S. 85-92.

Hax, H. (2002) Integration externer und interner Unternehmensrechnung. In H.-U. Küpper, Wagenhofer, A. (Hrsg.) Handwörterbuch Unternehmensrechnung und Controlling, Stuttgart, S. 758-767.

Hekimian, J.S., Jones, C. H. (1967) Put People on Your Balance Sheet, in: Harvard Business Review, Jan./Feb., S. 105-113.

Helbling, C. (2002) 25 Grundsätze für die Unternehmensbewertung, Die wichtigsten unbestrittenen Grundsätze aus der Praxis der Unternehmensbewertung, in: Der Schweizer Treuhänder 9/12, S. 735-744.

Herzog, A. (1997) Steigende Bedeutung immaterieller Investitionen, Abbildungsmöglichkeiten in der internationalen Rechnungslegung,

http://www1.treuhaender.ch/09-97/Rechnungswesen/10dherzo/10dherzo./html

Hofians, R. (1991) Immaterielle Vermögensgegenstände des Anlagevermögens, in: Österreichische Steuer-Zeitung, 15. Jänner 1991, Nr. 1/2, S. 11-21.

Jaggi, B., Lau, H.-S. (1974) Toward a Model for Human Resource Valuation, in: The Accounting Review, April, Vol. 49, Iss. 2, S. 321-329.

Jorritsma-Lebbink, A. (1999) Speech at the International Symposium of the OECD, Measuring and Reporting Intellectual Capital: Experience, Issues, and Prospects, 9.-11. Juni, Amsterdam, www.oecd.org/htm/M00000000/M00000708.htm.

Kossovsky, N. (2002) Fair value of intellectual property: An options-based valuation of nearly 8,000 intellectual property assets, in: Journal of Intellectual Capital, 3(1), S. 62-70.

Küting, K., Lorson, P. (1998) Konvergenz von internem und externem Rechnungswesen: Anmerkungen zu Strategien und Konfliktfeldern, in: Die Wirtschaftsprüfung, Jg. 51, S. 483-493.

Leitner, K.-H. (2002) Intellectual Capital Reporting for Universities: Conceptual background and application within the reorganisation of Austrian universities, paper prepared for the Conference „The Transparent Enterprise. The Value of Intangibles." Symposium "Valuing and Managing Intellectual Capital in Higher Education and Research Organizations", Autonomous University of Madrid, 25.-26. November, Madrid.

Lev, B., Schwartz, A. (1971) On the use of the economic concept of human capital in financial statements, in: The Accounting Review, 46, S. 103-112.

Lev, B., Sougiannis, Th. (1996) The capitalization, amortization, and value-relevance of R&D, in: Journal of Accounting and Economics, Vol. 21, Iss. 1, S. 107-138.

Lev, B., Zarowin, P. (1999) The Boundaries of Financial Reporting and How to Extend Them, in: Journal of Accounting, Vol. 37, Iss. 2, S. 353-385.

Likert, R. (1967) The human organization, its management and value, New York.

Malone, M. S. (1999) Reflecting a New World of Business, in: Imparato, N. (Hrsg.) Capital for Our Time: The Economic, Legal, and Management Challenges of Intellectual Capital, Stanford, S. 36-42.

Maul, K.-H. (2000) Wissensbilanzen als Teil des handelsrechtlichen Jahresabschlusses – Wissensbilanzen dargestellt am Beispiel des Jahresabschlusses von Hochschulen, in: DStR 47/2000, S. 2009-2016.

Maul, K.-H., Menninger, J. (2000) Das „Intellectual Property Statement" – eine notwendige Ergänzung des Jahresabschlusses?, in: Der Betrieb, Heft 11 vom 17. März 2000, 53. Jg., S. 529-533.

Milost, F. (2000) Humanvermögensrechnungen – welche Realität haben Rechnungslegungsinformationen?, in: RWZ 5/2000, S. 150-154.

Mouritsen, J., Larsen, H. T., Bukh, P. N. D. (2001) Intellectual capital and the 'capable firm`: narrating, visualising and numbering for managing knowledge, in: Accounting, Organizations and Society 26, S. 735-762.

Roos, G., Roos, J. (1997) Measuring your company's intellectual performance, in: Long Range Planning, Vol. 30, Iss. 3, June, S. 413-426.

Ryle, G. (1949) The concept of mind, Chicago.

Schaffhauser-Linzatti, M. M. (2003) Zusammenfassung der Tagung „Wissensbilanz: Bilanz des Wissens? Die Wissensbilanz für Universitäten im Universitätsgesetz 2002, in: Österreichische Rektorenkonferenz (Hrsg.) Wissensbilanz: Bilanz des Wissens? Die Wissensbilanz für Universitäten im Universitätsgesetz 2002, Wien.

Schaffhauser-Linzatti, M. M., Kuntner, M. (2003) Human Resources in Accounting Systems, an international comparison, working paper, Wien.

Schaffhauser-Linzatti, M. M., Moritsch, H. (2003) Human Resource Accounting: A Real Options Approach, working paper, Wien.

Schultz, Th. W. (1971) Investment in Human Capital: The Role of Education and of Research, New York.

Sebök, M. (2002) Universitätsgesetz 2002, Gesetzestext und Kommentar, Wien.

Skandia (1994) Visualizing Intellectual Capital, http://www.skandia.com/en/ir/ annualreports.shtml.

Stewart, Th. A. (1997) Intellectual Capital: The New Wealth of Organizations, New York.

Ströhlein, P. (1988) Bedeutung betriebswirtschaftlicher Bilanztheorien für die Systematisierung und Auslegung handelsrechtlicher Bilanzierungshilfen, Frankfurt/ Main.

Sveiby, K. E. (1997) The New Organizational Wealth: Managing & Measuring Knowledge-Based Assets, San Francisco.

Teitler-Feinberg, E. (2002) Immaterielle Aktiven – wie bilanzieren? Erfassung, Bewertung und Offenlegung von immateriellen Aktiven nach Swiss GAAP FER in Abgrenzung zu IAS und US GAAP, in: Der Schweizer Treuhänder 4/02, S. 313-322.

Von Rütte, M., Hoenes, R.C. (1995) Rechnungslegung immaterieller Werte, St. Gallen.

Woodruff, R. L. jun. (1982) Die Humankapitalrechnung bei der R. G. Barry Corporation – Konzepte und Erfahrungen, in: Schmidt, H. (Hrsg.) Humanvermögensrechnung, Instrumentarium zur Ergänzung der unternehmerischen Rechnungslegung – Konzepte und Erfahrungen, Berlin, S. 99-126.

Vergleichende Untersuchung von Tools zur privaten Finanzplanung

Oliver Braun; Universität des Saarlandes, Saarbrücken
Steffen Kramer; Sparkasse Saarbrücken

1 Einführung

Gerade im Segment vermögender Privatkunden, Geschäftsleute und Freiberufler nimmt der Konkurrenzdruck für Kreditinstitute ständig zu. Ausgangspunkt der Überlegungen sind die attraktiven Erträge, die sich mit dem Absatz von Dienstleistungen bei dieser Klientel erwirtschaften lassen. Dies haben auch ausländische Kreditinstitute erkannt, die erfolgreich auf den deutschen Markt drängen. So haben in den ersten neun Monaten des Jahres 2003 die Schweizer Banken Credit Suisse bzw. UBS Gelder von vermögenden Privatkunden in Höhe von 8,8 Mrd. Euro bzw. 15 Mrd. Euro einsammeln können [11].

Von 1996 bis 1999 nahm die Anzahl der Personen mit einem privaten Geldvermögen von mehr als 1 Mio. Euro von 313.000 auf 365.000 zu, was einem Wachstum von 5,3% p.a. entspricht. Das gesamte Geldvermögen stieg im gleichen Zeitraum um 10% p.a. und erreichte eine Summe von 2.000 Mrd. Euro. Damit besaßen zu diesem Zeitpunkt 0,5% der erwachsenen deutschen Bevölkerung 25,7% des gesamtdeutschen Vermögens.

Ca. 3.700 Personen in Deutschland verfügten 1999 über ein privates Geldvermögen von mindestens 30 Millionen Euro und besaßen damit 612 Mrd. Euro des gesamtdeutschen Vermögens. Damit waren 7,9% des gesamtdeutschen Vermögens bei 0,0054% der deutschen Bevölkerung konzentriert ([7], S. 5 ff).

Von insgesamt 1,6 Millionen Familienunternehmen in Deutschland suchen von 1999 bis 2004 etwa 320.000 Unternehmen einen Nachfolger. Für schätzungsweise 84.000 dieser Unternehmen wird die Nachfolgeregelung in Form eines Unternehmensverkaufes stattfinden. Durch diese Verkäufe werden schwer quantifizierbare, illiquide Vermögensreserven frei und führen zu einer Steigerung des Geldvermögens bei den vermögenden Privatpersonen. Weiterhin ist eine umfangreiche Vermögensumschichtung zu erwarten, wenn in den nächsten Jahren Vermögen von einer Generation zur nächsten, der sog. Erbengeneration, übertragen werden ([7], S. 10). Aktuell (Jan. 2004) ist eine Diskussion im Gange, die die steuerliche Regelung in Form von Unternehmensverkäufen stark vereinfachen soll.

Um die vermögenden Privatkunden zufrieden zu stellen und im Wettbewerb um dieses attraktive Kundensegment bestehen zu können, sind besondere Anstrengungen notwendig. In einer komplexen, mit scheinbar unendlich vielen Möglichkeiten ausgestatteten Finanzwelt finden sich gerade Kunden mit großen Vermögen oder hohen Einkommen oftmals nicht mehr zurecht. Sie verlangen von ihrem Berater Orientierungshilfen in diesem Dschungel. Dann dürfen allerdings nicht mehr nur bestimmte Produkte eines Kreditinstituts oder vereinzelte Lösungen im Vordergrund stehen, sondern es muss vielmehr ein umfassendes Lösungskonzept ausgearbeitet werden. Dazu müssen aus einer ganzheitlichen Sichtweise heraus die gesamten Finanzgeschäfte des Kunden mit dessen Plänen und seiner persönlichen Lebenssituation verknüpft werden. Dies ist der Ausgangspunkt einer Ausrichtung der Beratung zur privaten Finanzplanung. Private Finanzplanung ist eine ganzheitliche und systematische, aber individuell gestaltbare Beratungs- und Planungsphilosophie. Dabei werden – analog zur Finanzplanung bei Firmen - betriebswirtschaftliche Instrumente und Verfahren angewandt.

Vor der eigentlichen Finanzplanung erfolgt die Informationsphase, die sich nochmals in zwei Bereiche unterteilen lässt. Bei der Bedarfserkennung wird jener Kunde ausgewählt, bei dem eine Finanzplanung sinnvoll erscheint. Bei dem dann folgenden Akquisitionsgespräch muss der Kunde von der Leistung der Finanzplanung überzeugt werden. Der Ablauf der Finanzplanung vollzieht sich dann in drei großen Beratungsabschnitten.

Der erste Abschnitt besteht aus der Istaufnahme, verbunden mit der Analysephase. In dieser Phase werden zunächst möglichst umfassend alle finanzrelevanten Daten des Kunden zusammengetragen und dann analysiert. Bei dieser Analyse wird der aktuelle Status in Form einer Privatbilanz, einer Einnahmen- und Ausgabenrechnung, einer privaten Gewinn- und Verlustrechnung, einer Ausfallvorsorgerechnung und einer Altersvorsorgerechnung festgehalten.

Im zweiten Abschnitt wird das Risikoprofil des Kunden ermittelt, ein Sollkonzept erarbeitet und mit den Kundenvorgaben abgeglichen. Dazu wird zunächst der Status Quo für die Zukunft fortgeschrieben. Gegebenenfalls werden Veränderungsmaßnahmen vorgeschlagen und in einer Simulationsrechnung untersucht.

Im letzten großen Abschnitt, der Strategiephase, wird dem Kunden das Ergebnis – der Finanzplan - vorgestellt und mit ihm besprochen. Danach kommt es zu einer Umsetzung der erarbeiteten Maßnahmen mit einer regelmäßigen Überprüfung und Kontrolle ([5], S. 72).

Über die Finanzplanung entsteht zwischen Berater und Kunden eine sehr enge Bindung. Die detaillierte Istaufnahme, bzw. Bestandsaufnahme, verschafft dem Berater einen Informationsstand, den in der Regel nicht einmal die Hausbank oder der Steuerberater haben. Durch die Definition der Wünsche und Ziele wird der Berater in alle relevanten Zukunftspläne seines Mandanten einbezogen. Die Gefahr, dass ein Dritter diese enge Verbindung stören könnte, ist ziemlich gering, da die meisten Kunden den Prozess der Finanzplanung nur einmal durchführen wollen, und ihre gesamte Finanzsituation nicht mehreren Beratern offen legen werden ([8], S.72 f). Somit ist es für den Berater möglich, durch die private Finanzplanung die Beziehung zum Kunden zu festigen und gegenüber weiteren Kreditinstituten abzuschotten.

Zur umfassenden Durchführung privater Finanzplanung ist der Einsatz verschiedener Rechentools bzw. noch besser einer komplexen Finanzplanungssoftware unumgänglich ([3], S. 122). In Kapitel 3 werden zunächst einige Anforderungen an Finanzplanungssoftware aufgezeigt. Darüber hinaus wird eine Auswahl von Softwaretools getroffen, die in Kapitel 4 hinsichtlich der Unterstützung des ersten Abschnitts der Finanzplanung, d.h. der Istaufnahme und der Analysephase, untersucht werden.

2 Anforderung an Finanzplanungssoftware

Eine der wichtigsten Voraussetzungen, um eine sinnvolle Finanzplanung durchführen zu können, ist die Schaffung einer funktionierenden EDV-Infrastruktur mit ausreichender Leistungsfähigkeit. Die zentralisierte EDV-Infrastruktur mit Großrechnersystemen ist heute nicht mehr zeitgemäß und kommt für eine Finanzplanungssoftware kaum in Frage. Somit verbleibt nur noch eine verteilt autarke Infrastruktur, bei der die Software ausschließlich auf einzelnen Personal-Computern läuft oder aber die verteilt vernetzte Client-Server-Architektur. Beide Lösungen bieten ihre Vor- und Nachteile.

Die Einzelplatzlösung bietet den Vorteil, dass keine weitere EDV-Infrastruktur benötigt wird und sich der Arbeitsplatz recht einfach einrichten lässt. Nachteilig ist hingegen, dass Kundendaten, im Gegensatz zu einer Client-Server-Architektur, nicht zentral gespeichert werden und nur vom einzelnen Arbeitsplatz aus abgerufen werden können. Dafür ist der Aufwand für den Aufbau und die Pflege eines Client-Server-Systems allerdings recht hoch. Die Einzelplatzlösung bietet sich nur für kleinere Anbieter von Finanzplanung an, bei denen die Anzahl der Arbeitsplätze in überschaubarem Rahmen bleibt. Soll jedoch an einer größeren Anzahl von Arbeitsplätzen eine Finanzplanung durchgeführt werden, so ist unbedingt darauf zu achten, dass der Softwareanbieter eine Client-Server-Lösung unterstützt ([6], S.188 ff).

Da die meiste Zeit bei der Finanzplanung für die umfassende Datenaufnahme und für die Präsentation der Ergebnisse benötigt wird, sollte hier eine Software insbesondere bei der Datenerfassung die entsprechende Unterstützung leisten. Die Qualität der Finanzplanung hängt wesentlich vom Umfang und der Genauigkeit der Datenerfassung ab. Eine Reduzierung der Datenaufnahme zur Verkürzung der Zeitdauer für die Finanzplanung führt somit zu einem Qualitätsverlust und ab einem gewissen Zeitpunkt zur völligen Nutzlosigkeit der Ergebnisse. Somit lässt sich letztendlich nur durch eine hohe Benutzerfreundlichkeit die Zeit für die Durchführung einer Finanzplanung reduzieren. Bei der Softwareauswahl sollte somit auf eine einfache Erlernbarkeit und den logischen Aufbau der Beratungsanwendung Wert gelegt werden. Voreinstellungen und Zusammenfassungen sollten die Komplexität der Dateneingabe reduzieren und die Erläuterung der Beratungsergebnisse unterstützen ([6], S. 201).

Ein weiterer wichtiger Aspekt bei der Softwareauswahl sind die Kosten und die Investitionssicherheit. Zunächst einmal muss die Finanzplanungssoftware angeschafft werden. Diese Anschaffungskosten lassen sich relativ leicht kalkulieren. Mit der Kenntnis, welcher Nutzen aus dem Einsatz der Software erwartet wird, lässt sich dann eine Wirtschaftlichkeitsberechnung durchführen. Nicht vernachlässigt werden dürfen die Personalkosten für die Durchführung einer Finanzplanung. Hier ist aus Kostengesichtspunkten darauf zu achten, dass aus der kompletten Finanzplanung einzelne Teilfinanzpläne isoliert erstellt werden können, die nur den für den betreffenden Kunden relevanten Bereich untersuchen (z.B. Altersversorgung, Risikoabsicherung). Eng verknüpft mit dem Thema Kosten ist die Investitionssicherheit. Der Softwareanbieter muss in der Lage sein, auf längere Sicht eine Pflege und Aktualisierung der Software zu gewährleisten. Auch für den Kunden ist die Finanzplanung eine Investition, von der er erwartet, dass er - auch nach Jahren - die Finanzplanung aktualisieren kann, ohne die gesamte Datenaufnahme noch einmal durchführen zu müssen ([6], S. 198).

Basierend auf diesen o.a. Anforderungen wurde zunächst eine Auswahl von Softwaresystemen getroffen, die dann in den folgenden Kapiteln analysiert wird. Eine erste Übersicht liefern die Untersuchungen der Finanzplaner Jörg Richter [9] und Peter J. Krauss [4]. Für Richter zählen zu den etablierten Softwareanbietern auf dem deutschen Markt die Softwareanbieter Analytica, MWS Braun, Microplan und Select Finplan (ehemals Profin 2000). Diese Aussage lässt sich auch durch aktuelle Marktbeobachtungen und Befragung von Unternehmen, die Finanzplanungssoftware einsetzen, untermauern. Aus Gründen der Investitionssicherheit bietet ein etablierter Anbieter, der schon mehrere Jahre am Markt ist, große Vorteile. Für die weiteren Untersuchungen wurden von den vier Anbietern diejenigen ausgewählt, die bereits über die größte Erfahrung in diesem Markt besitzen: Analytica, MWS Braun und Microplan. Die Software dieser Anbieter kann als Einzelplatzversion eingesetzt werden oder auch im Client-Server-Betrieb. Für unsere Untersuchungen wurde zusätzlich der etablierte Softwareanbieter Orgaplan ausgewählt, der hauptsächlich Software für eine größere Anwendergruppe - die Sparkassenorganisation - entwickelt. Bei allen Anbietern zeichnet sich die Software durch eine hohe Benutzerfreundlichkeit und leichte Erlernbarkeit aus. Es kann sowohl die komplette Bandbreite einer Finanzplanung durchgeführt werden oder auch einzelne Bereiche isoliert betrachtet werden.

Analytica ist seit 1991 im Bereich der Finanzplanungssoftware tätig, MWS Braun kam sogar schon 1985 mit seiner ersten Software-Version auf den Markt. In der Geschäftsführung beider Unternehmen sind zertifizierte Finanzplaner (CFP) tätig. Sie haben die private Finanzplanung in Deutschland entscheidend vorangebracht und teilweise sogar mitbegründet. Microplan ist ein Anbieter, der seit 1998 auf dem Markt ist. Auch hier sind in der Geschäftsführung CFP´s vertreten; die beiden

Geschäftsführer waren ursprünglich als Finanzplaner tätig und haben sich dann auf die Entwicklung von Finanzplanungssoftware verlegt.

Von jedem der ausgewählten Softwareanbieter lag neben Informationen zum Unternehmen und der Software ein Musterfinanzplan vor, in dem eine Muster-Finanzplanung durchgeführt wurde. Der Umfang der Finanzpläne unterscheidet sich zunächst einmal von Anbieter zu Anbieter, aber auch zwischen den einzelnen Versionen. Die Version ECONOMIC von Analytica richtet sich an das mittlere und gehobene Kundensegment. Der Finanzplan hat hier einen Umfang von ca. 40 Seiten. Daneben gibt es auch noch die Version BASIC, die für jüngere überdurchschnittlich verdienende Personenkreise gedacht ist. Die Versionen EXECUTIVE und COMMERCIAL sind für das TOP-Kundensegment gedacht und erstellen einen deutlich umfangreicheren Finanzplan. Für die weiteren Untersuchungen wurde ein Musterfinanzplan der Version ECONOMIC zugrunde gelegt. Auch MWS Braun bietet zum Einstieg in die Finanzplanung eine LIGHT-Version. Für unsere Studie wurde der Finanzplan der Version VIP 1 zugrunde gelegt; er hat einen Umfang von ca. 140 Seiten. Bei der etwas umfangreicheren Version VIP 2 umfasst der Finanzplan etwa 350 Seiten. Microplan bietet für seine Finanzplanung eine Hauptversion an. Berater, die nur einen geringeren Umfang benötigen, können Teilbereiche des Programms nutzen. Der zugrunde liegende Musterfinanzplan weist einen Umfang von ca. 80 Seiten auf; zusätzlich kommen noch 50 Seiten Tabellenwerk hinzu. Bei allen Finanzplänen werden am Anfang der Gesamtdarstellung in einer kurzen Zusammenfassung die wesentlichen Ergebnisse komprimiert dargestellt. Orgaplan stellt insgesamt sieben verschiedene Teilfinanzpläne zur Verfügung, die jeweils einen bestimmten Finanzplanungsbereich durchleuchten. Jeder Teil-Finanzplan liefert zunächst allgemein gültige Informationen zum jeweiligen Planungsgebiet, die dann in einem konkreten Kundenvorschlag konkretisiert werden. Der Umfang der einzelnen Pläne beträgt jeweils ca. 20 Seiten.

3 Die einzelnen Schritte der Finanzplanung

In diesem Abschnitt werden die Softwaretools Analytica, MWS Braun, Microplan und Orgaplan hinsichtlich der Unterstützung des ersten Abschnitts der privaten Finanzplanung, d.h. der Istaufnahme und Analysephase, untersucht. Dazu zählen die Datenerfassung, die Istaufnahme, die Einnahme- und Ausgaberechnung, die Gewinn- und Verlustrechnung, die Ausfallsvorsorgerechnung sowie die Altersvorsorgerechnung.

3.1 Datenerfassung

Bevor mit der eigentlichen Finanzplanung begonnen werden kann, ist es notwendig, vom Kunden zunächst die für die Finanzplanung relevanten Daten zu erfassen. Grundlage hierfür sind zunächst einmal die persönlichen Daten des Kunden. Hierzu zählen in erster Linie die Adressdaten. Aber auch Informationen wie Geburtsdatum (für eine Analyse der Rentenabsicherung) oder Informationen zu Kindern (für eine Betrachtung des Erbfalles) sind von Relevanz. Neben dieser vorhandenen Ist-Situation werden auch Ziele und Wünsche des Kunden erfasst, auf denen eine Planung für die Zukunft aufbaut.

Als zweiter großer Bereich werden die „monetären Verhältnisse" des Kunden ausführlich zusammengetragen. Die Informationen über die Einnahmen- und Ausgabensituation sind von Bedeutung, um eine Liquiditätsplanung für den Kunden durchführen und damit die jederzeitige Zahlungsfähigkeit sicherstellen zu können. Durch die Erfassung der Vermögens- und Kreditverhältnisse kann dem Kunden eine Vermögensübersicht erstellt werden, aus der er eine komplette Übersicht über seine Vermögensverhältnisse erhält. Abschließend werden auch noch Daten über die Absicherung des Kunden erfasst, d.h. alle Versicherungen werden zusammengestellt, damit auch die Absicherung für verschiedene Risikofälle des Lebens untersucht werden kann ([1], S. 76). Die Datenaufnahme muss detailliert und sorgfältig erfolgen, denn nur korrekte und vollständige Daten ermöglichen eine gute Qualität für die spätere Finanzplanung ([5], S. 84).

Die dargestellten Bereiche, für die jeweils Daten erfasst werden müssen, lassen bereits erkennen, wie umfangreich sich die Datenaufnahme gestaltet. Untersuchungen bei verschiedenen Anbietern von Finanzplanungssoftware haben gezeigt, dass die Datenerfassung zwischen zwei und vier Stunden beansprucht ([5], S. 85). Da diese Daten die Grundlage für alle weiteren Darstellungen und Planungen bilden, ist die Korrektheit und Vollständigkeit von großer Bedeutung. Bei den betrachteten Softwareanbietern ist der Bereich der Datenerfassung ähnlich gelöst. Der Anwender kann die relevanten Daten über verschiedene Eingabemasken erfassen. Er wird von der Software durch die einzelnen Masken geführt und erhält damit auch eine Kontrolle über die Vollständigkeit der Datenerfassung.

Microplan liefert, wie auch Analytica, zusätzlich einen Datenerfassungsbogen im Umfang von ca. 80 Seiten, auf dem die Kundendaten zunächst handschriftlich erfasst werden können. Damit kann beim Kunden die Datenerfassung in einem ersten Schritt ohne EDV-Nutzung erfolgen, allerdings ergibt sich für den Finanzplaner der Nachteil, dass alle Daten nach dem Gespräch mit den Kunden dann nochmals EDV-mäßig erfasst werden müssen. Da sich die direkte Datenerfassung bei allen untersuchten Softwarelösungen sehr anwenderfreundlich gestaltet und in der heutigen Zeit die Ausstattung eines Finanzplaners mit einem mobilen Laptop kein großes Problem darstellt, erscheint aus unserer Sicht die Erfassung direkt in den Softwareprogrammen aufgrund des zeitlichen Vorteils gegenüber einer erstmaligen Erfassung in Papierform von Vorteil.

Eine deutliche Reduzierung des Aufwandes der Datenerfassung kann erreicht werden, wenn bereits vorhandene Kundendaten direkt in die Finanzplanungssoftware übernommen werden können. Dieser Ansatz ist bei den untersuchten Softwareanbietern jedoch nur unzureichend umgesetzt. Der Großteil der Kundendaten muss manuell erfasst werden; lediglich die Software von Orgaplan, die im

Bereich der Sparkassenorganisation eine große Verbreitung gefunden hat, ermöglicht es, den Teil der Kundendaten, die im eigenen Institut vorgehalten werden, direkt aus den Datenbanken zu übernehmen. Hierzu zählen zunächst einmal die persönlichen Daten des Kunden. Weiterhin können auch Konteninformationen mit aktuellen Salden, Wertpapierdepots mit ihren Beständen und auch Informationen über bestehende Kredite übernommen und bei Bedarf aktualisiert werden.

Die Gründe, dass bei den meisten Softwareanbietern keine Datenübernahme aus bestehenden Systemen möglich ist, sind vielseitig: Zum einen wurde die Finanzplanungssoftware, die heute auf dem Markt erhältlich ist, unabhängig von Kreditinstituten entwickelt. Dies bietet auf der einen Seite den Vorteil, dass ein Einsatz auch von verschiedenen Finanzinstituten oder auch freien Finanzplanern möglich ist; allerdings ist ein standardisierter Zugriff auf Kundendaten damit auch nicht möglich. Der freie Finanzplaner, der seine Finanzplanung als eigenständige Honorardienstleistung anbietet, verfügt im Vorfeld sowieso nicht über Kundendaten und muss mit der Datenerfassung neu beginnen. Auch ein Kreditinstitut, zu dem der Kunde bereits eine Bankverbindung besitzt, verfügt lediglich über die Kundendaten des eigenen Institutes. Daten über Vermögen bei weiteren Banken, Beteiligungen oder Versicherungen sind i.d.R. nicht direkt zugänglich. Weiterhin stellt der direkte Zugriff auf Kundendaten aus Sicht des Datenschutzes und der Systemsicherheit ein Risiko dar, so dass die Rechenzentren einzelner Kreditinstitute nur schwer bereit sind, einen Zugriff auf die originären Daten der Kunden zu erlauben. Ist die Bereitschaft vorhanden, so stellt sich immer noch das Problem der Definition von Schnittstellen und Übertragungsmöglichkeiten, um eine technische Umsetzung zu ermöglichen.

3.2 Privatbilanz

Die Privatbilanz ist eine tabellarische und auf einen bestimmten Zeitpunkt bezogene Gegenüberstellung aller Vermögensgegenstände und Schulden. Gerade bei wohlhabenden Kunden mit größeren Vermögen existiert oftmals nur eine ungenaue Vorstellung über die konkrete Höhe und Verteilung ihres Vermögens und ihrer Schulden. Die Privatbilanz liefert weiterhin eine erste Übersicht über die Strukturierung und den Verschuldungsgrad der derzeitigen Anlagen und der damit verbundenen Rendite- und Risikoerwartungen. Ausgehend von der aktuellen Ist-Situation erfolgt im weiteren Verlauf der Finanzplanung eine Hochrechnung für die Entwicklung der bestehenden Vermögensstruktur. Zur Kontrolle dieser Entwicklung sollte die Privatbilanz in regelmäßigen Zeitabständen aktualisiert werden ([1], S. 111 ff).

Die untersuchten Softwareanbieter ermöglichen alle ausnahmslos die Darstellung einer übersichtlichen Privatbilanz. Die Darstellung erfolgt immer in Tabellenform. Ob die Gegenüberstellung in Form einer Bilanz (wie bei Orgaplan und Microplan) erfolgt, oder für Vermögen und Verbindlichkeiten in einer getrennten Tabelle

(MWS Braun und Analytica), hat für die Ausdruckskraft der Darstellung keine Bedeutung.

Von Bedeutung hingegen ist aus unserer Sicht die Gliederung der Privatbilanz, insbesondere der Vermögensseite, da diese bei den für eine Finanzplanung in Frage kommenden Kunden gegenüber den Verbindlichkeiten die Hauptbedeutung besitzt. Sinnvoll erscheint hier eine Aufteilung in die Bereiche liquide Anlagen, Immobilienwerte, Beteiligungen und den Sammelposten des sonstigen Vermögens. Diese Gliederung berücksichtigt zum einen die Rendite-/ Risikomerkmale der einzelnen Anlagen und bietet zum anderen gegenüber einer Unterscheidung nach Finanz- und Sachwertanlagen bzw. einer Gliederung nach Liquiditätsgrad den Vorteil einer relativ klaren Zugehörigkeit der einzelnen Vermögensgegenstände zu den einzelnen Klassen ([1], S. 155 f). So lässt sich z.B. ein geschlossener Immobilienfonds als Finanzanlage nicht klar als Finanzanlage oder Sachanlage einordnen. Ein offener Immobilienfonds, der jederzeit veräußert werden kann, befindet sich i.d.R. mit einem längeren Anlagehorizont im Portfolio und lässt sich damit ebenfalls nicht klar nach dem Liquiditätsgrad einordnen.

Die Software von Microplan und MWS Braun orientiert sich an der oben vorgeschlagenen Gliederung. Analytica lässt eine klare Aufteilung und Strukturierung der Vermögenswerte vermissen, während Orgaplan die Aufteilung in Sach- und Finanzanlagen vornimmt und zusätzlich eine Position mit fremdfinanzierten Vermögenspositionen aufnimmt. Aus unserer Sicht macht die Unterteilung in fremdfinanzierte Vermögenspositionen keinen Sinn, da dies letztendlich durch die Aufstellung der Verbindlichkeiten zum Ausdruck kommt.

Zur besseren Übersichtlichkeit gehen die untersuchten Softwareanbieter noch einen Schritt über die Privatbilanz hinaus und stellen die Vermögens- bzw. Schuldenstruktur zusätzlich noch grafisch in Form eines Kuchendiagramms dar.

3.3 Einnahmen-Ausgaben-Rechnung

Die Privatbilanz, in der die Vermögensbestandteile und Schulden des Kunden erfasst werden, wird durch die Einnahmen-Ausgaben-Rechnung ergänzt. Hier werden die kompletten Einnahmen und Ausgaben des Kunden gegenübergestellt. Die Haupteinnahmen des Haushaltes stellen in der Regel die Arbeitseinkommen dar. Weitere Zahlungen können aus Vermögensanlagen oder von Versorgungswerken (z.B. Renten, Pensionszahlungen, Kindergeld) fließen. Die bestmögliche Erfassung aller Ausgaben des Kunden ermöglicht die Führung eines Haushaltsbuches, in dem der Kunde seine monatlichen Ausgaben erfasst. Gerade bei vermögenden Kunden wird wohl nur in seltenen Fällen ein solches Haushaltsbuch geführt, so dass für die Ermittlung der Ausgaben z.B. auf Kontoauszüge oder Kreditkartenabrechnungen zurückgegriffen wird.

Die Ausgaben des Haushaltes lassen sich grob in zwei Bereiche unterteilen: Den ersten Ausgabenblock stellen die Ausgaben für den privaten Verbrauch dar (z.B.

Nahrungsmittel und Miete, Autokosten und Urlaubsreisen). Im zweiten Bereich lassen sich die privaten Vorsorgeaufwendungen und Ausgaben für die Vermögensbildung zusammenfassen (z.B. Versicherungsbeiträge, Sparpläne). Die Tätigkeit des Finanzplaners geht i.d.R. sehr detailliert auf die Einnahmen und Liquiditätszuflüsse des Kunden ein und erarbeitet für diese Bereiche Optimierungsvorschläge. Bei dem Bereich der Ausgaben für den privaten Verbrauch stößt die Tätigkeit des Finanzplaners jedoch an Grenzen. Sieht man von den Haushalten ab, bei denen sich eine Überschuldungssituation dadurch abzeichnet, dass die monatlichen Ausgaben regelmäßig die Einnahmen übersteigen, so wünscht gerade der vermögende Privatkunde für seine privaten Konsumpräferenzen keine Optimierungsvorschläge und keine Analyse für die täglichen Ausgaben ([3], S.105).

Die Ergebnisse der Einnahmen-Ausgaben-Rechnung haben wiederum einen direkten Einfluss auf die Privatbilanz, da sich durch Einnahmen und Ausgaben ein neuer Saldo in der Privatbilanz ergibt. Daneben übernimmt die Einnahmen-Ausgaben-Rechnung aber auch noch weitere Funktionen: Durch sie lässt sich erkennen, welche freien Einkommensbestandteile überhaupt für die Vermögensbildung zur Verfügung stehen. Die Kenntnis dieser freien Einkommensbestandteile ist notwendig, um zu einem späteren Zeitpunkt eine Prognose für die Vermögensentwicklung zu erstellen und mögliche Liquiditätsengpässe in der Zukunft zu erkennen. Die Qualität des Finanzplanes ist auch hier – wie bei der Privatbilanz - sehr stark von der vollständigen und korrekten Erfassung der Daten abhängig ([1], S. 153 ff).

Bei den untersuchten Softwareanbietern zeigt sich bei Analytica, MWS Braun und Microplan ein ähnliches Bild: Die Einnahmen und Ausgaben werden umfassend und übersichtlich in Tabellenform dargestellt. Auch für zukünftige Jahre erfolgt eine Prognose der Einnahmen- und Ausgabenentwicklung in Tabellenform. Zusätzlich zu diesen Tabellen erstellen die Softwaretools zur besseren Übersichtlichkeit eine Vielzahl von Grafiken. Den drei Anbietern gemeinsam ist ein Liniendiagramm, bei dem Einnahmen und Ausgaben für die Zukunft fortgeschrieben werden; zusätzlich wird der Saldo als Balken am unteren Rand der Grafik angegeben. MWS Braun und Microplan erstellen zusätzlich noch ein Kuchendiagramm, aus der die prozentuale Aufteilung der Einnahmen und Ausgaben hervorgeht. Bei Orgaplan zeigt sich ein etwas anderes Bild: Zum einen weist der Teil-Finanzplan einen deutlich geringeren Umfang aus, zum anderen liegt der Schwerpunkt nicht auf der Liquiditätsbetrachtung. Es erfolgt eine Darstellung der Einnahmen des Kunden für das aktuelle Jahr, da diese Daten zumindest für eine Berechnung der aktuellen Steuerbelastung notwendig sind. Eine darüber hinausgehende Betrachtung der Liquiditätsentwicklung erfolgt nicht.

Zusammenfassend lässt sich sagen, dass bei den Softwareanbietern Analytica, MWS Braun und Microplan die Einnahmen-Ausgaben-Rechnung ihre Aufgaben voll erfüllt und in übersichtlicher Form die für den Kunden relevanten Informationen liefert. Ob die eine oder andere zusätzliche Grafik hier für den Kunden bzw. den Finanzplaner einen zusätzlichen Mehrwert liefert oder lediglich den Umfang der Analyse aufbläht, ist der Entscheidung des einzelnen Anwenders überlassen. Orgaplan verzichtet zugunsten eines kurzen übersichtlichen Finanzplanes auf eine umfangreiche Einnahmen-Ausgaben-Rechnung.

3.4 Private Gewinn- und Verlustrechnung

Die private Gewinn- und Verlustrechnung berücksichtigt, ergänzend zur Einnahmen-Ausgaben-Rechnung, auch Wertveränderungen, die bisher noch nicht realisiert wurden. Somit werden dem Finanzplaner weitere Erkenntnisse über die Renditen einzelner Anlagen und des Gesamtvermögens vermittelt. Der Finanzplaner kann erkennen, welche Renditen einzelne Anlageobjekte (z.B. vermietete Immobilien) erwirtschaften und ob diese Renditen akzeptabel sind oder noch erhöht werden können. Damit lässt sich auch die Rendite der aktuellen Vermögensstruktur errechnen und dem Kunden aufzeigen, welche Renditeverbesserung durch die Optimierungsvorschläge des Finanzplaners erzielt werden kann. In der Praxis werden in die Erfolgsrechnung normalerweise keine Vermögensobjekte mit einbezogen, die dem Kunden in erster Linie als Konsumobjekt dienen (z.B. selbst genutzte Immobilie, Kunstsammlung). Zum einen wird der Vermögensinhaber diese Objekte nicht unter Renditeaspekten veräußern und zum anderen können Erträge für diese Objekte nur hypothetisch geschätzt werden ([1], S. 191 ff).

Bei den einzelnen Softwareanbietern geht die Einnahmen-Ausgabe-Rechnung fließend in die Gewinn- und Verlustrechnung über. Alle Softwareanbieter berücksichtigen für ihre Berechnungen Renditevorgaben für die einzelnen Anlageklassen (z.B. Renten, Aktien, Liquidität). Orgaplan und Microplan geben die Durchschnittsrenditen der bestehenden und des optimierten Vermögensportfolios an und stellen diese zusätzlich noch für zukünftige Jahre grafisch dar. Microplan ergänzt die Tabellen der Einnahmen- und Ausgabenrechnung zusätzlich um die Wertsteigerungen des Vermögens und schafft damit eine Gewinn- und Verlustrechnung. Weiterhin ermöglicht Microplan, genau wie MWS Braun, die Berechnung und Darstellung der Rendite von vermieteten Immobilien. Bei Orgaplan ist dies generell nicht vorgesehen; beim Musterfall von Analytica war keine fremdgenutzte Immobilie vorhanden.

3.5 Ausfallvorsorgerechnung

Im Rahmen der Ausfallvorsorgerechnung wird das Risiko des Kunden für bestimmte Lebenssituationen analysiert. Unter Risiko wird hier nicht der oft verwendete mathematisch-technische Risikobegriff der Portfolio-Theorie verstanden, bei dem Risiko als Standardabweichung einer tatsächlichen Wertentwicklung von einer prognostizierten Wertentwicklung verstanden wird ([10], S. 168 f). Vielmehr macht es für die Finanzplanung Sinn, von Risiko als einer ungewissen zukünftigen Entwicklung zu sprechen, die zu einem Verlust an medizinischem, ökonomischem, sozialem oder ökologischem Lebensstatus führt [2]. Solche Risiken können z.B. sein: Eine Nichtausübung des Berufes aufgrund von Arbeitslosigkeit, Krankheit, Unfall oder Berufsunfähigkeit, der Tod des Kunden oder auch Haftungsrisiken, für die der Kunde aufkommen muss. Die Absicherung existenzbedrohender oder zerstörender Risiken ist eine wichtige Voraussetzung für den erfolgreichen Vermögensaufbau. Eine Möglichkeit zur Absicherung solcher Risiken liegt in der Vermögensbildung und der Liquiditätsplanung. Je höher das eigene Vermögen, desto mehr Risiken lassen sich aus eigenen Rücklagen decken. Die Absicherung macht aus ökonomischer Sicht lediglich Sinn, wenn die Schadenskosten im langfristigen Vergleich höher sind als die Summe der Versicherungsprämien. Dieses Vorgehen setzt aber voraus, dass der Kunde bereits über ein entsprechendes Vermögen und Liquidität verfügt, um einen entsprechenden Schadensfall abdecken zu können. Weiterhin sind viele Menschen risikoavers, so dass sie für einen Gewinn an Sicherheit oftmals bereit sind, eine Versicherungsprämie zu zahlen, selbst wenn es auf Dauer günstiger wäre, die Kosten selbst zu tragen ([1], S. 208 ff).

Für die Risikoanalyse ist es zunächst einmal notwendig, die beim Kunden vorliegenden Risiken zu identifizieren. Sind die Risiken erkannt, so ist es notwendig, diejenigen herauszufinden, deren Eintritt die Existenz des Kunden gefährden kann. Dies sind die Hauptrisiken, die im Rahmen einer Finanzplanung abgesichert werden müssen. Die Risikoanalyse erfolgt durch die Berechnung von Szenarien, bei dem für den Eintritt des Risikofalles eine neue Gewinn- und Verlustrechnung für die geänderten Rahmenbedingungen erstellt wird. In der Regel wird hier von der Voraussetzung ausgegangen, dass der bisherige Lebensstandard gehalten werden soll und sich die Ausgabensituation des Haushaltes nicht gravierend reduziert, sondern eher noch weitere zusätzliche Ausgaben hinzukommen ([1], S.210 ff).

Zu den existenzbedrohenden Risiken, die im Rahmen der Finanzplanung von der betrachteten Software untersucht werden, zählt zunächst einmal der Verlust der Arbeitskraft – entweder vorübergehend durch Krankheit oder endgültig durch Berufsunfähigkeit. Die Software von Analytica, MWS Braun und Microplan stellt für den Krankheitsfall die veränderte Einnahmensituation des Kunden dar und zeigt damit die Deckungslücke des Kunden auf. Auch für den Fall der andauernden Berufsunfähigkeit wird eine monatliche Deckungslücke berechnet und ausgewiesen. Bei Analytica erfolgt die Darstellung übersichtlich in jeweils einer Tabelle, MWS Braun und Microplan untermauern die Darstellung jeweils noch durch entsprechende Grafiken. Ein weiteres Ereignis, das den Verlust der Arbeitskraft bewirken kann, ist der Tod des Kunden, bei dem die Absicherung der verbleibenden Familie gewährleistet werden muss. Auch dieses Ereignis kann bei allen Softwareanbieten analysiert und dargestellt werden; es wird auch hier die monatlich entstehende Deckungslücke ausgewiesen. Bei der Software von Orgaplan wird die Risikoanalyse im Teilfinanzplan Absicherung ihrer Lebensrisiken abgedeckt. Nach dem allgemeinen Einführungsteil werden die einzelnen Risiken für den konkreten Kunden dargestellt. Allerdings erfolgt keine genaue Ausweisung und Herleitung der monatlichen Deckungslücke, sondern direkt die Höhe der abzuschließenden Versicherungen.

Beim Tod eines Kunden ist nicht nur der Wegfall des monatlichen Arbeitseinkommens zu betrachten, sondern auch die erbschaftssteuerlichen Folgen, die der Vermögensübergang nach sich zieht. Auch diese Analyse kann mit Hilfe der Software von MWS Braun, Microplan und Orgaplan durchgeführt werden. Hier werden die steuerlich relevanten Vermögensgegenstände in übersichtlicher Tabellenform dargestellt und die zu entrichtende Erbschaftssteuer für den ersten und zweiten Erbgang berechnet und dargestellt. Der analysierte Musterfall der Software von Analytica verzichtet auf eine Betrachtung des Erbschaftsfalles. Orgaplan widmet dem Thema Vererben und Vermögensübertragung einen eigenen Teilfinanzplan. Hier werden zunächst die erbschaftssteuerlich relevanten Informationen wie Freibeträge und Steuerklassen in allgemeiner Form dargestellt. Dann wird für den Kunden eine konkrete Übersicht seines erbschaftssteuerlich relevanten Vermögens zusammengestellt und die daraus resultierende Steuer berechnet. Alternativ werden direkt Handlungsalternativen z.B. durch Vermächtnisse, Niesbrauch oder vorzeitige Schenkung zu Lebzeiten dargestellt.

Ein weiterer großer Block der Risikoanalyse befasst sich mit den sonstigen Risikobereichen, die bei den einzelnen Haushalten oftmals schon über Versicherungen abgedeckt sind und bei denen eine Überprüfung der aktuellen Versicherungshöhe vorgenommen werden muss. Hierzu zählt z.B. der Bereich der Hausratversicherung, der Kfz-Versicherung, der Haftpflichtversicherung und der Rechtschutzversicherung. Analytica stellt neben den Versicherungen, die den bereits angesprochenen Bereich des Verlustes der Arbeitskraft absichern, auch diese sonstigen Versicherungen übersichtlich in einer Tabelle zusammen. Die Bereiche, in denen die Absicherung nicht ausreicht oder noch kein Versicherungsschutz besteht, werden zusätzlich mit Handlungsvorschlägen aufgeführt. Auch MWS Braun und Microplan führen die einzelnen Risikobereiche auf, überprüfen den bestehenden Versicherungsschutz und stellen gegebenenfalls Handlungsalternativen auf. Bei Orgaplan werden die sonstigen Risiken im Rahmen des Teil-Finanzplanes „Absicherung Ihrer Lebensrisiken", in dem bereits der Verlust der Arbeitskraft analysiert wurde, dargestellt. Die Bedeutung der einzelnen Versicherungsbereiche wird mit konkreten Handlungsempfehlungen kurz dargestellt.

3.6 Altersvorsorgerechnung

Bei der Altersvorsorgerechnung wird eine Prognose für die Einnahmen-/ Ausgabensituation für den Ruhestand ermittelt und eventuelle Deckungslücken ermittelt. Die Vorgehensweise erfolgt analog zur Ausfallvorsorgerechnung. Da der Fall des Eintritts in den Ruhestand eine sehr viel höhere Wahrscheinlichkeit aufweist als das Risiko des Verlustes der Arbeitskraft oder der bisher angesprochen Risikoanalysen, erfolgt die Betrachtung hier in einem eigenen Kapitel.

Bei den Programmen von Analytica, MWS Braun und Microplan erfolgt eine Hochrechnung der zu erwartenden Rentenzahlungen. Darauf aufbauend wird analog zur Ausfallvorsorgeanalyse die Berechnung der Versorgungslücke vorgenommen und in Tabellenform dargestellt. Bei MWS Braun und Microplan erfolgt zusätzlich eine grafische Darstellung. Orgaplan verwendet für diesen Bereich der Finanzplanung einen eigenen Teilfinanzplan. Nach einer allgemeinen Einführung über die Problematik der Altersvorsorge wird auch hier die Rentenlücke aufgezeigt und grafisch dargestellt.

4 Zusammenfassung

Die Untersuchung der einzelnen Softwaretools von Analytica, MWS Braun, Microplan und Orgaplan hat gezeigt, dass mit allen Systemen eine private Finanzplanung sehr gut durchgeführt werden kann (vgl. Abbildung 1).

Für die Auswahl einer geeigneten Software müssen weitere Kriterien zugrunde gelegt werden: So ist es sinnvoll, zunächst die genaue Zielsetzung und die Adressaten der Finanzplanung zu bestimmen. Dadurch wird deutlich, welchen Umfang einer Finanzplanung die Kunden erwarten, einzelne Tools erfüllen diese Anforderungen möglicherweise besser oder schlechter. Da jedoch die meisten Anbieter Programmversionen mit unterschiedlichem Detaillierungsgrad bereitstellen, hilft diese Auswahl jedoch nur begrenzt

Somit bleibt es letztendlich dem Anwender überlassen, welches Finanzplanungstool für ihn individuell die beste Bedienbarkeit darstellt und welche Analysen und Darstellungen aus seiner Sicht die Kundenbedürfnisse am Besten erfüllen. Um dies herauszufinden ist es notwendig, sich ausführlich mit den in Frage kommenden Tools zu beschäftigen. Als Einstieg bieten sich hierzu zunächst Musterfinanzpläne an, die i.d.R. von den Unternehmen direkt angefordert werden können. In einem zweiten Schritt ist es sinnvoll, sich einen persönlichen Eindruck von der Software zu verschaffen. Dies kann zum einen durch Kontakt zu Finanzplanern erfolgen, die die Software bereits einsetzen oder zum anderen durch eine Vorführung der Software durch die Unternehmen selbst. Nach diesen umfangreichen Vorarbeiten sollte der Anwender eine erste Entscheidung über den Einsatz der Software treffen können, ob diese Entscheidung die richtige war, wird jedoch oftmals erst im Praxiseinsatz erkennbar. Auch hier bieten jedoch viele Softwareanbieter noch Unterstützung an: Oftmals besteht die Möglichkeit, die Software für einen beschränkten Zeitraum zu testen und sich somit die letzte Sicherheit zu verschaffen, bevor eine endgültige Kaufentscheidung getroffen werden muss.

	Analytica	*Microplan*	*MWS Braun*	*Orgaplan*
IT-Umgebung	Einzelplatz und Client-Server	Einzelplatz und Client-Server	Einzelplatz und Client-Server	Client-Server
Softwareentwicklung seit	1991	1998	1985	1985
Versionen (Umfang)	Economic (40) Executive (135) Commercial (135)	Hauptversion (130)	VIP 1 (140) VIP 2 (350)	Optimierung der Vermögensstruktur (18) Optimierung des Vermögensaufbaus (12) Absicherung von Lebensrisiken (12) Altersvorsorge (13) Vererben und Vermögensübertragung (12) Steuern sparen (14) Immobilienwunsch (16)
Datenaufnahme	+	+	+	++
Privatbilanz	++	++	++	+
Einnahmen-Ausgaben-Rechnung	++	++	++	+
Private GuV	++	++	++	0
Ausfallvorsorgerechnung	++	++	++	++
Erbschaftsbetrachtung	0	++	++	++
Altersvorsorge	++	++	++	++

0 = im Musterfinanzplan nicht umgesetzt
+ = im Musterfinanzplan umgesetzt
++ = im Musterfinanzplan sehr gut umgesetzt

Abbildung 1: Zusammenfassung der Ergebnisse

Verbesserungsmöglichkeiten für die Finanzplanungstools ergeben sich aus unserer Sicht im Bereich der Datenaufnahme. Zur Vereinfachung würde es sehr stark beitragen, wenn vorhandene Kundeninformationen direkt in die Software übernommen werden könnten. Sinnvoll wäre es auch, nicht nur die Informationen aus dem eigenen Institut, sondern auch Informationen fremder Kreditinstitute zu übernehmen. Kunden, die die Möglichkeiten des Online-Banking nutzen, greifen über standardisierte Schnittstellen auf ihre Konten- und Depotdaten zu. Somit können die Konten verschiedener Kreditinstitute in einer einzigen Homebanking-Software verarbeitet werden. Wenn es gelingt, über diese Schnittstellen die Kundendaten in eine Finanzplanungssoftware zu übernehmen, so entfällt für den Berater ein wesentlicher Teil der Datenerfassung. Auch die Aktualisierung ist damit ohne manuellen Eingriff notwendig. Damit wird es für den Kunden sogar möglich, ohne die Hilfe eines Finanzplaners eine Privatbilanz oder Gewinn- und Verlustrechnung zu erstellen. Zu berücksichtigen ist hier der Datenschutz und die Vertraulichkeit der Kundendaten. Nur der Kunde oder ein von ihm autorisierter Berater darf auf die Daten der unterschiedlichen Kreditinstitute zugreifen. Die Vereinfachung und teilweise Automatisierung der Datenaufnahme könnte Softwaresysteme für die private Finanzplanung jedoch nochmals deutlich verbessern und neue Anwendergruppen erschließen.

Literatur

[1] Böckhoff M, Stracke G (1999) Der Finanzplaner – Handbuch der privaten Finanzberatung und individuellen Finanzberatung. I. H. Sauer, Heidelberg

[2] Ohne Autor (1997) Finanzdienstleistungen (FD), Gruppe 3 C, S.10, Loseblattwerk, Freiburg im Breisgau

[3] Heinneccius J (2003) Financial Planning im Private Banking. In: Krauss P J (ed) Neue Kunden mit Financial Planning – Strategien für die erfolgreiche Finanz- und Vermögensberatung. Gabler, Wiesbaden

[4] Krauss P J (2002) Die Demokratisierung der Finanzberatung durch IT-Technologie. ASSCompact (04), URL: http://www.mwsbraun.de/Presse/ass04_02.htm, Zugriff am: 11.08.2003

[5] Kruschev W (1999) Private Finanzplanung: die neue Dienstleistung für anspruchsvolle Anleger. Gabler, Wiesbaden

[6] Kruschev W (2003) Financial Planning als zentrales Beratungsangebot des Finanzdienstleisters. In Krauss P J (ed) Neue Kunden mit Financial Planning – Strategien für die erfolgreiche Finanz- und Vermögensberatung, Gabler, Wiesbaden

[7] Merill Lynch, Cap Gemini Ernst & Young (2000) German Wealth Report

[8] Reiser H (2001) Beratung in hochwertigen Kundenbereichen. Performance 5

[9] Richter J (2002) Durchblick mit System. Cash 12/2002

[10] Spremann K (2003) Portfoliomanagement. R.Oldenburg, München

[11] Wanner C (2003) Deutsche Bank kämpft um Superreiche. Financial Times Deutschland vom 08.12.2003

Finance Applications with the Web Mining Software Agent PISA

Patrick Bartels; Universität Hannover
Michael H. Breitner; Universität Hannover

1 Introduction

Financial market websites contain valuable financial market information from banks, brokers, exchanges and financial service providers, e. g. stock quotes, option prices, exchange rates in particular and other information concerning exchange markets. The Internet offers these data in many cases real time or near time. Comparable up-to-dateness usually is only offered by commercial finance databases that must be paid like Reuters (www.reuters.com) or Bloomberg (www.bloomberg.com). Subscription fees usually are quite high. The Internet often offers the same information for free. In addition the Internet offers data not provided by any commercial service provider. Usually only data are provided for which a certain demand exists. If the demand is too low the data are not provided because provision is not cost efficient. Provision costs in the Internet are much lower. Here, up-to-dateness, cost-freeness and diversity of the offered data are exploited to build financial databases for free. Database quality is nearly as good as of commercial financial databases. Financial market websites usually do not contain static content but dynamic content. The presented data change frequently and usually are stored in support databases. When a webpage is requested the needed information is queried from the support database and the results are put into a template. This results in highly structured HTML or XML webpages. Usually only few different templates are used. Once a scheme is recognized, it can be used to identify the demanded information on other pages of the same website. Here, schemes are used to extract specified information to generate databases and dense time series. A time series is defined as a series or function of a variable over time. This means that a particular variable takes a particular discrete value at a sequence of (often equidistant) points in time. Here, quotes are used as variables. Time series can be used to train artificial neural networks. For example the FAUN (Fast Approximation with Universal Neural networks) neurosimulator can use neural networks to predict real market option prices, see [6], or to make forecasts, see [5] and [10]. Those neural networks need input data with highest data quality, i. e. patterns for the supervised learning, here. Outliers caused by wrong inconsistent data sets reduce the quality of the trained neural networks significantly.

Here, we present the platform independent software agent PISA to generate dense time series. The resulting time series are used for a FAUN training. Major web mining problems that usually effect output data quality are prevented. The primary problem is that most webpages' structure changes frequently and either no information or wrong information is extracted. If information is distributed to different webpages, data from different webpages must be aggregated to realize added value. To enable dense time series the agent has to extract wanted information in adequate small intervals. The Internet is an international medium and websites are formatted with several international formats. The extracted values need to be consistently formatted. Artificial neural networks usually need text files for input. PISA provides a post-processing module. Extracted data are processed and FAUN input files are created without additional intermediate programs.

2 Applications of Financial Market Web Mining

2.1 Artificial Neural Networks and Web Mining in Finance

Artificial neural networks are a very popular technique in financial market research. Many publications deal with possible applications of neural networks in financial markets. Neural networks are information-processing systems inspired by the way the densely interconnected, parallel structure of the mammalian brain processes information. Neural networks are mathematical models that emulate some of the observed properties of biological nervous systems and draw on the analogies of adaptive biological learning. That is why neural networks sometimes are called learning networks. Key element of the artificial neural network system is the novel structure of the information processing system. It is composed of an, eventually large, number of highly interconnected processing elements. These elements are analogous to neurons and tied together with weighted connections analogous to synapses. For further information about neural network's functionality, see, e. g., [5].

Using neural networks mathematically means optimization. Input data are processed and mathematical functions like $f_{app}(x \,;\, p)$ are returned as a result. This function depends on a vector x that contains the input data and a vector p that contains optimizable network parameters. The returned function approximates a correlation of the input and desired output variables. With this function either future values can be extrapolated or missing values "within the data" can be interpolated or analyzed. To estimate the function's quality approximated and desired output data are compared. As reference either a dataset with validated data or a known reference function $f_{ref}(x)$ is used. The calculated error, e. g. $\epsilon(f_{app}(x_i \,;\, p) \,;\, f_{ref}(x_i)) = \Sigma_i (f_{ref}(x_i) - f_{app}(x_i \,;\, p))^2$, should be as small as possible after the neural network training for all patterns. In order to minimize ϵ, the network tries other input/output-relations and compares the results again. If ϵ is less than before the new function is accepted as the currently best one. Otherwise the function is discarded and another one is tried. The described process is a kind of a learning process which is implemented e. g. in FAUN[1]. For details regarding the training process, see [5].

The described learning process is utilized for different kinds of applications. Among others recent financial market research concentrates on two application areas. Forecasting time series using neural networks has been discussed for many years now, see, e. g. [4] and [3]. The usual aim is to generate a mathematical function that predicts future values of the underlying time series. For the necessary training neural networks usually need large datasets with a dense time series, e. g. currency exchange rates or interest rates. The network generated mathematical functions usually are validated using their market prices as reference. The needed data usually are taken from commercial databases. Price forecast is an example of extrapolating time series with neural networks. Second application area is pricing derivatives. Today's analytical methods use several, partially estimated variables. Derivative prices of different issuers usually are not equal. In cases where highly accurate market prices are needed, neural networks can be used to generate market prices instead of analytical prices. New approaches are presented by [4], [5] and [2]. The outcome of the network training process is a function that interpolates input prices. Changing the input variables market prices are generated for each variable combination without any estimation. As input data time price series of historical prices are needed. The series have to be as dense as possible and must not have large data gaps.

For functional correctness the input data have to be correct and the time series must be dense. Those data usually are bought in databases. Financial service providers buy the data directly from stock exchanges and resell them. Such databases usually are very expensive. An alternative approach is to get that information from the Internet using a software agent. Possible sources of data are for example websites of banks, warrant issuers, or financial services companies. Also time delayed data can be used as neural networks are trained with historical series.

Primary aim of this paper is to show the possibility to extract data from redundant websites automatically to build reliable databases. These databases provide the neural network training data. With the presented approach it is possible to create any kind of time series from web published information. To achieve the mentioned goals, the *partially intelligent software agent* PISA is developed. The agent enables extracting several stock, option or derivative prices efficiently. The agent loads specified webpages, extracts the demanded data and stores the data on computers. These raw data are further processed to generate the neural network input files. The complete process is illustrated in Figure 1.

---

[1] See http://www.iwi.uni-hannover.de/faun_en.html

2.2 Derivative Market Prices

Companies from all over the world are engaged in many transactions which are concluded in foreign currencies. Usually the date of the transaction and the date related costs incur are not the same. As the exchange rate of the underlying currency changes in the meantime the profit can either be higher or lower. Currency options are used to hedge against upcoming currency exchange risks. Therefore, an important example for neural network application is the generation of option market prices. For details regarding derivatives, especially options, see [9]. Today's options pricing mostly bases on the so called Black/Scholes-model. Another important approach is the Cox/Rubinstein-model, which is also widely spread. Here, we present a more accurate approach to option pricing which is market oriented (instead of theoretic).

Common to both models is that the correct option price is investigated by an option-underlying portfolio with risk-free profit. The theoretically fair option price p_{BS} (Black/Scholes) depends on the underlying price s, the strike price b, the time to expiration r, the risk-free interest rate ir to expiration and future volatility σ_s of the underlying price. Latter is measured by its annualized standard deviation of percentage change in daily price. The model of Cox and Rubinstein depends on s, b, r and ir, too. In "contradiction" to the Black/Scholes-model the future volatility is represented by the likelihood of rising and falling of the underlying price s in each time step.

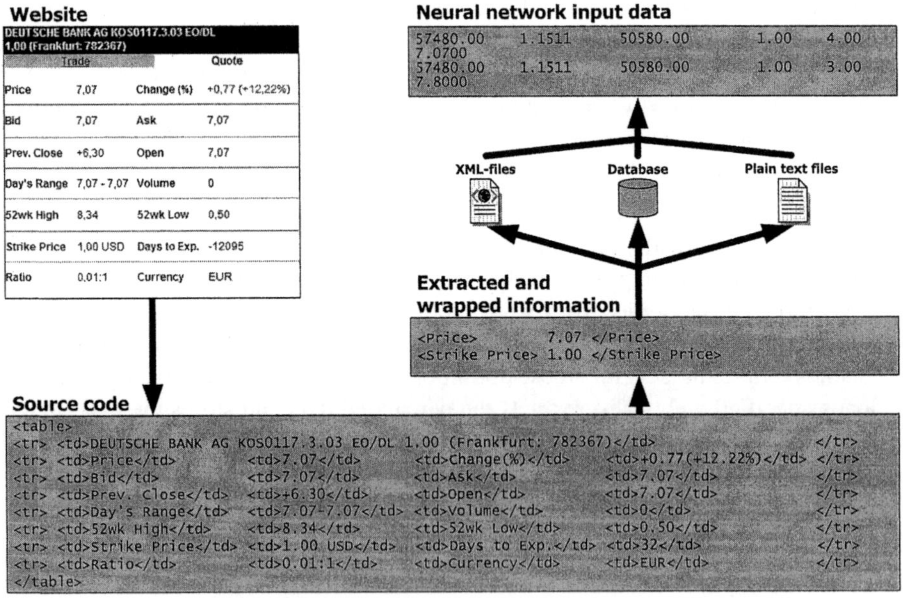

Figure 1: Complete extraction process.

The two mentioned analytic pricing models both base on two problematic assumptions: First the markets are assumed to be efficient so that a prediction of the direction of the market or an individual underlying is not possible. Second the future volatility σ_s of the underlying price is assumed to be accurately estimated and is a priori known to seller and buyer of an option.

As a result of estimating the volatility in both models, σ_s oscillates erratically and neither the Black/Scholes model nor the Cox/Ross/Rubinstein model captures option market conditions. In particular the very important option price sensitivities (option Greeks) Γ, Θ, Δ, and Ω usually are inaccurate. These problems do not appear when instead of an analytical model market prices are used. The generation of market prices depends on historical and actual prices of a set of appropriate options. For details of the option pricing process with neural networks, see [5]. In contrast to the theoretical pricing models high accurate neural networks can learn true market prices of options and warrants. Like the theoretical option price $p_{BS}(s, b, r, ir, \sigma_s)$ or $p_{CRR}(s, b, r, ir, \sigma_s)$ the market price $p_R(s, b, r, t)$ depends on the permanently available underlying price s, strike price b and time to expiration r. But instead of ir and the artificially estimated σ_s the permanently available time t, e. g. day and hour, is used as direct input for the pricing model. The software agent PISA provides the needed data cost free by extracting them from webpages in the internet.

3 Software-Agents

3.1 Agent Definition

Primary advantage of using software agents is that they can work efficiently 24 hours a day and 7 days a week (except breakdowns and maintenance work). Agents can handle dozens of extraction operations per minute automatically. Therefore, software agents are well qualified for web-mining tasks.

There is no generally accepted definition of the term *software agent* although the difference between normal programs and software agents has been discussed intensely for many years now, cf. [8] and [7]. A common characterization was disposed by [12]. Their definition is the origin for almost all current research on agent technology. Accordantly an agent is a representative who works on behalf of a person and has the following attributes: *Autonomy* –The agent is able to execute the assigned tasks on its own without any callback. Here, a web mining agent extracts values from internet pages over a long period of time. It works as a background thread and once it is started it does not need to communicate with the user. All occurring problem are solved autonomously. *Social behavior* – Agents interact with other agents and at least with the user. Currently PISA interacts only with the user. Future versions will be able to communicate with each other to increase efficiency, data quality and availability. *Ability to react* – Perception of the system environment the agent is "living" in and the ability to react on basis of more or less precisely defined decision patterns. Here, the autonomous recognition of changes in the structure of the extracted websites is realized. As a reaction the extracting patterns are adjusted automatically. *Consciousness* – An agent is conscious if it does not only react on events but can anticipate future incidents. Consciousness is not necessary since all necessary decisions can be made using hard coded rules. Case differentiations within the program code are sufficient because all possible cases are a priori known, here. As the structure of the processed webpages is known in advance the agent just has to filter user specified patterns without "thinking". All things considered PISA is a software agent. The mentioned definition does not suffice to call the agent intelligent. The presented agent is called partially intelligent and its intelligence will be further developed.

3.2 Agent Requirements

The extraction process introduced above requires specific abilities of a webmining agent in each step of the process.

Receiving webpages: To receive a webpage a request is send to a webserver using TCP/IP-protocols which have to be supported. If the information containing webpage's URL (Uniform Resource Locator) is not a priori known crawling methods are mandatory. The agent must recognize if a webpage contains relevant information or not. For neural network training a continuous data flow is mandatory. The agent has to be permanently available during trading hours. Referring to the need of efficiency the agent should only work if it is reasonable. Financial websites are only updated when a change of the underlying data occurs. In times with only few changes processing frequency can be decreased. Timer functions enable reasonable system utilization. Extraction intervals must be as small as possible to enable time series with optimal denseness.

Extraction: After the webpage is loaded it is processed and the needed data is extracted. A parsing mechanism is important for financial website extraction as it deals with quotes. These Quotes are usually numbers and an extraction using simple regular expressions is error-prone. Regular expressions might not match exactly the needed information as financial webpages contain many similar numbers. More complex patterns might match the exact information but might not be flexible enough if the website's structure changes. Therefore, the position of the quote containing tag is considered for the extraction. Dealing with HTML documents the structure is not always completely defined and can be irregular. HTML documents can contain errors; e. g. missing tags. The agent has to recognize and handle such problems to assure error tolerant HTML parsing. Once a webpage's source code is received and parsed regular patterns are advisable to identify and extract complex patterns from HTML source code. String Tokenizer methods are less powerful but usually faster. Both should be supported. The Internet offers financial data from all over the world. Dependent on the target group of a website different international number, time and date formats are used. These have to be recognized and reformatted in user defined formats to increase flexibility for further processing programs. The formats need to be adjustable. Some important information, e. g. date and time of a quote, is often split into multiple pieces. The agent has to be able to merge them. Therefore, as well as for adjusting different time zones, date, time and number information has to be transformed into numbers. All extracted values have to be accessible as variables for calculation.

Data storage: File handling methods are mandatory to save extracted patterns. The user should be able to choose an output file format. Both plain text files and XML-files (XML = Extensible Markup Language) should be supported. Large amounts of data can be handled easier stored in a database instead of text files. The most common protocol for accessing databases is the ODBC-Protocol (Open database connectivity) which should be supported by the programming language inherently. Beside the mentioned requirements there are some general ones. The agent should be as platform independent as possible to assure flexible application. The hazard of breakdowns has to be minimized to assure a continuous data flow. Input data have to be correct. Accurateness is a very important aim. The agent has to provide rules with which extracted data can be checked on plausibility.

Post-Processing: Once the raw data are extracted they are processed. Within this step values from different websites are merged and edited to create an input file for neural networks. E. g. to generate real market prices for German currency options the input function has to consist the current value of the option and the related exchange rate of the underlying currency. Usually these information items are extracted from different websites. Exchange rate and option price are matched by their quote time. Other applications with neural networks need special technical indicators as input which are generated from the given raw data.

3.3 Available Agents

Web mining is researched for many years now. Available web mining programs might accomplish the needed requirements. They can be categorized in commercial and non commercial programs. This section summarizes an analysis of existing web mining programs. An overview of available web mining programs is accessible in [11].

All wrapper programs are able to receive webpages and extract basic items. The extracted information is stored on a local computer. Differences appear, e. g., at usability and functional range. Usually commercial programs are sophisticated and have an easy to use graphical user interface. The extraction process works reliably and program handling usually is comfortable and well documented. Major task of commercial programs is to extract data from a large number of websites automatically. Efficiency of this process often is not sufficient to our task. Instead of executing multiple tasks simultaneously, most programs execute extraction jobs serially, like the software *iOpus Internet Macro Recorder*[2]. iOpus records the user's actions of copying content items of a webpage and inserting them in other programs. The recorded steps are repeated when the user presses a button. The more extraction jobs a program executes the larger is the minimal extraction interval for each item. This affects possible denseness of the resulting time series. Timer functions are not supported by all programs.

Non commercial free- or shareware programs are cost-efficient. They can be used public domain. Public domain licenses allow further development. Many programs are programmed for platform independent usage. As many programs were not developed by professionals they are not so sophisticated and well tested like commercial products. Usually regular patterns are used to identify and extract pieces of information. The position within the source code is defined by generating a complex pattern. The HTML structure is hardly taken into account. The resulting extraction rules are vulnerable for errors, e. g. when a website's structure changes. Usually no methods are provided with which the output data can be formatted. Inadequate documentation complicates upgrading and further development of public domain programs.

Web mining programs can be categorized in three categories: 1. Programs that use simple regular expressions to extract values from webpages, 2. Programs that use webpage specific schemes to identify an information item, 3. Programs that use special scripting languages. Programs that use only regular expressions do not work reliable enough to assure dense time series over a long period with high quality.

Two programs which are considered as most suitable for the given task are the commercial tool *KursTrend*[3] and the public domain software *Jedi*[4]. KursTrend uses specific schemes for each website. The schemes are provided by the manufacturer of the software and have to be updated in cases the inner structure of a website has changed. Beside schemes for websites also videotext-sites of German television stations are supported (Therefore a TV-receiver with an integrated videotext decoder is required). The user declares only the security identification number of the needed issue and the website from which it should be extracted. The resulting values are stores on the local harddrive and can be updated in a user defined interval. Only websites with a supported scheme can be processed. Users can not add new schemes or modify given schemes. Only quotes with an identification number can be extracted. The extracted values can not be merged and integrated automatically by KursTrend. To generate the neural network input files an external program is necessary. As a programming interface is missing the values

---

2 http://www.iOpus.com

3 http://www.hoffmann-software.de/

4 http://www.darmstadt.gmd.de/oasys/projects/jedi/jedie.html

can only be exchanged by using text files. The program supports only Microsoft Windows as operating system.

The mentioned constraints of the extraction process are evaded by a group of programs which use extraction definition languages instead of schemes. One of the most capable programs of these groups is the public domain software *Jedi*. Jedi is completely programmed in Java. It supports all current operating systems. Jedi was created to process websites in general. Financial information websites can be processed as well. Values are extracted and can be merged and integrated by Jedi. Both XML and plain text files are supported as output formats. Before the values are stored they can be formatted in user defined styles. So far Jedi accomplishes all major conditions mentioned above. Major constraint is the used complex proprietary scripting language. It is very powerful but the user has to learn it first. A graphical user interface is missing which is advisable as usage is much more comfortable. The fault tolerant parsing process is very reliable. On the other hand this complex algorithm is comparatively slow. The program can not be customized as the source code is not provided.

KursTrend and Jedi accomplish the given requirements almost completely. KursTrend is only available für Windows and the needed schemes are not flexible enough. Jedi's java-classes can be integrated in proprietary approaches that provide a graphical user interface and timer functionality. On the other hand the extraction rule definition is very complex and the underlying language is not easy to learn. The error tolerant parsing mechanism results in relatively long processing times. To assure dense time series the processing time is very important.

All things considered we decided to develop the software agent PISA (Partially Intelligent Software Agent) which accomplishes all requirements needed here.

4 Software-Agent PISA

4.1 Design and Implementation

The mentioned requirements lead to special demands for the language PISA is programmed in. The major considered languages and their attributes are evaluated in detail in [1]. Here, Java is the most suitable programming language. PISA is completely realized in Java. The major modules are shown in Figure 2.

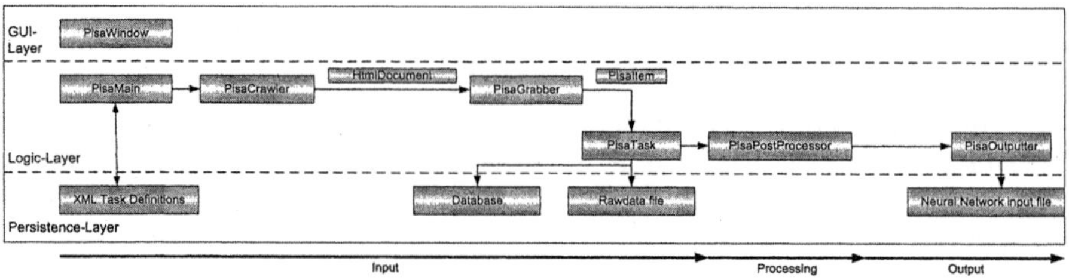

Figure 2: Major modules of PISA.

Due to the dynamic nature of the web, most information extraction systems focus on specific extraction tasks. Here, we concentrate on agent based generation of dense time series. The specific problems are focused here.

PisaWindow: The PisaWindow module provides a graphical user interface to access the functions of the PisaMain module. Within the interface the user can define extraction tasks as well as view the results of the extraction process. An example is shown in Figure 3.

PisaMain: PISA starts with executing the main module *PisaMain* that initiates the extraction tasks. They are defined by the user in a XML-file. The PisaMain-object starts one PisaCrawler-object per URL. These PisaCrawler-objects are started with an adjustable one second time delay, each. For dense time series the request interval is very small. If too many pages are requested from a webserver too frequently, the webserver might crash or it does not answer some requests. Latter results from a standard mechanism to avoid webserver overload by ignoring requests when a specified number of requests in a period is exceeded. This results in information gaps in the time series. The delay time is adjustable.

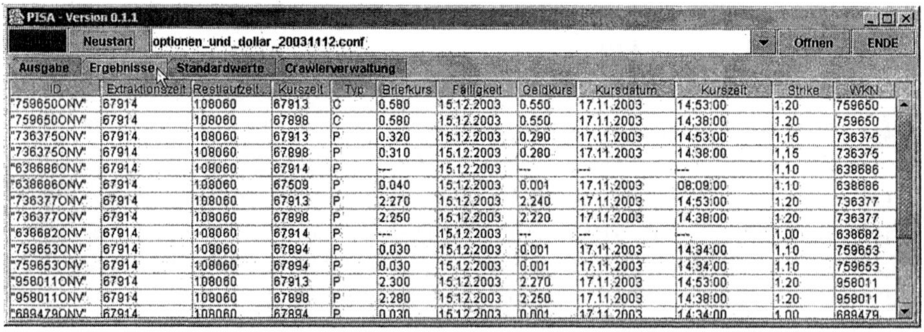

Figure 3: The graphical user interface of PISA.

PisaCrawler: Each PisaCrawler object is executed in an adjustable interval. The interval is defined in seconds to enable dense time series. Shorter intervals are possible but not reasonable since financial quotes are updated at most every second. The PisaCrawler component crawls websites either at every execution or just once at the first run. In this case PISA recognizes interesting webpages by user defined requirements and memorizes the URL. Future accesses use this address. Each requested webpage is represented by an HtmlDocument object. The wanted data are extracted from each object by a PisaGrabber object.

HtmlDocument: The evoking class passes an URL. The HtmlDocument component requests and analyzes the according webpages. PISA handles common syntactical errors reliably. The source code is converted into XHTML compliant text. Afterwards, all needed tags are identified using regular expressions for start- and end-position of a tag. Only needed tags are processed to decrease processing time. Once a tag is identified its attributes like size, color and content are analyzed and stored in a tag-object. This tag-object represents the HTML tag. For each kind of tag an array is created that contains the objects of a kind in order of appearance. This enables a successive comparison of the array fields and the search for a special pattern.

PisaGrabber: The PisaGrabber module extracts the demanded patterns from a passed HtmlDocument-object. Successive comparison of each array field with the wanted pattern is neither comfortable nor capable because the number of appearance might change. Here, the number of a requested pattern is defined relative to an anchor. This anchor is also defined by a pattern. A typical table with stock prices is shown in Figure 4. The current price's position is the forth table cell after the current date. Both patterns are specified by regular expressions.

Using this approach the user has to know four things: 1. The pattern of the requested information; 2. The anchor pattern; 3. The number of tags between anchor-pattern and wanted information; 4. The kind of tag the patterns are formatted with. Optionally names for each extracted bit of information can be defined. This enables storage in platform independent XML-files. The names can be used like variables for calculation. If the user specifies a time zone PISA is working in, extracted worldwide times are converted in local time.

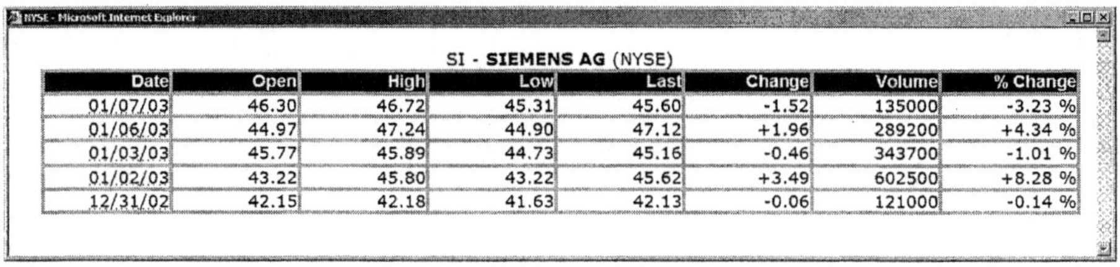

Date	Open	High	Low	Last	Change	Volume	% Change
01/07/03	46.30	46.72	45.31	45.60	-1.52	135000	-3.23 %
01/06/03	44.97	47.24	44.90	47.12	+1.96	289200	+4.34 %
01/03/03	45.77	45.89	44.73	45.16	-0.46	343700	-1.01 %
01/02/03	43.22	45.80	43.22	45.62	+3.49	602500	+8.28 %
12/31/02	42.15	42.18	41.63	42.13	-0.06	121000	-0.14 %

Figure 4: A webpage presenting quotes of the Siemens AG at NYSE.

To assure high data quality, accurateness of the extracted data are very important. Information items can be defined as mandatory. If an object is declared as mandatory and not available on a webpage the whole dataset is abolished. In some cases quotes are published with a certain time delay. If the quote date is not available the current date is extracted. Time of quote and date of visit might not match. For example, if the time delay is 10 minutes the current time is 08/17/03 12:05 am when the quote time is 11:55 pm the day before. Merging current date and time of quote results in a future time, i. e. 08/17/03 11:55 pm. PISA accomplishes this problem. Extracting data from several webpages leads to the problem that the display format of numbers and dates do most likely differ from each other. PISA formats text, numbers and dates in adjustable formats.

4.2 Test and Examples

PISA was tested in detail in different environments and for different tasks in [1]. Here, some of the results are summarized.

From August to September 2002 stock quotes of the German DAX 30 were successfully downloaded in intervals of 60 seconds. Each quote was redundantly extracted from three different webpages. Additionally derivative prices of 60 German options were successfully downloaded from three different sources with an interval of 30 seconds. All webpages were processed without a significant error rate. Values were stored in plain text files. XML output worked satisfactorily, too.

Referring to the problem of option pricing we used the neurosimulator FAUN to generate real market prices for German options. The needed variables are derived from the input function, see section 2.2. The influencing variables for each price/time combination are mainly: The derivative price, including bid- and ask-price, related date and time of the price and the time to expiration. The price related date and time of a quote are extracted because mostly published prices are not real time prices. The time to expiration is calculated by PISA as well as the options' premium of the extracted option prices. The options' premium was usually not published on the websites. All other derivative attributes like issuer or strike price are known and are not time-dependent. They can either be a priori or a posteriori given by the user or been extracted as well. Here, the following static information pieces are extracted: Security identification number, expiration date and strike price.

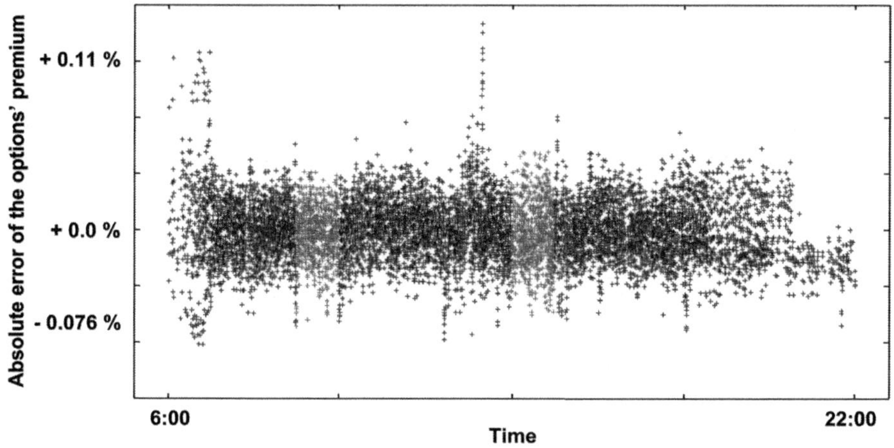

Figure 5: Absolute error of the options' premium.

From November 1st to December 15th, the options' expiration date, 36 the described values for German option prices were extracted from the financial service provider Onvista[5]. The test was conducted on two Linux dual-processor-computers with 2.4 GHz each. The resulting raw data amount was about 20 Megabyte per day. After post-processing operations the input files for FAUN had a size of only about 300 Kilobyte per day. The reduction results mainly from redundant values. They are caused by the fact that the processed webpages were extracted more often than the underlying values were updated. The webpages were processed by PISA every 20 seconds with an average processing time of 3 seconds.

The neural network was trained with the data of November 13th. Alternatively any other day of the extracted period could have been used. Different neural networks were trained. The one with the smallest training error is the best. Options' premiums for different combinations of input variables have been calculated and compared to validation data. The resulting deviation is shown in Figure 5. As the deviation is very small the test showed that option market prices can be generated by neural networks using data extracted from webpages. Although this is an a posteriori analysis an a priori analysis is possible as well.

5 Conclusions and Outlook

Artificial neural networks offer a wide range of applications using time series. Data have to be reliable and correct. Usually used commercial databases have to

---

[5] http://www.onvista.de

be paid. The Internet often offers needed data for free. Primary challenge is to extract data from webpages assuring the same quality like commercial databases. Layout changes, server breakdowns and invalid data make this task difficult.

PISA can extract values redundantly from several websites to avoid data gaps. Intervals can be defined by the user in seconds, minutes or hours. Information items are identified by their relative position within the webpage to anticipate smaller layout changes. Extracted data are stored in text files including XML or databases using the ODBC protocol. Tests showed that PISA generates high quality data sets, e. g. for artificial neural network application. A high number of webpages can be processed in short intervals.

Most important differences to other existing programs are a nearly full platform independency and the post-processing module. As no commercial components or languages are used PISA is inexpensive. Timer abilities make PISA independent from user interaction once it is started. PISA formats the extracted data in a user defined style for easy further processing. The neural network input files are generated on-the-fly.

Various tests showed that the resulting data can be used to train neural networks. Here, we trained a neural network to generate accurate market prices for German currency options reliably. A very small training error and only few moderate outliers indicate that the input data quality is very high.

Some important problems are not solved yet. As long as the webpage structure is correct invalid data are caused by wrong data in the underlying database of the website. Currently, such data can not be differentiated from valid data as long as they are syntactically correct. Beside the fact that webservers can fail the network the agent is executed in can fail as well. Webserver failure can be bypassed by using redundant sources. Local network failure can only be managed by executing several agents in independent networks simultaneously and redundantly.

The mentioned problems will be solved in further development steps. Currently the automation of PISA is under development. A mechanism is developed that calculates the average update interval of a webpage. For example if the update interval is about 120 seconds it is reasonable to adjust the extraction interval to a value of 120 seconds as well. Otherwise both the webserver and PISA are needlessly occupied. Invalid data will be recognizable by specified rules and conditions to avoid invalid output data, i. e. outliers. Communication skills will be increased. Multiple copies of PISA will be able to communicate with each other building a partially intelligent multi-agent environment. In case data gaps occur within the time series PISA will provide powerful estimation methods inherently.

References

[1] Bartels, P. and Breitner, Michael H. (2003): Automatic Extraction of Derivative Market Prices from Webpages using a Software Agent. IWI Discussion Paper Series No. 4, Institut für Wirtschaftsinformatik, Universität Hannover, pp. 1 – 32.

[2] Breitner, Michael H. and Ambrosius M. (1999): SQP-training of Perceptrons with the Neurocomputer SYNAPSE 3 Applied to Fast Empiric Option Pricing, in L. J. Cromme, ed.: Proceedings of the CoWAN '98, pp. 65 – 84 (Shaker, Aachen).

[3] Breitner, Michael H. and Bartelsen, S. (1997): Optimal Portfolio Management through Forecasting of Stronger Stock Price Changes with the Neurocomputer SYNAPSE, Mathematik-Bericht, TU Clausthal, Clausthal-Zellerfeld, 11, 15 p.

[4] Breitner, Michael H. and Bartelsen, S. (1999): Training of Large Three-layer Perceptrons with the Neurocomputer SYNAPSE, in P. Kall, ed.: Operations Research '98, pp. 562 – 570 (Springer, Berlin).

[5] Breitner, Michael H. (2003): Nichtlineare, multivariate Approximation mit Perzeptrons und anderen Funktionen auf verschiedenen Hochleistungsrechnern, extended venia legendi thesis, Akademische Verlagsgesellschaft, Berlin.

[6] Breitner Michael H. (1999): Heuristic Option Pricing with Neural Networks and the Neurocomputer Synapse 3, Optimization 81, pp. 319 – 333.

[7] Brenner, W. and Zarnekow, R. and Wittig, H. (1998): Intelligent Software Agents: Foundations and Applications (Springer, Berlin).

[8] Caglayan, A. K. and Harrison, Colin G. (1997): Agent Sourcebook: A Complete Guide to Desktop, Internet, and Intranet Agents (John Wiley & Sons, New York).

[9] Hull, John C. (2002): Options, Futures and other Derivatives (Prentice Hall, Upper Saddle River, NJ.).

[10] Mettenheim, Hans-Jörg (2003): Entwicklung der grob granularen Parallelisierung für den Neurosimulator FAUN 1.0 und Anwendungen in der Wechselkursprognose. Diploma thesis, Universität Hannover.

[11] Tredwell R., Kuhlins S. (2003): Wrapper Development Tools. http://www.wifo.uni-mannheim.de/~kuhlins/wrappertools/.

[12] Woodridge M. and Jennings N. (1995): Intelligent Agents: Theory and Practice, Knowledge Engineering Review 10, pp. 115 – 152.

Bankenspezifische Software Entwicklung: Erfolgreiche Projektkontrolle bei N.C.H. Spa mit Miro.BAS

Jean-Pierre Berchez; N.C.H. Spa, Leinfelden-Echterdingen
Timothy Ströbele; N.C.H. Spa, Leinfelden-Echterdingen

1 Kurzüberblick über die Firma N.C.H. Spa

1.1 Die Firma

N.C.H Spa unterstützt als Softwarehaus seit mehr als 16 Jahren 90% aller italienischen Banken mit maßgeschneiderten Lösungen für Zahlungssysteme, Elektronic Money & Cards sowie Netzwerk- und Informationssysteme.

Darüber hinaus ist NCH mit seiner NCH Consulting Division gefragter Ansprechpartner im Bereich Prozesse und Methoden bei der Anwendungsentwicklung von Großprojekten.

1.2 Problematik

Grob betrachtet unterscheidet sich das Aufgabengebiet und die Problemstellung in Projekten bei N.C.H Spa nicht sehr von denen anderer Softwarehäuser. Allerdings trat bei N.C.H Spa in verstärktem Maße die Problematik vieler Produktvarianten auf. Bedingt durch die große Anzahl von Bankkunden und die in den Banken unterschiedlichen operativen Systeme, war es meist notwendig für jeden Bankkunden ein speziell angepasstes Produkt zu entwickeln.

Häufig ist bei einem Kunden mehr als nur ein Produkt von N.C.H. Spa im Einsatz, so dass zusätzlich produktübergreifende Abhängigkeiten entstehen. Demzufolge wurden im Rahmen des Projektmanagements das Management von Anforderungen und deren Abhängigkeiten sowie das Management von Änderungsanfragen und deren Auswirkungen immer wichtiger.

Im Jahr 2000 wurde aus diesem Grund vom Top Management ein Team ins Leben gerufen, dessen Aufgabe es war, die bestehenden Prozesse zu analysieren und notwendige Schritte zu identifizieren, um das Projekt- und Produktmanagement auf zukunftssichere Beine zu stellen.

Der folgende Abschnitt stellt einen Auszug der Kernelemente dieser Initiative dar. Dabei ist zu beachten, dass hier die für N.C.H Spa wichtigen Elemente der einzelnen Bereiche beschrieben werden. Auf allgemeine Erklärungen der Disziplinen wird weitgehend verzichtet.

1.2.1 Projektmanagement

Stark vereinfacht bedeutet Projektmanagement das Management von Zeit, Ressourcen und Kosten im Rahmen eines Projektes. Projekte bei N.C.H Spa waren Aufgabe der einzelnen Projektleiter. Je nach Art des Projektes kamen verschiedene Vorgehensmodelle zum Einsatz - bei Legacy Anwendungen eines angepassten V-Modells, bei neueren Technologien und Webanwendungen iterative Prozesse. Dennoch gab es keine einheitliche Methodik, die unabhängig von der Vorgehensweise war, und die immer wieder verwendet werden konnte. Damit verbunden waren längere Einlernphasen der Projektmitglieder, schwere Vergleichbarkeit von Projekten, uneinheitlich definierte Projektbestandteile wie Kontrollmechanismen, Rollenaufteilung sowie Mechanismen wie Änderungsanfragen bearbeitetet werden sollten.

Management von Anforderungen

Lasten- und Pflichtenheft für die einzelnen Projekte wurden in Form von Dokumenten verwaltet. Wie sich schnell herausstellte konnte man durch diese Form der Erfassung von Anforderungen nicht mehr den aktuellen Gegebenheiten in Projekten gerecht werden.

- Versionen einzelner Anforderungen konnten nur manuell gepflegt werden. Das parallele Arbeiten an Dokumenten war problembehaftet, da nie eine Anforderung isoliert ohne das jeweilige Dokument bearbeitet werden konnte.
- Abhängigkeiten zwischen verschiedenen Anforderungen konnten bedingt durch die Speicherung in Dokumenten nur hierarchisch dargestellt werden.
- Sonstige Abhängigkeiten waren nicht darstellbar bzw. nur über ein Kopieren der Anforderung realisierbar. Das Kopieren einer Anforderung in einem Dokument erhöhte zum einen den Wartungsaufwand, barg aber zum andern auch ein größeres Fehlerrisiko in sich. Vergaß man eine kopierte Anforderung bei einer Änderung mitzuändern, traten plötzlich unterschiedliche Versionen einer Anforderung im selben Dokument auf.

Management von Änderungen

Änderungsanfragen wurden zentral über ein Änderungs- und Konfigurationsmanagementsystem bearbeitet. Damit konnten Änderungswünsche und Fehler erfasst und auch den zuständigen Mitarbeitern zugeordnet werden. Die Konzeption dieses Werkzeuges, aber auch anderer Werkzeuge, unterstützte sehr gut das Verlinken von Änderungsanfragen zum Quellcode. In erster Linie half dies der Rolle des Entwicklers innerhalb eines Projektes.

Änderungsanfragen treten jedoch in allen Phasen des Projektes auf und sollten damit auch auf alle Elemente gelinkt werden können. Das Verlinken eines Änderungswunsches auf ein Dokument allein erwies sich als nicht ausreichend, da ein Pflichtenheft beispielsweise eine Vielzahl von Anforderungen beinhaltet und damit die Genauigkeit einer solchen Verlinkung nicht ausreichte.

Zudem sollten Änderungen planbar sein, also direkt in einem Projektmanagementwerkzeug wie MS Project in den Projekt GANTT-Chart eingebunden werden können. Dies war nur manuell möglich und fehleranfällig. Die Folge: Änderungsanfragen konnten Ihren Weg vorbei am Projektmanager direkt zum Entwickler finden.

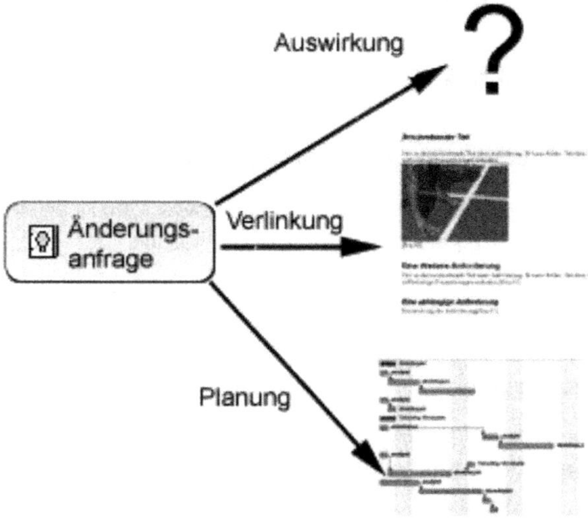

Abbildung 1: Problematik einer Änderungsanfrage

Management von Konfigurationen

Das Management der verschieden Konfigurationen bezogen auf den Quellcode stellte kein Problem dar, da die eingesetzten Werkzeuge hier ausreichend Unterstützung boten. Ganz im Gegensatz dazu, war es sehr aufwendig, die einzelnen Anforderungen und Spezifikationen in der entsprechenden Version granular den jeweiligen Produktversionen zuzuordnen.

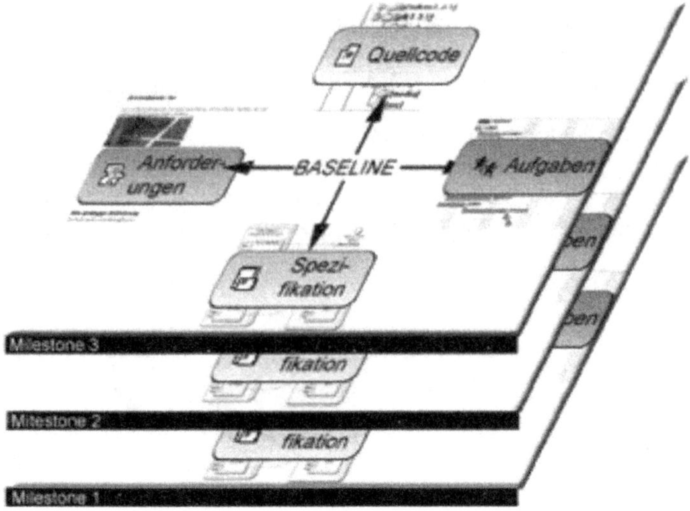

Abbildung 2: Bestandteile einer Baseline: Der Quellcode stellt nur einen Bruchteil der Baseline dar.

1.2.2 Sonstiges

Kommunikationsprobleme

Eine Folge der oben aufgeführten Punkte war ein nicht zu vernachlässigender Anteil an unnötiger Kommunikation.

- Fehlende automatische Überführung von Arbeitstati in Projektmanagementwerkzeugen erhöhten die Anzahl der reinen Arbeitsstatusgespräche zwischen Projektleiter und anderen Projektmitgliedern.
- Fehlende oder ungenügende Verlinkung von Anforderungen, Änderungsanfragen, Modell und Code führten zu Gesprächen, die sich ausschließlich dem Beschaffen von abhängigen Informationen widmeten.
- Das Fehlen einer klar definierten und kommunizierten Methodologie führte zu Unsicherheiten über Aufgabenverteilung und Zuständigkeiten der Projektbeteiligten.

Komplexität der Tools

Teilweise fiel auf, dass Werkzeuge, die im Rahmen von Testprojekten evaluiert wurden, zu komplex für bestimmte Rollen waren. Analysten waren beispielsweise mit dem Umfang der Änderungs- und Konfigurationssysteme häufig überfordert. Oftmals war eine Zusammenarbeit der im Hause gesetzten Werkzeuge mit den Produktkandidaten nicht optimal.

2 Anforderung an ein Projektmanagementsystem

Aus obiger Problemanalyse konnten folgende Anforderungen und Kernpunkte an ein Projektmanagementsystem abgeleitet werden.

2.1 Horizontaler Ansatz

Aus der Erkenntnis, dass eine sehr starke Vernetzung zwischen den verschiedenen Disziplinen (Projektmanagement, Änderungsmanagement, Anforderungsmanagement und Konfigurationsmanagement) innerhalb eines Projektes besteht, folgte:

- Es ist wichtiger eine nahtlose und sinnvolle Verknüpfung der einzelnen Disziplinen zu gewährleisten, und zwar über den gesamten Entwicklungsprozess hinweg (horizontaler Ansatz), auch wenn dies in der einzelnen Disziplin nur eine 80% Lösung darstellt, als für jede Disziplin isoliert eine 100% Lösung anzustreben (vertikaler Ansatz).
- Das Einsparpotential einer weiteren Spezialisierung ist geringer, als das Einsparpotential einer Vertiefung der Einbettung in vor- und nachgeschaltete Arbeitsschritte. Gewünschter Effekt der horizontalen Integration ist eine Verringerung der Softwarefertigungstiefe.

2.2 Methodologie Best Practices

Da bei N.C.H Spa bisher keine Methodologie für das Projektmanagement verwendet wurde, sollte eine einfache aber dennoch effektive Methodologie gefunden werden.

Die Methodologie sollte praxisnah durch den Einsatz von „Best Practices“ und leicht erlernbar für Jedermann sein. Man erhoffte sich von der neuen Methodologie ein leichteres Managen der Komplexität von Projekten und die frühzeitige Erkennung von Problemen. Jeder sollte den Prozess verstehen und wissen, was er wann wie zu tun hat.

3 Marktanalyse

3.1 Werkzeuge

Im Rahmen der gestellten Anforderungen führt N.C.H Spa eine Marktanalyse aller gängigen Werkzeuge auf dem Markt, mit dem Ziel deren Eignung für einen horizontalen Ansatz zu überprüfen, durch.

Bei dieser Analyse fiel auf, dass es sehr viele Werkzeuge gab, die isolierte Bereiche des „Application Life Cycle“ unterstützten. Einige Anbieter bündelten diese Spezialisten zu Tool-Suiten, um damit den gesamten Entwicklungprozess abdecken zu können. Dabei wurden häufig kleinere Werkzeughersteller von den Hauptanbietern übernommen und deren Tools in Rekordzeit integriert. Letztendlich führte dies jedoch dazu, dass die Anbieter von Suiten zwar jede Teildisziplin im Anwendungsentwicklungslebenszyklus an sich abdecken, Projektkontrolle und Prozessunterstützung jedoch vernachlässigt werden.

Im Bereich des Projektmanagements zeigt sich, dass der Software-Projekt-Manager auch weiterhin, trotz der Toolintegration, traditionsgemäß generische Werkzeuge einsetzt, wie Telefon, Email, Textverarbeitung, Projekt-Management-Software, die nicht spezifisch für den gesamten Anwendungsentwicklungsprozess entworfen sind. Einen Großteil der Zeit verbringt der Projektmanager immer noch mit der Planung von Aufgaben und deren Zuordnung. Marktübliche Produkte wie MS Projekt bieten hier eine sehr gute Unterstützung. Die Integration zu anderen Werkzeugen im Rahmen eines horizontalen Ansatzes ist jedoch mangelhaft.

3.2 Methodologien und Prozesse

Es ist zu beobachten, dass einige Anbieter von Anwendungsentwicklungssuiten ihren eigenen Anwendungsentwicklungsprozess bewerben. Dies geschieht in der Annahme, dass der angebotenen Prozess für jedes Projekt gleich gut geeignet ist, ungeachtet der Größe des Unternehmens oder des Projektes.

Generell gibt es aber keinen „Prozess out of the box“, sondern der Prozess muss an die Bedürfnisse und Gegebenheiten der Organisation angepasst werden. Bestehende Prozesshilfen und Methodologien liefern hierbei sehr gute Anhaltspunkte. Insbesondere bewährte Konzepte („Best Practices“) bieten eine praxisnahe Unterstützung.

3.3 Tool- versus Prozess-orientiertes Paradigma

Grundsätzlich kann man bei der Unterstützung von Projekten durch Werkzeuge zwei Ansätze unterscheiden. Betrachtet man den Markt, so findet man in erster Linie den Ansatz des Tool-orientierten Arbeitens.

3.3.1 Tool-orientiertes Arbeiten

Spezialisierte Werkzeuge oder Suiten stehen im Vordergrund. Der Integrationsaufwand zwischen den Werkzeugen bezogen auf den Prozess ist hoch. Der Prozess muss sich der Integration anpassen. Optimierungen und Effizienzsteigerungen erhofft man sich hauptsächlich durch neue Features innerhalb der Produkte („Abreiten des Technologiehypes“).

3.3.2 Prozess-orientiertes Arbeiten

Der Prozess wird in den Vordergrund gestellt. Die Integration der Produkte ist zwar wünschenswert aber nicht Vorrausetzung und eventuell auch nicht gegeben.

Optimierungen und Effizienzsteigerungen erhofft man sich durch eine verbesserte Organisation der Abläufe. Die Verknüpfung einzelner Prozessschritte sowie die damit verbundene verbesserte Kommunikation zwischen den beteiligten Rollen und Optimierung von Ressourcen stehen im Mittelpunkt.

4 Der Ansatz von N.C.H. Spa

Aufgrund der Ergebnisse der Marktanalyse wurde ein Projekt Namens Miro.BAS bei N.C.H. Spa mit dem Ziel, das Prozess-orientierte Arbeiten in den Vordergrund zu stellen, dabei aber die Integration von Methoden, Prozessen und Tools nicht zu vernachlässigen, ins Leben gerufen.

Die eingesetzte Methodologie erlaubt den gewählten Prozess flexibel, aber dennoch ständig unter Kontrolle und sichtbar zu gestallten. Hierbei orientierte man sich an PRINCE2.

4.1 PRINCE2 – Methodologie

PRINCE steht für **Pr**ojects **in** **c**ontrolled **e**nvironments und wurde 1989 erstmals von der CCTA[1] (heute OGC[2]) als der Standard der britischen Regierung für IT-Projektmanagement initiiert. Durch ständige Weiterentwicklung ist diese Projektmanagement-Methode heute nicht mehr nur für IT-Projekte verwendbar, sondern seit 1996 (PRINCE2) ein generischer Ansatz zur Steuerung, Organisation und Management von Projekten jeglicher Art und Größe. Seit seiner Einführung ist PRINCE sowohl im privaten als auch im öffentlichen Sektor weit verbreitet und gilt mittlerweile als der de facto Standard in Großbritannien sowie in Ländern wie Polen, Niederlande, Australien und im deutschsprachigen Raum, verstärkt im Bankensektor[3].

Die Methode beschreibt wie ein Projekt in kontrollierbare Etappen eingeteilt wird, um so eine leistungsfähige Steuerung und regelmäßige Fortschrittskontrolle garantieren zu können. Die verschiedenen Rollen und Verantwortlichkeiten, die für ein Projekt benötigt werden, sind variabel und zu jeder Zeit an die Größe und Komplexität eines Projektes anpassbar. Projektplanung auf Basis von Produkten bedeutet, dass bessere Kontrolle der geforderten Qualität und des Fortschritts möglich ist. Ein PRINCE2-Projekt wird getrieben durch den jeweiligen Business-Case, welcher beschreibt, welchen Nutzen das Unternehmen sich vom Lieferergebnis verspricht. Der Business-Case wird regelmäßig überprüft, um sicherzustellen, dass der Nutzen auch bei sich ändernden Bedingungen erreicht werden kann.

---

[1] Central Computer and Telecommunications Agency

[2] Office of Government Commerce

[3] Quelle: http://www.pugnl.nl

4.2 Die wichtigsten Besonderheiten der PRINCE2 Methodologie[4]

Business Case

Der Business Case ermöglicht dem so genannten Lenkungsausschuss und dem Projektmanager einen Mehrwert zu definieren, der für jedes Produkt und die dazu benötigten Aktivitäten zu erwarten ist. Bei jeder Fertigstellung eines Produkts, bei jedem Übergang von einer Projektphase zur nächsten und bei jeder vorgenommenen Änderung muss zuerst bewiesen werden, dass der erforderliche Mehrwert erreichbar ist. Damit kommt man dem unkontrollierten Einsatz von Ressourcen zuvor und beeinflusst am Ende des Projekts auch noch die Kundenzufriedenheit positiv. Ohne einen gut definierten Business Case kann ein Projekt gemäß PRINCE2 nicht starten.

Managementphasen

Das oben beschriebene generische Prozessmodell kennt keine feste Anzahl von Ausführungsphasen. Sie sind für jedes Projekt individuell festzulegen und ergeben sich aus Managementanforderungen, nicht aus technischen oder fachlichen Erwägungen. Jede einzelne Phase ist so auszurichten, dass sie zum Zeitpunkt von anstehenden Managemententscheidungen einen Beitrag zum Business Case liefert. Auf diese Weise werden die Phasen voneinander entkoppelt und es wird vermieden, dass ein Projekt nach dem Start zwangsläufig bis zum Ende durchgeführt wird, nachdem erst einmal Mittel investiert sind.

Beziehung zwischen Kunden und Lieferanten

PRINCE2 bindet die Kundenorganisation und seine Anwender stark an das Projekt. Die Kundenorganisation definiert das gewünschte Ergebnis, stellt im Verlauf des Projekts sicher, dass dieses Ergebnis erreicht wird und bezahlt für das Projekt.

Kunde und Lieferant sind im Projekt-Lenkungsausschuss immer durch zwei unabhängige Rollen vertreten – unabhängig davon, ob sie aus wirtschaftlich voneinander getrennten Unternehmen stammen oder vom gleichen Management gesteuert werden. Die gleichberechtigte Vertretung der unterschiedlichen Interessen von Kunden und Lieferanten erzeugt ein konstruktives Spannungsfeld innerhalb des Lenkungsausschusses.

Projektmanager – nicht Projektleiter

PRINCE2 benutzt den Begriff Projektmanager anstatt der Bezeichnung Projektleiter. Damit wird deutlich, dass der Leiter des Projekts vornehmlich Managementaufgaben wahrnehmen soll. Seine Rolle ist eher die eines Generalisten als die

---

[4] Quelle: http://www.OGC.co.uk, Projekt Magazin 16/2002

eines Spezialisten. Die ebenfalls wichtige fachlich-inhaltliche Kompetenz wird in größeren Projekten (auch) durch die Teamleiter repräsentiert.

Nahtstelle zur Außenwelt des Projekts

PRINCE2 beschränkt sich nicht auf die Projektebene, sondern bezieht das Unternehmensmanagement aktiv in das Projektmanagement ein. Das ist verständlich, denn ein Projekt bezieht seine Daseinsberechtigung aus einem Auftrag des Unternehmens und übergibt diesem am Projektende ein „Projektprodukt" zurück. Damit der Nutzen für die Organisation gewährleistet ist, wird dem Lenkungsausschuss als Vertreter des Unternehmensmanagements eine aktive Projektlenkung im Prozess „Dirigieren eines Projekts" zugewiesen.

Veränderungen außerhalb des Projekts, wie z.B. sich verändernde Märkte oder Organisationsänderungen, können gravierende Auswirkungen auf das Projekt haben. Sie liegen aber außerhalb des Verantwortungsbereichs des Projektmanagers. Der Lenkungsausschuss hat in diesem Fall die Aufgabe, einen adäquaten Umgang mit diesen Veränderungen im Projekt zu gewährleisten.

Management by Exception

PRINCE2 verwendet das Prinzip „Management by Exception". Das Management wird zwar stets über den Projektstatus informiert, Sitzungen finden jedoch nur statt, wenn wichtige Entscheidungen getroffen werden müssen oder eine gravierende Planabweichung einer Entscheidung des Lenkungsausschusses bedarf. Regelmäßige Statusmeetings des Lenkungsausschusses sind unnötig.

Schleusenprinzip

PRINCE2 sieht vor, dass das Projekt in mehreren in sich abgeschlossenen Phasen verläuft. Die Phasenübergänge werden nach einem Schleusenprinzip behandelt. Grundsätzlich ist der Übergang zur nächsten Phase „gesperrt". Erst wenn das Projekt die nach Plan geforderten Ergebnisse nachgewiesen hat, der Business Case weiterhin erreichbar ist und die Planung der nächsten Phase vorliegt, wird vom Lenkungsausschuss grünes Licht zum Eintritt in die nächste Phase gegeben.

4.3 Prozess-orientiertes Leitbild

Im Rahmen der angewandten Methodologie ist der Prozess frei wählbar, wird aber in den Vordergrund gestellt. Werkzeuge wurden in besonderem Maße auf ihre Eignung für den Prozess ausgewählt. Bekannte Vorgehensmodelle werden „generisch" unterstützt.

Die bisherige Erfahrung bei N.C.H Spa zeigt jedoch, dass einem Iterativen Vorgehensmodell meist der Vorzug gegeben wird. Ein Iterativer Prozess hat den Vorteil, dass durch festgesetzte Intervalle die systematischen und durchgängigen Fortschritte und Verbesserungen des Produkts mit dem „Kunden" geklärt und definiert werden können.

4.4 Zentrales Informationsdepot und eingesetzte Werkzeuge

Die Komponenten sind so integriert, dass alle Teilnehmer des Projektes unterschiedliche Werkzeuge einsetzen können, mit denen sie jedoch transparent auf ein zentrales Informationsdepot zugreifen können („single Point of control“).

Wichtig ist, dass auf marktübliche bewährte Werkzeuge, wie zum Beispiel MS-Word für das Erstellen und Ändern von Anforderungen oder MS-Project für das Planen und Verwalten von Ressourcen, nicht verzichtet werden muss. Solche Standardwerkzeuge sind intelligent eingebunden. N.C.H. Spa's Focus lag auf der „Integrierbarkeit“ aller nützlichen und notwendigen Werkzeuge ohne in die Abhängigkeit eines „Tool“-Anbieters zu geraten.

Die verschiedenen Rollen innerhalb eines Projektes können somit ihr bewährtes tägliches Arbeitsmittel weiterhin einsetzen und haben immer ihre spezielle Sicht auf ihr Arbeitsfeld und eine umfassende rollenspezifische Unterstützung durch Miro.BAS.

Alle Projektkomponenten werden nach definierten Vorgehensweisen gesucht und gespeichert. Dies ermöglicht eine Ansammlung von Wissen, welches erlaubt die Erfahrungen und Erfolge wiederholt durchzuführen. Firmenbezogene Prozesse können somit verbessert und qualitativ angehoben werden.

Die Bestandteile von Miro.BAS sind unabhängig von einzelnen Plattformen und kommerziellen Implementierungen. Somit werden die Anwender nicht gezwungen, eine einzige Lösung einzusetzen.

4.5 Ein Szenario aus der Praxis

An folgendem Szenario soll aufgezeigt werden wie durch den Einsatz von Miro.BAS innerhalb von N.C.H Spa Verbesserungen erzielt werden konnten. Exemplarisch wurde hier die Änderungsanfrage als Anwendungsfall gewählt. Das Szenario ist typisch für Softwareprojekte, da viele Rollen involviert und alle Projektdisziplinen miteinander verbunden werden.

4.5.1 Änderungsanfrage

Änderungsanfragen können und werden in allen Phasen eines Projektes auftreten. Die Planung und Analyse der Auswirkung von Änderungsanfragen stellt deshalb einen kritischen Faktor für den Erfolg oder Misserfolg eines Projektes dar. Jede ungeplante, aber dennoch realisierte Änderungsanfrage führt zu einer Verzögerung des Projektplanes, da Ressourcen gebunden werden, ohne dass der Projektmanager darüber informiert ist. Diese unkontrollierte Realisierung von Änderungsanfragen bedingen eine sukzessive Verschlechterung der Effizienz aller Projektmitglieder.

Leider können Änderungsanfragen nicht im Vorfeld geplant werden, da niemand vorhersehen kann in welchem Umfang und wann sie später auftreten werden. Deshalb ist es umso wichtiger Änderungsanfragen möglichst zeitnah auf ihre Berechtigung hin zu überprüfen. Ist eine Realisierung bis zum nächsten Meilenstein gewünscht, so hat dies in der Regel Auswirkungen auf den Projektplan. Andere Funktionalitäten oder Aufgaben werden möglicherweise in den nächsten Meilenstein verschoben.

Eine Entscheidung darüber, ob und was verschoben werden soll, kann aber nur stattfinden, wenn der zeitliche und personelle Aufwand der Änderungsanfrage im Projektplan erfasst wurde. Entsprechende Verzögerungen im Projektplan sind dadurch sofort ersichtlich.

Projektmanager

Alle Änderungsanfragen inklusive Fehleranfragen stellen in Miro.BAS planbare Elemente dar. Öffnet der Projektmanager sein Projektmanagementwerkzeug, so sieht er automatisch welche Elemente noch von ihm geplant werden müssen. Auf Knopfdruck kann er dann beispielsweise eine Änderungsanfrage direkt als Aufgabe in sein GANTT-Chart einbinden. Je nach Komplexität kann diese Aufgabe eine Analyse- oder Implementierungsaufgabe darstellen. Nachdem der Projektmanager die Auswirkung auf den Plan überprüft hat, wird er entscheiden welche Ressource er dieser Aufgabe zuordnet.

Die Information darüber, ob eine Aufgabe bereits beendet wurde, bzw. wie viel Prozent der Aufgabe bewältig ist, erhält der Projektmanager automatisch. Das GANTT-Chart kann dementsprechend vom Projektmanager auf Wunsch ohne weiteres aktualisiert werden. Dies reduziert den Aktualisierungsaufwand des Planes und garantiert einen aktuellen Projektplan.

Analyst und Designer

Jedes Projektmitglied sieht in Miro.BAS automatisch welche Aufgaben ihm zugeordnet wurden. Im Rahmen der Analysetätigkeit des Analysten ist es sehr wichtig, Abhängigkeiten zwischen einzelnen Anforderungen, Spezifikationen, Modell und Code zu prüfen. Automatisch generierte Abhängigkeitsbäume und Zuordnungsmatrizen unterstützen ihn bei dieser Aufgabe.

Der Analyst kann Anforderungen weiterhin mit einem Textverarbeitungswerkzeug erfassen. Zusätzlich kann er aber Metadaten wie Status, Priorität etc. und Abhängigkeiten zu anderen Elementen in Miro.BAS einer Anforderung zuordnen. Somit hat jede Anforderung einen beschreibenden und einen strukturierenden Bestandteil.

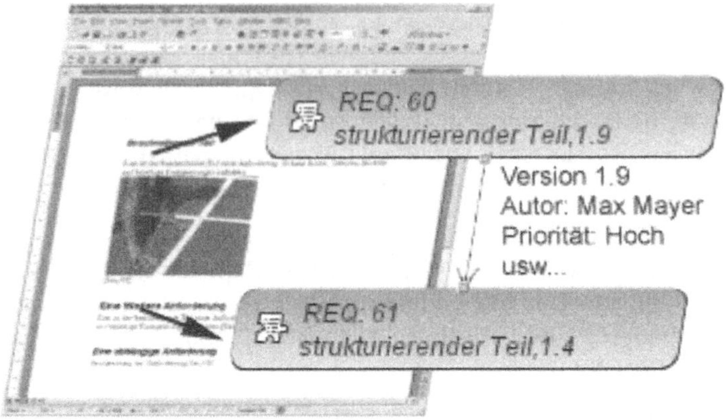

Abbildung 3: Beschreibender und strukturierender Bestandteil

Beide Bestandteile sind automatisch miteinander verbunden, so dass der Analyst jederzeit zwischen ihnen wechseln kann. Möchte der Analyst oder der Designer Abhängigkeiten zwischen bestimmten Elementen überprüfen, kann er in die strukturierte Ansicht wechseln. Dadurch ist es möglich, Lasten- und Pflichtenheft (in der Abbildung Das Featureelement) gegenüberzustellen. Jede Anforderung ist mit Ihrer Spezifikation verbunden. Änderungsanfragen können auf die betroffenen Elemente hin verfolgt werden.

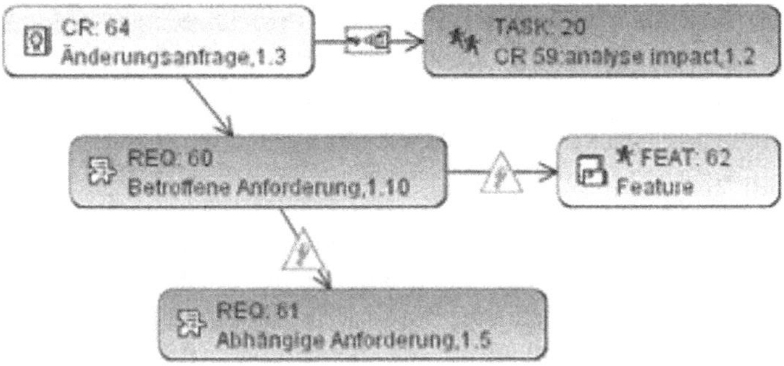

Abbildung 4: Abhängige Elemente einer Änderungsanfrage

Das bedeutet für den Analysten, dass er sofort sieht, welcher Aufwand mit einer Änderung verbunden ist und welche Aufgaben bereits im Zusammenhang mit der Änderungsanfrage stattgefunden haben. Aus obiger Abbildung ist ersichtlich, dass bereits eine Aufgabe vom Projektmanager vergeben wurde, die Auswirkung der Änderungsanfrage auf das Gesamtsystem zu analysieren (in der Abbildung Analyse impact).

Projekt- und Produktsicht

Wenn man die Rolle des Projektmanagers mit den anderen Rollen in einem Softwareprojekt vergleicht, lassen sich zwei verschiedene Schwerpunkte in der Sichtweise feststellen. Der Projektmanager arbeitet sehr stark mit Projektplänen (GANTT-Charts), um Zeit, Ressourcen und Kosten im Auge zu behalten. Natürlich darf er dabei nicht die Übersicht über das Produkt verlieren. Andere Rollen, wie zum Beispiel die des Analysten oder des Entwicklers, haben eine sehr produktfokussierte Sicht. Fragestellungen wie „Welche Funktionalitäten sind notwendig, um eine Anforderung zu realisieren?" oder „Welchen Programmcode muss ich ändern, um die Funktionalität zu implementieren?" stehen für sie im Mittelpunkt.

Miro.BAS ermöglicht beide Sichten gleichzeitig zu betrachten, so dass man jederzeit verfolgen kann welche Resultate auf der Produktebene durch welche Aufgaben der Projektebene angestoßen wurden. Änderungsanfragen können deshalb auf Ihre Auswirkung auf beide Ebenen überprüft werden.

Abbildung 5: Projektsicht und Produktsicht

Entwickler

Am wenigsten wird der Entwickler durch den Einsatz von Miro.BAS betroffen. Ihm dient Miro.BAS als Informationspool, aus dem er alle notwendigen Informationen für seine Arbeit beziehen kann. Hat er seine Aufgabe, die mit der Änderungsanfrage verbunden war, erledigt, checkt er seine verarbeiteten Dateien in das Versionskontrollsystem ein. Das einzige, das er hier beachten muss, ist eine Aufgabe auszuwählen, die er durch das Bearbeiten der Dateien erfüllt hat. Ist dies geschehen, erhält der Projektmanager automatisch einen Hinweis, dass die Aufgabe erfüllt wurde und sein Plan wird dementsprechend aktualisiert.

Im Hinblick auf die spätere Wartung hat das Verlinken der Dateien mit einer Aufgabe einen wichtigen Effekt. Jeder kann jederzeit nachvollziehen, welche Dateien aus welchem Grund von wem geändert worden sind. Für neue Projektmitglieder verkürzt dies die Einarbeitungszeit, da bezogen auf bestimmte Funktionalitäten die entsprechenden Quelldateien sofort zur Verfügung stehen.

Dadurch, dass alle Aufgaben, die mit einer Änderungsanfrage verbunden waren, automatisch von Miro.BAS verlinkt wurden, ist es möglich zu analysieren, wie teuer die Umsetzung der Änderungsanfrage war.

Tester

Die Rolle des Testers verhält sich nahezu identisch zur Rolle des Entwicklers. Die erstellten Tests und Testergebnisse können den getesteten Elementen zugeordnet werden. Je nach Art des Tests findet diese Verlinkung mit Anforderungen, Änderungsanfragen oder Quellcode statt. In der Regel wird aber der Entwickler zusätzlich zum Quellcode auch die Unittests an die zu erfüllende Aufgabe beim Einchecken knüpfen.

Versionierung und Historie

Jedes Element innerhalb von Miro.BAS besitzt eine eigene Version und eine eigene Historie. Wenn ein bestimmter Meilenstein innerhalb eines Projektes erreicht wurde, kann der Projektstand eingefroren werden. Im Hinblick auf Kriterien wie Vertragserfüllung, Nachweispflicht und Nachvollziehbarkeit ist dies ein zentraler Punkt.

Horizontale Interaktion

Das interessanteste Element an Miro.BAS ist jedoch nicht die Unterstützung der einzelnen Rollen innerhalb eines Projektes, sondern die nahtlose Übergabe der Arbeitsschrittergebnisse der jeweiligen Rolle. Anbei ein paar Beispiele.

- Wurde eine Änderungsanfrage vom Änderungsgremium als valide und zu planen kategorisiert, erscheint diese automatisch im Plan des Projektmanagers als „zu planendes“ Element
- Wurde ein “zu planendes“ Element vom Projektmanager geplant und eine Ressource zugewiesen, dann bekommt die entsprechende Ressource automatisch einen Hinweis, dass sie eine neue Aufgabe zu erledigen hat.
- Bei Erledigung der Aufgabe wird dies automatisch dem Projektleiter mitgeteilt. Der Plan wird dementsprechend aktualisiert.
- Werden Dateien im Rahmen einer Aufgabe geändert, so ist dies jederzeit für alle Projektmitglieder nachvollziehbar.
- Änderungsanfragen können auf Ihre Auswirkung hin über sämtliche Entwicklungsphasen (Analyse, Design, Implementierung, Test) hinweg überprüft werden.

5 Zusammenfassung

Die Einführung von Miro.BAS bei N.C.H. Spa, sprich das Einsetzen einer einheitlichen Methodologie mit unterstützenden Werkzeugen, hat deutliche Fortschritte und Einsparungen bei den abgewickelten Projekten gezeigt.

Durch die Anpassung der PRINCE2 Methodologie wurde eine stärkere Kontrolle über die Projekte erzielt. Anfängliche Akzeptanzprobleme, insbesondere bei der Umsetzung der neuen Vorgehensweise, waren nach einer kurzen Einlernphase jedoch kein Thema mehr.

Alle involvierten Beteiligten innerhalb der Projekte konnten mit einem verbesserten Wissensstand bezogen auf ihre Rollen arbeiten, obwohl sich z.B. die obligatorischen Reviewmeetings deutlich reduzierten. Im Schnitt kann man von einer Reduzierung um ⅓ der bisheringen Meetings ausgehen.

Durch die „Verlinkung" aller Projektelemente miteinander wurden aus isolierten Daten vernetzte Informationen. Jeder Projektbeteiligte kann genau nachvollziehen in wie weit seine Arbeit in den Gesamtkontext eingebunden ist und dabei zum Projektfortschritt beiträgt. Zusätzlich ist zu erwarten, dass die „Verlinkung" in der Wartungsphase weitere Vorteile in sich birgt, insbesondere dadurch, dass die Suche von Abhängigkeiten deutlich verkürzt wird.

Es ist jederzeit möglich „historische" Daten abzufragen. Dadurch können Aufwände leichter geschätzt werden und die Planungssicherheit für zukünftige Schritte oder Projekte wird erhöht.

Die gemachten Erfahrungen bei N.C.H. Spa zeigen, dass die gewählte Vorgehensweise („horizontaler Ansatz") nicht nur Einsparungen mit sich brachte, sondern auch das Arbeiten im Team wesentlich erleichterte.

Projektbudgetierung mit einer Prozesskostenrechnung für Unified Process-basierte Softwareentwicklungen

Alexander Baumeister; Universität Hohenheim
Markus Ilg; Universität Hohenheim

1 Prozesskostenrechnung als Ansatz zur Ermittlung von Entwicklungsprojektbudgets

Projektbudgets für Softwareentwicklungen sind Kostenvorgaben an die Verantwortlichen des Entwicklungsprojekts und eröffnen den Budgetempfängern Entscheidungsspielraum für die Auswahl von Maßnahmen, die innerhalb der Budgetgrenzen automatisch als bewilligt gelten.[1] Dies kann z.B. der Entlastung zentraler Entscheidungsinstanzen, der Ausnutzung des Fachwissens der Budgetverantwortlichen, der Prognose, einer optimalen betrieblichen Mittelallokation oder Motivationszwecken dienen, insbesondere wenn die Budgeterfüllung auch als Maßstab der Leistungsbeurteilung gilt und mit Anreizen verbunden ist. Die beiden letztgenannten Ziele erfordern Projektbudgets, die einerseits mit gewisser Anstrengung der Projektbeteiligten erreichbar sind und andererseits keine unnötigen Kostenreserven („budget slack") beinhalten. Deren Festlegung bereitet jedoch aufgrund der typischen Gemeinkostenproblematik im Entwicklungsbereich mitunter Probleme. Daher findet sich in der betrieblichen Praxis für Softwareentwicklungen oftmals eine **inputorientierte Budgetermittlung,** bei der die für ein Entwicklungsprojekt als notwendig erachtete Mitarbeiterzahl die dominierende Einflussgröße ist.[2] Ineffizienzen lassen sich damit kaum aufdecken, da ein direkter Leistungsbezug der Gütereinsätze fehlt. Sofern jedoch eine ausreichende Standardisierung der Entwicklungsleistungen gegeben ist, kann stattdessen die **Prozesskostenrechnung** für eine **outputorientierte Budgetermittlung** Einsatz finden.[3]

Dieser Ansatz bietet sich aufgrund der Prozessstandardisierung insbesondere für Softwareentwicklungen nach dem Vorgehensmodell des **Unified Process** an. Dieses zeichnet sich durch eine wiederholte, jedoch im Entwicklungsablauf unterschiedlich starke Inanspruchnahme von Prozessen projektunabhängig gleich bleibender Disziplinen aus. Aus **Ähnlichkeitsüberlegungen** zu bereits realisierten Projekten, die etwa an der Softwareart und Leistungsparametern wie der Anzahl

---

1 Zu einem Überblick zur Projektbudgetierung vgl. Sandt (2003), 335 ff.

2 Vgl. z. B. Deinert/Meinders (1996).

3 Vgl. Troßmann (1992); Troßmann/Baumeister/Werkmeister (2003), S. 101 ff.

an Transaktionsmasken anknüpfen, könnte das für eine outputorientierte Budgetermittlung benötigte Prozessmengengerüst bestimmt werden. Dieses könnte zugleich für eine aussagefähige projektbegleitende **Budgetkontrolle** Verwendung finden. Insbesondere bei längerfristig angelegten Projekten wird das Projektbudget oftmals in Teilbudgets aufgeteilt, die an bestimmte vorab definierte **Projektmeilensteine** gekoppelt sind. Deren Erreichen veranlasst meist eine Leistungsbeurteilung und, insbesondere bei fremdvergebenen Entwicklungsaufträgen, die Freigabe weiterer Teilbudgets. Die im Vorgehensmodell des Unified Process standardmäßig vorgesehenen Projektmeilensteine bieten sich dafür besonders an.

Ziel dieses Beitrags ist es, nach einer Kennzeichnung des Unified Process Ansatzpunkte für eine prozesskostenrechnerische Budgetplanung und -kontrolle von Softwareentwicklungen aufzuzeigen.

2 Softwareentwicklung auf der Grundlage des Unified Process

2.1 Bewährte Techniken der Softwareentwicklung als Fundament des Unified Process

Vorgehensmodelle zur Softwareentwicklung sind Empfehlungen an das Projektmanagement zur Projektabwicklung. Sie sollen die Durchfühung auch komplexer Entwicklungsprojekte im vorgegebenen Zeit- und Kostenrahmen ermöglichen. Häufig können sie jedoch diesen Anspruch nicht einlösen. Dies gilt beispielsweise für das immer noch verbreitete Wasserfallmodell. Es ist zu starr und berücksichtigt die (sich möglicherweise im Projektablauf ändernden) Wünsche der Benutzer mitunter nur ungenügend. So werden Fehler oft zu spät erkannt, wodurch hohe Änderungskosten oder gar der Projektabbruch drohen.[4] Derartige Probleme können bei Softwareentwicklungen nach dem Unified Process vermieden werden.[5]

Viele der Techniken, die den **Unified Process** ausmachen, sind nicht neu. So ist beispielsweise der Einsatz objektorientierter Techniken in Analyse, Design und Programmierung nicht zwingend vorgeschrieben, dennoch aber typisch für Projekte auf der Grundlage des Unified Process. Ein systematisches Anforderungs- und kontrolliertes Änderungsmanagement, die permanente Einbindung künftiger Benutzer, die frühzeitige Ausarbeitung als riskant eingeschätzter Systemkomponenten und der Einsatz visueller Modellierungstechniken sind ebenso zu nennen.[6]

---

[4] Vgl. Versteegen (2000), S. 29 ff.

[5] Vgl. zum Überblick Jacobson/Booch/Rumbaugh (1999); Kroll/Kruchten (2003).

[6] Vgl. Kruchten (1999), S. 17 ff.

Ein besonders wichtiges Merkmal ist die **iterative Softwareentwicklung,** die den Unified Process am deutlichsten von sequentiellen Prozessen nach z. B. dem Wasserfallmodell unterscheidet: Jedes Projekt besteht aus mehreren Iterationen mit jeweils konstanter Dauer, die über eine einheitliche Grundstruktur verfügen. Jede Iteration stellt ein kleines, überschaubares Projekt dar, an dessen Ende ein getestetes und lauffähiges System steht. In den ersten Iterationen mag es sich dabei nur um die Realisierung besonders zentraler Bildschirmmasken ohne die Berücksichtigung von Sonderfällen handeln, mit jeder weiteren Iteration wird das System aber schrittweise ergänzt und verfeinert und – falls notwendig – auch korrigiert. Die künftigen Benutzer werden in jeder Iteration mit Teilen des späteren Produktionssystems konfrontiert, wodurch die Gefahr der Fehlspezifikation verringert wird. Dagegen verzichtet der Unified Process zu Projektbeginn auf eine detaillierte Anforderungsanalyse, eine vollständige Anforderungsspezifikation und detaillierte Kosten- und Zeitschätzungen. Sie sind in diesem Projektstadium ohnehin nicht verlässlich genug und würden nur eine scheinbare Genauigkeit vorspiegeln.[7]

2.2 Disziplinen als Strukturierungsmerkmal der Iterationen im Unified Process

Jede Iteration im Unified Process ist ein vollständiger **Entwicklungszyklus,** der mit der Fertigstellung eines lauffähigen und getesteten Teils des späteren Endprodukts endet. Daher wiederholen sich in jeder Iteration auch die jeweiligen Aktivitäten, wenngleich auch in unterschiedlicher Intensität (vgl. Abbildung 1). Für jede der sechs Kern- sowie der drei unterstützenden Disziplinen beschreibt der Unified Process die durchzuführenden Aktivitäten und die vorausgesetzten wie auch die produzierten Arbeitsergebnisse (Artefakte). Aktivitäten werden Rollen übertragen, wobei Personen oft mehrere Rollen im Unified Process übernehmen. Im **Rational Unified Process,** einem Softwareprodukt zur EDV-gestützten Durchführung von Softwareentwicklungen nach dem Unified Process von IBM, werden Softwarewerkzeuge zur Unterstützung der Aktivitäten bereitgestellt (Tool-Mentoren).[8]

Hauptzweck der **Kerndisziplin Geschäftsprozessmodellierung** ist ein besseres Verständnis der durch das künftige Softwaresystem abzuwickelnden Geschäftsprozesse. Neben UML-Klassenmodellen entstehen in dieser Disziplin vor allem Anwendungsfallbeschreibungen (use cases). Im **Anforderungsmanagement** werden die Erwartungen der Projekt-Stakeholder ermittelt und der zu realisierende Systemumfang definiert. Die Arbeitsergebnisse dieser Disziplin bilden die Grundlage der Disziplin **Analyse und Design,** die eine Brückenfunktion zwischen den Anforderungen der Auftraggeber, den Bedürfnissen der Anwender und der technischen Realisierung darstellt. Im Vordergrund steht dabei die Modellierung mit der Unified Modelling Language. Die Programmierung der Teilsysteme und deren

---

7 Vgl. zu einer ausführlichen und praxisnahen Darstellung Larman (2002).

8 Vgl. Essigkrug/Mey (2003), S. 22 ff.

Integration ist Gegenstand der Disziplin **Implementation.** In der Disziplin **Test** wird die Funktion der ausführbaren Komponenten mit den formulierten Anforderungen verglichen. In der Kerndisziplin **Verteilung** schließlich werden die Softwaremodelle beim Anwender installiert, Daten aus Altsystemen übernommen oder auch die Benutzer in der Anwendung der neuen Programme geschult.

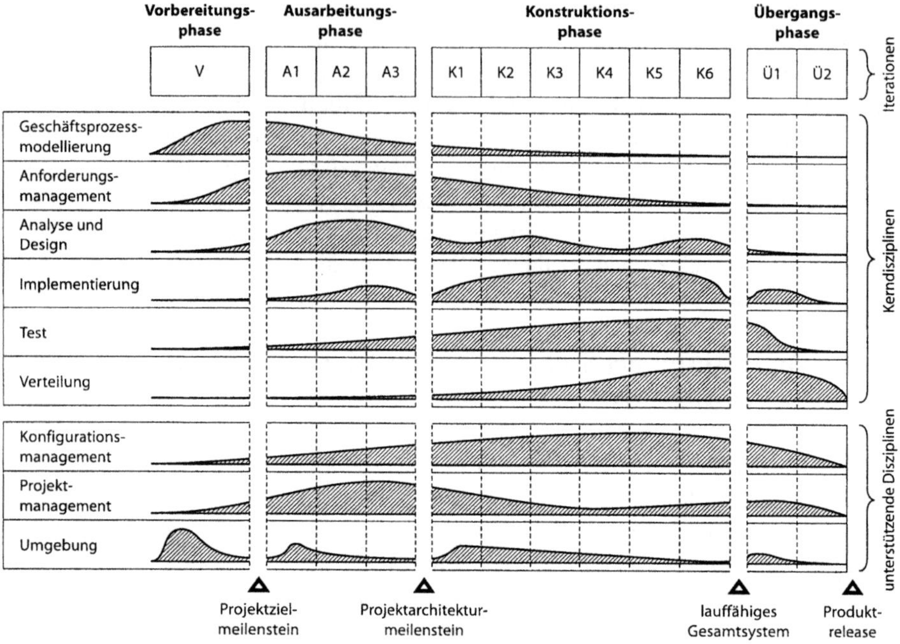

Abbildung 1: Phasen und Disziplinen im Unified Process[9]

Die unterstützende Disziplin **Konfigurationsmanagement** ist besonders bei Teamentwicklungen von Bedeutung, da an vielen Stellen des Gesamtsystems gleichzeitig Änderungen durchgeführt werden. Grob- und Feinplanungsaktivitäten gehören zur Disziplin **Projektmanagement.** Ein wichtiges Instrument ist dabei eine aktuelle und bewertete Liste von Projektrisiken. Zweck der Disziplin **Umgebung** ist die Bereitstellung der Infrastruktur für die Durchführung des Projekts. Dazu gehört auch die Anpassung des Unified Process an das aktuelle Projekt.[10]

2.3 Meilensteine zur Überwachung des Projektfortschritts

Zwar kommen in allen Iterationen des Unified Process prinzipiell die gleichen Disziplinen zur Anwendung, jedoch unterscheiden sich diese stark in ihrer Ge-

[9] Ähnlich Kroll/Kruchten (2003), S. 10; Larman (2002), S. 21.

[10] Vgl. Kruchten (1999), S. 109 ff.; Verstegen (2000), S. 52 ff.

wichtung. Zu Beginn eines Projekts liegt ein Schwerpunkt beispielsweise auf der Geschäftsprozessmodellierung, am Ende der Entwicklung dominieren dagegen Test und Verteilung. Dieser unterschiedlichen Gewichtung trägt auch die Strukturierung des Projektlebenszyklus in vier **Projektphasen** Rechnung, die jeweils mit einem Meilenstein abgeschlossen werden.

In der ersten Phase, der **Vorbereitungsphase,** werden die wichtigsten Anwendungsfälle (use cases) grob skizziert sowie zentrale Restriktionen ermittelt. Die Größenordnung des Projekts wird in zeitlicher und finanzieller Hinsicht beschrieben, erste Prototypen verdeutlichen kritische Systemelemente. Wird mit Auftraggebern und Benutzern ein gemeinsames Verständnis über die wichtigsten Projektziele und Risiken, über anzuwendende Methoden und über die Größenordnung der Kosten erzielt, gilt der **Projektzielmeilenstein**[11] als erfüllt.

Die iterative Softwareentwicklung beginnt in der **Ausarbeitungsphase,** die typischerweise aus zwei bis vier Iterationen besteht. Die Projektziele werden überarbeitet und verfeinert, die wesentlichen Bestandteile der Systemarchitektur werden angelegt und insbesondere als riskant eingeschätzte Projektteile werden zumindest teilweise bereits realisiert. Können nicht alle geplanten Aktivitäten einer Iteration in der vorgesehenen Iterationsdauer umgesetzt werden, wird nicht der Endtermin der Iteration, sondern ein Teil der Aktivitäten auf spätere Iterationen verschoben. Den Abschluss bildet der **Projektarchitekturmeilenstein**[12]. Für diesen müssen die Pläne aller künftigen Iterationen sowie Kosten- und Zeitschätzungen für die zwei restlichen Projektphasen endgültig fixiert sein.

Der Hauptteil der Programmierung findet in der **Konstruktionsphase** statt. Alle noch nicht in früheren Phasen realisierten Komponenten werden implementiert und getestet. Der Meilenstein **lauffähiges Gesamtsystem**[13] bildet den Abschluss der Phase und gilt als erreicht, wenn die Software ausreichend stabil für den ersten Produktionseinsatz ist.

Die Fehlerbehebung, Schulung der Anwender, Anpassung an neue Anforderungen oder auch die Integration in Altsysteme ist Gegenstand der **Übergangsphase.** Für unternehmungskritische Applikationen ist zunächst ein Parallelbetrieb mit bestehenden Altsystemen ratsam. Der Meilenstein **Produktrelease** wird mit Erfüllung der Projektanforderungen erreicht. Der Entwicklungszyklus findet mit diesem Meilenstein seinen Abschluss. Bei großen, in mehreren Teilprojekten realisierten Vorhaben beginnt nun häufig ein neuer, vollständiger Entwicklungszyklus.

---

[11] Im Englischen wird die Bezeichnung Lifecycle Objective Milestone (LCO) verwendet, vgl. Kroll/Kruchten (2003), S. 110.

[12] Lifecycle Architecture Milestone (LAM)

[13] Initial Operational Capability Milestone (IOC)

3 Ermittlung von Projektbudgets für Softwareentwicklungen nach dem Unified Process mit der Prozesskostenrechnung

3.1 Grundstruktur der Budgetermittlung mit der Prozesskostenrechnung

Die Ermittlung von Budgets mit Hilfe der Prozesskostenrechnung verläuft prinzipiell outputorientiert: Von den angestrebten Leistungen des zu budgetierenden Bereichs wird auf die dafür notwendigen Prozessmengen und deren Kosten geschlossen. Für eine entscheidungsgerechte Projektbudgetermittlung ist dabei auf die Ausgestaltung der Prozesskostenrechnung als Teilkostenrechnung zu achten.[14] Die Budgetermittlung vollzieht sich in folgenden Schritten (vgl. Abbildung 2):

- **Prozessabgrenzung:** Zunächst sind sämtliche Kostenstellen nach den in ihnen ablaufenden relevanten Prozessen zu untersuchen.
- **Ermittlung der Planprozesskosten:** Für eine Budgetermittlung ist auf Plangrößen abzustellen. Für die identifizierten Prozesse sind die Planmengen und -kosten zu bestimmen.
- **Cost-Driver-Bestimmung:** Zwar kann ein Kostenbudget durch die Bewertung der im Budgetbereich geplanten Prozessmengen mit den Planprozesskosten je Prozessdurchführung gewonnen werden, allerdings wird dieses Vorgehen aufgrund einer oftmals sehr hohen Anzahl verschiedener Prozessarten schnell zu aufwendig. Daher bietet es sich an, auf Cost Driver abzustellen, die einen möglichst gleich bleibenden mengenmäßigen Zusammenhang zu ausgelösten Prozessen abbilden. Gelingt es, mit einigen wenigen Cost Drivern einen Großteil der ausgelösten Prozessmengen zu erklären, können diese Bezugsgrößen die Kostenzurechnung deutlich vereinfachen.
- **Ermittlung der Plan-Cost-Driver-Raten:** Für die Cost Driver sind zunächst die geplanten Prozesskosten sämtlicher in Anspruch genommener Prozesse zu ermitteln. Dividiert man diese durch die geplanten Cost-Driver-Mengen, erhält man die Plan-Cost-Driver-Raten, die für die geplanten Prozessgesamtkosten je Cost-Driver-Einheit stehen.
- **Aufstellung der Plankostenfunktion:** Die Planung mit einer Kostenfunktion ist Ausdruck einer flexiblen Plankostenrechnung, die eine spätere Budgetkontrolle und mögliche Abweichungsanalysen unterstützt. Daher sollte für den zu budgetierenden Bereich zunächst eine Plankostenfunktion ermittelt werden. Diese beinhaltet die mit den Plan-Cost-Driver-Raten bewerteten Cost-Driver-Mengen als unabhängige Variablen und ggf. weitere, nicht prozessabhängige

---

[14] Vgl. auch nachfolgend Troßmann/Baumeister/Werkmeister (2003), S. 50 f. und 83 ff.

Kosten. Solche prozessunabhängigen Kosten können z.B. für externe Beratungsleistungen oder die Nutzung externer Rechenzentrumskapazitäten entstehen.

- **Prognose der Kostenfunktionsvariablen/Budgetermittlung:** Für die Budgetermittlung sind die geplanten Ausprägungen der unabhängigen Variablen zu prognostizieren und in die Plankostenfunktion einzusetzen.

Die Grundstruktur der Budgetermittlung mit der Prozesskostenrechnung zeigt Abbildung 2.

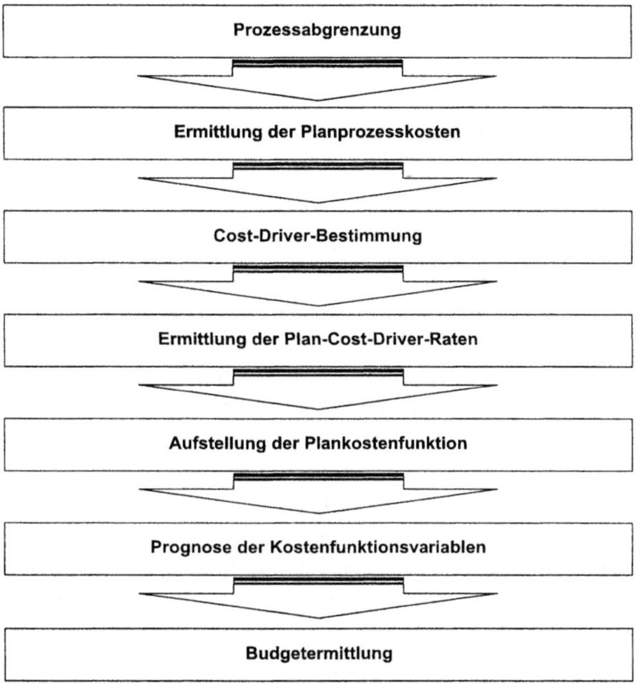

Abbildung 2: Ablaufprinzip der Budgetermittlung in der Prozesskostenrechnung

3.2 Ansatzpunkte zur Ermittlung von Projektbudgets für Softwareentwicklungen nach dem Unified Process

3.2.1 Bedeutung des Unified Process-Vorgehensmodells für die prozesskostengestützte Ermittlung von Projektbudgets

Im Vorgehensmodell des Unified Process lösen Iterationen bestimmte Aktivitäten in den jeweiligen Disziplinen aus. In der Prozesskostenrechnung können die Aktivitäten als Prozesse, die Disziplinen als Prozessbereiche bezeichnet werden. Die Art und die Anzahl der Iterationen werden durch die Entwicklungsleistungen bestimmt, die wiederum von den gewünschten Softwareeigenschaften abhängen. Die Iterationen des Unified Process können damit als Cost Driver interpretiert werden. Da sich die Iterationen je nach Entwicklungsstand im Ausmaß der in den einzelnen Disziplinen jeweils ausgelösten Prozesse und damit in den Prozesskosten unterscheiden, liegt es nahe, eine Prozesskostenrechnung mit differenzierten, z.B. clusteranalytisch gewonnenen **Iterationstypen** als Kosteneinflussgrößen aufzubauen. Dabei ist einerseits auf eine möglichst homogene Typbildung zu achten, um Fehler in der Kostenzurechnung gering zu halten. Andererseits ist die Rechenvereinfachung durch Einsatz der Iterationen als Cost Driver größer, wenn eine möglichst geringe Typenanzahl verwendet wird. Damit ist ein Kompromiss zwischen dem zwangsläufigen Rechenfehler bei einer inhomogenen Typisierung und dem Ziel der Rechenvereinfachung zu finden.

3.2.2 Ähnlichkeitsbasierte Prognosen für die Ermittlung zentraler Rechengrößen im Budgetansatz

Ein Kernproblem der Ermittlung eines Projektbudgets für Softwareentwicklungen ist, dass bei Projektbeginn kaum verlässliche Informationen über das Mengengerüst der notwendigen Prozesse und der dahinter stehenden Güterverbräuche vorliegen. Insbesondere wird eine analytische, verbrauchsmengengestützte **Kostenneuaufwurfsplanung** zu Projektbeginn aufgrund der sich erst im Entwicklungsablauf konkretisierenden Entwicklungsverrichtungen meist nicht möglich sein. So muss mit einer Reihe von Hypothesen gearbeitet werden, die Einfluss auf die Güte der Budgetermittlung haben. Diese betreffen – neben den Prognoseannahmen für Punktschätzungen von Preis- und Mengengrößen – vor allem auch die Stabilität der in der Plan-Prozesskostenrechnung für die Ermittlung der Cost-Driver-Raten zugrunde gelegten **mengenmäßigen Strukturannahmen** für die Neuentwicklung. Für deren Schätzung muss mangels besseren Wissens zu Projektbeginn oftmals auf Erfahrungswerte zurückgegriffen werden. Prognosefehler sind damit verbunden, wenn bei der Neuentwicklung die Struktur der Prozessauslösung innerhalb der Iterationstypen abweicht, also der grundlegende mengenmäßige Zusammenhang zwischen den Projekteigenschaften und den notwendigen Prozessverrichtungen nicht mehr stabil ist.

Eine gängige Prognosemethode im Entwicklungsbereich basiert auf **Ähnlichkeitsschlüssen** zu den Mengenstrukturen bereits realisierter, möglichst ähnlicher Projekte.[15] Die Kernannahme dabei ist, dass sich die über Software- und Entwicklungseigenschaften festgestellten Übereinstimmungen auch in ähnlichen Prozessauslösungen und damit Projektkosten niederschlagen. Die Analyse muss sich also vor allem darauf konzentrieren, ob sich bei den realisierten Projekten und der Neuentwicklung gemeinsame Kosteneinflussgrößen identifizieren lassen. Im Mittelpunkt stehen dabei die Iterationstypen als zentrale Cost Driver in Entwicklungsprozessen nach dem Vorgehensmodell des Unified Process. Wichtige An-

---

[15] Vgl. z. B. Berkhoff/Blumenthal (1983), S. 413 ff.; ZVEI (1985), S. 29 ff.

knüpfungspunkte für die Ähnlichkeitsbestimmung sind einerseits die gewünschten **Softwareeigenschaften** wie z.B. die Softwareart, die gewünschten Funktionalitäten, die Anzahl zu programmierender Transaktionsmasken oder die Anzahl notwendiger Schnittstellenprogramme für die Integration in eine bestehende DV-Landschaft. Andererseits gehören dazu für den Entwicklungsprozess bereits bekannte **Vorgaben,** etwa von Kooperationspartnern zu beziehende Programmmodule oder der geplante Einsatz externer Entwicklungsmitarbeiter. Sofern auf eine ausreichend umfangreiche Erfahrungsdatenbank zurückgegriffen werden kann, bietet sich auch für die Auswahl möglichst ähnlicher Projekte aufgrund einer Vielzahl ggf. gleichzeitig relevanter Einflussgrößen der Einsatz statistischer Methoden an.

Ein wichtiger **Vorteil** der ähnlichkeitsgestützten Budgetermittlung ist, dass Kostenprognosen bereits zu Projektbeginn möglich sind, ohne eine Detailprozessplanung zu benötigen, die ohnehin zu diesem Zeitpunkt noch nicht erstellt werden kann. Mit der Konkretisierung der Iterations- und Prozessplanung kann entwicklungsbegleitend auf zunehmend genauere Kostenschätzungen zurückgegriffen werden. So werden im Unified Process die Art und die Anzahl der Iterationen in den Phasen Ausarbeitung, Entwurf und Übergang in der Vorbereitungsphase geschätzt und spätestens zum Ende der Ausarbeitungsphase detailliert festgelegt. Solche Konkretisierungen sind insbesondere für die **Anpassung** von Projektteilbudgets nach dem Erreichen eines Projektmeilensteins von Bedeutung.

3.3 Projektbegleitende Budgetplanung und -anpassung

3.3.1 Ermittlung von Budgets für die Projektphasen zum Entwicklungsbeginn

Die Vorbereitungsphase eines Projekts auf der Grundlage des Unified Process stellt eine Machbarkeitsstudie dar, die zumindest im Groben die Ziele, den erwarteten Nutzen und auch die Kosten beschreiben soll. Der in dieser Phase geschaffene Grobplan des Projekts legt die voraussichtlichen Zeitpunkte fest, zu denen die Meilensteine erreicht werden. In einem Ressourcenprofil werden die Mitarbeiterbedarfe innerhalb jeder Projektphase festgehalten.[16] Grundlage dieser Schätzungen können nur Erfahrungswerte aus wenigstens ansatzweise vergleichbaren Projekten sein. Die unsichere Datenlage zum Entwicklungsbeginn lässt eine genauere, mit Iterationen differenzierte Planung noch nicht zu, die Grobplanung findet auf der Ebene der **Projektphasen** statt.

Aus Erfahrungswerten bereits realisierter, ähnlicher Projekte können im **Analogieschluss** die Iterationsanzahlen je Entwicklungsphase hergeleitet werden. Liegen mehrere ähnliche, direkt verwendbare Projekte vor, so empfiehlt sich dabei

16 Vgl. Kroll/Kruchten (2003), S. 228 ff.

eine Durchschnittsbildung. Sofern nur Projekte mit teilweise abweichenden Merkmalen vorliegen, muss zunächst eine **statistische Anpassungsrechnung** der Daten der realisierten Projekte auf das Neuprojekt erfolgen, etwa durch Regressionsanalysen mit einer oder mehreren Einflussgrößen.[17] Da **Preisänderungen** der Mengenverbräuche im Zeitablauf eine direkte Herleitung von Prognosekosten aus den realisierten Projekten als eine Art **Fortschreibungsbudgetierung** wenig brauchbar machen, muss eine analytische Kostenplanung mit separater Preis- und Mengenprognose erfolgen. So trifft man bei der Bestimmung der Iterationsanzahlen aus ähnlichen, realisierten Projekten lediglich die Annahme, dass die mengenmäßige Verbrauchsstruktur auch im Zeitablauf stabil bleibt. Daher sollte stets geprüft werden, ob etwa entwicklungstechnische oder sonstige Einflussgrößen dieser Prognoseannahme im Wege stehen. Die Bewertung der so gewonnenen Verbrauchsstruktur erfolgt dann mit einer aktuellen Schätzung des Preisgerüsts. Aus den Ähnlichkeitsüberlegungen auf der Basis der Projekteigenschaften sowie eventueller statistischer Anpassungen lassen sich damit auf Basis einer Plan-Prozesskostenrechnung Plan-Cost-Driver-Raten für jede **Entwicklungsphase** des Unified Process herleiten.

Abbildung 3 zeigt beispielhaft die Berechnung eines **Projektbudgets** für das Softwareprojekt Alpha. Die an den Projektmeilensteinen ausgerichteten Teilbudgets der einzelnen Phasen werden dabei auf der Grundlage eines errechneten Durchschnittsprojektes aus einem Cluster von fünf ähnlichen, realisierten Projekten ermittelt. Die Iterationstypisierung entspringt ebenfalls diesem Projektcluster. Auf eine regressionsanalytische Hochrechnung der Kostenwerte wurde im Beispiel verzichtet. Die Mengeninformationen der realisierten Projekte enthalten Planpreise.

Fällt am Ende der Vorbereitungsphase die Entscheidung für die Fortführung des Projekts, wird auf der Grundlage dieser Planung das Teilbudget für die Ausarbeitungsphase bewilligt und freigegeben. Ein wichtiges Ziel der Ausarbeitungsphase ist die weitere Konkretisierung der Projektplanung, womit auch eine präzisere Kostenprognose möglich wird.

---

[17] Vgl. für den Entwicklungsbereich Ehrlenspiel/Kiewert/Lindemann (2000), S. 403 ff.

Disziplinen und zugeordnete Aktivitäten / Cost-Driver-Hierarchie	Cost Driver									nicht Cost-Driver-abhängige Prozess-kosten	Gesamt-prozess-kosten
	Vorbe-reitung	Ausarbeitung		Konstruktion				Übergang			
		Typ AI	Typ AII	Typ KI	Typ KII	Typ KIII	Typ KIV	Typ ÜI	Typ ÜII		
Geschäftsprozessmodellierung											
Ziele festlegen	2.995	4.032	1.267	104	127	92	58	46	35	2.765	11.520
Organisationsanalyse	22.944	31.548	14.340	4.780	956	2.868	860	76	956	16.271	95.600
Dokumentation											
Glossar erstellen	561	612	255	128	102	77	51	51	26	689	2.550
Pflege der Business Rules	1.170	1.950	2.730	312	234	156	117	117	117	897	7.800
Modellierung											
Anwendungsfälle	13.255	32.535	34.945	6.025	7.230	2.410	2.410	1.567	1.446	18.678	120.500
Business Object Model	5.915	13.195	10.920	3.185	1.593	1.138	1.684	501	501	6.871	45.500
Anforderungsmanagement											
⋮	⋮	⋮	⋮	⋮	⋮	⋮	⋮	⋮	⋮	⋮	⋮
Analyse und Design											
⋮	⋮	⋮	⋮	⋮	⋮	⋮	⋮	⋮	⋮	⋮	⋮
⋮											
Umgebung											
⋮	⋮	⋮	⋮	⋮	⋮	⋮	⋮	⋮	⋮	⋮	⋮
Gesamtkosten (Plan)	84.526	189.423	221.500	165.147	235.750	315.426	284.431	121.240	79.480	587.350	2.284.273
Plan-Cost-Driver-Rate je Phase im Durchschnittsprojekt	16.905	82.185		200.151				40.144			

	Vorbe-reitung	Typ AI	Typ AII	Typ KI	Typ KII	Typ KIII	Typ KIV	Typ ÜI	Typ ÜII
Anzahl Iterationen in allen fünf Projekten des Clusters	5	7	6	12	16	2	6	7	3
durchschnittliche Iterationszahl je Projekt	1,0	1,4	1,2	2,4	3,2	0,4	1,2	1,4	0,6
Plan-Cost-Driver-Rate je Iteration	**16.905**	**27.060**	**36.917**	**13.762**	**14.734**	**157.713**	**47.405**	**17.320**	**26.493**

Budgetberechnung

Softwareprojekt Alpha

prozessunabhängige Kosten
\+ Plan-Cost-Driver-Rate Vorbereitung
= Phasenbudget Vorbereitung

prozessunabhängige Kosten
\+ Plan-Cost-Driver-Rate Ausarbeitung
= Phasenbudget Ausarbeitung

prozessunabhängige Kosten
\+ Plan-Cost-Driver-Rate Konstruktion
= Phasenbudget Konstruktion

prozessunabhängige Kosten
\+ Plan-Cost-Driver-Rate Übergang
= Phasenbudget Übergang

Phasenbudget Vorbereitung
\+ Phasenbudget Ausarbeitung
\+ Phasenbudget Konstruktion
\+ Phasenbudget Übergang
= Projektbudget

Abbildung 3: Ermittlungsschema eines Projektbudgets für eine Softwareentwicklung nach dem Unified Process mit der Prozesskostenrechnung zum Ende der Vorbereitungsphase

3.3.2 Projektbegleitende Budgetkontrolle und -anpassung

Bei Erreichen des Projektarchitekturmeilensteins am Ende der Ausarbeitungsphase sind im Unified Process die Projektziele und die Systemarchitektur im Detail festgelegt, die größten Projektrisiken untersucht und der Projektgrobplan überarbeitet. Art und Anzahl der Iterationen in den verbleibenden Projektphasen Konstruktion und Übergang sind damit beschrieben und bilden die Grundlage für eine genauere Kostenprognose auf Ebene der Iterationen. Durch die im Entwicklungsablauf verbesserte Datenlage rückt die ähnlichkeitsorientierte Schätzung der Iterationsarten und -mengen zugunsten einer zunehmenden **Neuaufwurfsplanung** in den Hintergrund. Allerdings können die Informationen über die Prozessauslösungen der Iterationen aus realisierten Projekten die Prognose des Prozessmengengerüsts bei der Ermittlung der Cost-Driver-Raten weiterhin unterstützen. So sind die Erhebungsmöglichkeiten auf Iterationsebene weit günstiger als bei einer phasenbezogenen Betrachtung, da nun Iterationen derselben Projektphase aus verschiedenen Projekten vergleichbar sein können, auch wenn die Projekteigenschaften oder die Entwicklungsphasen insgesamt keine Ähnlichkeit zeigen.

Mit der Verbesserung der Datenlage im Entwicklungsablauf geht eine zunehmende Ausschöpfung des Projektbudgets einher. Die Ist-Kosteninformationen aus bereits abgeschlossenen Phasen oder Iterationen können entwicklungsbegleitend für **Kostenkontrollen** eingesetzt werden. Abbildung 4 verdeutlicht beispielhaft die Konkretisierung der Berechnungsgrundlagen im Entwicklungsablauf. Beim Übergang der Budgetplanung für Projektphasen von einem ähnlichkeitsgestützten Iterationsmengengerüst auf eine direkte Prognose stellt sich die Frage der **Budgetanpassung.** Da die Freigabe der Teilbudgets für die einzelnen Entwicklungsphasen oftmals an das Erreichen eines Meilensteins gekoppelt sein wird, ist eine Anpassung der Kostenvorgabe meist unproblematisch. Schwieriger gestaltet sich das Abstimmungsproblem auf den unterschiedlichen Planungsstufen, also den Iterations-, Phasen- und Projektgesamtbudgets. Hier können sich unterschiedliche Anpassungsrhythmen anbieten, da eine Änderung der Phasenbudgets und des Gesamtbudgets bei jeder einzelnen Iterationsrealisierung einer verlässlichen Kostenvorgabe als Orientierungsgröße entgegensteht.

3.4 Gestaltungsanforderungen an eine Erfahrungsdatenbank

Informationen aus bereits realisierten Projekten spielen für die **Ähnlichkeitsbudgetierung** eine bedeutende Rolle. Bei der Aufnahme von Projektinformationen in die Erfahrungsdatenbank müssen Mengen- und Preisinformationen getrennt erfasst werden, damit eine analytische Kostenplanung möglich bleibt. Dem Ziel einer möglichst flexiblen und vielseitigen Datenverwertung steht der Aufwand ihrer differenzierten Erfassung gegenüber. Wichtige Merkmale könnten z. B. die Iterationsdauer, der Mitarbeiterbedarf je Iteration, die verwendete Softwaretechnik oder die Anzahl der Anwendungsfälle des Systems sein.

Projektbudgetierung zum Ende der Vorbereitungsphase

	Vorbereitung	Ausarbeitung	Konstruktion	Übergang	gesamtes Projekt
Istkosten	realisierte prozess-unabhängige Phasenkosten* Ist-Cost-Driver Vorbereitung				realisiertes Projektbudget
Plankosten		geplante prozess-unabhängige Phasenkosten* Plan-Cost-Driver Ausarbeitung	geplante prozess-unabhängige Phasenkosten* Plan-Cost-Driver Konstruktion	geplante prozess-unabhängige Phasenkosten* Plan-Cost-Driver Übergang	verbleibendes geplantes Projektbudget
Phasenbudgets	realisiertes Phasenbudget Vorbereitung	geplantes Phasenbudget Ausarbeitung	geplantes Phasenbudget Konstruktion	geplantes Phasenbudget Übergang	teilrealisiertes Gesamtbudget

Projektbudgetierung nach der ersten Iteration in der Konstruktionsphase

	Vorbereitung	Ausarbeitung	Konstruktion	Übergang	gesamtes Projekt
Istkosten	realisierte prozess-unabhängige Phasenkosten* Ist-Cost-Driver Vorbereitung	realisierte prozess-unabhängige Iterations- und Phasenkosten* Ist-Cost-Driver Ausarbeitung	realisierte prozess-unabhängige Iterations- und Phasenkosten* 1 Iterationen Typ K1 × Ist-Cost-Driver K1		realisiertes Projektbudget
Plankosten			geplante prozess-unabhängige Iterations- und Phasenkosten* 2 Iterationen Typ K1 × Plan-Cost-Driver-Rate K1 2 Iterationen Typ K2 × Plan-Cost-Driver-Rate K2 2 Iterationen Typ K3 × Plan-Cost-Driver-Rate K3	geplante prozess-unabhängige Iterations- und Phasenkosten* 1 Iteration Typ Ü1 × Plan-Cost-Driver-Rate Ü1 1 Iteration Typ Ü1 × Plan-Cost-Driver-Rate Ü1	verbleibendes geplantes Projektbudget
Phasenbudgets	realisiertes Phasenbudget Vorbereitung	realisiertes Phasenbudget Ausarbeitung	teilrealisiertes Phasenbudget Konstruktion	geplantes Phasenbudget Übergang	teilrealisiertes Gesamtbudget

* Die prozessunabhängigen Phasenkosten beinhalten auch die in der Phase anfallenden projektspezifischen Unternehmungskosten.

Abbildung 4: Konkretisierung der prozesskostenbasierten Budgetierung im Entwicklungsprozess

Ein Orientierungsrahmen für die Datenbankgestaltung bietet die von *Riebel* vorgeschlagene Grundrechnung im System der relativen Einzelkostenrechnung, die sich in ihrer Gestaltung einerseits an der Differenziertheit der künftigen Auswertungsrechnungen orientiert, andererseits aber die Auswertungsrichtung nach verschiedenen Bezugsgrößen offen lässt.[18] Technisch ist die Realisierung mit den heute verfügbaren Systemen zum **Online Analytical Processing** keine Herausforderung mehr.[19]

Ein ausreichender Datenbestand ließe sich schneller generieren, wenn Projektinformationen verschiedener Unternehmungen in einen gemeinsamen **Datenpool** eingehen. Dem könnten allerdings mögliche Konkurrenzbedenken der Unternehmungen entgegenstehen. Daher bietet sich die Sammlung und Veröffentlichung anonymisierter Daten durch eine neutrale Instanz an. Eine Kammer oder auch eine von mehreren Softwareherstellern finanzierte universitäre Forschungsstelle könnte diese Funktion wahrnehmen und dabei den Ansatz weiterentwickeln.

4 Beurteilung der Prozesskostenrechnung als Instrument der Projektbudgetierung im Unified Process

Für den Einsatz der Prozesskostenrechnung als Instrument der Projektbudgetierung sind einerseits der hohe Standardisierungsgrad der Projekte auf der Grundlage des Unified Process und andererseits die Annahme der Übertragbarkeit des Mengengerüsts bereits abgewickelter Projekte auf geplante Neuprojekte **erfolgskritisch.** Die ähnliche Grundstruktur der Aktivitäten innerhalb der Disziplinen, insbesondere innerhalb der Projektphasen Vorbereitung, Ausarbeitung, Konstruktion und Übergang ermöglicht die Berechnung typischer Iterationen, die Ausgangspunkt einer outputorientierten Budgetierung für Softwareentwicklungen mit der Prozesskostenrechnung sind. Probleme bei Ähnlichkeitsüberlegungen können nicht vermieden, durch eine Verfeinerung der Lösungsstruktur, z.B. dem Einsatz regressionsanalytischer Methoden zur Bestimmung der Cost-Driver-Raten in Abhängigkeit von bestimmten Kosteneinflussgrößen, aber gemildert werden. Die differenzierte Erfassung und Prognose des Mengengerüsts ist dabei für den Praxiseinsatz ebenso eine Voraussetzung wie ein ausreichender Bestand an realisierten Projekten.

Literatur

Berkhoff, Horst/Blumenthal, Peter (1983): Kostenrechnung und Kalkulation für Software. Integriertes Verfahren für Kalkulation und Aufwandschätzung. In: Zeitschrift für Betriebswirtschaft, Jg. 53, S. 407-419.

[18] Vgl. zum Überblick Riebel (1994).

[19] Vgl. zum Überblick Chamoni/Gluchowski (1999).

Chamoni, Peter/Gluchowski, Peter (1999): Analytische Informationssysteme. Data Warehouse, On-Line Analytical Processing, Data Mining. 2. Aufl., Berlin u. a.

Deinert, Ralf-D./Meinders, Reinhard (1996): Methoden zur Kalkulation von Personalaufwendungen in Software-Projekten. In: Auf dem Weg zum virtuellen Unternehmen. Konsequenzen der Dezentralisierung. Hrsg. von W. Gora. Köln, S. 257-268.

Ehrlenspiel, Klaus/Kiewert, Alfons/Lindemann, Udo (2000): Kostengünstig Entwickeln und Konstruieren. Kostenmanagement bei der integrierten Produktentwicklung. 3. Aufl., Berlin u. a.

Essigkrug, Andreas/Mey, Thomas (2003): Rational Unified Process kompakt. Heidelberg, Berlin.

Jacobson, Ivar/Booch, Grady/Rumbaugh, James (1999): The Unified Software Development Process. Boston u. a.

Kroll, Per/Kruchten, Philippe (2003): The Rational Unified Process Made Easy. Amsterdam.

Kruchten, Philippe (1999): Der Rational Unified Process. Eine Einführung. München u. a.

Larman, Craig (2002): Applying UML and Patterns. An Introduction to Object-Oriented Analysis and Design and the Unified Process. 2. Aufl., Upper Saddle River.

Riebel, Paul (1994): Einzelkosten- und Deckungsbeitragsrechnung. 7. Aufl., Wiesbaden.

Sandt, Joachim (2003): Projektbudgetierung. In: Handbuch Projektmanagement. Hrsg. v. M. Bernecker und K. Eckrich. München, Wien, S. 335-354.

Troßmann, Ernst (1992): Gemeinkosten-Budgetierung als Controlling-Instrument in Bank und Versicherung. In: Controlling. Grundlagen, Informationssysteme, Anwendungen. Hrsg. von K. Spremann und E. Zur. Wiesbaden, S. 511-539.

Troßmann, Ernst/Baumeister, Alexander/Werkmeister, Clemens (2003): Management-Fallstudien im Controlling. München.

Versteegen, Gerhard (2000): Projektmanagement mit dem Rational Unified Process. Berlin, Heidelberg, New York.

ZVEI (1985): Kalkulation von DV-Software und Projektierungsdienstleistungen. Mindelheim.

Mit "Model-Driven-Architecture (MDA)" und der System Meter Methode zu verbessertem Management von IT-Projekten

Simon Moser; Aloba AG, Burgdorf

1 Einleitung

Zum Management von Projekten im Allgemeinen und von IT-Projekten im Speziellen ist bereits sehr viel geschrieben worden (u.a. in [1], [2], [3], [6], [9]). Unerfreulicherweise sind trotzdem in der IT-Branche Terminüberschreitungen, Kostenüberschreitungen und mangelhafte Qualität in der Praxis überdurchschnittlich oft feststellbar. Sollten IT-Systeme nicht ebenso häufig frühzeitig, zu geringeren Kosten sowie fehlerfrei abgeliefert werden? Sind IT-Projekte überhaupt steuerbar und kontrollierbar?

Von dieser Problemstellung ausgehend hat der Autor in den späten 1980er Jahren damit begonnen, zunächst im Rahmen von Beratungsprojekten aus der IT-Industrie und später im akademischen Rahmen die Thematik der „Software-Ökonomie" aufzuarbeiten. Die Arbeiten mündeten in einer Disseration [11] und darin in der Definition einer neuen Software-Metrik genannt „System Meter", welche nicht nur auf Software-Code sondern auch auch Software-Modelle bzw. Modelle im Allgemeinen anwendbar ist [10].

Im vorliegenden Artikel wird die Anwendbarkeit der System Meter Methode in sehr frühen Projektphasen aufgezeigt. Bereits vor dem Entscheid zwischen den Optionen einer Software-Neuentwicklung, einem Einsatz eines Standardprodukts oder von manuellen Systemlösungen kann die System Meter Methode angewendet werden. Dabei stützt man sich auf eine Pre-UML-Modellierung (adaptiert nach DeMarco [3]). Diese ist trotz ihrer „Grobkörnigkeit" nicht weniger formal als eine ausgewachsene UML-Modellierung und deshalb ebenfalls messbar.

2 Über das Management von IT-Projekten

2.1 Die 3 Kerngrössen eines Projekts

Wie bereits festgestellt, ist zum Management von Projekten im Allgemeinen und von IT-Projekten im Speziellen bereits sehr viel geschrieben worden. Dabei werden die Begriffe „Projekt" und „Projektmanagement" auch oft sehr unterschiedlich definiert und angewendet. Wir streben an dieser Stelle diesbezügliche Klarheit an, indem wir ein ***Projekt*** als Vorhaben definieren, für welches zumindest eine der drei Grössen:

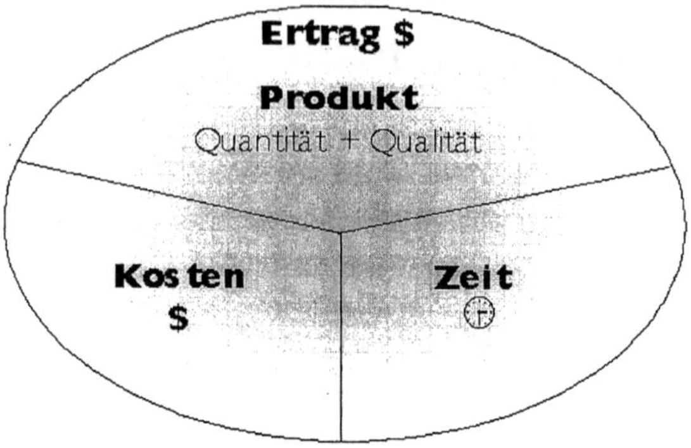

Abbildung 1: Die 3 Kerngrössen eines Projekts

vorgegeben ist (in Anlehnung an die Definition in [8]). Vielleicht mag erstaunen, dass wir die Qualität und Quantität des Projekt-Produkts als eine Dimension betrachten. Die Zusammenfassung kann jedoch mit dem Argument begründet werden, dass ein qualitativ ungenügender Systemteil letztendlich weniger Nutzen bringt. Im Extremfall kann ein völlig versagender Systemteil sogar als „inexistent" betrachtet werden (siehe [2] und [3]). Die Quantität solcher Systemteile ist also gleich Null. Da zwischen Quantität und Qualität eines Produkts in diesem Sinne eine proportionale Beziehung besteht, ist die Zusammenfassung legitim. In anderen Kontexten müsste selbstverständlich das Produkt wesentlich detaillierter betrachtet werden. Die Quantität, d.h. die Systemteile bzw. „Funktionen" (wir lassen diesen Begriff bewusst undefiniert) und die Qualität, d.h. Fehlerfreiheit, Anpassbarkeit, Nutzbarkeit etc. müssten bei solchen Betrachtungen sogar noch selber in Detailaspekte aufgespalten werden (wie in [4] und [6]).

Doch lassen wir das Projekt als 3-dimensional quantifizierbares Gebilde bis zum Ende dieses Artikels stehen und versuchen die Definition von ***Projektmanagement***: In Übereinstimmung mit [3] kann diese Aktivität als zweiteilig (mit Wechselwirkung) wie in den folgenden zwei Abschnitten betrachtet werden.

2.2 Projektmanagement = Management der Erwartungen

Wenn wir wissen, was wir bezüglich den Kosten, dem Termin und dem Produkt bzw. dem Ertrag oder Nutzen eines Projekts zu erwarten haben, dann haben wir einen Teil des Projekts im Griff. Der gute Projektmanager ist also ein Experte für Prognosen.

Bereits mit dieser Feststellung stösst man in der Praxis auf Ungereimtheiten, denn nur sehr wenige IT-Projektmanager sehen sich als Experten für Schätzungen oder Prognosen. Ebenso wenige können eine fundierte Ausbildung in dieser Richtung vorweisen (z.B. eine Zertifizierung gemäß [7]). Zudem stellt man auch häufig eine gewisse Scheu vor Prognosen fest. Es wird nur selten geschätzt und ebenso selten stützen sich Schätzungen auf objektiv nachkalkulierte abgeschlossene Projekte und messbare Fakten. Hier verspricht die System Meter Methode Abhilfe wie wir in den nachfolgenden Kapiteln sehen werden.

2.3 Projektmanagement = Management der Produktivität

Der zweite Teil des Projektmanagements besteht darin, nach der Kommunikation (und vertraglichen Vereinbarung) der erwarteten Eckwerte gegenüber dem Auftraggeber, dafür zu sorgen, dass diese auch eingehalten werden.

Dabei besteht die erste Teilaufgabe bloss darin, den Fortschritt der drei Projekt-Grössen zu messen. Bei der Messung von Kosten ist dies eine Frage des Fleisses im Sammeln von Aufzeichnungen und Belegen. Bei der Messung der Zeit haben große Physiker und danach Ingenieure das Problem schon längst so elegant gelöst, dass wir mit jedem Blick auf die Uhr an näherrückende Termine erinnert werden. Nur bei der Messung des Produkt-Erstellungsfortschritts stellen sich größere Probleme in der IT (siehe verstreute Bemerkungen in [5] und [9]). Gerade weil diese Messung nicht trivial und deshalb schwer überprüfbar ist, birgt eine Selbstbeurteilung durch den Projektmanager oft die Gefahr des „Schönredens“ in sich. Neben der Empfehlung, die Fortschrittsfeststellung durch eine unabhängige Instanz vornehmen zu lassen (z.B. interne IT-Controlling-Abteilung, externe Firma) verspricht die System Meter Methode auch diesbezüglich einen nachvollziehbaren Lösungsansatz.

Die zweite Teilaufgabe besteht darin, den Fortschritt aller drei Parameter im Rahmen der Erwartungen zu halten. Hier sind die technischen und sozialen Fähigkeiten des Projektmanagers und der Projektmitarbeitenden gefragt. Normative Hilfsmittel unterstützen dabei die Zielerreichung, indem Bekanntes wiedererkannt und wiederverwendet wird („Das Rad muss nicht noch einmal erfunden werden“). Ein solches Hilfsmittel sind „Architekturpläne“ von Software und Systemen. Diese spielen im „Model-Driven Architecture (MDA)“-Ansatz ([14], [4]) der IT-Projektabwicklung eine genauso wichtige Rolle wie die Baupläne für die Planung und den Bau von Gebäuden.

3 „Model-Driven Architecture (MDA)“

3.1 IT-Systeme sind Modelle

Einer der Ansätze zur Erreichung einer hohen und stabilen Produktivität in der IT ist der modell-basierte Entwicklungsansatz. Er hat sich in verschiedenen Anläufen seit den 1970er Jahren (siehe [2] und [3]) durchgesetzt. In seiner modernen (objekt-orientierten) Form ist er durch die Modellierungssprache UML [14] standardisiert und etabliert. Selbst der Quellcode eines IT-Systems ist genau genommen ein Modell [10]. Er ist nämlich eine Beschreibung in einer formalen Sprache, welche Strukturen und Abläufe beschreibt, welche auch in der Realität existieren könnten.

3.2 2 Modellschichten: Realitätsmodelle und (technische) Lösungsmodelle

Genauso wie ein Hausbau nicht mit dem Anrühren von Zement und dem Setzen von Mauersteinen beginnt, beginnt auch ein IT-Projekt nicht mit dem Hacken von Code. Es beginnt mit Gesprächen und Ideen beim Auftraggeber („Bauherr"). Damit diese in eine umsetzbare Form gebracht werden, wird oft ein Software-Spezialist („Architekt") beigezogen. Dieser bringt die Ideen des Auftraggebers in Realitätsmodellen (Synonyme: Business Models [9], Business Blueprints [15], Requirements Models [6], Systemanforderungen [8]) zu Papier. Diese Modelle dürfen vorerst nicht technisch „verunreinigt" sein. Der „Bauherr" muss die gesamten Modelle – mit Erläuterungen des Architekten – verstehen. Zudem darf noch nicht präjudiziert werden, ob ein Systemteil durch neu entwickelte Software oder durch Standard-Software unterstützt wird, oder ob er eventuell gar nicht realisiert wird. Neue Entwicklungsansätze wie „Extreme Programming (XP)" [1] sind dabei nicht als Alternative zu sehen, sondern als Hinweis dafür „klein" zu beginnen.

XP sowie ein großer Teil der so genannten „objekt-orientierten" Methodenliteratur (unter anderen [5], [9] und [14]) deckt den zweiten Teil der Modellierung ab: die technische Modellierung bis hin zum lauffähigen Code. Diese Modellierung/Codierung ist für die Funktionstüchtigkeit und Qualität jedes IT-Systems von herausragender Bedeutung. Allerdings spielt sie für das Management von Projekten eine untergeordnete Rolle. Es ist kein Zeichen von hervorragender Produktivität, wenn eine Softwarelösung mehr Codezeilen, Methoden oder Klassen umfasst als eine äquivalente andere Softwarelösung. Eher im Gegenteil: Übersichtlichkeit und Unabhängigkeit von Software-Quellcode nimmt mit zunehmender Menge eher ab (Kommentare in [1] und [5]).

Die wahre Kunst der Programmierung besteht wohl darin, den Code so nahe wie möglich an das Realitätsmodell heranzuführen. Als Nebeneffekt werden damit kleine Änderungswünsche des Bauherrn auch durch kleine Manipulationen (und Kosten) im Code realisiert. Und große Wünsche verursachen dann große Kosten. Was der Bauherr versteht. Die Praxis sieht oft leider genau umgekehrt aus: Scheinbare Kleinigkeiten kosten ein Heidengeld und Unmögliches wird sofort erledigt. Dies ist ein Indiz dafür, dass oft der Schritt der Realitätsmodellierung nicht gemacht wurde. Es wurde nicht gemäß dem „Model-Driven Architecture (MDA)"-Pradigma gearbeitet.

Für das Management von Projekten ist als Produkt-Quantität die Grösse der Realitätsmodelle zu verwenden (gemäß [3], konträr zu [2]). Der Produktionsfortschritt ist dementsprechend daran zu messen. Nur die Realitätsmodelle wiederspiegeln den geschäftlichen Nutzen eines IT-Systems. Nur sie bringen dem „Bauherrn" letzendlich Ertrag, sobald die damit beschriebenen Prozesse IT-gestützt abgewickelt werden können.

3.3 Ein Beispiel: Das „Tiny Order Information System (TOIS)"

Die Erstellung von Realitätsmodellen mit UML verursacht oft – neben Kopfzerbrechen infolge langer Diskussionen – selber bereits einen hohen Zeit- und Kostenaufwand. Obwohl der System Meter auch auf UML-Modellen angewendet werden kann und wird, wurde deshalb eine Pre-UML-Realitätsmodellierung entwickelt (Originaldefinition in [10], Weiterentwicklung unter www.seegroup.ch). Damit können relativ umfangreiche Systeme formal und mit wenigen Modellelementen beschrieben werden: Anstelle von Klassen gibt es so genannte „subject areas" oder Klassenbereiche, welche in der Regel mehrere Klassen umfassen (Angabe als Richtwert). Anstelle von abstrakten Use Cases gibt es so genannte „basic functionalities". Dabei wird angegeben, wieviele Elementar-Anwenderoperationen (erstellen, lesen, verändern, löschen) diese Funktionalität als Richtwert umfasst. Die Entsprechungen zu den konkreten Use Cases werden dann durch Kombination von „subject areas" und „basic functionalities" definiert.

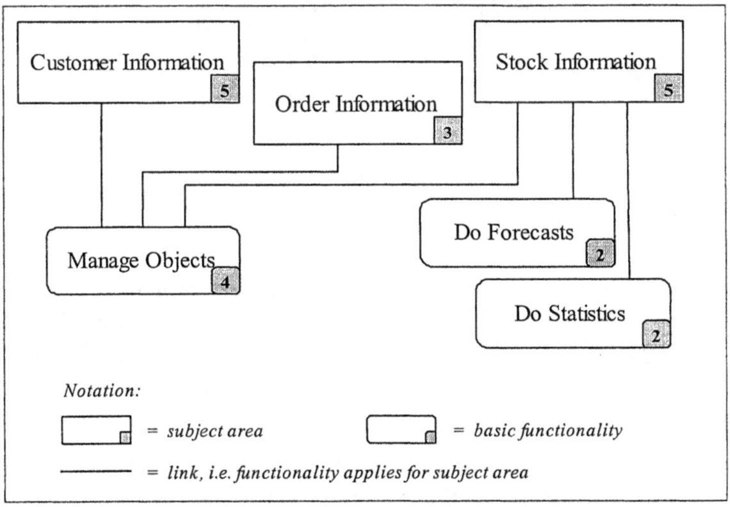

Abbildung 2: Das „Tiny Order Information System (TOIS)" als Pre-UML-Modell

Empirische Untersuchung in [11] und [12] haben gezeigt, dass bis zum Vorliegen von UML-Realitätsmodellen, welche für eine Aufwandschätzung brauchbar sind, 10-15% der Projekt-Gesamtkosten bereits angefallen sind. Dies im Unterschied zu den wesentlich einfacheren Pre-UML-Modellen. Deren Erstellung benötigt zwischen 2 und 5% der Projekt-Gesamtkosten. Die Erstellung ist zudem durch eine relativ einfache Syntaxanalyse von Prosadokumenten unterstützt.

4 Die System Meter Methode

4.1 Der System Meter als Elementarmaß für Modelle

Der System Meter misst die Komplexität von Modellen; also auch von Software-Code [10]. Da Software-Code sehr formal aufgebaut ist, ist es relativ einfach die Beschreibungsobjekte zu erkennen. Wir verwenden deshalb im folgenden C++-Code zur Erläuterung der Messdefinition des System Meter.

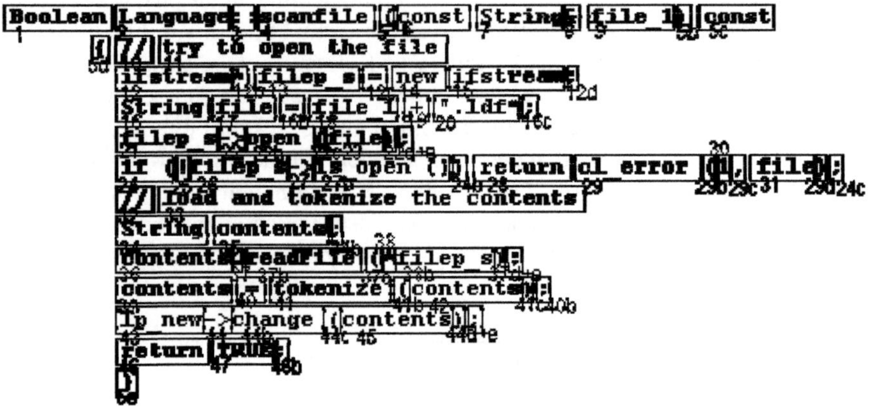

Abbildung 3: Tokenanalyse und die Erkennung von Modellobjekten anhand von C++ Beispielcode

Finden Sie in Abbildung 3 das Modellobjekt mit dem Namen „contents“? Verstehen Sie dessen Bedeutung? Der System Meter setzt die ***Software-Komplexität*** der ***Versteh-Komplexität*** gleich. Die Versteh-Komplexität eines Modellobjekts besteht zum einen aus seinem Namen (Komplexität des Erinnerns) und zum anderen aus seiner Definition (Komplexität der Semantik).

Der System Meter bezeichnet die Komplexität des Namens als ***externe Größe*** eines Modellobjekts. Diese Größe ist definiert als Anzahl neuer Worte im Namen. Neu bezieht sich dabei auf das zum Zeitpunkt der Objektkreation bekannte Vokabular. Diese Größe ist zudem per Definition in jedem Fall mindestens 1 auch wenn keine neuen Worte auftauchen oder – was häufig der Fall ist – das Objekt anonym ist. Im Fall von unserem „contents“ ist die externe Größe 1.

Die Komplexität der Definition eines Modellobjekts ***o*** wird als ***interne Größe*** bezeichnet. Diese Größe ist definiert als die Summe der externen Größen aller

Modellobjekte, welche zur Beschreibung von ***o*** herangezogen werden. Dies sind alle Referenzen, in welchen ein Modellobjekt erzeugt, verändert oder gelöscht wird, vereinigt mit allen an diesen Stellen ebenfalls referenzierten Modellobjekten. Im Fall von unserem „contents" beginnt dies mit „String contents;", worin die Klasse „String" und das Sprachkontrukt „<statement> ;" beteiligt sind. Dann wird in „contents.readFile (*filep_s);" contents verändert. Dabei sind die Methode „String::readFile (istream&)" und das Objekt „filep_s" sowie der Sprachoperator „* <pointer>" beteiligt. Das Sprachkonstrukt „<statement> ;" ist ebenfalls beteiligt, wird jedoch nicht neu gezählt (mengenlogische Vereinigung). Schließlich wird in „contents = tokenize (contents);" der Zuweisungsoperator „=", die Methode „Language::tokenize (String&)" und das Objekt „contents" selber verwendet. Die nächste Referenz ist nur lesend und wird nicht gezählt. Schließlich wird „contents" mit den „end-scope" Operator „}" quasi-gelöscht und ist nicht weiter verfügbar. Methodenaufrufe und Referenzstellen gelten ebenfalls als Modellobjekte; sind jedoch meist anonym, d.h. ohne Namen, außer wenn als (verpönte) GOTO-Ziele mit einem „Label" versehen. Da sie ebenfalls mitgezählt werden, erhalten wir für die interne Größe von „contents" den Wert von 26 System Metern.

Formale Definitionen des System Meter befinden sich in [10][11][12] und [13].

4.2 Messung von Wiederverwendbarkeit

Oft bildet ein bestehendes System die Grundlage für Weiterentwicklungen, Änderungen oder Portierungen. In vielen Fällen verfügt eine so genannte „Software Producing Unit (SPU)" über eine Sammlung von eingekauften oder selbst erstellten Bibliotheksfunktionen, welche die Realisierung von IT-Projekten im spezifischen Umfeld erleichtern. Oder man möchte Entscheidungsgrundlagen dafür haben, ob für gewisse Systemteile der Einsatz eines Standardprodukts vorteilhaft wäre.

In allen diesen Fällen gilt es die Auswirkungen der Wiederverwendung bezüglich des Produkts, der Kosten und der Zeit zu beurteilen (siehe [13]).

Der System Meter beinhaltet diese Beurteilung bereits in seiner Definition. Für Systemteile, für welche eine wiederverwendbare technische Komponente oder ein Standardprodukt existiert, wird nur die externe Größe der Modellobjekte gezählt. Nur für wirklich projektspezifische neu zu programmierende Systemteile werden die externe *und* die interne Größe gezählt.

4.3 Ein Beispiel: Messen des „Tiny Order Information System (TOIS)"

Das TOIS aus Abschnitt 3.3 stellt sich als formaler "Code" wie folgt dar:

```
; PRE description of TOIS, the tiny order information system
Subject Area "Customer Information" 5 .
Subject Area "Order Information" 3 .
Subject Area "Stock Information" 5 .
Functionality "Manage Objects" 4 .
Functionality "Do Statistics" 2 .
Functionality "Do Forecasts" 2 .
Subject Area 'Customer Information' contains 'Manage Objects' .
Subject Area 'Order Information' contains 'Manage Objects' .
Subject Area 'Stock Information' contains 'Manage Objects',
          'Do Statistics', 'Do Forecasts' .
```

Abbildung 4: TOIS in nicht-graphischer formaler Notation

Zur vollautomatischen Messung kann ein Analyseprogramm **ma** eingesetzt werden, z.B.:

```
DOS> ma -f tois.sdf<Enter>
        563 System Meters
DOS>
```

Abbildung 5: Ein System messen: eine einfache Sache

Die Feststellung der Produktquantität in einem IT-Projekt kann also fast so einfach sein, wie der Blick auf die Uhr zur Feststellung der Zeit.

Hinweis: Das hier aufgeführte Programm **ma** ist Eigentum von The SEE Group und steht nur beschränkt zur Anwendung zur Verfügung. Es steht jeder Person frei, aufgrund der formalen Definitionen selber Analysewerkzeuge für den System Meter zu erstellen.

4.4 Weitere Komponenten der System Meter Methode

Die System Meter Methode definiert ein **Standard-Projektmodell** (in weitgehender Übereinstimmung mit CH: HERMES [8], international: RUP [9]). Dieses Modell ist nicht als Prozess definiert, sondern als Menge von standardmäßig zu erarbeitenden „project deliverables“ bzw. Projekt-Ergebnissen.

Da jedes Projekt aus guten Gründen vom Standard-Projektmodell abweichen darf und soll, muss eine Abweichungsbewertung zum Standard-Projektmodell existieren. Diese ist in der System Meter Methode integriert und ermittelt eine **Projekt-Vollständigkeitsziffer** (Prozentzahl) aufgrund der geplanten Ergebnisse bei Schätzungen oder der erarbeiteten Ergebnisse bei Nachkalkulationen. Dabei wird der Ergebnisstatus (entworfen/Prototyp, geprüft, abgenommen und dynamisch weitergeführt) mit berücksichtigt (siehe [11] und [12]).

Mit dem bloßen Messen allein gewinnt man allerdings nur wenig Information. Es braucht empirische Forschung, um Software-Metriken mit anderen Größen unter Zuhilfenahme von statistischen Methoden in Verbindung zu setzen (wie gefordert in [3], [2], [11] und weiteren). Zum Beispiel mit dem Personalaufwand für die Software-Entwicklung oder für die Software-Wartung, mit der Anzahl Fehler, mit der Projekt-Laufzeit, etc. Da statistische Methoden oft nur auf sehr große Datenmengen anwendbar sind, muss für kleine Organisationen eine Vereinigung zu diesem Zweck existieren. The Software Engineering and Estimation Group (kurz: The SEE Group, www.seegroup.ch) wurde 1997 zu genau diesem Zweck gegründet und hatte Ende 2003 426 nachkalkulierte Projekte in ihrer **Erfahrungsdatenbank**. Dabei sind Projekte von 0.5-45 Personenjahren Aufwand, aus verschiedensten Branchen mit verschiedensten Technologien wie 3GL, 4GL, objekt-orientierte Sprachen, Web-Technologien, Standardprodukte (SAP, Wilken, PeopleSoft) und mit Projektabschlussjahren von 1996-2003 vorhanden. The SEE Group ist eine non-profit Organisation, welche beschränkte Web-Datenauszüge gratis zur Verfügung stellt (ab April 2004). Mitglieder erhalten Instrumente und Erfahrungsdaten zur Nutzung während der Mitgliedschaft. The SEE Group sucht laufend neue Mitglieder; es sind auch größere Organisationen willkommen.

Als Erweiterung der System Meter Methode können IT-Projekt-Kennzahlen wie Fehlerdichte oder Entwicklungsproduktivität errechnet werden. Für „Software Producing Units (SPU)" können diese zu einer **IT-Balanced Scorecard** erweitert werden.

4.5 Vergleich der System Meter Methode mit der Function Point Analysis (FPA)und CoCoMo (Lines of Code, Number of Classes)

Häufig kommen in der Praxis die Function Point Methode [7] oder CoCoMo [2] zur Anwendung. In [11] und [12] wurden Vergleiche dieser Methoden erstellt. Für die Kenner der beiden Methoden ist an dieser Stelle eine Zusammenfassung tabellarisch aufgeführt:

Tabelle 1: Vergleich der System Meter Methode mit FPA und CoCoMo

Kriterium	System Meter	FPA	CoCoMo
Anteil am Gesamtprojektaufwand bis Messung möglich	2-5%	10-15%	>40%
Messtheoretische Korrektheit für statistische Operationen	Absolut (alle Operationen)	Ordinal (keine Mittelung oder Regression)	Absolut (alle Operationen)
Automatisierbarkeit der Messung	Vollständig	Mehr als 50% „Handarbeit"	Vollständig
Genauigkeit der Messung	100%	+/-10%	100%
Aufwand der Messung	->0	1 Tag pro 1'000 FP	->0
Voraussagepräzision basierend auf Anforderungsmodellen (UML)	+/-9%	+/-20%	Nicht anwendbar
Support / "Public Domain"	www.seegroup.ch	www.ifpug.org	Nur kommerziell

5 Anwendung der System Meter Methode

5.1 Management der Erwartungen: Die Initial-Aufwandschätzung (auch: Kostenvoranschlag)

Aufgrund einer nicht-linearen Regression in der Erfahrungsdatenbank (Beispiel) erhalten wir für den Gesamtaufwand eines Projekts die Formel:

$$\text{Aufwand} = \text{PreSystemMeter} \times 0.605 + \text{PreSystemMeter}^2 \times 0.0001779$$

Wenn wir den gemessenen Wert von 563 System Metern einsetzen, erhalten wir:

$563 \times 0.605 + 563^2 \times 0.0001779 = 340.6 + 56.4 = 397$ Personentage.

Da die Regression eine Ungenauigkeit von +/-33% (bei 95%-Konfidenz bzw. 2σ) ergibt, können wir sagen, dass sich der effektive Aufwand mit 95% Wahrscheinlichkeit zwischen 266 und 528 Tagen bewegen wird, wobei der Wert 397 der wahrscheinlichste ist.

Der Aufwand mag hoch erscheinen. Doch ein reales Software-Projekt mit den geforderten Funktionen mit einem realen Auftraggeber von Voranalyse bis Einführung inkl. Projektmanagement und Qualitätssicherung abzuwickeln, ist keine leichte Aufgabe. Zudem rechnen wir in unserem Beispiel absolut ohne Wiederverwendung von Komponenten und auch ohne Verwendung von Standardprodukten.

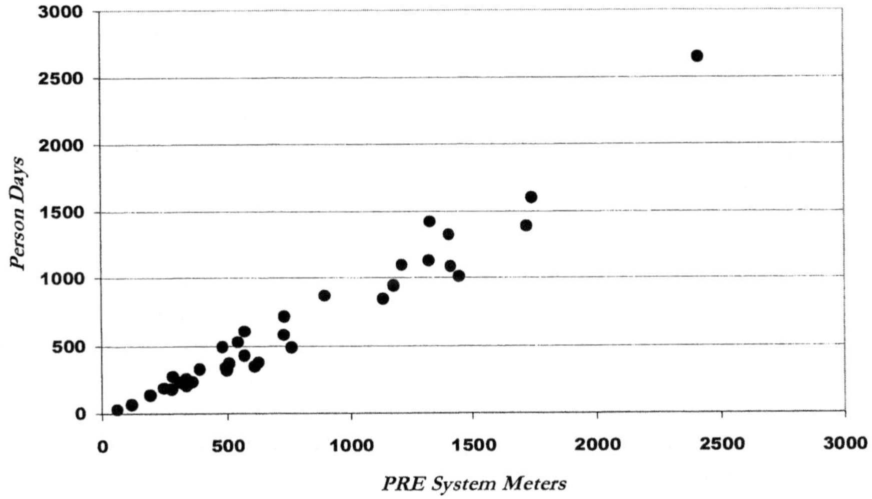

Abbildung 6: Ein Beispiel einer Erfahrungsdatenbank für den Gesamtaufwand in Personentagen und der Systemgröße in PRE System Metern

Mit dieser Rechnung ist man jedoch noch nicht fertig. Es muss noch das spezifische Vorgehen bewertet und verrechnet werden: In unserem Beispiel nehmen wir an, dass wir nur die Phasen Konzept und Spezifikation abwickeln, jedoch leider die Konkurrenz zur Offertstellung für die Realisierung eingeladen wird. Die geforderte Projekt-Vollständigkeit wird aufgrund der folgenden Erfahrungszahlen gerechnet:

1	Voranalyse	5.0%	+/-45%
2	Konzept	14.0%	+/-18%
3	Spezifikation	16.6%	+/-16%
4	Konstruktion	20.8%	+/-14%
5	Programmierung und Test	35.0%	+/-9%
6	Rahmenorganisation	2.9%	+/-56%
7	Einführung	5.7%	+/-49%

Abbildung 7: Ein (stark vereinfachtes) Beispiel für die Bewertung der Projekt-Vollständigkeit

Wir erhalten also für unseren Projekt-Teil die Projekt-Vollständigkeitsziffer 14.0% + 16.6% = 30.6%. Verrechnet mit dem geschätzten Aufwand ergibt dies 397 x 30.6% = 121 Personentage. Die Ungenauigkeit dieser Angabe erhöht sich jedoch um ca. +/-17% auf +/-50%, denn die Phasenanteile sind ebenfalls nur mit einer relativ hohen Ungenauigkeit statistisch rechenbar. In der Praxis ist die Bewertung der Projekt-Vollständigkeit aufwändiger, da jedes Projekt-Ergebnis bezüglich drei Erarbeitungsstufen bewertet werden muss (über 150 Angaben).

Eine einfache Risikoanalyse sagt nun, dass die Wahrscheinlichkeit einer Aufwandüberschreitung der 121 Personentage 50% ist. Gemäß den Quantilen der Gausschen-Normalverteilung kann man nun das Risiko einer Überschreitung vermindern, indem man einen Anteil von 50% zu 121 hinzurechnet. Zum Beispiel beträgt das „Restrisiko" beim Zuschlag von 25% also 121 * 125% = 151 Personentage nur noch 32%. Beim vollen Abzug der 50% jedoch, also bei 121 * 50% = 61 Personentage, beträgt das Restrisiko 97.5%. Oft ist man als Anbieter bereit, zugunsten einer preislich attraktiven Offerte gewisse Risiken in Kauf zu nehmen. Die Erfahrung zeigt jedoch, dass Vorsicht langfristig das bessere Rezept darstellt ([3]).

5.2 Management der Erwartungen: Detaillierte Aufwandschätzungen

Sobald mit der Pre-UML-Methode ein erster Kostenvoranschlag für die Gesamtprojektkosten erstellt worden ist, kann oft der Entscheid über die Weiterführung des Projekts bis zur nächsten Phase erfolgen. Das Ziel einer solchen nächsten Phase (HERMES: Konzept, RUP: Elaboration) muss es unter anderem sein, **UML**-Realitätsmodelle mit dem Anwender zusammen zu erstellen, zu verifizieren und abzunehmen. Diese können als Basis für weit präzisere Schätzungen herangezogen werden (+/-9% oder präziser beim Vorhandensein firmenspezifischer Erfahrungsdaten, siehe [12]). Es existieren weitere Modelle (z.B. die Oberflächen-Spezifikationssprache SPEZ [11]), welche in nachfolgenden Phasen für Detailschätzungen weiter herangezogen werden können.

Im Projektverlauf großer Projekte ist oft auch das **Änderungsmanagement** ein zentrales Thema (siehe [8]). Mit der System Meter Methode hat man dies insofern im Griff als die Änderungen oder Erweiterungen in den Realitätsmodellen identifiziert werden können.

Falls dies der Fall ist, kann eine Neuschätzung nach einer Revision der Modelle vorgenommen werden. Der bereits geleistete Aufwand auf Basis der „falschen" Modelle muss dabei jedoch abgeschrieben werden. Ebenso kann es vorkommen, dass die bloße „Entfernung" einer halb konstruierten Lösung Aufwand generiert. Dazu existieren ebenfalls Erfahrungswerte.

Falls die Änderungen nicht in den Realitätsmodellen erscheinen, kann es sich um organisatorische Änderungen handeln, welche im Rahmen der Projekt-Vollständigkeitsziffer (siehe Abschnitte 4.4 und 5.1) bewertet werden können.

5.3 Management der Produktivität: Produktivitätsmessungen

In der Praxis ist es kaum machbar, dass das gesamte Realitätsmodell in einem Schritt umgesetzt wird. Einerseits wird das Realitätsmodell in sinnvolle Realitätsmodell-Teile zerlegt, und andererseits wird der Entwicklungsstand jedes Realitätsmodell-Teils synchron zu den Phasen angegeben als: spezifiziert, entworfen, erstellt, geprüft, abgenommen.

Da die System Meter Methode sowohl Modell-Teile als auch Entwicklungsstände quantitativ bewerten kann, ist die Produktivitäts- und Fortschrittsmessung in einem Projekt eine leichte Sache (analog zu Verfahren in [2] und [3]): Es werden die Größen der jeweiligen Teile mit der ganzen Systemgröße proportional ins Verhältnis gesetzt und man erhält den Gesamtprojektfortschritt. Erst wenn alle Systemteile den Entwicklungsstand „abgenommen" haben, erhalten wir 100% Fertigstellung.

5.4 Management der Produktivität: Kontinuierliche Prozessverbesserung (ISO 900x(2000), Bootstrap)

Obwohl sich The SEE Group (wie in Abschnitt 4.4 erläutert) die Sammlung von Erfahrungsdaten auf die Fahne geschrieben hat, besteht für jede „Software Producing Unit (SPU)" ein großes Verbesserungspotenzial im Sammeln der eigenen Daten. Insbesondere das Management der Erwartungen (wie in Abschnitt 2.2 erläutert) kann wesentlich präziser erfolgen, wenn man ausschließlich Erfahrungsdaten von Projekten mit vergleichbaren Teamzusammensetzungen, Auftraggebern/Branchen, Technologien, Methoden, Bibliotheken, etc. verwendet. Während die weltweite Streuung der Codierproduktivität auf +/-80% angegeben wird, kann dies auf +/-5% für genau eingegrenzte Teams sinken (siehe [3]).

Daneben können mit Hilfe der Erfahrungsdaten Technologievergleiche, Methodenvergleiche und weitere Analysen erstellt werden, welche die Grundlage für Verbesserungsmaßnahmen darstellen können.

6 Zusammenfassung

Mit der System Meter Methode ist seit 1997 ein Instrumentarium für das effektive Management von IT-Projekten vorhanden. Die Methode basiert auf dem Vorhandensein von Modellen der betroffenen IT-Systeme wie vom Paradigma „Model-Driven Architecture (MDA)" gefordert. Dabei spielen insbesondere Modelle der Realität (Business Models, Business Blueprints) eine zentrale Rolle. Die Modelle müssen dabei nicht graphisch vorliegen, sondern können auch aus Prosabeschreibungen extrahiert werden. Die System Meter Methode kann deshalb bereits für Kostenvoranschläge in sehr frühen Projektphasen eingesetzt werden. Danach kann sie für verbesserte Schätzungen nach der Erarbeitung von detaillierteren Modellen (z.B. UML) oder nach Änderungen/Erweiterungen eingesetzt werden. Basierend auf einem Standard-IT-Projektvorgehensmodell (HERMES) kann der Projekt-Fortschritt objektiv festgestellt werden. Die System Meter Methode kann projektübergreifend mittels Nachkalkulation kontniuierlich verbessert werden. Zudem ist eine weltweite non-profit Organisation (The SEE Group, www.seegroup.ch) für Support, Ausbildung und die Sammlung von Erfahrungsdaten etabliert. Empirische Studien haben gezeigt, dass die System Meter Methode gegenüber den zur Zeit weiter verbreiteten Methoden Function Point Methode und CoCoMo wesentliche Vorteile hat: insbesondere die frühzeitigere Anwendbarkeit im Projektvorgehen, die voll automatisierte Messung und die theoretische Korrektheit für statistische Analysen aller Art.

Literatur

[1] Agile Alliance Manifesto, www.agilealliance.org and www.agilealliance.com (worth a visit - a short one) und eXtreme Programming, http://www.xprogramming.com/xpublications.htm

[2] Boehm B W, CoCoMo Constructive Cost Model originally published in Boehm, Barry W., *Software Engineering Economics,* Prentice Hall, 1981, current version in http://sunset.usc.edu/research/COCOMOII/

[3] DeMarco T, Controlling SW Projects, Prentice-Hall, Englewood Cliffs, N.J., 1982

[4] Firesmith D, Henderson-Sellers B, Graham I, OPEN Modeling Language (OML) Ref. Manual, SIGS Books, NY, 1997

[5] Gamma E., Helm R., Johnson R., Vlissides J., Design Patterns, Addison-Wesley, Reading MA, 1995

[6] Henderson-Sellers B, Graham IM, Younessi H, The OPEN Process Specification, Addison-Wesley, UK, 1998 (also visit www.open.org.au)

[7] IFPUG, Counting Practices Manual, www.ifpug.org, Westerville, Ohio, USA, 1984-2003

[8] ISB, Informatikstrategieorgan der schweizerischen Bundesverwaltung HERMES, http://www.isb.admin.ch/internet/hermes/, Berne, Switzerland, 1987-2003

[9] Jacobson I., Booch G., Rumbaugh J., The Unified Software Development Process, Addison-Wesley, Reading MA, 1999

[10] Moser S., Meta-Models for Object-Oriented Systems, Software-Concepts and Tools, Springer International 16 (2), pp 63-80

[11] Moser S, Measurement and Estimation of Software and Software Processes, Ph.D. thesis, University of Berne, Berne, Switzerland, 1996

[12] Moser S., Henderson-Sellers B., Mišic VB., Cost Estimation Based on Business Models, The Journal of Systems and Software, Vol. 49, No 1, December 15, 1999

[13] Nierstrasz O., Moser S., The Effects of Object-Oriented Frameworks on Developer Productivity, IEEE Computer 29 (9), pp 45-51

[14] Rumbaugh J, Jacobson I, Booch G, The Unified Modeling Language (UML) Ref. Manual, Addison-Wesley, Reading MA, 1999

Auswahlverfahren für SW-Produktionsumgebungen am Beispiel einer großen J2EE-Anwendung

Gerhard Wanner; Fachhochschule Stuttgart

1 Einführung

Der Auswahl der Produktionsumgebung bei der Einführung neuer, großer Geschäftsanwendungen kommt heute eine ganz besondere Bedeutung zu. Insbesondere die Einführung von Systemen, die auf Basis von J2EE (Java 2 Enterprise Edition) entwickelt wurden, stellt oftmals ganz andere Anforderungen an die zugrunde liegende Hardware – weg von reiner Transaktionsverarbeitung hin zu verteilten Systemen und langlaufenden Transaktionen.

Diese neu entwickelten Geschäftsanwendungen dienen oft der Ablösung sowohl der Altanwendungen als auch der Altsysteme, die sie beherbergen. Daher geht es bei der Auswahl der Produktionsumgebung um das "Rückgrat" des aktuellen und zukünftigen Geschäftes. Eine sowohl technisch tragfähige aber auch betriebswirtschaftlich sinnvolle Produktionsumgebung ist zwingend und Fehleinschätzungen können für das Unternehmen fatal sein.

Dieser Beitrag zeigt ein Auswahlverfahren für eine Produktionsumgebung mit dem eine nachvollziehbare Entscheidungsfindung möglich wird. Basis ist eine durchgeführte Auswahl einer solchen Umgebung bei der BG Phoenics GmbH, einer Gesellschaft, die unter anderem die Systeme einer grösseren Anzahl deutscher Sozialversicherer betreibt.

Abschnitt 2 beschreibt die Anwendung und ihre wichtigsten Komponenten, die eingesetzten Produkte sowie auf einer groben Detaillierungsebene die nichtfunktionalen Anforderungen an das System. In Abschnitt 3 wird der mehrstufige Auswahlprozess mit den jeweiligen Ergebnisartefakten vorgestellt. In Kapitel 4 erfolgt eine Bewertung des durchgeführten Verfahrens sowie eine Betrachtung der Übertragbarkeit der Vorgehensweise auf die Auswahl anderer IT-Komponenten.

2 Umfeld

Das nachfolgend beschriebene Auswahlverfahren wurde im Rahmen der Auswahl der zentralen Produktionsumgebung, also Hardware inklusive Systemsoftware, für eine vollständig in Java realisierte Geschäftsanwendung entwickelt und eingesetzt.

Bei der Anwendung mit dem Namen "Phoenics" handelt es sich um eine einheitliche Neuentwicklung aller bestehenden IT-Anwendungen der beteiligten Sozialversicherer mit dem Ziel einer vollständig elektronischen und dokumentenorientierten Sachbearbeitung. Basis ist die J2EE mit Enterprise Java Beans (EJB), eine n-tier-Architektur und eine Framework-basierte Entwicklung. Die wichtigsten Komponenten und Produkte der Ablaufumgebung sind:

- Applikationsserver: IBM Websphere Application Server
- Kommunikation zwischen den verteilten Systemen: IBM MQ-Series
- Workflow-System: IBM MQ-Series Workflow
- Datenbankanbindung: plenum Unisuite
- Verzeichnisdienst: LDAP-Directory IBM Secure Way
- Dokumentenmanagement: IBM Enterprise Information Portal, IBM Content Manager
- Drucksystem: ISIS Papyrus

Abbildung 1 zeigt einen groben Überblick des Systems.

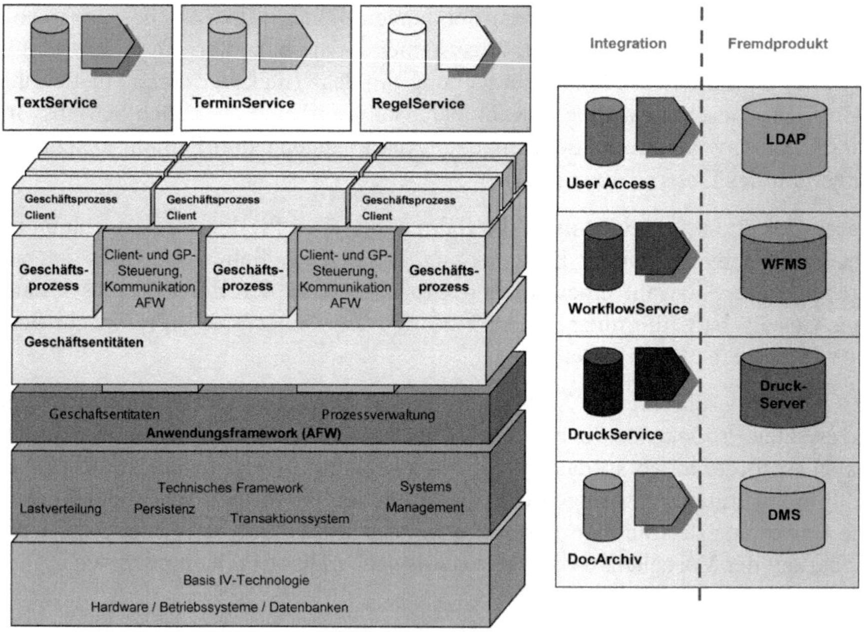

Abbildung 1: Systemübersicht Phoenics

Die Anwendungssoftware Phoenics deckt über 200 Geschäftsprozesse ab, die sich jeweils wieder aus einer Reihe von Anwendungsfällen zusammensetzen. Im Endausbau wird die Anwendung an verschiedenen Standorten von ca. 6000 Anwendern benutzt.

Die bisher betriebenen Host-basierten Systeme unter z/OS bzw. BS/2000 werden nach Einführung des Neusystems sukzessive abgeschaltet. Es gibt daher keine Anforderungen aus diesem Bereich an die neue Produktionsumgebung. Aus Gründen der Systemadministration und der Skalierbarkeit soll für die auszuwählenden zentralen Systeme Unix zum Einsatz kommen.

3 Auswahlverfahren

3.1 Vorgehensweise

Die Auswahl der Produktionsumgebung erfolgte in zwei Phasen. Die erste Phase diente im Wesentlichen der Analyse des Marktes und dem Treffen einer Vorauswahl anhand der "Papierform" der angebotenen Systemumgebungen. In der zweiten Phase wurden diese Umgebungen dann mittels verschiedener konkret durchgeführter Labortests auf Herz und Nieren geprüft. Abbildung 2 zeigt das Auswahlverfahren mit den beiden Phasen und den wichtigsten Teilschritten.

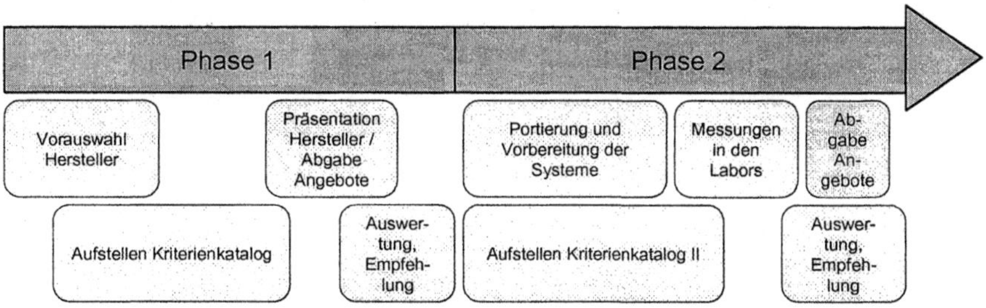

Abbildung 2: Vorgehen bei der Auswahl

Mit der Unterteilung der Auswahl in zwei Phasen wurde erreicht, dass der aufwendige Labortest nur noch mit wenigen Umgebungen durchgeführt werden musste. Auf diese Art und Weise konnte mehr Zeit in die Optimierung und das Sizing der in dieser Phase verbliebenen Systemumgebungen gesteckt werden.

3.2 Phase 1

3.2.1 Ablauf

Der Ablauf der ersten Phase untergliederte sich in mehrere Teilabschnitte, die teilweise parallel durchgeführt wurden. Ein zentrales Thema dieser Phase ist die Erstellung und Anwendung eines Kriterienkatalogs für die technische und betriebswirtschaftliche Bewertung der Systeme. Neben dieser Aufgabe galt es aber auch, Hersteller ausfindig zu machen, welche solche Systeme überhaupt herstellen und liefern können.

3.2.2 Vorauswahl der Hersteller

Muss bei der Auswahl einer Produktionsumgebung keine Rücksicht auf bestehende Systeme und Anbieter genommen werden, stellt sich im Wesentlichen die Frage, welche Anbieter überhaupt in der Lage sind, ein solches System zu liefern. Da diese Vorauswahl noch ohne Durchführung konkreter Lasttests erfolgen soll, bieten sich offizielle Benchmarks als Vergleichsmaßstab an. Für unsere Auswahl war relevant, inwiefern die Systeme für die Ausführung von Application-Server basierten Java-Anwendungen geeignet waren.

Für diese Art von Anwendungen gibt es bei der Organisation SPEC einen Benchmark, den SPEC JBB2000 [3]. Dieser Benchmark prüft die Ausführungsgeschwindigkeit von serverseitigem Java und ist damit genau richtig für die Bewertung von Systemen bzgl. der Ausführung von J2EE-Anwendungen, bei denen die Geschäftslogik auf dem Server abgearbeitet wird (Abbildung 3).

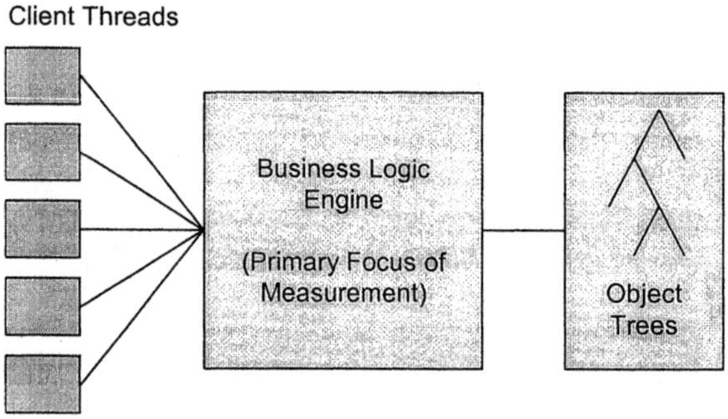

Abbildung 3: Einsatzarchitektur von SPEC JBB2000

Dieser Benchmark spiegelt in jedem Fall sehr gut die Anforderungen der Phoenics-Software wieder. Zum Zeitpunkt der Vorauswahl gab es insgesamt 138 eingereichte Benchmarks, die von 6 unterschiedlichen Herstellern stammen (Tabelle 1):

Tabelle 1: Eingereichte Benchmarks je Hersteller

Hersteller	Eingereichte Benchmarks
Nr. 1	14
Nr. 2	5
Nr. 3	14
Nr. 4	16
Nr. 5	69
Nr. 6	20

Nach genauerer Betrachtung der einzelnen Benchmarks konnten zwei Hersteller ausgeschlossen werden:

- Zwei Hersteller hatten fusioniert und die Lebensdauer der Systemlinie eines der beiden Hersteller war bereits offiziell begrenzt. Ein Einsatz dieser Systemumgebung kam damit nicht mehr in Frage.
- Ein anderer Hersteller lieferte lediglich Systeme die unter Windows betrieben werden, womit die Vorgabe des Betriebs unter Unix nicht erfüllt war.

Um sicherzustellen, dass kein relevanter Hersteller übersehen wurde, erfolgte zusätzlich noch eine Betrachtung des Benchmarks SPEC CPU2000 [4], welcher ganz allgemein die Leistungsfähigkeit eines Systems bewertet. Hier lagen zum Zeitpunkt der Vorauswahl über 400 Ergebnisse vor, allerdings unterstrichen diese lediglich die bereits durch SPEC JBB2000 ermittelten Ergebnisse.

3.2.3 Kriterienkatalog

Parallel zur Vorauswahl der Hersteller erfolgte die Erstellung eines Kriterienkataloges, welcher sowohl technische als auch betriebswirtschaftliche Themen umfasste.

Tabelle 2 zeigt eine aggregierte Übersicht des Kriterienkatalogs. Jeder einzelne Punkt war natürlich weiter detailliert, um eine vergleichbare Bewertung der angebotenen Systeme zu ermöglichen. So finden sich beispielsweise unter "Reliability/Availability/Serviceability" Punkte wie die Gesamtverfügbarkeit des Systems oder die maximale Downtime je Ausfall.

Jedem einzelnen Kriterium wurde eine Gewichtung zugeordnet, wobei jede Ebene 100% ergab. Dieses Verfahren wurde bereits bei der Auswahl einzelner Softwarekomponenten, z.B. dem Application-Server, angewendet und wird im Detail in [5] erläutert. Schwerpunkte des Kriterienkatalogs sind ganz klar die technischen und die betriebswirtschaftlichen Kriterien, etwas untergeordnet auch der Support durch die Hersteller.

Zuletzt wurde für jedes einzelne Kriterium eine Bewertungsgrundlage festgelegt. Die Bewertung erfolgt auf der Basis der nichtfunktionalen Anforderungen. Dort vorgegebene Werte müssen eingehalten werden; ein Unterschreiten führt zur Abwertung bzw. zum Ausschluss eines Anbieters, ein Überschreiten führt zu einer höheren Bewertung. Im Beispiel für die Gesamtverfügbarkeit des Systems war dies

K.o.-Kriterium, wenn Gesamtverfügbarkeit < 99,5%

Bei 99,5 Gesamtverfügbarkeit → 100% Bewertung

Je 0,1% höhere Verfügbarkeit → 5% bessere Bewertung

Tabelle 2: Aggregierter Kriterienkatalog

Technische Kriterien	**45%**	***100%***
Reliability / Availability / Serviceability (RAS)		45%
Performance		10%
Accounting		5%
Backup- / Restore		25%
Infrastruktur		5%
Revisionsanforderungen		5%
Configuration- , Change- und Release-Management		5%
Wirtschaftliche Kriterien	**40%**	***100%***
Anschaffungskosten		45%
Kosten für Betrieb und Wartung		45%
Ausbildung/Weiterbildung von Mitarbeitern		10%
Nichtfunktionale Kriterien	**3%**	***100%***
Wartbarkeit		30%
Verfügbarkeit		60%
Sonstiges		10%
Support	**12%**	***100%***
Performancetests		5%
Aufbau- und Testphase der Produktionsumgebung		65%
Produktionseinführung		30%

Ein System mit 99,8% Gesamtverfügbarkeit erhält bei diesem Kriterium einen Erfüllungswert von 115%, ein System mit weniger als 99,5% Gesamtverfügbarkeit scheidet aus dem Auswahlverfahren aus.

3.2.4 Einladung & Präsentation der Hersteller

Basierend auf der durchgeführten Vorauswahl erfolgte eine Einladung der Hersteller, um ihre Systeme zu präsentieren und um einen Lösungsvorschlag zu unterbreiten. Dazu wurde den Herstellern vorab eine Beschreibung des Umfeldes, der Applikation sowie der nichtfunktionalen Anforderungen übergeben.

Ausgehend von diesen Anforderungen entwarf jeder Hersteller Architekturvarianten, welche er gemeinsam mit einem Vorschlag für eine Produktionsumgebung präsentierte.

3.2.5 Auswertung und Ergebnis

Für jeden Anbieter erfolgte anschließend die Beantwortung des Kriterienkatalogs. Dies war insofern ein sehr aufwendiger Prozess, da wesentliche Kriterien auf Basis der Papierform vorgenommen und danach validiert werden mussten. Als Beispiel sei hier die Systemverfügbarkeit genannt, die sich aus der Ausfallsicherheit und dem Zusammenspiel der Einzelkomponenten berechnet. Abbildung 4 zeigt das Ergebnis der Berechnung der Verfügbarkeit eines angebotenen Systems in unterschiedlichen Konfigurationen.

The steady state availability and expected annual downtime results are due to unplanned HW & OS interruptions only, ans include the associated database recovery time, application recovery time, and end-user relogin time

		Single Cabinet Server		Two Cabinet Server	
		16 Way 16 GB	*32 Way 32 GB*	*48 Way 48 GB*	*64 Way 64 GB*
Single Server, 30 min db, XP512	*Availability*	*99,9639%*	*99,9438%*	*99,9168%*	*99,8971%*
	Downtime (hrs.)	*3,16*	*4,92*	*7,29*	*9,01*
Single Server, 2 Partition Active/Active SG, 30 min db, XP512	*Availability*	*99,9811%*	*99,9775%*	*99,9696%*	*99,9665%*
	Downtime (hrs.)	*1,66*	*1,97*	*2,66*	*2,94*
Single Server, 2 Partition Active/Active SG, 3 min db, XP512	*Availability*	*99,9891%*	*99,9874%*	*99,9824%*	*99,9811%*
	Downtime (hrs.)	*0,95*	*1,10*	*1,54*	*1,66*
Single Server, 2 Partition Active/Standby SG, 30 min db, XP512	*Availability*	*99,9886%*	*99,9868%*	*99,9814%*	*99,9801%*
	Downtime (hrs.)	*1,00*	*1,16*	*1,63*	*1,74*
Single Server, 2 Partition Active/Standby SG, 3 min db, XP512	*Availability*	*99,9928%*	*99,9919%*	*99,9881%*	*99,9877%*
	Downtime (hrs.)	*0,63*	*0,71*	*1,04*	*1,08*
Two Servers, 2 Node Active/Active SG, 30 min db, XP512	*Availability*	*99,9809%*	*99,9750%*	*99,9669%*	*99,9610%*
	Downtime (hrs.)	*1,67*	*2,19*	*2,90*	*3,42*
Two Servers, 2 Node Active/Active SG, 3 min db, XP512	*Availability*	*99,9909%*	*99,9885%*	*99,9851%*	*99,9827%*
	Downtime (hrs.)	*0,80*	*1,01*	*1,30*	*1,52*
Two Servers, 2 Node Active/Hot Standby SG, 30 min db, XP512	*Availability*	*99,9906%*	*99,9881%*	*99,9848%*	*99,9822%*
	Downtime (hrs.)	*0,83*	*1,04*	*1,33*	*1,56*
Two Servers, 2 Node Active/Hot Standby SG, 3 min db, XP512	*Availability*	*99,9956%*	*99,9948%*	*99,9938%*	*99,9931%*
	Downtime (hrs.)	*0,39*	*0,45*	*0,54*	*0,61*

Abbildung 4: Beispiel für Systemverfügbarkeit

Für andere Angaben mussten abermals die SPEC-Messungen herangezogen werden. Jeder Hersteller bot Maschinenkonfigurationen mit bis zu 100 Prozessoren und ebensoviel GB Hauptspeicher an. Prozessoren als solche sind aber schlecht vergleichbar und insbesondere die Taktfrequenz ist heutzutage kein gutes Vergleichskriterium.

Aus diesem Grund wurden vergleichbare Konfigurationen aus den SPEC-Messungen ermittelt, um damit auf die tatsächliche Leistungsfähigkeit der angebotenen Maschinen zu schließen. Wo eine Extrapolation die Vergleichbarkeit beeinträchtigte, wurde zusätzlich auf Sizing-Guides, z.B. von SAP, zurückgegriffen.

Nach Ermittlung der Werte für die Kriterien der angebotenen Konfigurationen ergab sich das Bild in Tabelle 3.

Tabelle 3: Ergebnis der Bewertung Phase 1

		Hersteller 1		Her-steller 2	Her-steller 3	Her-steller 4
	Basis	Variante 1	Variante 2			
Technische Kriterien	45,0%	47,0%	52,0%	48,0%	51,2%	50,2%
Wirtschaftliche Kriterien	40,0%	28,3%	37,5%	48,0%	38,1%	40,7%
Nichtfunktionale Kriterien	3,0%	2,5%	2,2%	2,5%	2,8%	2,5%
Support	12,0%	11,4%	11,4%	8,7%	11,3%	9,0%
Summe	**100,0%**	**89,2%**	**103,1%**	**107,3%**	**103,4%**	**102,4%**

Wie zu sehen ist, bot Hersteller 1 zwei Varianten an, wobei eine Variante insbesondere bei den technischen Kriterien weit abgeschlagen war. Zusätzlich, in der Ergebnistabelle nicht sichtbar, gab es Probleme mit den verfügbaren Softwareständen von Hersteller 4: zwingend für die Ablauffähigkeit von Phoenics notwendige Softwarekomponenten waren nur in einem älteren Release verfügbar. Dies war zuvor als K.o.-Kriterium festgelegt worden, so dass noch 3 Anbieter mit je einer Variante übrig blieben.

Ziel der Phase 1 war, für die nachfolgende Phase die Anzahl der zu untersuchenden Systeme auf zwei einzugrenzen. Allein aufgrund der Gesamtbewertung wären dies Hersteller 2 und 3 gewesen. Allerdings stammte die technisch beste Variante von Hersteller 1, so dass beschlossen wurde die folgende Phase mit 3 Herstellern durchzuführen.

3.3 Phase 2

3.3.1 Ablauf

Phase 2 dient dazu, die von den Herstellern vorgeschlagene Produktionsumgebung aufzubauen und konkrete Lasttests durchzuführen. Damit wurden folgende Ziele verfolgt:

- Prüfung der Skalierbarkeit mit verschiedenen Benutzerzahlen sowie im Katastrophenfall bei Ausfall eines der redundant ausgelegten Systeme.
- Durchführen des Sizings, d.h. Ermittlung der "richtigen" Maschinengröße durch Messen der Antwortzeiten und Abgleich mit den Anforderungen sowie Auffinden von Flaschenhälsen in der Anwendung.
- Überprüfung von Backup- und Restore-Verfahren.

Neben einer Erweiterung und Anpassung des Kriterienkatalogs aus Phase 1 sieht Phase 2 die Portierung der Systeme auf die Zielumgebungen vor. Weiterhin erfolgen die Lasttests und ihre Auswertung. Am Ende steht das Aussprechen einer Empfehlung für eine Produktionsumgebung.

3.3.2 Kriterienkatalog

Wie bereits in Phase 1 war Grundlage für die Bewertung der Systeme ein Kriterienkatalog, der auf dem der Phase 1 basierte, aber um die Bewertung der durchzuführenden Lasttests erweitert wurde.

Eine andere Anpassung betraf die betriebswirtschaftliche Betrachtung. Hier lehnte man sich auf die in öffentlichen Verwaltungen verbreitete Methode WiBe 21 [6] an. Diese sieht eine Vollkostenrechnung über 5 Jahre vor, beinhaltet also neben den Hardware-, Lizenz- und Wartungskosten auch Dinge wie Personalkosten für den Betrieb der Systeme oder Raum- und Energiekosten.

Da bislang keine einschlägigen Erfahrungen bezüglich der Teamgröße für den Betrieb der Produktionsumgebung vorlagen, orientierte man sich für die Berechnung der Personalkosten an gängigen Zahlen für solche Umgebungen. Der Scorpion Report [2] liefert Kennzahlen für verschiedene Umgebungen (Windows,

Unix, Host) und für verschiedene Softwarekonfigurationen auf diesen Systemen. Läuft beispielsweise sehr viel gleichartige Software auf den Rechnersystemen (dies wird als "Super Cloned" bezeichnet), ist die Systemadministration wesentlich einfacher als bei Umgebungen, wo unterschiedlichste Betriebssysteme und Anwendungssysteme auf den Rechnersystemen laufen (wird als "Uncloned" bezeichnet). Tabelle 4 zeigt eine aggregierte Übersicht des Kriterienkatalogs II der Phase 2.

Tabelle 4: Aggregierte Übersicht Kriterienkatalog II

Technische Kriterien	**75%**	***100%***	
Reliability / Availability / Serviceability (RAS)		**35%**	***100%***
Hardware			**60%**
Software			**40%**
Performance		**50%**	***100%***
Normalbetrieb			**65%**
Ausfall eines Rechenzentrums			**35%**
Backup- / Restore		**15%**	
Wirtschaftliche Kriterien (Vollkosten, 5 Jahre)	**25%**		

Der Schwerpunkt der Bewertung liegt auf der Performance der Systeme. Um diese zu beurteilen, wurden 3 verschiedene Szenarien gebildet und dafür entsprechende Geschäftsprozesse aus der Anwendung ausgewählt:

- Szenario 1 repräsentiert den Beginn der Online-Zeit eines Arbeitstages, d.h. viele Benutzer melden sich am System an und beginnen mit der Geschäftsprozess-Bearbeitung. Dieser Test soll sicherstellen, dass das System die Zahl an Anmeldungen verkraftet und sich gut einschwingt.
- Szenario 2 repräsentiert eine Stunde Belastungsspitze der Online-Zeit eines normalen Arbeitstages. In dieser Phase muss das System eine hohe Anzahl aktiver Benutzer verkraften und im Antwortzeitverhalten den nicht-funktionalen Anforderungen genügen.
- Szenario 3 repräsentiert einen fachlichen Batch-Prozess der nachts während des Batch-Zeit-Fensters abläuft.

Die Szenarien selbst wurden wiederum in Testfälle unterteilt. Das zentrale Szenario 2 bestand aus 14 solcher Testfälle, beispielsweise dem Starten eines Anwendungsfalls, dem Erzeugen eines Druckauftrags durch Aufruf des Postausgangs oder dem Durchführen einer gängigen Suche.

3.3.3 Portierung und Vorbereitung der Systeme

Die Anwendungssoftware Phoenics wurde größtenteils unter Windows entwickelt, die Produktionsumgebung sollte allerdings mit Unix betrieben werden. Die Architektur und die gewählten Produkte ermöglichten einen relativ problemlosen Wechsel, wobei die Probleme eben oft im Detail stecken. So waren Portierungsarbeiten notwendig, die sich im Wesentlichen auf die Anpassung der Anwendung auf die Softwarestände der Basiskomponenten bezog.

Weiterhin wurden die ausgewählten Geschäftsprozesse, die bis dahin lediglich eine funktionale Abnahme durchlaufen hatten, optimiert, so dass die Messungen mit einer produktionsnahen Software erfolgen konnten.

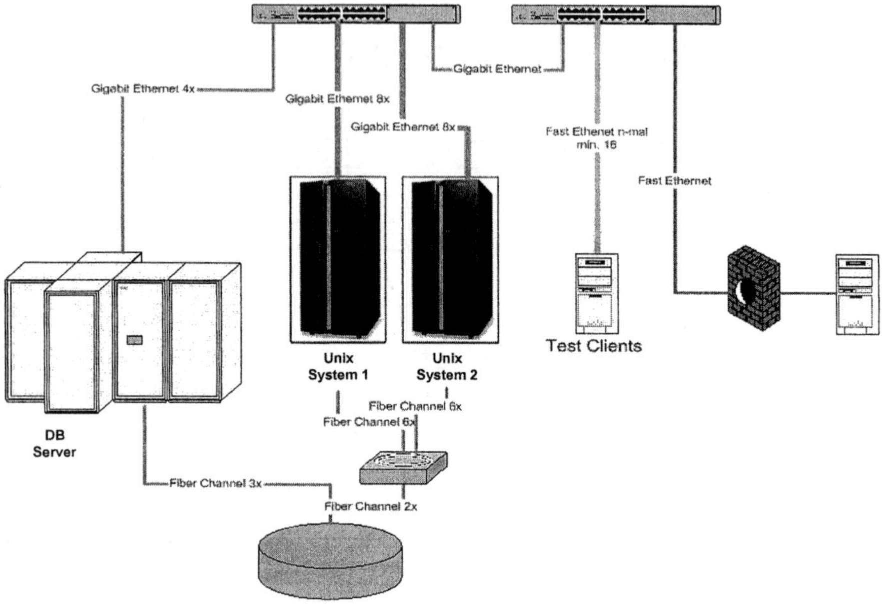

Abbildung 5: Testaufbau einer Laborumgebung

Nächster Punkt waren Probeaufbauten der Systeme, mit denen nochmals Architekturüberlegungen nachvollzogen wurden und mit denen bereits erste kleine Lasttests erfolgten. Abbildung 5 zeigt einen Probeaufbau und dessen Integration in die Netzwerkumgebung sowie die lasterzeugenden Testclients.

Letzte Vorbereitung war die Erzeugung der Daten für den Test. Speziell dafür angefertigte Programme erzeugen zu den Testfällen passende Testdaten. Diese umfassen neben den üblichen Daten der Geschäftsobjekte auch Dokumente, Benutzerdaten und Daten für das Workflow-System.

3.3.4 Messungen in den Labors

Für die Labormessungen standen pro Labor 3 Wochen zur Verfügung. Die erste Woche diente dabei jeweils dazu, die Testdaten zu erzeugen und die Systeme aufzusetzen, die folgenden beiden Wochen dann zur Durchführung der Messungen mit verschiedenen Konfigurationen.

Abbildung 6 zeigt beispielhaft den Überblick einer solchen Konfiguration. Für die Lasterzeugung wurde das Werkzeug Loadrunner von Mercury eingesetzt. Die lasterzeugenden Maschinen sind in der Abbildung links zu sehen.

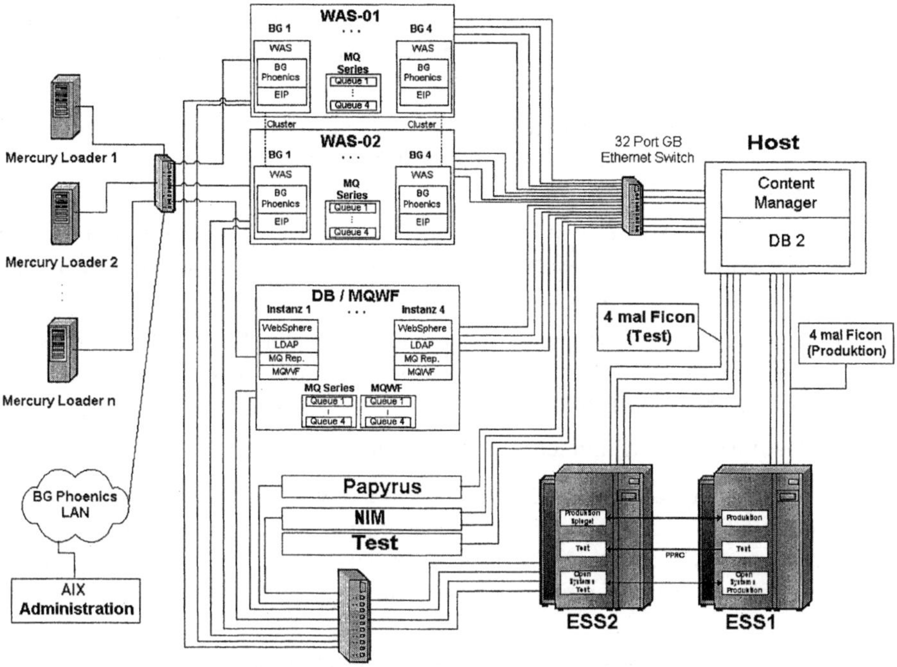

Abbildung 6: Beispiel einer Laborkonfiguration

Der Haupttest betraf den Normalbetrieb, bei dem 1.500 gleichzeitige Benutzer simuliert wurden. Der Ausfall eines der beiden redundant ausgeführten Systeme wurde durch 3.000 gleichzeitige Benutzer simuliert, um die Übernahme der Benutzer des ausgefallenen Systems durch das verbleibende System nachzuvollziehen.

Die Konfiguration der Systeme wurde während der Tests mehrfach angepasst und Prozessoren bzw. Hauptspeicher bei den einzelnen Komponenten hinzugefügt bzw. entfernt bis ein ausgeglichenes Lastverhalten erreicht wurde und alle Tests in der Normalkonfiguration (1.500 gleichzeitige Benutzer) die nichtfunktionalen Anforderungen einhielten.

Für die zuletzt ermittelte Endkonfiguration wurden die bis dahin durchgeführten Tests nochmals wiederholt, um die Messergebnisse zu validieren und um die Reproduzierbarkeit der Messungen sicherzustellen.

3.3.5 Auswertung und Ergebnis

Zuletzt erfolgt die Auswertung der Ergebnisse der Labortests. Bei den mehrfach durchgeführten Tests werden Mittelwerte der gemessenen Zeiten verwendet. Anschliessend erfolgt der Vergleich der verbliebenen 3 Umgebungen. Beispielhaft sei hier das Bewertungsschema für die Messungen des Normalbetriebes herausgegriffen:

- Ziel ist 100% Leistungsfähigkeit bzgl. der nichtfunktionalen Anforderungen (NFA). Die vorgegebene Antwortzeit der NFA sind damit eine Bewertung von 100% (Ziel).
- Je 1% kürzere Antwortzeit ergibt sich 1% mehr Bewertung. Gewertet werden nur die kürzesten 95% der Antwortzeiten. Die restlichen 5% müssen innerhalb der 5-fachen Antwortzeit verarbeitet sein.
- Eine Bewertung mit 0% erfolgt, wenn der Test nicht durchläuft (d.h. Testfälle abbrechen). Dies ist gleichzeitig ein K.o.-Kriterium, wenn der Abbruch nur in einer Umgebung auftritt.
- Ein Test ist noch erfolgreich, wenn ein Promille der Testfälle fehlschlägt.

Beim Test des Ausfalles eines der beiden Systeme wurden als Bewertungskriterien nicht die NFA herangezogen (in einem solchen Fall mutet man den Anwendern auch Antwortzeiten zu, welche außerhalb der NFA liegen). Entscheidend ist, dass das verbleibende System die doppelte Anzahl an Benutzern verkraftet. Weiterhin gilt:

- Die Lauffähigkeit der Testfälle muss gewährleistet sein, wobei wiederum ein Promille der Testfälle fehlschlagen darf.
- Gewertet werden nur die kürzesten 95% der Antwortzeiten.
- 0% wenn Test nicht durchläuft, d.h. Testfälle abbrechen. Dies ist gleichzeitig ein K.o.-Kriterium, wenn der Abbruch nur in einer Umgebung auftritt.

Für den betriebswirtschaftlichen Teil erfolgte eine Aufstellung aller Kosten über 5 Jahre. Von den in WiBe 21 vorgeschlagenen Kostengruppen [6] wurden dabei die Folgenden berücksichtigt:

- Host, Server- und Netzkosten
- Energie- und Raumkosten
- Laufende Personalkosten für Systembetreuung und -administration
- Laufende Kosten für Schulung und Fortbildung
- Wartung/Pflege der Hardware
- Wartung/Pflege der Software

- Ersatz-/Ergänzungskosten, also Kosten, die möglicherweise während der Betriebsphase des IT-Verfahrens durch die laufende, geplante Ergänzung von Hard- und Software entstehen können.

Ergebnis der Labormessungen sowie der Kostenerhebungen ist eine Bewertung, bei welcher eine der 3 geprüften Produktionsumgebungen in der Kombination von technischen Aspekten und Wirtschaftlichkeit ein Optimum bildet. Diese bildet damit für den Betrieb die tragfähigste Lösung.

4 Zusammenfassung

Das vorgestellte Verfahren zeigt den Auswahlprozess für eine unternehmenskritische Anwendung für mehrere tausend Benutzer. Ihre Anwendung stand während der gesamten Dauer unter starker Beobachtung aller beteiligten Parteien, sowohl interner als auch externer. Die Nachvollziehbarkeit des Auswahlverfahrens, insbesondere auch bei der Bewertung der technischen Aspekte, führte jedoch zu einer sehr hohen Akzeptanz der erzielten Ergebnisse.

Die Kosten für die Auswahl der Produktionsumgebung belaufen sich auf unter 1% der Gesamtsumme, die für die Neuentwicklung des Systems Phoenics eingesetzt wurde. Der Gegenwert ist allerdings nicht nur eine Produktionsumgebung, die ihre Tragfähigkeit für den Produktionseinsatz bewiesen hat, sondern zusätzlich wurde eine Menge an wertvollem Wissen für den späteren Betrieb gesammelt. Nützliche Informationen konnten auch für Systemtest und Entwicklung gewonnen werden.

Die Übertragbarkeit auf die Auswahl einer Systemumgebung in einem anderen Kontext ist in jedem Fall gegeben. Der betriebene Aufwand ist allerdings für kleinere Softwaresysteme übertrieben. Hier sind Abstriche sinnvoll, beispielsweise kann die Anzahl der begutachteten Systeme stärker eingegrenzt oder die Testfälle etwas weniger umfangreich ausgewählt werden. In jedem Fall sollte jedoch die zweiphasige Vorgehensweise beibehalten werden. Damit können frühzeitig ungeeignete Produktionsumgebungen ausgeschlossen und der nachfolgende Aufwand bei der Auswahl niedriger gehalten werden.

Die Vorgehensweise macht nur eingeschränkt Sinn, wenn das entwickelte System zu stark bereits in der Entwicklung auf einen Hersteller ausgerichtet wird. Ein solches Szenario kann auftreten, wenn die eigene Entwicklung oder eine der eingesetzten Fremdkomponenten zu stark mit einer Umgebung verflochten ist (siehe [1]). Eine komplizierte Portierung auf alternative Systeme lässt sich kaum begründen und führt letztendlich auch kaum zu einer besseren Produktionsumgebung.

Literatur

[1] Brown W, Malveau R, McCormick H, Mowbray T, Thomas S W AntiPattern: Vendor Lock-In http://www.antipatterns.com/vendorlockin.htm

[2] Schoenmann R, Ryan J F Scorpion Update - An Evolving Method of Analyzing and Optimizing the Corporate IT Server Infrastructure IBM Corp., 1/2003

[3] Standard Performance Evaluation Corporation (SPEC) SPEC JBB2000 http://www.spec.org/ jbb2000/

[4] Standard Performance Evaluation Corporation (SPEC) SPEC CPU2000 http://www.spec.org/cpu2000/

[5] Wanner G Die Qual der Wahl: Welcher Application-Server passt zu mir? http://www.jfs2002.de/ folien/E2_Gerhard_Wanner.pdf, 6/2003

[6] WiBe 21 Empfehlung zur Durchführung von Wirtschaftlichkeitsbetrachtungen in der Bundesverwaltung, insbesondere beim Einsatz der IT http://www.kbst.bund.de/ Anlage300441/KBSt-Schriftenreihe+Band+52+%281%2c3+MB%29.pdf

Unterstützung der Unternehmensgründung durch I-u.K-Technologie in Luxemburg

Ferdinand Feltz; Centre de Recherche Public - Gabriel Lippmann, Luxembourg
Patrik Hitzelberger; Centre de Recherche Public - Gabriel Lippmann, Luxembourg

1 Betrachteter Prozess: Unternehmensgründung und –veränderung

1.1 Übersicht

Die Unternehmensgründung kann als Prozess betrachtet werden, der sich in mehrere Abschnitte unterteilt: Vorlaufphase, Planungsphase und Gründungsphase.[1] Der Gründungsprozess, in der Literatur auch als Vorgründungsprozess bezeichnet, endet mit dem Markteintritt, d.h. mit der Aufnahme der ersten Geschäftstätigkeiten.

Über die Vorlauf- und Planungsphase liegen wenige Erkenntnisse vor. Anders sieht es bei der Gründungsphase aus. Hier handelt es sich um einen Teilprozess mit vielen Verwaltungsgängen und einem hohen administrativem Aufwand, der u.a. im Rahmen der aktuellen E-Government Projekte intensiv untersucht wird.

Dies erklärt sich auch durch den hohen Strukturierungsgrad der Gründungsphase, die wie folgt beschrieben werden kann:

Vor Beginn einer Geschäftstätigkeit verlangt der Luxemburger Gesetzgeber das Einholen einer Genehmigung, der sog. Handelsermächtigung. Diese wird i.d.R. vom Mittelstandsministerium erteilt. Für spezielle Branchen und Arten von Tätigkeiten gibt es besondere Regelungen. In den meisten Fällen ist zur Gründung das Hinzuziehen eines Notars notwendig, denn die am häufigsten gewählten Rechtsformen S.A. (Aktiengesellschaft) und s.a.r.l (GmbH) bedürfen zu ihrer Gründung eines notariellen Aktes.

Im Vorfeld werden vor allem die Handelskammer und die Handwerkskammer zu Rate gezogen, aber auch Rechstanwälte oder Treuhandbüros. Nach dem Vorliegen der Genehmigungen müssen die Akten bei der „Administration de l'Enregistrement et des Domaines" (AED) eingeschrieben werden. Diese erfasst

---

1 in Anlehnung an Mellewigt, Th.;Witt, P. (2002).

einerseits die Akte (nicht ihren Inhalt) und zieht andererseits die evtl. fälligen Steuern für die Gründung ein (sog. „droit d'apport", abhängig von Gesellschaftsform und –kapital). Außerdem ist sie für das Umsatzsteuerverfahren zuständig.

Nachdem diese Voraussetzungen geschaffen sind, muss sich das Unternehmen innerhalb von vier Wochen beim Handelsregister einschreiben lassen. Dieses erfasst alle relevanten Unternehmensdaten, vergibt die Handelsregisternummer und die sog. „Matricule" (Nationale Identifikationsnummer) des Unternehmens (in Zusammenarbeit mit dem staatl. Informatikzentrum).

Außerdem nimmt das Register die zu publizierenden Dokumente entgegen und leitet sie intern an die für die Publikation des *Mémorial* (dem Amtsblatt Luxemburgs) zuständige Behörde weiter. Der Unternehmer hat zusätzlich verschiedene Anmelde-Pflichten wahrzunehmen im Bereich der Sozialversicherungen und weiterer Steuerbehörden.

Global gesehen nimmt das Handelsregister beim betrachteten Teilprozess eine zentrale Rolle ein: Hier laufen fast alle administrativen Daten, die bei der Gründung entstehen, zusammen. Auch die im Laufe des „Lebens" einer Unternehmung getätigten Veränderungen können Register-relevante Daten generieren: Neue Geschäftsführer, Stammkapitaländerungen usw. müssen dem Register gemeldet und gegebenenfalls publiziert werden. Ein Spezialfall dieser Veränderung stellt die Löschung des Unternehmens aus dem Register dar.

1.2 Probleme beim Prozess der Unternehmensgründung

1.2.1 Vorlauf- und Planungsphase

Bevor es zu einer Gründungsentscheidung kommt, kann davon ausgegangen werden, dass viele Informationen über Technologien, Ressourcen, Märkte, Gesetze usw. vorliegen müssen. Gleichzeitig ist die Generierung einer Erfolg versprechenden Geschäftsidee von zentraler Bedeutung. Dies kann individuell oder im Team geleistet werden. Bei der Teamgründung (Partnerschaftsgründung) stellt sich das Problem der Kommunikation und Kooperation, insbesondere wenn die Teammitglieder berufstätig sind.

1.2.2 Schnell wachsende Wirtschaft und veraltete Strukturen im öffentlichen Bereich

Luxemburg hatte in den letzten Jahrzehnten eine der am stärksten wachsenden Ökonomien Europas[2]. Diese Entwicklung spiegelt sich wieder in der Statistik der Eintragungen bei den Handelsregistern von 1990-1999[3].

---

2 Von 1990-2000 hat sich das BIP auf ca. 21,5 Mrd. € verdoppelt, von 1985 an in etwa vervierfacht (Quelle: Webseiten des statistischen Amtes Luxemburg: http://www.statec.lu (21.07.03).

So gab es im betrachteten Zeitraum in den beiden ehemaligen Handelsregistern in Luxemburg-Stadt und Diekirch zusammen:

- Eine Verdoppelung der Neueintragungen (von etwa 3.000 auf über 6.000)
- Eine 2,5fach höhere Zahl von Veränderungen und Löschungen (von etwa 40.000 auf über 100.000)

Die ausschließlich papierbasierte Führung des Registers konnte dieser Entwicklung nicht mehr Schritt halten. Es kam zu dem Zweck des Registers widersprechenden Problemen bei der Qualität der Einträge und der Antwortzeit auf Anfragen nach Auszügen aus dem Register.

1.2.3 Komplexität der administrativen Zusammenhänge

Die Komplexität des administrativen Prozesses der Unternehmensgründung ergibt sich aus mehreren Faktoren:

- Anzahl Prozessteilnehmer: Der Prozess ist im hohen Maße organisationsübergreifend. Der Unternehmensgründer hat mit vielen verschiedenen Administrationen zu tun.
- Gesetzliche Vorschriften: Den Verantwortlichkeiten der Prozessteilnehmer liegen jeweils eigene Gesetzestexte zugrunde, es gibt kein „Unternehmensgesetz" im engeren Sinne. Prozessänderungen können Gesetzesänderungen notwendig machen.
- „Schwierige" Materie: Der Existenzgründer muss sich mit nicht-trivialen und vor allem für ihn *zentralen* ökonomischen Fragestellungen auseinandersetzen. Die zahlreichen geltenden Vorschriften und Prozeduren des administrativen Teils der Unternehmensgründung sind für ihn schwer verständlich.

1.2.4 Vertrauensverhältnis und Beratungsbedarf

In den meisten Fällen benötigen Existenzgründer eine intensive Beratung, insbesondere in der Vorlauf- und Planungsphase.

Die meisten Unternehmen Luxemburgs, vor allem die Klein- und Mittelbetriebe (KMU), sind Mitglied der Handwerks- bzw. Handelskammer – diese bieten für ihre zukünftigen Mitglieder bereits bei ihrer Gründung die gesuchte Beratung an. Im Laufe der Zeit ergibt sich zwischen den Kammern und ihren Mitgliedern ein Vertrauensverhältnis, das in vielen Fällen am Anfang des Unternehmensgründungsprozesses entsteht. Die Kammern können aber nur beschränkt weitere Hilfestellung leisten, d.h. die Unternehmensgründer müssen sich nach der Beratungsphase meist selbst an die verschiedenen Administrationen wenden. Auch besteht für keinen Prozessteilnehmer die Möglichkeit, einen Überblick des Ge-

---

[3] Quelle: Interne Statistik des Justizministeriums über die Registerdaten in Luxemburg-Stadt und Diekirch, erhoben Anfang 2002.

samtprozesses zu erlangen und den Bearbeitungsstatus in den verschiedenen Administrationen in Erfahrung zu bringen. Nicht zuletzt deshalb macht der Vorgang der Unternehmensgründung die Existenz eines „'warm' ICT-supported human services“[4] notwendig, um den zukünftigen KMU die notwendige Unterstützung geben zu können.

Weniger beratungsintensiv ist der vom Handelsregister ebenfalls erfasste Prozess der Veränderung von Unternehmensdaten und deren evtl. Publikation.: Hier besteht ein „zweckmäßiges Einsatzfeld“[5] bereits für einfache „digitale“ Angebote, insbesondere wegen der deutlich höheren Fallzahlen (s.o.). Auch hier gelten allerdings Schriftformerfordernisse und gegebenenfalls die Notwendigkeit der notariellen Beglaubigung, die weitere Faktoren sind, die es bei der Realisierung von Internet-Angeboten zu beachten gilt.

2 Theoretische Überlegungen

2.1 Vorlauf- und Planungsphase

Information und Kommunikation zählen sicher zu den Erfolgsfaktoren bei der Unternehmensgründung. Das Internet bietet einen guten komplementären Ansatz, dem hohen Informations- und Kommunikationsbedarf gerecht zu werden. Mit der vermehrten Schaffung von sog. *Gründerportalen*, Gründungskatalogen oder Existenzgründerbörsen[6] usw. wird die aktive und passive Informationsbeschaffung für potentielle Gründer wesentlich vereinfacht.

Zusätzlich zu den Basistechnologien des Internet gibt es neue Organisationskonzepte, die bei Teamgründung, Gründungserfolge favorisieren können. Hier ist das Konzept der virtuellen Organisation zu erwähnen.

Unter einer virtuellen Organisation versteht man allgemein eine Vereinigung mehrerer unabhängiger Organisationseinheiten, die auf Basis ihrer Kernkompetenzen kooperieren, um auf einen Bedarf am Markt auf der Basis einer neuen Geschäftsidee reagieren zu können.[7] Diese Organisationsform kann man auch auf den Prozess der Unternehmensgründung übertragen und den Teammitgliedern die Werkzeuge, die in virtuellen Organisationen benutzt werden, zur Verfügung stellen. In

---

4 Vgl. Millard, J. (2002)

5 Vgl. Holznagel, B.; Werthmann, C. (2002)

6 Als eines von vielen Beispielen für ein Gründerportal vgl. das „Gründerportal Mainfranken“ (http://www.spin-off.de) (06.01.04). Eine sehr umfangreiches Informationsportal stellt die deutsche KfW – Mittelstandsbank unter (http://www.gruenderkatalog.de) (06.01.04) zur Verfügung.

7 Vgl. Weiber, R. (2002); Kemmner, G.A. (2000); Brütsch, D. (1999). Zu der Vorteilhaftigkeit von virtuellen Unternehmen vgl. Feltz, F. (2002).

diesem Zusammenhang besonders interessante Werkzeuge sind gemeinsame Arbeitsbereiche zur Ideenfindung und Planung.

2.2 Gründungsphase

Nach den kreativen Aufgaben der Vor- und Planunsphase muss der Firmengründer administrative Formalitäten mit öffentlichen Verwaltungen regeln. Die neuen Konzepte des E-Governments zielen darauf ab, diese Art von administrativen Prozessen zu vereinfachen. Bei der Umsetzung der Ideen des E-Government besteht aber eine Vielzahl von Barrieren. Lucke[8] nennt zehn solcher Hindernisse, u.a. rechtlicher Rahmen, Politik, Strukturen und Prozesse.

Diese Faktoren sind abhängig von nationalen Vorschriften (rechtlicher Rahmen) und ebenfalls national geprägten „kulturellen Faktoren", was die Portierung von Lösungen und Referenzmodellen erschwert.

Unabhängig davon jedoch zeigt sich bei der Betrachtung von komplexen administrativen Vorgängen wie der Unternehmensgründung, dass durch die Vielzahl der Prozessteilnehmer, den umfangreichen rechtlichen Rahmen und der „Inertien" der bestehenden Strukturen E-Government-Projekte vor großen Herausforderungen stehen.

2.2.1 Barrierenüberwindung durch Komplexitätsreduktion beim Vorgehensmodell

Ein stark organisationsübergreifender administrativer Prozess kann nur sehr schwer vollständig und von Grund auf reformiert werden. Eine Fokussierung auf die „key player" unter *Beibehaltung* einer Globalsicht stellt einen gangbaren Weg dar. Es gilt der Gefahr zu begegnen, Insellösungen zu schaffen. Die Fokussierung muss also dynamisch bleiben: Identifizierung des Wesentlichen, Beschreibung der Schnittstellen, und damit verbunden Design einer erweiterbaren Anfangslösung.

2.2.2 „One-Stop-Administration"

Die Neugestaltung der Beziehungen zwischen Bürger und Verwaltung war bereits Ziel der so genannten kommunalen Bürgerämter, in Deutschland seit den 80er Jahren[9]. Die dort angebotenen Dienstleistungen können nur einen Ausschnitt der Gesamtheit aller öffentlich-administrativen Prozesse darstellen, und vereinfachen den Zugang zu diesen nur teilweise, wiewohl der zentrale Gedanke – Dienstleistungen aus einer Hand an einer Stelle – im Rahmen der Konzepte des E-Governments fortgeführt wird. Der Fokus der Bürgerämter liegt auf der Vereinfa-

---

8 Vgl. Von Lucke, J.(2002)

9 Vgl. Lenk, K.; Klee-Kruse, G. (2000). Die Stadt Luxemburg hat ein solches „Bierger Center" eingerichtet, vgl. Webseiten der Stadt Luxemburg http://www.vdl.lu (18.07.03)

chung des physischen Zugangs einerseits, sowie der Transparenz der Angebote andererseits: Für den Nutzer sollen die Schwierigkeit, den zuständigen Ansprechpartner zu finden, verschwinden.

Im Zuge der massiven Verbreitung von Internettechnologien in den letzten Jahren wird der „virtuelle" Distributionskanal auch im öffentlichen Sektor immer wichtiger. Bei der Benennung der Modelle dieses zentralisierten Zugangs herrscht eine große Vielfalt. Im frankophonen Sprachraum ist meist von „Guichet unique" oder „Guichet virtuel" die Rede[10] – eine Bezeichnung, die auch in Luxemburg üblich ist.

In der nicht-französischen Literatur wird i.d.R. von „One-Stop-Government", „One-Stop-Administration" bzw. „One-Stop-Shop" gesprochen, aber auch von „Integrated service delivery"[11], allgemein von „Portalen"[12] bzw. „Next Generation One-Stop-Government-Portals"[13], oder auch „Single Window Zugang" (zu multifunktionalen Service-Läden)[14]. Alle Konzepte betonen unterschiedlich die weiter unten angeführten Dimensionen. Für den hier beschriebenen Fall wird im Folgenden der Begriff „One-Stop-Administration" benutzt.

Neben dem Zugangskanal und seiner „Lokalisierung" (physisch/virtuell) bzw. aus Administrationssicht des Distributionsweges von öffentlichen Dienstleistungen gibt es weitere Eigenschaften zur Kennzeichnung dieser Lösungen:

- Interaktionsgrad
  Hier konkret Information, Kommunikation, und Transaktion[15], darüber hinaus auch diskutiert „Integration", um die medienbruchlose Verarbeitung bei der Zusammenarbeit von internen und externen E-Government-Systemen zu kennzeichnen[16]. Die im vorliegenden Projekt anvisierte Lösung verlangt nach dem maximalen Integrationsgrad: Transaktion und medienbruchlose Verarbeitung.
- Anbieter- bzw. Nutzungsmetapher. D.h., welche grundsätzliche Form der Präsentation wird gewählt – entweder nach dem Lebenslagenprinzip als *life event portal* (für kommerzielle Nutzer auch *business event*[17], oder anbieterorientiert, bestimmten Gebietskörperschaften zugeordnet (governmental und departmental portals[18]). Mischformen sind möglich. Als Einstieg steht hier die Unternehmensgründung im Vordergrund.

---

[10] Vgl. z.B. für die Schweiz Spahni, D. (2001).
[11] Vgl. Kraaijenbrink, J. (2002).
[12] Vgl. Reinermann, H. (2000).
[13] Vgl. Wimmer, M. A.; Tambouris, E. (2002).
[14] Vgl. Lenk, K.; Klee-Kruse, G. (2000).
[15] Vgl. z.B. in Scheer, A.W.; Kruppke, H.; Heib, R. (2003).
[16] Vgl. Brücher, H.; Gisler, M. (2002).
[17] Vgl. Wimmer, M. A.; Tambouris, E. (2002).
[18] Vgl. Reinermann, H. (2000).

- Interagierende Benutzer- und Anbietergruppen[19]. Eine solche Betrachtung trägt in unserem Fall kaum zur Lösung bei.
- Formen der Arbeitsteilung zwischen Front- u. Backoffice. Lenk u. Kruse[20] nennen die abschließende Erledigung im Front-Office, als auch die weitgehende Erledigung im Back-Office. In dem Prozess der Unternehmensgründung stellt eine einzige Anlaufstelle (also ein Front-Office) und das Zusammenarbeiten der beteiligten Administrationen im Hintergrund (also im Back-Office) für den Nutzer die Ideallösung dar.
- Anzahl der teilnehmenden (integrierten) Verwaltungen und anderer relevanter Stellen. Diese Eigenschaft ist hier gegeben. Eine Reduzierung der Anzahl der Verwaltungen ist durch die tiefe Verflechtung mit Gesetzen kaum denkbar.

Darüber hinaus lassen sich noch weitere Parameter angeben, so z.B. im Hinblick auf die verwendeten Technologien und Standards[21].

3 Vorgehensweise bei der Umsetzung

3.1 Vorlauf- und Planungsphase

Um das Konzept der virtuellen Organisation auch praktisch umsetzen zu können, muß den Teamgründern eine Internet-Plattform zur Verfügung stehen. Am Centre de Recherche Public – Gabriel Lippmann in Luxemburg wurde im Rahmen des Projektes SICOV[22] eine solche Plattform entwickelt, die von Unternehmen der Region genutzt wird. Diese Plattform kann auch von Teamgründern in Anspruch genommen werden. Erste Bemühungen in diese Richtung sind in die Wege geleitet.

---

[19] Vgl. die sich am E-Business orientierende geläufige Speyerer Definition von E-Government in Von Lucke, J.; Reinermann, H. (2002).

[20] Vgl. Lenk, K.; Klee-Kruse, G. (2000).

[21] Z.B. den Einsatz von Frameworks auf u.a. XML-Basis (vgl. http://www.egov-project.org/ (02.12.2003)) oder die im Rahmen der Initiative BundOnline2005 entwickelten *Standards und Architekturen für eGovernment Anwendungen* [SAGA].

[22] Das Forschungsprojekt SICOV (Création d'un Système basé sur les nouvelles technologies de l'Information et de la Communication facilitant les affaires électroniques d'Organisations Virtuelles) wird vom « Fonds National de la Recherche » in Luxemburg unterstützt. (Vgl. http://www.sicov.lu) (05.01.2004).

3.2 Handelsregister als zentraler Prozessteilnehmer in der Gründungsphase

Der administrative Teil der Unternehmensgründung ist ein hoch bürokratischer Vorgang mit einer Vielzahl von teilnehmenden staatlichen und privaten Stellen. Betrachtet man die Erhebung und Verarbeitung der diesem Prozess zugeordneten Daten, so stellt das Handelsregister den zentralen Punkt des Gesamtprozesses dar: Hier werden die meisten relevanten Daten erfasst (Basis für den Handelsregisterauszug), teilweise erzeugt (Handelsregisternummer) oder beantragt („Matricule") und schließlich weitergegeben (Interne Weitergabe der Publikationsdokumente etc.).

So konnte beim Handelsregister hier die o.a. Strategie ansetzen, auch, um einen Einstieg in eine „One-Stop-Administration" zu finden: Konzentration auf eine zentrale (und unverzichtbare) Stelle des Gesamtprozesses, unter Beibehaltung der Gesamtsicht.

3.3 Neugestaltung des legalen Rahmens: Privatisierung der Registerführung

Das Land Luxemburg hatte zum Beginn des Projektes zwei den jeweiligen Arrondissements-Gerichten zugeordnete Handelsregister, deren Rechtsgrundlage im Jahre 1909 geschaffen wurde.

Weder der rechtliche Rahmen, noch die administrative Realität boten genügend Flexibilität, um die Probleme bei der Registerführung zu beseitigen und zu einer fundamentalen Modernisierung zu gelangen.

Man entschloss sich daher, diese Strukturen von Grund auf neu zu gestalten, d.h. einerseits die beiden Register zusammenzuführen, und andererseits die Führung des Registers zu privatisieren, ohne die staatliche Kontrolle aufzugeben. Es kam zur Gründung eines GIE[23] unter Federführung des Justizministeriums. Als wichtige Partner dieser Vereinigung fungierten ferner die Handelskammer, die Handwerkskammer und einige staatliche Verwaltungen.

Diese Lösung stellt eine besondere Form einer „Private-Public-Partnership" (PPP) dar: Das eigentliche Register bleibt in Form einer elektronischen Datenbank bei

---

23 Groupement d'intérêt Economique = Wirtschaftliche Interesservereinigung. Das GIE ist eine luxemburgische Unternehmensrechtsform als flexible Personengesellschaft mit unbeschränkter gesamtschuldnerischer Haftung, ohne Gewinnerzielungsabsicht oder Bildung von Unternehmensvermögen. Als EWIV (Europäische Wirtschaftliche Interessenvereinigung) existiert ein analoges Konstrukt auf EU-Ebene. (http://www.kowi.de/services/publikationen/ download/ thema_ewiv.pdf) (18.03.03.)

einer staatlichen Institution, die Pflege dieser Datenbank indes wird privatisiert – damit wurde den wesentlichen Unterschieden des privaten und öffentlichen Sektors Rechnung getragen. Es bleibt bei hoheitlicher Verantwortung gemäß der Rechtslage; die Ablauf- und Aufbauorganisation, ebenso wie die Reaktionsgeschwindigkeit der Verwaltung wird aber gemäß den Maßstäben des privaten Sektors flexibilisiert[24]. Eine strategischer Vorteil dieser PPP war die Möglichkeit, die Handelskammer und die Handwerkskammer als Vertreter der Wirtschaft in das GIE zu integrieren[25]. Gleichzeitig wurde ein Gesetzesentwurf eingebracht, der den modernen Anforderungen an die Registerführung gerecht wird und bereits den direkten Zugriff der Kammern auf die Registerdaten vorsieht, in dem diesen die Möglichkeit gegeben wird, selbst Neueintragungen und Veränderungen vorzunehmen.

Die Neuordnung wurde im November 2002 durch die luxemburgische Abgeordnetenkammer beschlossen. Der Betrieb des neuen Registers konnte unmittelbar darauf beginnen, da alle organisatorischen Bedingungen bereits vorher sichergestellt waren.

3.4 Neugestaltung des Registers mit Beibehaltung der Sicht auf die Gründungsphase

Das Handelsregister kennt nur drei zentrale Geschäftsprozesse: Die Neueintragung, die Veränderung und die Löschung von Einträgen.

Die „klassische“ Aufgabe des Business Process Reengineerings[26] im Rahmen des Projektes war, einerseits die bestehenden Prozesse des alten Registers zu analysieren, und darauf aufbauend die Prozesse des neuen Registers zu modellieren – und dies auf einem die operative Arbeit ermöglichenden Abstraktionsniveau, womit deutlich mehr als nur die o.a. drei Prozesse zu untersuchen waren. So unterscheidet sich die Neueintragung einer S.A. erheblich von der Gründung eines Vereines usw., des Weiteren gibt es Publikationsprozesse, Handelsregisterauszüge, Fakturierung, Erstellung von Photokopien aus den Akten usw.

Gleichzeitig musste die Globalsicht auf den Gesamtprozess der Gründung und Veränderung von Unternehmen gewahrt werden, um nicht durch lokale Optimierungen den Gesamtprozess ineffizienter zu machen bzw. im Hinblick auf die angestrebte „One-Stop-Administration“ zu frühe Festlegungen zu treffen.

Die im administrativen Gesamtprozess am engsten mit dem Register kooperierenden Stellen wurden ebenfalls analysiert, sowohl hinsichtlich ihrer internen Abläu-

---

[24] Vgl. Holznagel, B.; Werthmann, C. (2002).

[25] Zu einer Diskussion von PPP siehe z.B. Bertelsmann Stiftung; Clifford Chance Pünder; Initiative D21 (Hrsg.) (2003) und Vorgel, P.; de Marné, K.D. (2002).

[26] Vgl. z.B. Scheer, A.W. (2001).

fe, als auch bzgl. der ausgetauschten Dokumente und Informationen. So wurden konkret Organisation und Abläufe der *Administration de l'Enregistrement et des Domaines (AED)* und des für die Publikation des Amtsblattes zuständigen *Service Central de Législation (SCL)* untersucht, soweit sie für den Gesamtprozess relevant waren.

3.5 Einsatz von I-und K-Technologien

Der gemeinsame Arbeitsbereich zur Ideenfindung und Planung wird wie oben erwähnt im Rahmen des SICOV-Projektes betrieben. Die Nutzer benötigen also nur eine Basisausstattung mit Internetanschluss.

Auf der Seite der Verwaltungen waren wesentlich aufwendigere Infrastrukturen zu realisieren. Es wurde eine Register-Datenbank erstellt, die vom staatlichen Informatikzentrum Luxemburgs beherbergt wird. Darüber hinaus wurde eine Groupware-Plattform ausgewählt, um einerseits moderne Kommunikationsmittel im Register einzuführen, andererseits aber auch die Möglichkeit zu nutzen, durch RAD innerhalb der Groupware-Plattform Teile der Registeraktivitäten zu unterstützen, die zunächst nicht in der Datenbankanwendung entwickelt werden konnten. In einer Übergangsphase wird nun z.B. für die Erfassung aller Depot-Vorgänge eine solche Applikation benutzt.

Als erster Ausbau-Schritt der Internet-Präsentation des Registers wurde ein Bereich realisiert, der dem hohen Informationsbedarf durch die neue Gesetzeslage und die damit einhergehenden Veränderungen der Prozeduren gerecht wird. Außerdem wurden die neuen vom Register vorgeschriebenen Formulare zum Download zur Verfügung gestellt.

Daneben wurde ein lesender Zugriff auf einen Ausschnitt der Registerdaten ermöglicht: Dabei lassen sich die Namen und Handelsregisternummern der Unternehmen abfragen, was eine Entlastung des Registers von dieser Routine-Abfrage darstellt und aus Nutzersicht die Antwortzeiten des Registers verbessert.

Eine über diese informativ-kommunikativen Elemente hinausgehende transaktionale Lösung wurde noch nicht angegangen. Dies hat im wesentlichen zwei Gründe: Erstens sind die bestehenden etwa 80.000 Unternehmen noch nicht mit allen Stammdaten vollständig elektronisch übernommen und zweitens ging die Realisierung einer „online"-*Einschreibung* über die zeitlichen Rahmen des Projektes hinaus.

3.6 Idee der „One-Stop-Administration"

Es gibt in Luxemburg zur Zeit neben dem hier vorgestellten Projekt noch weitere Initiativen, den Zugang zu den öffentlichen Angeboten zu vereinfachen, u.a. im

Rahmen des eLuxembourg[27] Projektes, wo der Schwerpunkt zunächst auf einer Vereinheitlichung des Zugangs durch ein – informatives – Portal liegt, und nicht auf der Neugestaltung der administrativen Prozesse.

Die Handelskammer und die Handwerkskammer haben bereits 1999 auf Initiative des Mittelstandsministeriums jeweils ein „*Centre de formalités*“ (CdF) für Existenzgründer eingerichtet. Diese Einrichtungen versuchen neben der im Zentrum stehenden Beratungsleistung der Kammern auch eine Teilmenge der administrativen Prozesse anzustoßen. Diese wurden allerdings nicht verändert, so dass hier lediglich eine Mittlerrolle wahrgenommen wird. Die Prozesse bleiben rein papierbasiert, moderne ICT kommt nicht zum Einsatz.

Es liegt nahe, dieses „Centre de formalités“ so auszubauen, dass der Antragsteller sich nur an diese eine Stelle zu wenden hat und alle anderen Verwaltungen im „Hintergrund“ operieren würden. Diese Idee zielt auf der einen Seite auf die Einbindung aller beteiligten Verwaltungen und auf der anderen Seite auf die Ausschöpfung der IuK-Technologien zur Realisierung der virtuellen „One-Stop-Administration“.

Erste Schritte in diese Richtung wurden in Luxemburg realisiert. Es hat sich gezeigt, dass die Realisierung einer solchen „One-Stop-Administration“ am besten durch eine schrittweise Annäherung gelingen kann.[28]

4 Schlussfolgerung

Zwei Stoßrichtungen für die Unterstützung der Unternehmensgründung durch I-u.K-Technologie wurden ausgelotet.

Zum einen handelt es sich um die Unterstützung in der Vorlauf- und Planungsphase. Da das Unternehmen in dieser Phase noch nicht wirklich existiert, kann das Konzept der virtuellen Organisation und dessen konkreten auf Internet-Technolgie basierenden Ausprägungen Teamgründer bei ihren Aufgaben durch einen gemeinsamen Arbeitsbereich unterstützen. Insbesondere scheinen Werkzeuge, die die Ideenfindung und die Planung unterstützen, geeignet zu sein erfolgsversprechende Geschäftsideen besser in Kooperation zu entwickeln. Da man davon ausgehen kann, dass die Gründer in dieser Phase keine großen Investitionen in I-u.K-Technologien tätigen, liegt es nahe, eine Internet-Plattform durch einen unabhängigen Dritten bereit zu stellen.

---

27 Vgl. http://www.eluxembourg.lu. (06.01.2004) Dieses Projekt wurde im Rahmen des Aktionsplans eEurope (http://europa.eu.int/ information_society/ eeurope/index_en.htm) (06.01.2004) ins Leben gerufen.

28 Vgl. Feltz, F.;Hitzelberger, P. (2003).

Zum andern handelt es sich um die Unterstützung während der Gründungsphase: Hier bieten sich die neuen Konzepte des E-Governments an. Es gilt allerdings: „Die alleinige Einführung von Internet-Technologie in Verwaltungen macht noch kein E-Government“[29]. Auch die in mehreren Projekten des Centre de Rechrche Public – Gabriel Lippmann gewonnene Erfahrung zeigt, dass die wesentlichen Schwierigkeiten eines E-Government-Projektes nicht unbedingt in technologischen Fragen liegen. Zwar sind Bemühungen, auch in diesem Bereich zu einheitlichen und modernen Lösungen zu kommen, sehr hilfreich[30], aber keinesfalls ausreichend.

Die „One-Stop-Administration“ in der administrativen Phase ist zweifellos für den Unternehmensgründer die beste Organisationsform. Neben dem virtuellen bleibt der physische Zugang für ihn von Interesse und behält seine Daseinsberechtigung.

Eine globale Rekonfiguration des Unternehmensgründungsprozesses in Richtung der „One-Stop-Administration“ ist wegen der Implikation der vielen Organisationseinheiten unerlässlich, stellt aber ein fast unüberwindliches Problem dar. Zu viele Aspekte (rechtliche, politische, strukturelle, prozessuale, ...) spielen eine Rolle. Ausgehend von diesem hoch gesteckten Ziel rückt der Weg zur Erreichung dieses Ziels in den Mittelpunkt der Überlegungen. Eine schrittweise Vorgehensweise reduziert die aufzubringende Leistung. Die Sicht des gesamten Prozesses darf aber nicht vernachlässigt werden. Auch bleibt zu bemerken, dass ohne Neugestaltung und Verbesserung der Teil-Prozesse Synergie- und Effizienzvorteile für die Verwaltungen nicht zu erwarten sind[31].

Bei der inkrementellen Vorgensweise ist der erste Schritt von großer Wichtigkeit für die Kontinuität der Veränderung. Das Handelsregister als zentraler Akteur hat durch seine Flexibilisierung (neue Unternehmensrechtsform, Informatisierung, Organisation als Front- u. Backoffice) diesen ersten Schritt in Luxemburg getätigt.

Aus der Sicht der Unternehmensgründer wäre eine Zusammenführung der Konzepte der beiden Stossrichtungen das anzustrebende Ideal. Es ist von hohem wirtschaftlichen Interesse, Gründungsideen einerseits systematisch zu fördern, andererseits diese aber nicht durch schwerfällige administrative Prozesse auszubremsen. I-u.K-Technologie bietet sich hierfür an.

---

29 Vgl. Scheer, A.W.; Kruppke, H.; Heib, R. (2003), S. 3.

30 Vgl. die Arbeiten im EU-Projekt EGOV (http://www.egov-project.org/ (02.12.2003)) (keinesfalls beschränkt auf technologische Fragen) und die „Standards und Architekturen für eGovernment Anwendungen (SAGA) im Rahmen der Initiative BundOnline 2005 [SAGA] (hier technoligische Sichtweise).

31 Vgl. Scheer, A.W.; Kruppke, H.; Heib, R. (2003).

Literatur

Bertelsmann Stiftung; Clifford Chance Pünder; Initiative D21 (Hrsg.) (2003): Public Private Partnership und E-Government.http://www.initiatived21.de/publikationen/ publikationen2003/pages/index.prl (23.07.2003).

Brücher, H.; Gisler, M. (2002): E-Government – von den Grundlagen zur Anwendung. In: Praxis der Wirtschaftsinformatik, HMD 226, dpunkt, Heidelberg, 2002; S. 5-19.

Brütsch, D. (1999): Virtuelle Unternehmen, Zürich 1999.

Feltz, F. (2002): Reduzierung der Transaktionskosten mittels moderner IuK- Technologien bei überbetrieblicher Projektorganisation. In: B. Britzelmaier et al. (Hrsg.): "Der Mensch im Netz - Ubiquitous Computing", 4. Liechtensteinisches Wirtschaftsinformatik-Symposium, S. 107-116, Stuttgart et al. Teubner Verlag, 2002.

Feltz, F.; Hitzelberger, P. (2003): Unternehmensgründungsprozess auf dem Weg zur „One-Stop-Administration“ in Luxemburg. In: Paul, H.J.; Vossen, G. (Hrsg.): Tagungsband EMISA 2003: Auf dem Weg in die E-Gesellschaft. Arbeitsbericht Nr. 99 des Instituts für Wirtschaftsinformatik der Universität Münster 2003.

Holznagel, B.; Werthmann, C. (2002): Grenzen der elektronischen Abwicklung von Verwaltungsvorgängen. In: Praxis der Wirtschaftsinformatik. HMD 226, dpunkt, Heidelberg; S. 71-79.

Kemmner, G.A. (2000): Virtuelle Unternehmen, Heidelberg 2000.

Lenk, K.; Klee-Kruse, G. (2000): Multifunktionale Serviceläden: ein Modellkonzept für die öffentliche Verwaltung im Internet-Zeitalter. Ed. Sigma, Berlin.

Von Lucke, J.; Reinermann, H. (2002): Speyerer Definition von Electronic Government. In: Reinermann, H.; von Lucke, J. (Hrsg.): Electronic Government in Deutschland - Ziele, Stand, Barrieren, Beispiele, Umsetzung. Forschungsinstitut für öffentliche Verwaltung, Speyer; S. 1-8.

Von Lucke, J. (2002): Barrieren des Electronic Gonvernment in Deutschland – Ursachen und Ansätze zur Überwindung aus Sicht der Wissenschaft. In: Reinermann, H.; von Lucke, J. (Hrsg.): Electronic Government in Deutschland - Ziele, Stand, Barrieren, Beispiele, Umsetzung. Forschungsinstitut für öffentliche Verwaltung, Speyer; S. 68-93.

Mellewigt, T.; Witt, P. (2002): Die Bedeutung des Vorgründungsprozesses für die Evolution von Unternehmen: Stand der empirischen Forschung. In: Zeitschrift für Betriebswirtschaft 72, H. 1, S. 81-110

Millard, J. (2002): e-Government Strategies. Best Practice Reports from the European Front Line. In (Reinermann, H., von Lucke J. Hrsg.): Electronic Government in Deutschland - Ziele, Stand, Barrieren, Beispiele, Umsetzung. Forschungsinstitut für öffentliche Verwaltung, Speyer; S. 298-306.

Reinermann, H. (2000): Der öffentliche Sektor im Internet. Forschungsinstitut für öffentliche Verwaltung, Speyer.

SAGA: SAGA – Standards und Architekturen für eGovernment Anwendungen. Schriftenreihe der KBSt, Band 59, Dezember 2003. ISSN 0179-7263, online unter http://www.kbst.bund.de/saga_(30.12.03).

Scheer, A.W. (2001): ARIS-Modellierungsmethoden, Metamodelle, Anwendungen. Springer, Berlin et al.

Scheer, A.W.; Kruppke, H.; Heib, R. (2003): E-Government - Prozessoptimierung in der öffentlichen Verwaltung. Springer, Berlin et al.

Spahni, D. (2001): "Maßgeschneiderter Webauftritt für Gemeinden?". In: Gisler, Michael; Spahni, Dieter (Hrsg.): eGovernment - Eine Standortbestimmung. Haupt, Bern, Stuttgart, Wien; S. 227-247.

Vorgel, P.; de Marné, K.D. (2002): Innovative Betreibermodelle mit Private Public Partnership. In (Blaschke, P., Karrlein, W., Zypries, B. Hrsg.): E-Public. Springer, Berlin et al.; S. 283-295.

Weiber, R. (2002): Handbuch Electronic Business; Informationstechnologien – Electronic Commerce - Geschäftsprozesse, Wiesbaden 2002.

Wimmer, M. A., Tambouris, E. (2002): Online One-Stop Government - A working framework and requirements. In (Traunmüller, R. Hrsg.): Information Systems. Proceedings of the 17th World Computer Congress of IFIP, Kluwer Academic Publishers, Boston; S. 117 – 130.

Ansätze im Research-Controlling

Markus Spiwoks; Fachhochschule Wolfsburg

1 Problemstellung

Die große Mehrheit deutscher Vermögensverwalter (94,7%) stellt die Erzielung systematischer Überrenditen durch erfolgreiche Umsetzung aktiver Portfoliomanagement-Strategien in den Mittelpunkt ihres Leistungsversprechens für ihre vermögende Privatkundschaft.[1] Diese Zielsetzung kann jedoch nur erreicht werden, wenn es gelingt, zumindest weitgehend zutreffende Prognosen der künftigen Entwicklungen an den Renten-, Aktien- und Währungsmärkten zu erstellen.[2] Trotz der zentralen Bedeutung der Prognosegüte für den Erfolg aktiver Portfoliomanagement-Strategien findet sich nur bei wenigen Vermögensverwaltern ein systematisches Controlling der Research-Ergebnisse, das heißt, der Qualität ihrer Kapitalmarktprognosen.[3] Vor diesem Hintergrund erscheint es geboten, eine Schneise in das Dickicht der vielen bekannten Prognosefehlermaße[4] zu schlagen und angemessene Konzepte der statistischen Ex-post-Beurteilung von Kapitalmarktprognosen aufzuzeigen. Vermögensverwalter, die aktive Portfoliomanagement-Strategien umsetzen, müssen regelmäßig Einschätzungen zur künftigen Kapitalmarktentwicklung erarbeiten. Es werden daher 21 wichtige Prognosefehlermaße vorgestellt, die für die Beurteilung von Zeitreihen quantitativer Prognosedaten mit konstantem Prognosehorizont geeignet sind. Stärken und Schwächen dieser Prognosefehlermaße werden herausgearbeitet.

---

1 Vgl. Spiwoks (2002), S. 100-101.

2 Vgl. Spiwoks (2001), S. 14.

3 Laut Auskunft von Herrn Oliver Hein, geschäftsführender Gesellschafter der Unternehmensberatung Hein & Cie. GmbH in Kronberg/Taunus, vom 24.11.2003. Diese Gesellschaft hat sich auf die Beratung von Vermögensverwaltern spezialisiert.

4 Es liegen zwar einige Veröffentlichungen vor, in denen einzelne Prognosefehlermaße oder einzelne Gruppen von Prognosefehlermaßen dargestellt werden, doch fehlt bisher ein systematischer Überblick, der eine kriteriengestützte Bewertung der alternativen Ansätze vornimmt. Die bisher umfassendsten Darstellungen finden sich bei Schwarze (1980), S. 317-344; Hujer / Cremer (1978), S. 249-288; Khosrawi-Rad (1991), S. 218-254; Andres / Spiwoks (2000), S. 10-54; Andres / Spiwoks (1999), S. 523-537; Spiwoks (2002), S. 150-179; Poddig (1999), S. 458-469; Hüttner (1986), S. 259-270; Bacher (1975), S. 150-175; Stege (1989), S. 18-25.

2 Einfache Prognosefehlermaße

Dieser Gruppe sind einige Prognosefehlermaße zuzurechnen, die nur einen äußerst begrenzten Anwendungsbereich aufweisen.[5] Von allgemeiner Bedeutung sind dagegen der mittlere Prognosefehler und der mittlere absolute Prognosefehler.

$$MP = \frac{1}{T} \sum_{t=1}^{T} (\hat{x}_t - x_t) \qquad MAP = \frac{1}{T} \sum_{t=1}^{T} | \hat{x}_t - x_t |$$

mit

T: Gesamtanzahl der vorliegenden Prognosen bzw. tatsächlich eingetretenen Beobachtungen

x_t: Eingetretene Beobachtung zum Zeitpunkt t (t läuft von $t = 1$ bis T)

$\hat{x}_t$: Vorliegende Prognose zum Zeitpunkt t (t läuft von $t = 1$ bis T)

Der mittlere Prognosefehler (*MP*) ist in der Lage, die durchschnittliche Tendenz eines Prognoseverfahrens (Überschätzung bzw. Unterschätzung) aufzuzeigen. Der mittlere Prognosefehler gibt die durchschnittliche Abweichung des prognostizierten vom tatsächlich eingetretenen Wert an. Er ist intuitiv leicht verständlich und unkompliziert in der Anwendung. Dieses Maß ist jedoch nur für die Ermittlung einer globalen Überschätzung beziehungsweise Unterschätzung geeignet. Es wird lediglich ein Mittelwert bestimmt, der unter Umständen ein falsches Bild der Anpassung vermittelt, da die Streuung der Fehler nicht berücksichtigt wird. Eine Prognose mit starken Abweichungen nach oben und nach unten wird als ebensogut ausgewiesen wie eine perfekte Prognose, sofern die positiven und die negativen Abweichungen in der Summe Null ergeben.[6] Die Verwendung des mittleren Prognosefehlers zur Beurteilung von Kapitalmarktprognosen ist daher als weitgehend ungeeignet zu bewerten.

Beim mittleren absoluten Prognosefehler (*MAP*) heben sich positive und negative Abweichungen nicht gegenseitig auf. Stattdessen wird die durchschnittliche Entfernung zwischen dem prognostizierten und dem tatsächlich eingetretenen Wert angegeben. Dies ist im Hinblick auf die meisten anzuwendenden Verfahren von Vorteil, bei denen optimale Schätzer durch Minimierung des Fehlers gewonnen werden.[7]

---

5 Hier sind vor allem der kleinste Prognosefehler, der größte Prognosefehler, der mittlere positive Prognosefehler und der mittlere negative Prognosefehler zu nennen. Vgl. zu diesen Prognosefehlermaßen Andres / Spiwoks (2000), S. 10-12.

6 Vgl. Theil / Boot / Kloek (1971), S. 124; Stolzke (2000), S. 84; Hüttner (1986), S. 260.

7 Wie z.B. bei der Methode der kleinsten Quadrate.

Einfache Prognosefehlermaße zeichnen sich vor allem dadurch aus, dass sie intuitiv leicht verständlich sind. Sie finden häufig in empirischen Untersuchungen Verwendung, auch wenn ihre Bedeutung heute eher darin zu sehen ist, dass sie wichtige Bestandteile differenzierterer Prognosefehlermaße darstellen. Die Schwäche einfacher Prognosefehlermaße liegt – über die im einzelnen angesprochenen Punkte hinaus – vor allem in der fehlenden Normierung.[8] Diese Problematik wird im folgenden Kapitel aufgegriffen.

3 Relative Prognosefehlermaße

Beispielsweise eine Anleihenmarktprognose kann sich auf die Zinssatz- oder auf die Kursentwicklung beziehen. Will man Kursprognosen und Zinssatzprognosen miteinander vergleichen, ist eine Normierung wichtig, weil sonst eine Verzerrung durch die nominal höheren Werte der Kursprognosen zustande käme. Auch beim Vergleich von Prognosen, die sich auf unterschiedliche Zeiträume beziehen, kann eine Normierung wichtig sein. Wenn beispielsweise je ein Prognosefehler von übereinstimmendem prozentualen Ausmaß während einer Hochzinsphase bzw. während einer Niedrigzinsphase gemessen wird, würde Ersterer ohne Normierung systematisch überschätzt. Eine Normierung kann auf unterschiedlichen Wegen erfolgen.

$$MRP = \frac{1}{T}\sum_{t=1}^{T}\frac{\hat{x}_t - x_t}{x_t} \qquad MRSP = \frac{1}{T}\sum_{t=1}^{T}\frac{(\hat{x}_t - x_t)}{\frac{1}{2}(\hat{x}_t + x_t)}$$

$$MRGP = \frac{\frac{1}{T}\sum_{t=1}^{T} x_t\left(\frac{\hat{x}_t - x_t}{x_t}\right)}{\frac{1}{T}\sum_{t=1}^{T} x_t} \qquad MRPnP = \frac{\frac{1}{T}\sum_{t=1}^{T}(\hat{x}_t - x_t)}{\frac{1}{T}\sum_{t=1}^{T}(x_{t-h} - x_t)}$$

mit h: Prognosehorizont

Der mittlere relative Prognosefehler (*MRP*) ist dadurch gekennzeichnet, dass die Abweichungen von Prognose und tatsächlichen Werten durch die jeweilige Beobachtung geteilt und damit bezüglich der Prognosevariable normiert werden. Beim mittleren relativen symmetrischen Prognosefehler (*MRSP*) wird die Normierung durch den Mittelwert des jeweiligen Prognosewertes und des tatsächlichen Wertes vorgenommen. Allerdings muss kritisch angemerkt werden, dass die Berücksichtigung des Prognosewertes als Summand im Nenner dazu führt, dass Überschätzungen zu einer relativ besseren Bewertung führen als Unterschätzungen gleichen

[8] Vgl. Galler (1977), S. 178.

Betrags. Beim mittleren relativen gewichteten Prognosefehler (*MRGP*) werden die Fehler mit der Ausprägung der Beobachtung gewichtet. Hier erfolgt die Normierung global und nicht, wie beim mittleren relativen Prognosefehler, für jede einzelne Beobachtung.

Die naive Prognose[9] kann als Nullpunkt der Prognosequalität interpretiert werden.[10] Deshalb ist auch eine Relativierung des mittleren relativen Prognosefehlers mit der naiven Prognose (*MRPnP*) von Interesse. Bei Berücksichtigung der naiven Prognose muss der Prognosehorizont h mit einbezogen werden. Nimmt dieses Maß den Wert Eins an, so entspricht die durchschnittliche Über- bzw. Unterschätzung der Prognosezeitreihe der der entsprechenden Zeitreihe der naiven Prognosen. Wegen unterschiedlicher möglicher Vorzeichen in Zähler und Nenner können Ergebnisse von $\neq 1$ allerdings nicht ohne weiteres eindeutig interpretiert werden.

Relative Prognosefehler haben den Vorteil, dass durch die verschiedenen Formen der Normierung eine Vergleichbarkeit von Prognosezeitreihen, die auf unterschiedlichen Prognosevariablen oder Prognosezeiträumen beruhen, erreicht wird. Die Schwäche der relativen Prognosefehlermaße ist ähnlich geartet wie die des mittleren Prognosefehlers. Alle diese Prognosefehlermaße zielen lediglich auf die Ermittlung einer globalen Über- beziehungsweise Unterschätzung ab. Es wird ein Mittelwert bestimmt, der unter Umständen ein falsches Bild der Anpassung vermittelt, da die Streuung der Fehler nicht berücksichtigt wird.[11] Die jeweiligen absoluten Äquivalente dieser Ansätze lösen zumindest diese Problematik auf.

---

9 Eine naive Prognose besteht in einer unreflektierten Übertragung der aktuellen Variablenausprägung auf den Prognosehorizont. Vgl. bspw. Poddig (1999), S. 455-456. Hüttner nimmt eine Unterscheidung zwischen der so genannten No-Change-Naiven-Prognose und der Same-Change-Naiven-Prognose vor. Vgl. Hüttner (1982), S. 75-78. Im üblichen wissenschaftlichen Sprachgebrauch wird unter einer naiven Prognose stets die No-Change-Variante verstanden. Bezieht man sich auf die Same-Change-Variante, ist dies gesondert kenntlich zu machen. Vgl. Spiwoks (2002), S. 49. In der hier vorliegenden Untersuchung wird der Begriff der naiven Prognose ausschließlich im Sinne der No-Change-Variante verwendet.

10 Hat man überhaupt keine Vorstellung davon, was in Zukunft passieren wird, spricht ebensoviel für steigende wie für fallende Werte. In diesem Fall ist es rational, von unveränderten Werten auszugehen (naive Prognose). Dies entspricht dem so genannten Prinzip des unzureichenden Grundes, das auf Laplace (1814) zurückgeht. Weist eine Prognose keine bessere Qualität auf als die entsprechende naive Prognose, spiegelt sich darin eine völlige Unkenntnis der prognostizierten Zusammenhänge wider. Vgl. Andres / Spiwoks (1999), S. 524.

11 Vgl. Theil / Boot / Kloek (1971), S. 124; Stolzke (2000), S. 84.

4 Relative absolute Prognosefehlermaße

Die relativen absoluten Prognosefehlermaße zielen darauf ab, die Normierung der relativen Prognosefehlermaße mit der absoluten Betrachtungsweise zu kombinieren. Dabei wird eine gegenseitige Aufhebung von Über- und Unterschätzungen vermieden und gleichzeitig eine Vergleichbarkeit von Prognosezeitreihen, die auf unterschiedlichen Prognosevariablen oder unterschiedlichen Zeiträumen basieren, hergestellt.[12]

$$MRAP = \frac{1}{T}\sum_{t=1}^{T}\left|\frac{\hat{x}_t - x_t}{x_t}\right| \qquad MRASP = \frac{1}{T}\sum_{t=1}^{T}\frac{|\hat{x}_t - x_t|}{\frac{1}{2}(\hat{x}_t + x_t)}$$

$$MRAGP = \frac{\frac{1}{T}\sum_{t=1}^{T} x_t \left|\frac{\hat{x}_t - x_t}{x_t}\right|}{\frac{1}{T}\sum_{t=1}^{T} x_t} \qquad MRAPnP = \frac{\frac{1}{T}\sum_{t=1}^{T}|\hat{x}_t - x_t|}{\frac{1}{T}\sum_{t=1}^{T}|x_{t-h} - x_t|}$$

$$DGQ = \frac{1}{T}\sum_{t=1}^{T} GQ_t \qquad \text{mit} \qquad GQ_t = \begin{cases} \dfrac{x_t}{\hat{x}_t} & \text{für } x_t > \hat{x}_t \\ \dfrac{\hat{x}_t}{x_t} & \text{für } x_t < \hat{x}_t \end{cases}$$

Der mittlere relative absolute Prognosefehler (*MRAP*) ist das relative Äquivalent zum mittleren absoluten Prognosefehler. Nach Multiplikation mit 100 kann er als durchschnittliche prozentuale Entfernung des Schätzers vom zu schätzenden Parameter interpretiert werden.[13] Der mittlere relative absolute symmetrische Prognosefehler (*MRASP*) nimmt die Normierung durch den Mittelwert des jeweiligen Prognosewertes und des tatsächlichen Wertes vor. Auch hier muss kritisch angemerkt werden, dass die Berücksichtigung des Prognosewertes als Summand im Nenner dazu führt, dass Überschätzungen zu einer relativ besseren Bewertung führen als Unterschätzungen gleichen Betrags.[14] Beim mittleren relativen absoluten gewichteten Prognosefehler (*MRAGP*) werden die Fehler mit der Ausprägung der Beobachtung gewichtet. Hier erfolgt die Normierung also global. Der mittlere relative absolute gewichtete Prognosefehler bezogen auf die naive Prognose (*MRAPnP*) ist das absolute Äquivalent zum mittleren relativen gewichteten Prognosefehler bezogen auf die naive Prognose (*MRPnP*). Die absolute Betrach-

---

[12] Vgl. Schwarze (1973), S. 551.

[13] Vgl. Wiedemann (1990), S. 23; Mulhern / Caprara (1994), S. 200.

[14] Vgl. Andres / Spiwoks (2000), S. 24.

tung vermeidet die gegenseitige Aufhebung von Über- und Unterschätzungen im Zähler und auch im Nenner. Damit gehen die Strecken der Abweichungen von Prognosen (Zähler) bzw. naiven Prognosen (Nenner) und tatsächlichen Werten in das Maß ein. Nimmt dieses Maß den Wert 1 an, ist die Prognosezeitreihe ebenso gut bzw. schlecht wie die der entsprechenden naiven Prognosen. Bei > 1 (< 1) ist die betrachtete Prognosezeitreihe schlechter (besser) als die der entsprechenden naiven Prognosen. Der durchschnittliche Genauigkeitsquotient (*DGQ*) ist dem mittleren relativen absoluten Prognosefehler (*MRAP*) sehr ähnlich. Auch hier werden die mittleren Wegstrecken zwischen den Prognosewerten und den tatsächlichen Ausprägungen aufsummiert und durch die Anzahl der Beobachtungen geteilt.

Relative absolute Prognosefehlermaße weisen zwei wesentliche Stärken auf: 1. Die gegenseitige Aufhebung von positiven und negativen Abweichungen wird vermieden. 2. Durch die unterschiedlichen Normierungen werden auch Prognosezeitreihen, die auf unterschiedlichen Variablen oder auf unterschiedlichen Zeiträumen beruhen, vergleichbar. Die Schwäche der relativen absoluten Prognosefehlermaße ist darin zu sehen, dass geringe und starke Abweichungen proportional in das Maß eingehen. Viele geringe Abweichungen wiegen also ebenso schwer wie einige starke Abweichungen. Geringe Schwankungen der Prognosen um die tatsächlichen Werte werden jedoch kaum zu im Grundsatz falschen Entscheidungen führen, weshalb es sinnvoll erscheint, analog zur Methode der kleinsten Quadrate, große Abweichungen überproportional zu gewichten.[15]

5 Quadratische Prognosefehlermaße

Die Entfernungen zwischen prognostizierten und tatsächlichen Werten werden bei quadratischen Prognosefehlermaßen quadriert. Hierdurch erfolgt eine stärkere Gewichtung von großen Prognosefehlern, das heißt, die Verteilung der Fehler fließt so in die quadratischen Prognosefehlermaße ein, dass größere Abweichungen eine überproportionale Gewichtung erhalten.[16]

$$MPQ = \frac{1}{T}\sum_{t=1}^{T}\left(\hat{x}_t - x_t\right)^2 \qquad MRPQ = \frac{1}{T}\sum_{t=1}^{T}\left(\frac{\hat{x}_t - x_t}{x_t}\right)^2$$

[15] Vgl. Andres / Spiwoks (2000), S. 26.

[16] Vgl. Theil / Boot / Kloek (1971), S. 124.

$$MRQGP = \frac{\frac{1}{T}\sum_{t=1}^{T} x_t^2 \left(\frac{\hat{x}_t - x_t}{x_t}\right)^2}{\frac{1}{T}\sum_{t=1}^{T} x_t^2} \qquad VK = \frac{\sqrt{\frac{1}{T}\sum_{t=1}^{T}\left(\hat{x}_t - x_t\right)^2}}{\frac{1}{T}\sum_{t=1}^{T} x_t},$$

$$PG = \left(1 - VK\right) \cdot 100$$

Im Gegensatz zu den bisher vorgestellten Prognosefehlermaßen werden die Entfernungen zwischen prognostiziertem und tatsächlichem Wert beim mittleren quadratischen Prognosefehler (*MPQ*) quadriert.[17] Hierdurch erfolgt eine stärkere Gewichtung von großen Prognosefehlern.[18] Gleichzeitig wird eine gegenseitige Aufhebung von Über- und Unterschätzungen durch die Quadrierung der Abweichungen vermieden. Der mittlere relative quadratische Prognosefehler (*MRPQ*) ist das relative Äquivalent zum mittleren quadratischen Prognosefehler. Dieses Prognosefehlermaß bringt alle Vorteile des mittleren quadratischen Prognosefehlers mit, ermöglicht jedoch durch die Normierung einen Vergleich von Prognosezeitreihen, denen unterschiedliche Prognosevariablen oder verschiedene Prognosezeiträume zugrunde liegen. Beim mittleren relativen quadratischen gewichteten Prognosefehler (*MRQGP*) werden die quadrierten Fehler mit der quadrierten Ausprägung der Beobachtung gewichtet. Hier erfolgt die Normierung global und nicht, wie beim mittleren relativen quadratischen Prognosefehler, für jede einzelne Beobachtung. Eine Spielart normierter quadratischer Prognosefehlermaße ist der Variationskoeffizient (*VK*). Dabei wird die Wurzel des mittleren quadratischen Fehlers durch die durchschnittliche tatsächliche Beobachtung geteilt. Der Variationskoeffizient wird auch als relative Ungenauigkeit bezeichnet. Nur dadurch wird die Namensgebung der prozentualen Genauigkeit verständlich. Die relative Genauigkeit bezieht sich unmittelbar auf den Variationskoeffizienten (*VK*). Durch Subtraktion des Variationskoeffizienten von 1 ergibt sich das Komplementär der relativen Ungenauigkeit, nämlich die relative Genauigkeit. Durch Multiplikation mit 100 erhält man die prozentuale Genauigkeit (*PG*).

Die quadratischen Prognosefehlermaße weisen folgende Vorteile auf: 1. Die gegenseitige Aufhebung von positiven und negativen Abweichungen wird vermieden. 2. Durch die unterschiedlichen Normierungen werden Prognosezeitreihen, die auf unterschiedlichen Variablen oder unterschiedlichen Zeiträumen basieren, ver-

---

17 Grundsätzlich sind alle quadratischen Prognosefehlermaße auch als ihre jeweiligen Wurzeln darstellbar. An der Aussage der Maße ändert sich dadurch nichts. Im vorliegenden Aufsatz werden die jeweils üblichen Darstellungsweisen reflektiert.

18 Vgl. Theil / Boot / Kloek (1971), S. 124.

gleichbar.[19] 3. Große Abweichungen der Prognosen zu den tatsächlichen Beobachtungen werden überproportional gewichtet.

Alle bisher dargestellten Prognosefehlermaße weisen jedoch – über die bereits geschilderten Probleme hinaus – die Schwäche auf, dass sie eine einzelne Prognosezeitreihe nicht als gut oder schlecht qualifizieren können.[20] Sie sind ausschließlich darauf ausgelegt, mehrere Prognosezeitreihen miteinander zu vergleichen. Es lässt sich lediglich ermitteln, ob Prognosezeitreihe A besser oder schlechter war als Prognosezeitreihe B. Ob eine der beiden Prognosezeitreihen überhaupt einen sinnvollen Informationsgehalt aufgewiesen hat, lässt sich mit diesen Prognosefehlermaßen jedoch nicht ohne weiteres ermitteln.[21]

Erforderlich ist eine zusätzliche Berechnung des Prognosefehlermaßes der Zeitreihe der entsprechenden naiven Prognosen.[22] Erst die Gegenüberstellung der Ergebnisse zeigt, ob die betrachtete Prognose einen sinnvollen prognostischen Gehalt aufweist. Diese externe Gegenüberstellung von Ergebnissen der Prognosefehlermaße ist jedoch umständlich und führt oft zu einer eingeschränkten Vergleichbarkeit der Prognosegüte verschiedener Prognosezeitreihen. Der Lösung dieses Problems widmen sich die Theilschen Prognosefehlermaße.

6 Theilsche Prognosefehlermaße

Einige der bisher eingeführten Maßzahlen finden in der Praxis häufige Verwendung, lassen jedoch anhand ihrer Ergebnisse nicht ohne weiteres erkennen, ob die untersuchte Prognosezeitreihe gut oder schlecht ist. Wenn man überhaupt keine Vorstellung davon hat, was in Zukunft passieren wird, spricht ebensoviel für einen steigenden wie für einen fallenden Verlauf. In diesem Fall ist es rational, von einer unveränderten Situation in der Zukunft auszugehen. Dies entspricht dem so genannten Prinzip des unzureichenden Grundes, das auf Laplace zurückgeht.[23] Somit stellt die naive Prognose („Alles bleibt, wie es ist") den Nullpunkt der Prognosequalität dar. Weist eine Prognose keine bessere Qualität auf als die entsprechende

---

19 Dies gilt nicht für den mittleren quadratischen Prognosefehler (*MPQ*).

20 Ausnahmen sind der mittlere relative gewichtete Prognosefehler bezogen auf die naive Prognose (*MRPnP*) und der mittlere relative absolute gewichtete Prognosefehler bezogen auf die naive Prognose (*MRAPnP*). Diese Maße erlauben eine direkte Abschätzung der Prognosequalität ohne zusätzliche Vergleiche mit anderen Ergebnissen. Allerdings weisen sie die Schwäche auf, große Fehler nicht überproportional zu gewichten.

21 Vgl. Andres / Spiwoks (1999), S. 526-527.

22 Eine naive Prognose („Alles bleibt, wie es ist") ist eine mechanische Übertragung der aktuellen Situation auf den Prognosehorizont. Vgl. Poddig (1999), S. 455-456.

23 Vgl. Laplace (1814).

naive Prognose, spiegelt sich darin die völlige Unkenntnis der prognostizierten Zusammenhänge wider.

Theil nahm sich der Aufgabe an, Prognosefehlermaße zu entwickeln, die einen impliziten Vergleich zur naiven Prognose ermöglichen. Der relevante Bereich der Theilschen Prognosefehlermaße bewegt sich grundsätzlich im Bereich von 0 bis 1. Eine exakte, fehlerlose Prognosezeitreihe wird durch den Wert 0 charakterisiert. Die Zeitreihe der naiven Prognosen führt zum Wert 1.

$$\varphi = \sqrt{\frac{f_1}{f_2}} \quad \text{mit} \quad f_1 = \frac{1}{T-h} \sum_{t=h+1}^{T} \left(\hat{x}_t - x_t\right)^2 \quad \text{und} \quad f_2 = \frac{1}{T-h} \sum_{t=h+1}^{T} \left(x_t - x_{t-h}\right)^2$$

Der Theilsche Projektionskoeffizient (φ) wird folgendermaßen berechnet: Im Zähler ist der mittlere quadratische Fehler (f_1) abgetragen, der durch die mittlere quadratische Änderung der realisierten Werte (f_2) im Nenner relativiert wird. Da in Zähler und Nenner die gleichen Maßeinheiten verwendet werden, ist der Gesamtausdruck dimensionslos. Für eine gute Prognose sollte er deutlich kleiner als eins sein. Die Summation darf erst im Zeitpunkt $t = h + 1$ und nicht in $t = 1$ beginnen, da vor $t = 1$ keine Daten zur Verfügung stehen. Für alle $h > 0$ würde ansonsten der Fall auftreten, dass die Variable t in der Summe von f_2 zu Beginn einen kleineren Wert als die Eins annehmen würde. Insgesamt stehen $T - h$ Werte im Betrachtungszeitraum zur Verfügung. Um mittlere Werte zu erhalten, muss daher in f_1 und f_2 durch $T - h$ und nicht durch T dividiert werden.[24]

Der Nenner ist ein Maß für die Verteilung der jeweils aufeinanderfolgenden Beobachtungen und soll den Schwierigkeitsgrad der Prognose erfassen. Die Probleme bei der Erstellung und Verwendung von Prognoseverfahren werden jedoch in der Regel nicht von der Höhe der Veränderungen bedingt. Vielmehr bestimmen bzw. begrenzen zumeist die Unregelmäßigkeiten im Lebenszyklus des Prozesses die Prognosegüte.[25] Für den Fall, dass starke durchschnittliche Schwankungen verhältnismäßig gleichmäßig auftreten, vermittelt f_2 eine falsche Vorstellung von der Schwierigkeit der Prognose.[26] Diese Schwäche veranlasste Theil zu einer Weiterentwicklung seines Ansatzes.

---

24 Vgl. Theil (1955), S. 196; Hujer / Cremer (1978), S. 264-265; Khosrawi-Rad (1991), S. 234-235.

25 Vgl. Hujer / Cremer (1978), S. 264 - 265.

26 Vgl. Khosrawi-Rad (1991), S. 234-235.

$$U_1 = \frac{\sqrt{\frac{1}{T-h}\sum_{t=h+1}^{T}(P_t - A_t)^2}}{\sqrt{\frac{1}{T-h}\sum_{t=h+1}^{T}(P_t)^2} + \sqrt{\frac{1}{T-h}\sum_{t=h+1}^{T}(A_t)^2}}$$

mit $P_t = \frac{\hat{x}_t - x_{t-h}}{x_{t-h}}$ und $A_t = \frac{x_t - x_{t-h}}{x_{t-h}}$

Der Theilsche Ungleichheitskoeffizient „alter Art“ (U_1)[27] führt bei vollkommener Übereinstimmung der Prognosezeitreihe mit den tatsächlichen Daten zu $U_1 = 0$. Maximal nimmt der Ungleichheitskoeffizient den Wert 1 an. Auch für Prognoseverfahren, die schlechter als die naive Prognose sind, ist dieser Ungleichheitskoeffizient kleiner als Eins. Daher ist er zum Vergleich von Prognosemethoden nur eingeschränkt geeignet.[28] Den Ergebnissen fehlt die erforderliche Eindeutigkeit.

Diese Kritik aufgreifend, entwickelte Theil den Ungleichheitskoeffizienten „neuer Art" (U_2).[29]

$$U_2 = \frac{\sqrt{\frac{1}{T-h}\sum_{t=h+1}^{T}(P_t - A_t)^2}}{\sqrt{\frac{1}{T-h}\sum_{t=h+1}^{T}(A_t)^2}}$$

Für perfekte Prognosen nimmt U_2 (ebenso wie U_1) den Wert 0 an. Er ist allerdings nicht auf den maximalen Wert 1 begrenzt. Die 1 signalisiert hier, dass die Prognosemethode im Durchschnitt kein besseres Resultat liefert als bei Anwendung der naiven Prognose. Bei $U_2 > 1$ ist das verwendete Prognoseverfahren schlechter als eine naive Prognose und damit ebenso ungeeignet.[30] Die Normierung von $U_2 = 1$ lässt eine einfache Ergebnisinterpretation zu und hat dazu beigetragen, dass sich dieses Prognosefehlermaß in der Praxis weitgehend durchgesetzt hat.[31]

Der Theilsche Projektionskoeffizient und der Theilsche Ungleichheitskoeffizient „alter Art“ erscheinen vor dem Hintergrund des erheblich leistungsfähigeren

---

27 Vgl. Theil (1966), S. 28; Hujer / Cremer (1978), S. 265; Schips (1990), S. 251.

28 Vgl. Khosrawi-Rad (1991), S. 238.

29 Vgl. Theil (1971), S. 28; Eckey / Kosfeld / Dreger (1995), S. 191; Herbert / Stahlhacke (1995), S. 61.

30 Vgl. Khosrawi-Rad (1991), S. 238.

31 Vgl. Hujer / Cremer (1978), S. 265.

Theilschen Ungleichheitskoeffizienten „neuer Art" als überholt und damit verzichtbar.[32] Der Theilsche Ungleichheitskoeffizient „neuer Art" U_2 vereinigt eine ganze Reihe wesentlicher Vorteile auf sich: 1. Die positiven und negativen Abweichungen des Schätzers vom zu schätzenden Parameter heben sich nicht gegenseitig auf. 2. Durch die Normierung werden Prognosezeitreihen, die auf unterschiedlichen Prognosevariablen bzw. auf unterschiedlichen Zeiträumen beruhen, vergleichbar. 3. Große Fehler werden überproportional gewichtet. 4. Es findet ein impliziter Vergleich mit der Zeitreihe der naiven Prognosen statt. 5. Die Ergebnisse sind einfach und eindeutig zu interpretieren.

Wesentliche Anforderungen an ein gutes Prognosefehlermaß werden also vom Theilschen Ungleichheitskoeffizienten „neuer Art" erfüllt. Die Qualifizierung der Güte einer Prognosezeitreihe ist allerdings differenzierter möglich, wenn das Verhältnis der Prognose zu den tatsächlichen Werten zum jeweiligen Zeitpunkt der Prognoseerstellung berücksichtigt wird. Dieser Aspekt findet bei den bisher vorgestellten Prognosefehlermaßen, auch beim Theilschen Ungleichheitskoeffizienten „neuer Art", keine Berücksichtigung. Deshalb ist die Ergänzung des Theilschen Ungleichheitskoeffizienten „neuer Art" um den GOVA-Koeffizienten sinnvoll.

7 GOVA-Koeffizient

Werden Prognosen vor allem von der aktuellen Entwicklung der zu prognostizierenden Variable geprägt, so dass die Prognosen stärker mit den Daten der jeweiligen Entstehungszeitpunkte als mit den Daten der jeweiligen Geltungszeitpunkte korrespondieren, so spricht man von einer gegenwartsorientierten Verlaufsanpassung (GOVA) der Prognosen.

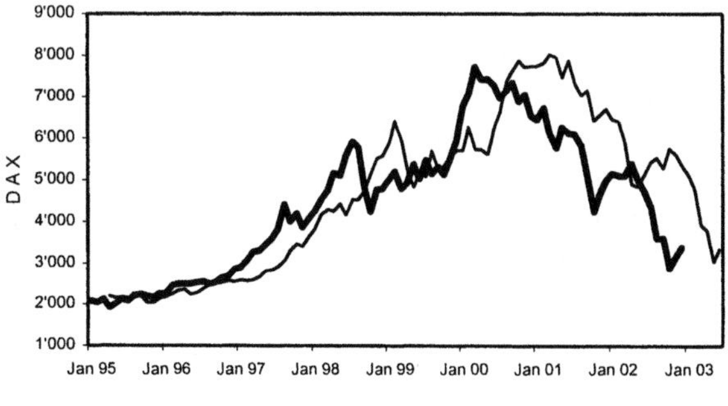

Abbildung 1: Deutscher Aktienindex (dicke Linie) und 6-Monats-DAX-Prognose des Zentrums für Europäische Wirtschaftsforschung (dünne Linie) von Jan. 1995 bis Juni 2003.

---

[32] Vgl. Andres / Spiwoks (2000), S. 54.

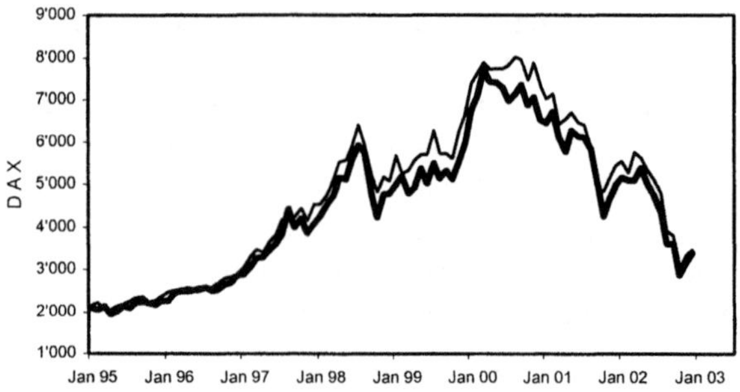

Abbildung 2: Deutscher Aktienindex (dicke Linie) und um den Prognosehorizont (6 Monate) nach links verschobene 6-Monats-DAX-Prognose des Zentrums für Europäische Wirtschaftsforschung (dünne Linie) von Jan. 1995 bis Dez. 2002.

Als Beispiel sollen hier die DAX-Prognosen des Zentrums für Europäische Wirtschaftsforschung (ZEW) mit einem Prognosehorizont von sechs Monaten betrachtet werden. In Abbildung 1 werden die ZEW-Prognosen zu ihren jeweiligen Geltungszeitpunkten dargestellt.[33] Es zeigt sich, dass die Prognosezeitreihe der tatsächlichen Entwicklung des DAX deutlich nachläuft. In Abbildung 2 werden die ZEW-Prognosen um ihren Prognosehorizont (6 Monate) nach links verschoben, so dass sie nun ihren jeweiligen Entstehungszeitpunkten zugeordnet sind. Hier zeigt sich nun eine weitreichende Übereinstimmung zwischen tatsächlicher DAX-Entwicklung und den in ihre jeweiligen Entstehungszeitpunkte zurück verschobenen ZEW-Prognosen. Die Prognostiker haben also weniger die Zukunft als vielmehr die Gegenwart „prognostiziert". Kapitalmarktprognosen, die fortlaufend an die aktuelle Marktentwicklung angepasst werden, können im ungünstigsten Fall ihren zukunftsorientierten Charakter völlig verlieren. Dies ist bei Kapitalmarktprognosen häufig zu beobachten.[34] Insofern sollten Kapitalmarktprognosen stets daraufhin überprüft werden, ob sie von einer gegenwartsorientierten Verlaufsanpassung geprägt sind. Mit Hilfe des GOVA-Koeffizienten kann diese Charakteristik ermittelt werden. Nimmt der GOVA-Koeffizient einen Wert kleiner eins an, muss von einer gegenwartsorientierten Verlaufsanpassung der Prognose ausgegangen werden.[35]

---

[33] Die Daten entstammen der monatlich erscheinenden Zeitschrift ZEW-Finanzmarktreport, Jahrgänge 1994-2002.

[34] Vgl. bspw. Spiwoks (2004); Spiwoks (2003), S. 294-305; Spiwoks (2002), S. 185-294 u. 312-316; Andres / Spiwoks (1999), S. 515-516; Bofinger / Schmidt (2003), S. 7-14; FAZ (1994), S. 19; FAZ (2003), S. 19; Euro am Sonntag (2003), S. 57; Drescher (2003), S. 33; Fricke (2003), S. 26.

[35] Vgl. Andres / Spiwoks (2000), S. 49.

Zur Berechnung des GOVA-Koeffizienten muss zunächst das Bestimmtheitsmaß der Prognosezeitreihe und den tatsächlichen Ereignissen berechnet werden (R^2_A; Abbildung 1). Danach wird das Bestimmtheitsmaß der in ihren Entstehungszeitraum zurückverschobenen Prognosezeitreihe und den tatsächlichen Ereignissen berechnet (R^2_B; Abbildung 2). Zum Nachweis der gegenwartsorientierten Verlaufsanpassung einer Prognose gilt die Bedingung:

$$\text{GOVA-Koeffizient} = \frac{R^2_{\text{Prognose; tatsächliche Rendite}}}{R^2_{\text{Prognose; tatsächliche Rendite - } h}} = \frac{R^2_A}{R^2_B} \overset{!}{<} 1$$

Für alle Werte des GOVA-Koeffizienten < 1 besitzt die in ihren jeweiligen Entstehungszeitpunkt verschobene Prognosezeitreihe eine höhere Korrelation mit den tatsächlichen Werten als die eigentliche Prognosezeitreihe in ihrem Geltungsbereich:[36] Es liegt eine gegenwartsorientierte Verlaufsanpassung der Prognose vor.

Der GOVA-Koeffizient ist das einzige Prognosefehlermaß, das die Eigenschaft einer gegenwartsorientierten Verlaufsanpassung einer Prognosezeitreihe erfasst. Diese Eigenschaft tritt insbesondere bei Kapitalmarktprognosen häufig auf. Zur Beurteilung der Güte einer Prognose kann es entscheidend sein, diese Charakteristik zu ermitteln. Dementsprechend ist der GOVA-Koeffizient als wertvolles ergänzendes Untersuchungsinstrument zu betrachten. Die Schwäche des GOVA-Koeffizienten ist darin zu sehen, dass dieses Maß allein nicht in der Lage ist, eine Prognose als gut oder schlecht zu bewerten. Erst wenn er in Verbindung mit dem Theilschen Ungleichheitskoeffizient „neuer Art" gesehen wird, entfaltet er seine Stärken zur Qualifizierung der Güte von Prognosezeitreihen. Die Kombination dieser beiden Konzepte führt zur Prognosequalitätsmatrix.

8 Prognosequalitätsmatrix

Die Prognosequalitätsmatrix ist eine Kombination von Theilschem Ungleichheitskoeffizienten „neuer Art" (U_2) und GOVA-Koeffizienten. Sie vereinigt die Vorteile beider Prognosefehlermaße und führt damit zu einer umfassenden Beurteilung insbesondere von Kapitalmarktprognosen. Mit Hilfe des Theilschen Ungleichheitskoeffizienten „neuer Art" und dem GOVA-Koeffizienten können nun vier verschiedene Prognosequalitäten in der Prognosequalitätsmatrix unterschieden werden.[37] Dabei wird einerseits berücksichtigt, ob die Prognosezeitreihe besser oder schlechter als die Zeitreihe der entsprechenden naiven Prognosen ist. Andererseits wird nach dem Vorhandensein beziehungsweise Ausbleiben von gegenwartsorientierten Verlaufsanpassungen separiert. Werden diese beiden Unterschei-

---

36 Dabei gilt es zu beachten, dass der GOVA-Koeffizient nur für den Fall positiver Korrelationskoeffizienten definiert ist. Vgl. Spiwoks (2002), S. 173.

37 Vgl. Andres / Spiwoks (1999), S. 535-536; Andres / Spiwoks (2000), S. 51.

dungsmerkmale zusammengeführt, ergibt sich die Prognosequalitätsmatrix (Abbildung 3). Daraus lassen sich die folgenden vier Kategorien bilden:

1. Die quasi-naive Prognose: Die Prognosegüte ist schlechter als die der naiven Prognose. Als weiteres wesentliches Charakteristikum sticht die gegenwartsorientierte Verlaufsanpassung hervor. Der Prognostiker hat keine Vorstellung davon gewonnen, was in der Zukunft geschehen wird. Stattdessen hat er sich eng an der Entwicklung der zu prognostizierenden Variablen zum jeweiligen Zeitpunkt der Prognoseerstellung orientiert. Ausgehend von der aktuellen Datenlage hat er nicht besser als im Fall der naiven Prognose die Entwicklungstendenz (steigend oder fallend) erfasst. Eine solche Prognosezeitreihe ist als Basis für das Fällen von Investmententscheidungen definitiv ungeeignet.

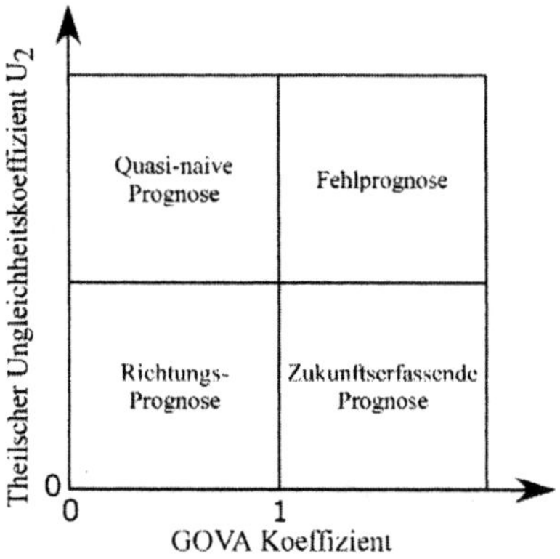

Abbildung 3: Prognosequalitätsmatrix.

2. Die Richtungsprognose: Diese Prognosezeitreihe weist zwar eine gegenwartsorientierte Verlaufsanpassung auf. Allerdings trifft die Prognosezeitreihe – ausgehend von dem jeweils aktuellen Wert – die Entwicklungstendenz besser als die entsprechende Zeitreihe der naiven Prognosen. Für viele Entscheidungen im Investmentprozess ist es von großer Bedeutung, das Ausmaß der erwarteten Veränderung abzuschätzen. Dazu liefern Prognosezeitreihen dieser Kategorie keine verwertbaren Informationen.[38] Für einige Fragestellungen kann es aber bereits

[38] Zur Veranschaulichung dieses Umstandes sei folgender Fall angenommen: Ein Prognostiker bemüht sich ausschließlich um die Einschätzung der künftigen Entwicklungstendenz. Geht er von fallenden (steigenden) Werten aus, subtrahiert (addiert) er vom (zum) aktuellen Wert 0,1% und nimmt das Ergebnis dann als quantitative Prognose. Liegt der Prognostiker in seiner Tendenzeinschätzung häufiger richtig als verkehrt, wird die Prognosezeitreihe in die Kategorie der Richtungsprognose fallen ($U_2 < 1$ und GOVA < 1). Aussagen über das Ausmaß der künftigen Entwicklung lassen sich aus dieser Prognosezeitreihe nicht ableiten.

sehr hilfreich sein, häufiger die richtige Entwicklungstendenz zu erfahren. Die Richtungsprognose ist dementsprechend für das Portfoliomanagement eingeschränkt verwertbar.

3. Die Fehlprognose: In diesem Fall hat der Versuch, die Zukunft zu erfassen, ohne die aktuelle Marktentwicklung als dominierenden Faktor zuzulassen, nicht zum Erfolg geführt. Zwar weist diese Prognosezeitreihe keine gegenwartsorientierte Verlaufsanpassung auf, doch ist die Prognosegüte nicht besser als die der Zeitreihe der naiven Prognosen. Damit scheidet diese Prognosezeitreihe als Grundlage für Investmententscheidungen aus.

4. Zukunftserfassende Prognose: Diese Prognosezeitreihe weist eine erkennbar bessere Güte als die Zeitreihe der naiven Prognosen auf und wird nicht von dem Phänomen der gegenwartsorientierten Verlaufsanpassung dominiert. Der Prognostiker hat die Gegebenheiten der künftigen Entwicklung zumindest grob erfasst, ohne sich von der Marktentwicklung zum Zeitpunkt der Prognoseerstellung über Gebühr beeinflussen zu lassen. Diese Prognosekategorie ist zweifellos am besten geeignet, um davon Anlageentscheidungen abhängig zu machen.

Die Unterscheidung von Fehlprognose und quasi-naiver Prognose ist insbesondere hilfreich zur Beurteilung der Prognostiker und zum Aufzeigen von Verbesserungsmöglichkeiten. Es kann ein wichtiger Anhaltspunkt sein zu wissen, ob in erster Linie eine unangemessen starke Anlehnung an das Marktgeschehen zum Zeitpunkt der Prognoseerstellung zu beheben ist oder ob die der Prognose zugrundeliegende Modellwelt der Wirklichkeit nicht gerecht wird.[39] Die Differenzierung von Richtungsprognose und zukunftserfassender Prognose ist im Hinblick auf die Verwendbarkeit der Prognosen von Interesse. Bei Entscheidungen, für die das Ausmaß der künftigen Marktbewegung von Bedeutung ist, reicht eine Richtungsprognose nicht aus.[40]

Die Prognosequalitätsmatrix vereint die Vorteile des Theilschen Ungleichheitskoeffizienten „neuer Art" U_2 und die des GOVA-Koeffizienten: 1. Die positiven und negativen Abweichungen des Schätzers vom zu schätzenden Parameter heben sich nicht gegenseitig auf. 2. Durch die Normierung werden Prognosezeitreihen, die auf unterschiedlichen Prognosevariablen oder -zeiträumen beruhen, vergleichbar. 3. Große Fehler werden überproportional gewichtet. 4. Der Vergleichsstandard der naiven Prognosen wird implizit einbezogen. 5. Gegenwartsorientierte Verlaufsanpassungen werden erfasst. 6. Die Ergebnisse sind einfach und eindeutig zu interpretieren. Damit ist die Prognosequalitätsmatrix das einzige Prognosefehlermaß, das alle hier formulierten Anforderungen an ein gutes Prognosefehlermaß erfüllt (siehe Tab. 1).

---

[39] Vgl. Andres / Spiwoks (1999, S. 537); Andres / Spiwoks (2000, S. 53).

[40] Vgl. Andres / Spiwoks (1999, S. 537); Andres / Spiwoks (2000, S. 54).

Tab. 1: Stärken und Schwächen verschiedener Verfahren der Prognosegütemessung.

	Keine gegenseitige Aufhebung von positiven und negativen Abweichungen	Normierung	Überproportionale Gewichtung starker Abweichungen	Impliziter Vergleich mit naiver Prognose	Ergebnisse einfach und eindeutig zu interpretieren	GOVA-Charakteristik wird erfasst
Mittlerer Prognosefehler						
Mittlerer absoluter Prognosefehler	x					
Mittlerer relativer Prognosefehler		x				
Mittlerer relativer symmetrischer Prognosefehler		x				
Mittlerer relativer gewichteter Prognosefehler		x				
Mittlerer relativer gewichteter Prognosefehler bezogen auf die naive Prognose		x		x		
Mittlerer relativer absoluter Prognosefehler	x	x				
Mittlerer relativer absoluter symmetrischer Prognosefehler	x	x				
Mittlerer relativer absoluter gewichteter Prognosefehler	x	x				
Mittlerer relativer absoluter gewichteter Prognosefehler bez. a. d. naive Prognos.	x	x		x	x	
Durchschnittlicher Genauigkeitsquotient	x	x				
Mittlerer quadratischer Prognosefehler	x		x			
Mittlerer relativer quadratischer Prognosefehler	x	x	x			
Mittlerer relativer quadratischer gewichteter Prognosefehler	x	x	x			
Variationskoeffizient	x	x	x			
Prozentuale Genauigkeit	x	x	x			
Theilscher Projektionskoeffizient	x	x	x	x		
Theilscher Ungleichheitskoeffizient „alter Art“ (U_1)	x	x	x	x		
Theilscher Ungleichheitskoeffizient „neuer Art“ (U_2)	x	x	x	x	x	
GOVA-Koeffizient	x	x	x		x	x
Prognosequalitätsmatrix	x	x	x	x	x	x

9 Ergebniszusammenfassung

Im vorliegenden Aufsatz wurden 21 einschlägige Prognosefehlermaße vorgestellt, die zur Analyse von Zeitreihen quantitativer Prognosedaten mit konstantem Prognosehorizont eingesetzt werden können. Im Zuge der Betrachtung von Stärken und Schwächen dieser Prognosefehlermaße wurden sechs Anforderungen herausgearbeitet, die insbesondere bei der Analyse von Kapitalmarktprognosen von dem verwendeten Prognosefehlermaß erfüllt sein sollten. Es zeigt sich, dass alle sechs Anforderungen nur von der Prognosequalitätsmatrix erfüllt werden (siehe Tab. 1). Da die Prognosequalitätsmatrix auf dem Theilschen Ungleichheitskoeffizienten „neuer Art" (U_2) und dem GOVA-Koeffizienten beruht, ist diesen beiden Ansätzen ebenso herausragende Bedeutung zuzumessen.

Die erfolgreiche Umsetzung aktiver Portfoliomanagement-Strategien erfordert eine hinreichende Antizipation des künftigen Kapitalmarktgeschehens. Im Vermögensverwaltungsgeschäft aktive Unternehmen sind daher gut beraten, ein systematisches Controlling ihrer Research-Ergebnisse vorzunehmen. Dabei sollte die Prognosequalitätsmatrix Berücksichtigung finden.

Literatur

Andres, P. / Spiwoks, M. (1999): Prognosequalitätsmatrix, Ein methodologischer Beitrag zur Beurteilung der Güte von Kapitalmarktprognosen, in: Jahrbücher für Nationalökonomie und Statistik, Bd. 219/5+6, S. 513-542.

Andres, P. / Spiwoks, M. (2000): Prognosegütemaße, State of the Art der statistischen Ex-post-Beurteilung von Prognosen, Sofia-Studien zur Institutionenanalyse, Bd. 00-1, Darmstadt.

Bacher, M. (1975): Prognosemodell zur Devisenkurssicherung, München.

Bofinger, P. / Schmidt, R. (2003): Wie gut sind professionelle Wechselkursprognosen?, Eine empirische Analyse für den Euro/US-Dollar-Wechselkurs, in: ifo Schnelldienst, H. 17, S. 7-14.

Drescher, R. (2003): Zweifelhafter Rat der Analysten, in: Handelsblatt, 12./13.09.2003, S. 33.

Eckey, H.-F. / Kosfeld, R. / Dreger, C. (1995): Ökonometrie, Grundlagen – Methoden – Beispiele, Wiesbaden.

Euro am Sonntag (2003): Das ganze Research ist für die Katz, in: Euro am Sonntag, 12.01.2003, S. 57.

FAZ (1994): Die Analysten verhalten sich opportunistisch, in: FAZ – Frankfurter Allgemeine Zeitung, 30.06.1994, S. 19.

FAZ (2003): Schlechte Noten für Zinsprognosen der Banken, in: FAZ – Frankfurter Allgemeine Zeitung, 14.02.2003, S. 19.

Fricke, T. (2003): Marktauguren auf Sinnsuche, in: Financial Times Deutschland, 05.09.2003, S. 26.

Galler, H. P. (1977): Maße der Prognosegüte zum Vergleich von Modellen mit unterschiedlichem Variablensatz, in: Allgemeines Statistisches Archiv, Bd. 61, S. 178-189.

Herbert, T. / Stahlhacke, M. (1995): Prognose des deutschen Kapitalmarktzinses, Eine empirische Studie zur prognostischen Güte von ARIMA-, Fehlerkorrektur- und vektorautoregressiven Modellen, Frankfurter Volkswirtschaftliche Diskussionsbeiträge, H. 66, Frankfurt/M.

Hujer, R. / Cremer, R. (1978): Methoden der empirischen Wirtschaftsforschung, München.

Hüttner, M. (1982): Markt- und Absatzprognosen, Stuttgart.

Hüttner, M. (1986): Prognoseverfahren und ihre Anwendung, Berlin/New York.

Khosrawi-Rad, M. D. (1991): Probleme und Möglichkeiten bei der Definition, Klassifikation, Interpretation und Operationalisierung von Prognose, Prognosemodell, Prognosefehler und Prognosefehlermaße, Hamburg.

Laplace, P. S. (1814): Essai philosophique sur les probabilites, Paris.

Mulhern, F. J. / Caprara, R. J. (1994): A nearest neighbor model for forecasting market response, in: International Journal of Forecasting, H. 10, S. 191-207.

Poddig, T. (1999): Handbuch Kursprognose, Quantitative Methoden im Asset Management, Bad Soden/Ts.

Schips, B. (1990): Empirische Wirtschaftsforschung, Methoden, Probleme und Praxisbeispiele, Wiesbaden.

Schwarze, J. (1980): Statistische Kenngrößen zur Ex-post-Beurteilung von Prognosen, in: Schwarze, J. (Hrsg.), Angewandte Prognoseverfahren, Herne / Berlin, S. 317-344.

Spiwoks, M. (2001): Aktives versus passives Portfoliomanagement, Prognosekompetenz als wichtigste Determinante der Auswahlentscheidung, Sofia-Diskussionsbeiträge zur Institutionenanalyse, Bd. 01 – 2, Darmstadt.

Spiwoks, M. (2002): Vermögensverwaltung und Kapitalmarktprognose, Überprüfung der Prognosekompetenz ausgewählter deutscher Vermögensverwalter, Reihe Bank- und Finanzwirtschaft, Bd. 1, Frankfurt/M.

Spiwoks, M. (2003): Qualität der Zinsprognosen deutscher Banken, Eine empirische Analyse, in: Kredit und Kapital, H. 3, S. 289-308.

Spiwoks, M. (2004): Die Verwendbarkeit der ZEW-Aktienindex-Prognosen für aktive Portfoliomanagement-Strategien, erscheint demnächst in: Jahrbücher für Nationalökonomie und Statistik.

Stege, C. (1989): Zur Beurteilung der Prognosetätigkeit der „führenden wirtschaftswissenschaftlichen Forschungsinstitute“ in der Bundesrepublik Deutschland, Ist Politik via Prognosen möglich?, Eine empirische Analyse, Hamburg.

Stolzke, U. A. (2000): Neuronale Netze zur Prognose von Warenterminpreisen, Frankfurt/M u.a.

Theil, H. (1955): "Who forecasts best?", International Economic Papers, H. 5, S.194-199.

Theil, H. (1966): Applied Economic Forecasting, Amsterdam.

Theil, H. (1971): Principles of Econometrics, New York.

Theil, H. / Boot, J. C. G. / Kloek, T. (1971): Prognosen und Entscheidungen, Opladen.

Wiedemann, R. (1990): EDV-gestützte Prognoseerstellung für univariate Zeitreihen, Frankfurt/M u.a.

ZEW-Finanzmarktreport, Jg. 1994-2002.

Dezentrales Web Content Management

Axel C. Schwickert; Justus-Liebig-Universität Giessen

1 Zentrale und dezentrale Web Sites

Zentral geführte und straff hierarchisch organisierte Unternehmen präsentieren sich im WWW meist mit einer monolithischen Web Site „aus einem Guss". Informationen zum Unternehmen, seinen Produkten und Dienstleistungen, Kommunikationswege und interaktive Funktionen der Web Site – die „Contents" – werden in einem einheitlichen Layout und Design öffentlich dargestellt. „Technology follows Organisation!" – nach diesem Grundsatz bilden herkömmliche zentrale Web-Content-Management-Systeme (WCMS) ein zentralisiertes Unternehmen in seiner Web Site mit einer Vielzahl zugehöriger Pages ab (siehe Abbildung 1).

Immer mehr Unternehmen erkennen jedoch, dass ein kontrolliertes Maß an organisatorischer Dezentralität zum Unternehmenserfolg beiträgt. Die wachsende Zahl an divisionalisierten, filialisierten Unternehmen mit Profit-Center-Strukturen, ausgelagerten Vertriebsstrukturen oder nach Franchising-Muster, produktorientierte Unternehmenskooperationen, zeitlich begrenzte virtuelle Zusammenschlüsse, Allianzen und Unternehmensgemeinschaften belegt dies deutlich. Derartige Organisationszusammenschlüsse bestehen somit aus (teil-)autonomen Organisationseinheiten, die jeweils eigene Web Sites mit individuellen Inhalten und Oberflächen betreiben. In der zentralen Web Site der „Dach-Organisationseinheit" laufen Querschnittsinformationen und -funktionen über die einzelnen dezentralen, (teil-) autonomen Organisationseinheiten zusammen. Die zentralen „Dach-Web-Sites" werden in der Regel als „Portale" bezeichnet (siehe Abbildung 2).

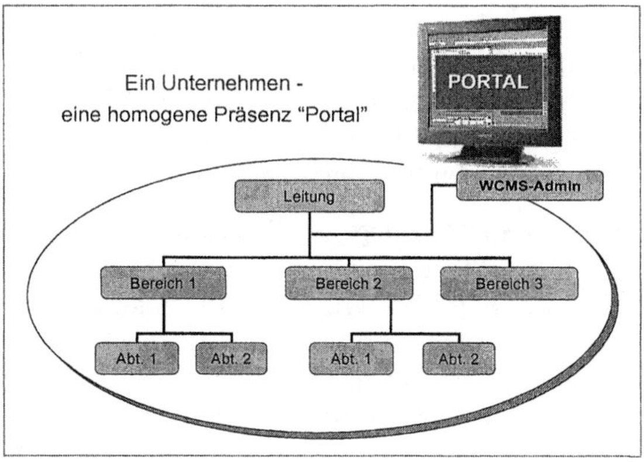

Abbildung 1: Zentrale Unternehmensstruktur mit zentralisierter Web Site

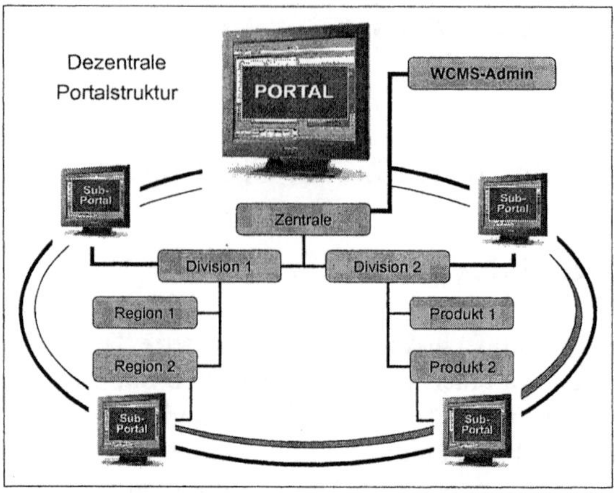

Abbildung 2: Dezentrale Unternehmensstruktur mit dezentralisierten Portalen

Ein zentrales WCMS gewährleistet für eine monolithische E-Business-Präsenz eines zentralisierten Unternehmens die effiziente und benutzerfreundliche Befüllung, Aktualisierung und redaktionelle Pflege der Contents und Pages. Typischerweise werden in diesen Strukturen gezielt nur einige wenige Mitarbeiter (WCMS-Administratoren, Web Master, Site Manager o. ä.) mit diesen Aufgaben betraut.

Für die E-Business-Präsenz eines organisatorisch dezentralisierten Unternehmens stellt das gebündelte Angebot von Allgemein-Informationen und Links zu den dezentralen Organisationseinheiten nur eine Grundaufgabe eines Portals als gemeinsame öffentliche Anlaufstelle des gesamten dezentralisierten Organisationszusammenschlusses dar. Über diese Verzweigungsfunktion hinaus wird ein Portal für den Besucher umso nutzbringender sein, je mehr Individual-Informationen und -Funktionen zu den dezentralen Organisationseinheiten im Portal konsistent integriert werden. Mit zeitsparenden „One-stop visits" auf dem Portal sollen die Besucher möglichst umfassend, komprimiert, übersichtlich und verlässlich zum gesamten dezentralen Organisationszusammenschluss bedient werden. In dezentralisierten Organisationsumgebungen muss ein Web-Content-Management-System daher zusätzlich zur Erzeugung und Pflege von individuellen Einzel-Web-Sites auch spezielle Integrationsleistungen für konsistente Portale erbringen.

Unter wirtschaftlichen Aspekten liegt die Spezialität dieser Leistungen darin begründet, dass die Content-Integration verschiedener Einzel-Web-Sites im laufenden Betrieb der Portale möglichst effizient, also automatisiert und mit nur begrenzten manuellen Eingriffen erfolgen soll. Aus technisch-funktionaler Sicht muss ein Web-Content-Management-System die betreiberseitige Konfiguration der Portale mit dezentralen Organisationseinheiten, selektierbaren Informationen und Funktionen gewährleisten. In mehrstufigen dezentralen Organisationsumgebungen ist es erforderlich, dass das Web-Content-Management-System eine variable Anzahl von hierarchisch oder netzwerkartig geordneten Portalen zu einer geschlossenen Portal-Struktur zusammenführen kann.

Die beschriebene Problem- und Zielstellung lässt sich anhand der stark ausgeprägt dezentralen Organisationsumgebung der Justus-Liebig-Universität (JLU) Giessen verdeutlichen. Die Universität selbst betreibt eine Web Site; die mehr als 20 verschiedenen teilautonomen Fachbereiche und Zentren der JLU betreiben jeweils eigenständige Web Sites; innerhalb der Fachbereiche und Zentren werden wiederum jeweils eine Vielzahl von einzelnen Web Sites von z. B. Instituten und Professuren betrieben. In der JLU existieren somit mehrere Hundert eigenständige Web Sites, die als teilautonome Einheiten gemäß der organisatorischen Struktur in einer Portalhierarchie des Unternehmens "Universität" zu integrieren sind.

Im nachfolgenden Kapitel 2 werden zunächst einige Grundlagen von WCMS geschildert, um diejenigen Sachverhalte herauszuarbeiten, die für ein dezentrales Web Content Management relevant sind. Kapitel 3 verdeutlicht diese Sachverhalte am Beispiel eines Fachbereichs der JLU, in dem das WCMS "WPS – Web Portal System" eingesetzt wird.

2 Web Content Management

2.1 Zum Begriff „Web Content Management"

Durch die zunehmende Anzahl von Web Sites und die beobachtbare Tatsache, dass die durchschnittliche Anzahl von verlinkten HTML-Seiten einer Website permanent anwächst sowie die steigende strategische Bedeutung von E-Business-Aktivitäten, wird es für Unternehmen immer dringender, ihre E-Business-Präsenzen (Web Sites) über ein Web Content Management mit hochwertigen Inhalten (Contents) effizient zu planen, zu erstellen und zu pflegen.

Der Begriff „Web Content Management" (WCM) ist noch relativ jung. Er wurde während der Dotcom-Euphorie populär.[1] Die Funktionen, die unter dem Begriff WCM zusammengefasst werden, sind genau wie die so benannten Softwaresysteme mit der Zeit und den Anforderungen gewachsen. Eine eindeutige, offizielle Definition des Begriffs WCM existiert nicht. Selbst die Hersteller professioneller

---

[1] Vgl. Sommergut, Wolfgang: Content-Management verlangt Strategie, Online im Internet: http://www.computerwoche.de/index.cfm?pageid=255&artid = 47716&type=etail&kw=content%20management%20verlangt%20strategie, 30.05.2003.

Web-Content-Management-Systeme geben auf die Frage, was sie unter Web Content Management verstehen, sehr unterschiedliche Antworten.[2]

Web Content Management lässt sich jedoch anhand der einzelnen Namensbestandteile erklären und verstehen. Unter „Web“ werden hier die drei möglichen Segmente einer Web Site – Internet, Intranet und Extranet – verstanden.[3] Während die Internet-Pages für die Öffentlichkeit gedacht und meist uneingeschränkt zugänglich sind, hat das Intranet eine abgegrenzte, unternehmensinterne Zielgruppe. Das Extranet dient der Kommunikation mit definierten Außenstellen, Partnern und Zulieferern und ist genau wie das Intranet gegen unbefugten Zugriff von außen geschützt.

Als „Content“ wird oft der gesamte Inhalt bezeichnet, der in einer Web Site publiziert wird. Dies können z. B. Bilder, Texte, Grafiken oder auch Video-/Audio-Komponenten in den unterschiedlichsten Dateiformaten sein. Ein modernes Web-Content-Management-System versteht Content als Summe von Einzelinformationen. Es nimmt eine Trennung von Inhalt, Struktur und Darstellung vor.[4] Die Struktur definiert die Einzelinformationen eines Dokuments und beschreibt deren Reihenfolge und Verschachtelung. Es erfolgt somit eine Beschreibung der einzelnen Datenelemente, die durch den jeweiligen Inhalt ausgefüllt werden. Die Darstellung beschreibt formal, wie die Ausgabe auf den Webpages zu erfolgen hat.[5]

Der Namensbestandteil „Management“ weist auf den Prozess-Charakter des WCM hin. Verschiedene Anwendungsprozesse wie die Sammlung, Erstellung und Verwaltung von Informationen sowie die anschließende Veröffentlichung im Web müssen beim WCM geplant, gesteuert und kontrolliert werden. Dafür werden die Informationen mit Hilfe eines WCMS in ein Workflow-Schema überführt, auf dem der gesamte Publikationsprozess aufbaut.[6] Unter Management wird hier die

---

2 Vgl. Krüger, Jörg Dennis; Kopp, Matthias: Web Content managen – Professioneller Einsatz von Content-Management-Systemen, München: Markt + Technik Verlag 2002, S. 20 f.

3 Vgl. Jablonski, Stefan; Meiler, Christian: Web-Content-Managementsysteme, in: Informatik Spektrum, 2/2002, S. 102.

4 Vgl. Bullinger, Hans-Jörg (Hrsg.); Schuster, Erwin; Wilhelm, Stephan: Content Management Systeme – Auswahlstrategien, Architekturen und Produkte, 5. Aufl., Düsseldorf: Verlagsgruppe Handelsblatt 2001, S. 6.

5 Vgl. Jablonski, Stefan; Meiler, Christian: Web-Content-Managementsysteme, a. a. O., S. 107.

6 Vgl. Jablonski, Stefan; Meiler, Christian: Web-Content-Managementsysteme, a. a. O., S. 102.

gesamte Verwaltung und Abbildung dieses Workflows rund um alle inhaltsbezogenen Operationen bezeichnet.[7]

Der Prozess des Web Content Management kann als systematische, rechnergestützte Erstellung, Aufbereitung und Aktualisierung, Speicherung, Archivierung und Wiederverwendung sowie Publikation von Web-Inhalten verstanden werden. Ein Softwaresystem zum WCM wird als System bezeichnet, das „sich im wesentlichen mit der Verwaltung von Web-Content befasst"[8] oder auch als „Softwaresystem für das Administrieren von Web-Inhalten mit Unterstützung des Erstellungsprozesses, basierend auf der Trennung von Inhalten und Struktur"[9]. Jablonski fasst treffend zusammen: Ein Web-Content-Management-System (WCMS) ist ein „Werkzeug zur Beschaffung, Erzeugung, Aufbereitung, Verwaltung und Präsentation von Inhalten im World Wide Web"[10]. Beschaffung, Erzeugung und Verwaltung von Contents beziehen sich dabei auf Tätigkeiten, die innerhalb des Unternehmens zumeist mit WCMS-Intranet-Funktionen unterstützt werden, deren Ergebnis es ist, Inhalte einer definierten Öffentlichkeit zu präsentieren. Mit Blick auf die Zentralität oder Dezentralität eines Web Content Management stellt sich zum einen die grundsätzliche Frage, ob die genannten Intranet-Funktionen auf Personen und Organisationseinheiten innerhalb eines Unternehmens verteilt oder konzentriert werden. Zum anderen ist zu entscheiden, ob und ggfs. wie die öffentliche E-Business-Präsenz auf Portale und Einzel-Sites zu verteilen ist.

2.2 Der Content Life Cycle

Der Content Life Cycle (CLC; siehe Abbildung 3) stellt die konzeptionelle Grundlage eines WCMS dar und illustriert sämtliche Stationen, die der Content[11] (z. B. ein Text) im Rahmen des Web-Publishing, also dem Bereitstellen von Informatio-

---

7 Vgl. Zschau, Oliver; Traub, Dennis; Zahrodka, Rik: Web Content Management – Websites professionell planen und betreiben, 2. Aufl., Bonn: Galileo Press 2002, S. 71.

8 Vgl. Porst, Axel: Web Content Management und Workgroup Computing, Online im Internet: http://www.e-gateway.de/eco/ contentman.cfm, 05.06.2003.

9 o. V.: Glossar: Content Management System, Online im Internet: http:// www.content-manager.de/ressourcen/ glossar_10_content_management_system.html, 09.08.2003.

10 Jablonski, Stefan; Meiler, Christian: Web-Content-Managementsysteme, a. a. O., S. 101.

11 Zur genaueren Erläuterung vgl. Koop, Hans Jochen; Jäckel, K. Konrad; van Offern, Anja L.: Erfolgsfaktor Content Management – Vom Web Content bis zum Knowledge Management, Braunschweig, Wiesbaden: Vieweg 2001, S. 8-13 und S. 29-42 sowie Bullinger, Hans-Jörg (Hrsg.); Schuster, Erwin; Wilhelm, Stephan: Content Management Systeme; Auswahlstrategien, Architekturen und Produkte, a. a. O., S. 6 ff.

nen im WWW, im Laufe seines „Lebenszyklus“ von der Erstellung bis zur Archivierung oder Löschung durchläuft.[12]

Nach der Erstellung der Inhalte werden diese im Rahmen der Qualitätssicherung von einer hierarchisch übergeordneten Instanz kontrolliert. Erfüllt der erstellte Content die vorher festgelegten Anforderungen nicht, so wird er an den betreffenden Autor zur Überarbeitung zurückgegeben. Im Falle der Erfüllung der definierten Qualitätskriterien erfolgt die Freigabe. Daran anschließend wird der Inhalt für die Dauer des vorher festgelegten Zeitraums im Intra-, Extra- oder Internet veröffentlicht und damit für die entsprechenden Zielgruppen verfügbar gemacht. Der Content wird nach Ablauf seines Gültigkeitszeitraums entweder gelöscht oder archiviert. Hierbei ist zwischen öffentlichen und internen Archiven zu unterscheiden: Das öffentliche Archiv kann von den Besuchern der Web Site zur Recherche genutzt werden, das interne Archiv dient hingegen nur der unternehmensinternen Dokumentation sowie der späteren Wiederverwendung bereits erstellter Inhalte.

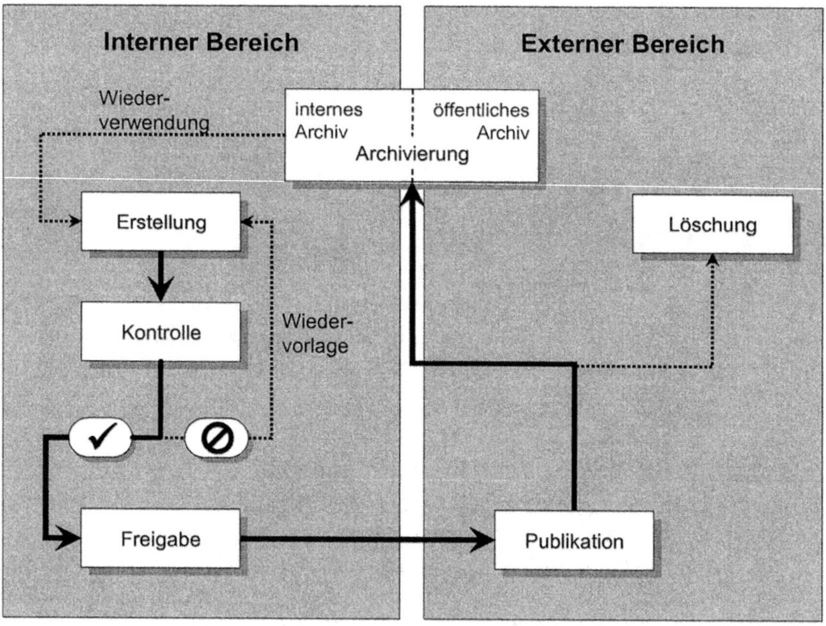

Abbildung 3: Content Life Cycle[13]

---

[12] Vgl. Zschau, Oliver; Traub, Dennis; Zahradka, Rik: Web Content Management: Websites professionell planen und betreiben, 2. Aufl., Bonn: Galileo Press 2002, S. 54.

[13] In Anlehnung an Zschau, Oliver; Traub, Dennis; Zahradka, Rik: Web Content Management: Websites professionell planen und betreiben, a. a. O., S. 54-56 sowie Schuster, Erwin; Wilhelm, Stephan: Content Management, in: Infor-

Diesem CLC liegt ein Rollenkonzept zugrunde, in dem die Teilaufgaben und Verantwortungsbereiche des WCM festgelegt sind. Abbildung 4 zeigt das Spektrum der Rollen, deren Aufgaben und organisatorische Zuordnungen auf. Im Sinne einer Stellenbildung ist ein Leitungssystem für das WCM aufzubauen, in dem die Über- und Unterordnungsverhältnisse und der Umfang der Rechte und Pflichten der einzelnen Rollen festgelegt sind.

Rolle	**Org. Einheit**	**Aufgaben**
Autor	Fachabteilung	Erstellung, Pflege, Nutzung von Content-Objekten
Archivar	Archiv	Archivierung und Bereitstellung von Content-Objekten
Content-Manager	Web Content Management	Bewirtschaftung des Portals, Vermarktung des Content, **Freigabe und Pflege von Content-Obj. und Templates,** Entgegennahme des Pflegebedarfs
Designer	Web Content Management	Erstellung und Pflege von Designelementen
Feedback-Agent	Web Content Management	Entgegennahme, Bearbeitung, Weiterleitung von Nutzer-Anfragen
Gutachter	Terminologie-Management	Fachliche Überprüfung der Terminologie
Internet-Analyst	Web Content Management	Auswertung der Nutzerdaten, Erstellung von Reports für Fachabteilungen
Qualitätsmanager	Web Content Management	Überprüfung der Qualität und Anpassung von Content-Objekten
Redakteur	Fachabt. oder Web Content Management	Freigabe von Content-Objekten, Pflege von Content-Objekten, Entgegennahme des Pflegebedarfs
Template-Redakteur	Web Content Management	Erstellung der Templates, Pflege der Templates
Terminologe	Terminologie-management	Pflege der Terminologie, Freigabe neuer Begriffe, Verbreiterung der Terminologie
Webmaster/ Administrator	Informatik	Konvertierung von Content-Objekten, Strukturierung von Content-Objekten, Betrieb und Wartung des WCMS

Abbildung 4: Rollenkonzept des Web Content Management[14]

matik Spektrum, Band 23, Nr. 6, Dezember 2000, Heidelberg: Springer 2000, S. 373 f.

[14] In Anlehung an Christ, Oliver: Content Management in der Praxis, Berlin et al.: Springer 2003, S. 84.

Ein zentrales WCM ordnet weitgehend alle Autoren, Redaktions-, Designer-, Management- und Administrationsrollen einer bestimmten, privilegierten Gruppe von Personen zu, die damit für die ganze E-Business-Präsenz des Unternehmens verantwortlich zeichnen. Im dezentralen WCM ist zu entscheiden, wo und bei wem im Unternehmen welche Rollen angesiedelt sind und welche Befugnisse demzufolge den betreffenden Personen zuzuordnen sind. Dezentralität bedeutet hier nicht nur die Streuung von Rollen, sondern auch die Abflachung der Weisungshierarchie zwischen den Rollen. Den Rollen werden letztlich autonome Entscheidungsbereiche zuzubilligen sein.

2.3 Funktionsweise eines WCMS

In den Anfangszeiten des Web-Publishings wurden die Pages einer Web Site mit der Seitenbeschreibungssprache HTML von Hand codiert. Dies ist zum einen enorm zeitaufwendig, zum anderen werden hier Kenntnisse in eben dieser Seitenbeschreibungssprache vorausgesetzt. Das Ergebnis dieser Art der Codierung sind statische HTML-Seiten mit fixierten Inhalten, bei denen Änderungen nur durch eine erneute Codierung einer Seite durchgeführt werden können. Alle Seiten (Pages) einer Web Site sind nach diesem Muster manuell zu codieren und untereinander zu verlinken.

Durch das Aufkommen der sog. Web-Editoren wurde das Erzeugen von Pages erleichtert, da durch die WYSIWYG-Funktionalität dieser Editoren keine spezifischen HTML-Kenntnisse zu Erstellung von Pages und deren Verlinkung zu einer Web Site vorausgesetzt werden. Änderungen an den erstellten Seiten lassen sich aber aufgrund der fixierten Inhalte auch hier nur durch ein erneutes Editieren durchführen.

Der Vorteil eines WCMS im Gegensatz zur HTML-Codierung von Hand oder mit Hilfe eines Editors basiert auf der konsequenten Trennung von Inhalt, Struktur und Darstellung für die Pages einer Web Site.[15] Der Inhalt einer Web-Seite (Page) wird von den Autoren unabhängig von der Art der Darstellung erstellt und mit Informationen über seine Struktur (Überschrift, Text etc.) versehen. Dafür werden in der Regel keinerlei Kenntnisse in HTML oder von Web-Editoren benötigt. Das WCMS stellt auch die automatische Verlinkung aller Pages zu einer Web Site sicher.

Informationen über die Darstellung auf der Page werden in Vorlagen festgehalten. Diese Vorlagen, auch Templates genannt, definieren die Anordnung und die Gestaltung der Inhalte auf der Page.[16] Sie umfassen statische Bestandteile, d. h. im-

---

15 Vgl. Krüger, Jörg Dennis; Kopp, Matthias: Web Content managen – Professioneller Einsatz von Content-Management-Systemen, a. a. O., S. 22.

16 Vgl. Zschau, Oliver; Traub, Dennis; Zahrodka, Rik: Web Content Management – Websites professionell planen und betreiben, a. a. O., S. 59.

mer wiederkehrende Elemente wie z. B. Kopfzeile, Fusszeile oder das Menü einer Page, sowie „Platzhalter“ für die dynamischen Inhalte einer Page. Das Template bildet damit das Gerüst einer Page. Das WCMS füllt bestimmte Inhalte in die Templates, erzeugt so einzelne Pages und verlinkt die Pages konsistent zu einer Web Site (z. B. eines Unternehmens).

Für inhaltliche Änderungen an einer Page muss bei der Nutzung eines WCMS lediglich der betreffende Inhalt geändert und aktualisiert werden (meist mit einer einfach handzuhabenden WCMS-Funktion). Für Änderungen der äusserlichen Darstellung einer Page wird lediglich das betreffende Template im WCMS verändert und aktualisiert. Somit kann bei einem WCMS das gesamte Erscheinungsbild einer Web Site (alle Pages) durch das Auswechseln von Templates geändert werden, sodass z. B. ein Web-Site-Relaunch mit verändertem Design nur wenig Aufwand verursacht. Die Erstellung und Pflege einer Web Site können im Vergleich zum herkömmlichen Web-Publishing mit einem WCMS erheblich erleichtert werden.

Mit einem WCMS wird demzufolge eine Rollenverteilung nicht nur erstmals technisch möglich, sondern auch die Separation von fachlich sinnvollen Rollen gefördert. Es lassen sich sowohl in vertikaler Sicht redaktionelle, gestalterische und technische Aufgaben zuordnen, als auch in horizontaler Sicht jede Aufgabe auf mehrere Träger verteilen. Bei jeder Aufgabenzuordnung stehen nicht mehr persönliche Fertigkeiten wie z. B. Kenntnisse von technischen Systemen oder Programmierung im Vordergrund, sondern die fachlichen Qualifikationen von Personen für bestimmte Aufgaben. Ein guter Autor kann „schreiben“, ohne HTML zu kennen; ein guter Redakteur kann seine Qualitäten ausspielen, ohne technische Kenntnisse zum Web Publishing zu haben; ein guter Medien-Manager kann eine erfolgreiche Portalstruktur betreiben, ohne deren technische Realisierung zu beherrschen. Den verantwortlichen Planern wird es somit nicht nur erleichtert, die organisatorischen Aufbau- und Ablaufstrukturen zur E-Business-Präsenz zu gestalten. Zudem werden in diesem Umfeld interdisziplinäre Organisationsstrukturen denkbar, die ohne ein WCMS nicht möglich sind. Der gemeinsame Nenner von Web-Site-Teams ist nicht mehr länger das technische Know-how, sondern das fachliche. Zum Grundsatz „Technology follows Organisation!“ tritt die Chance „Technology enables Organisation!“.

3 Dezentrales WCM – Ein Anwendungsbeispiel

Eine klassische Universität kann als prädestiniertes Einsatzgebiet für ein dezentrale Web-Content-Management-System gesehen werden. Eine Vielzahl von hierarchisch oder vermascht angeordneten Organisationseinheiten (OE; wie z. B. Fachbereiche, Institute, Professuren, Arbeitsgruppen) mit ausgeprägter Teilautonomie bilden zusammen die „Universität”. Nachfolgend wird die Justus-Liebig-Universität Giessen und das dort im Einsatz befindliche dezentrale Web-Content-Management-System „Web Portal System (WPS)“ betrachtet.

Das WPS wird bereits seit April 2002 für das Portal des gesamten Fachbereichs Wirtschaftswissenschaften der JLU und von dessen inzwischen 25 einzelnen Organisationseinheiten mit Erfolg eingesetzt. Bis Ende des Jahres 2003 wurde das WPS für die Portale und Web Sites zweier weiterer Fachbereiche der JLU implementiert (je mit ca. 40 einzelnen Organisationseinheiten).[17]

Charakteristisch für eine dezentralisierte Organisationsform wie den Fachbereich einer Universität sind neben der Existenz von zentralen Einrichtungen mit Koordinationsfunktion und fachbereichsübergreifenden Aufgaben wie dem Prüfungsamt oder dem Dekanat, die Existenz mehrerer teilautonomer Institute, Professuren und interdisziplinärer Arbeitsgruppen.

Die Web-Präsenz eines Fachbereichs (FB) sollte idealerweise diese Organisationsstruktur abbilden. Zentrale Anlaufstelle eines Fachbereichs wird ein Portal sein, das alle Web Sites seiner Organisationseinheiten navigatorisch integriert sowie deren Content aggregiert. Beispielsweise sollte ein Fachbereichs-Portal alle Lehrveranstaltungen seiner Organisationseinheiten zu einem fachbereichsweiten Vorlesungsverzeichnis zusammenfassen (analog dazu z.B. auch Personen, Publikationen, Räume u.v.m.). Insbesondere für die Content-Aggregation ist es erforderlich, dass alle dem Portal organisatorisch zugeordneten Organisationseinheiten ihre eigenen dezentralen Web Sites per WPS erfassen und somit in der zentralen WPS-Datenbank bereitstellen. Ein fachbereichsweites Vorlesungsverzeichnis beispielsweise wird nur dann von Nutzen sein, wenn auch wirklich alle Lehrveranstaltungen des Fachbereichs darin aufgeführt werden.

An diesem Beispiel wird die Grundlage des WPS deutlich: Wenn jede dezentrale Organisationseinheit ihre individuellen Contents aktuell hält und vollständig im WPS erfasst, kann das WPS vollautomatisch flächendeckende zentrale Content-Aggregationen für Portale erzeugen. Die Verantwortung für die „Portal-Qualität“ liegt somit weitgehend bei den dezentralen Organisationseinheiten.

Ein treffendes Beispiel für die organisatorischen Voraussetzungen, unter denen das WPS besonders vielversprechend eingesetzt werden kann, gibt der Fachbereich Agrarwissenschaften, Ökotrophologie und Umweltmanagement (FB 09) der Justus-Liebig-Universität Giessen, ein Zusammenschluss aus zwei vormals eigenständigen Fachbereichen.

Der Fachbereich besteht (Ende 2003) in drei Fachgebieten aus 15 teilautonomen Instituten, die jeweils bis zu sechs Professuren umfassen. Daneben existieren an diesem Fachbereich ein Prüfungs- und Promotionsamt, ein Praktikantenamt sowie das Dekanat, die Fachschaft und eine Fachbereichsbibliothek.

---

17 Siehe http://wiwi.uni-giessen.de, http://www.chemie.uni-giessen.de/home/fb08 und http://www.psychol.uni-giessen.de/home/fb06/

Ohne WPS existiert ein Portal für den gesamten Fachbereich 09. Von diesem Portal wird auf die Web Sites der einzelnen Institute sowie der zentralen Einrichtungen (Prüfungs- und Promotionsamt, Praktikumsamt, Dekanat, Fachschaft) verlinkt. Von den Web Sites der jeweiligen Institute gelangt man über Linklisten zu den Web Sites der untergeordneten Professuren. Zählt man zu dem Portal des FB 09 noch die Web Sites der zentralen Einrichtungen und die der 42 Professuren hinzu, so werden an diesem Fachbereich insgesamt mehr als 50 eigenständige Web Sites verwaltet und gepflegt.

Nahezu alle diese Web Sites besitzen ein unterschiedliches Design sowie eine abweichende Benutzerführung. Die auf den jeweiligen Web Sites der Professuren veröffentlichten Inhalte unterscheiden sich z.T. erheblich voneinander. Fachbereichsübergreifend aggregierte Inhalte wie z.B. ein Vorlesungsverzeichnis oder ein NewsBoard sucht man auf der Portalseite vergeblich. Eine Gliederung (bspw. durch Unterportale) zwischen den vormals eigenständigen Fachgebieten (Fachbereichen) findet nicht statt.

Die in Kapitel 2.1 aufgeworfene grundsätzliche Frage nach De-/Zentralität, wurde für ein Vorprojekt eindeutig beantwortet: Man entschied sich für eine dezentrale, verteilte Lösung. Daneben wurde ein Organigramm als Planungsvorgabe dafür entwickelt, wie die gesamte öffentliche E-Business-Präsenz des Fachbereichs auf eine dreistufige Portal-Struktur und ihre ca. 50 Einzel-Sites zu verteilen ist.

Für diese dezentralisierte Organisationsstruktur wurde per WPS eine vollständige neue Web-Site-Struktur prototypisch implementiert. Mit Hilfe des WPS kann jede Professur und jede zentrale Einrichtung eigene Web Sites formulargestützt selbständig erstellen und pflegen. Jede einzelne Web Site kann über einfach zu bedienende WPS-Tools mit anderen Web Sites des Fachbereichs verlinkt und/oder in ein Portal übergeordneter Organisationseinheiten (z.B. Institut, Fachbereich insgesamt) integriert werden.

Ein einheitliches Design sowie die einheitliche Navigation aller Web Sites und Portale können mit dem WPS durch fachbereichsübergreifend vorgegebene Templates sichergestellt werden. Jede Organisationseinheit kann verpflichtet werden, ein bestimmtes vorgegebenes Template für seine Web Site oder sein Portal zu verwenden. Durch die einheitlichen Web-Auftritte der einzelnen Professuren und zentralen Einrichtungen werden zum einen die Corporate Identity und das Corporate Design gewahrt, zum anderen erleichtert es durch eine einheitliche und intuitive Benutzerführung den „Besuchern", sich in der gesamten Web-Präsenz des Fachbereichs zu bewegen.

Die in Kapitel 2.2 dargestellte Entscheidungssituation, wo und bei wem welche WCM-Rollen angesiedelt sind, löste der FB 09, indem zwei fachbereichsweite Portalmanager benannt wurden und alle Organisationseinheiten Ihre Web Sites vollständig selbst befüllen und verantworten. In einer verteilten Aufgabenumgebung waren somit jeder Gruppe und jeder Rolle klar abgegrenzte Rechte und Pflichten zugeordnet.

Mit Hilfe des WPS können mehrstufige Unterportale im Fachbereich für die einzelnen Institute sowie die beiden Schwerpunkte Ökotrophologie und Agrar- und Umweltmanagement geschaffen werden. Einzelne Professuren-Sites werden in Instituts-Portalen zusammengefasst. Instituts-Portale werden Schwerpunkt-Portalen zugeordnet. Die Schwerpunkt-Portale bilden zusammengefasst das Fachbereichs-Portal. Innerhalb dieser dreistufigen Portalstruktur können beliebige Einzel-Web-Sites positioniert werden, sodass per WPS nicht nur strikt geordnete Hierarchien, sondern beliebige vermaschte Organisationsnetze abbildbar sind.

In Bezug auf die in Kapitel 2.3 dargelegte Organisation des WCM bildeten sich selbsttätig neue Strukturen heraus. Die einfache und intuitive Bedienung des WC-MS erlaubt es, dass nun auch Personen an den Professuren Web Publishing betreiben, die über keinerlei technische Kenntnisse z.B. über HTML verfügen. Der Kreis der Aufgabenträger erweiterte sich deutlich. Zwangsläufig veränderten sich auch die Abläufe des Web Publishings. Wurden vormals technisch versierte Web Master für die Freischaltung von Contents beansprucht und damit zu Engpässen, kann nun jeder Autor seinen Content auch selbst online geben.

4 Dezentrales WCM – Wirkungen

Der Schlusssatz von Kapitel 3 provoziert geradezu die Kritik, dass die Content-Qualität darunter leide, wenn jeder seinen Content nach eigenem Ermessen veröffentlichen kann. Die Praxis in den Fachbereichen der JLU Giessen, in denen dezentrales WCM mit dem WPS betrieben wird, zeigt jedoch genau das Gegenteil. Eine empirische Untersuchung des WPS-Nutzungsverhaltens an den Professuren weist eindeutig darauf hin, dass umso sorgfältiger publiziert wird, je eher es sich um „den eigenen Content" handelt. Die Adressaten der Contents – überwiegend die Studierenden – bestätigen, dass die Content-Qualität in den betreffenden Fachbereichen im Vergleich zur Content-Qualität vor dem Einsatz des WPS kategorial gestiegen ist.

Neben den qualitativen sind beträchtliche quantitative Wirkungen für die E-Business-Präsenzen der Fachbereiche zu verzeichnen. Das Monitoring der Publishingprozesse belegt, dass sich die Anzahl der veröffentlichten News, Downloads, Info-Pages, Foren, Ankündigungen, Verzeichnisse etc. vervielfacht hat und in allen Fachbereichen kontinuierlich weiter wächst. Gleichermaßen wachsen die Zugriffe auf die öffentlichen Portale und Einzel-Sites permanent an. Hier ist eine sich gegenseitig verstärkende Wirkung zu beobachten: Mehr und bessere Contents machen den Besuch des Sites interessanter; je mehr Besucher zu verzeichnen sind, desto „wirksamer" und interessanter wird es, über die Site zu veröffentlichen.

Letzteres wird auch dadurch gefördert, dass die „time to web" durch die Nutzung des WCMS signifikant gesunken ist. Der gesamte Publishing-Prozess wird mit dem WPS durch bedienerfreundliche Web-Formulare automatisiert. Durch die Automatisierung und den Wegfall des Engpasses „Web Master", der im herkömmlichen Publishing-Prozess für die Erstellung, Aktualisierung und Veröffentlichung einzelner Pages sowie der gesamten Web Site verantwortlich ist, wird die Zeit von der Content-Erstellung bis zur -Veröffentlichung erheblich verkürzt.[18]

Die positiven Qualitäts-, Quantitäts- und Zeitwirkungen gehen dabei überwiegend mit Kostenreduktionen einher. Für die Organisationseinheiten, die eine eigene Web Site unterhalten, erübrigt die Nutzung des WPS als Application-Service-Providing-Lösung im Fachbereich eigene Systemadministratoren; individuelle Warungs- und Pflegekosten für redundante Systemtechnik in einzelnen Organisationseinheiten entfallen. Initiale Anschaffungs- und Anpassungskosten (das WPS ist ein Open-Source-Produkt) sowie ein begrenzter, laufender Wartungsaufwand für die Systemsoftware (LAMP) des WPS werden durch eine Vielzahl von Organisationseinheiten getragen. Die Einfachheit des Publishing-Prozesses per WPS macht die Beschäftigung von technisch versierten Mitarbeitern überflüssig. Die hierbei eingesetzten Personalmittel für zumeist studentische Hilfskräfte lassen sich demnach deutlich reduzieren.

Im Bereich der Portale wirkt sich kostendämpfend aus, dass deren Befüllung und Pflege durch das WPS zu mehr als 80% vollautomatisch aus den Contents der angeschlossenen Sub-Portale und Einzel-Sites erfolgt. Nur einige wenige Pages mit statischen Informationen werden in den Portalen manuell erstellt. Im Vergleich zu einer manuellen oder teilautomatisierten Portal-Erzeugung hat der Portal-Master durch die Content-Aggregationen des WPS beträchtlich weniger Aufwand.

In den Einsatzbereichen des WPS an der JLU Giessen ist zu verfolgen, dass die WPS-induzierten Kostenreduktionen des Web Content Management die notwendigen Investitionen eines Fachbereichs in 2-3 Jahren amortisieren und die laufenden WPS-indizierten Aufwände bei weitem überkompensieren.

Literatur

Bullinger, Hans-Jörg (Hrsg.); Schuster, Erwin; Wilhelm, Stephan: Content Management Systeme – Auswahlstrategien, Architekturen und Produkte, 5. Aufl. Düsseldorf: Verlagsgruppe Handelsblatt 2001.

Christ, Oliver: Content Management in der Praxis, Berlin et al.: Springer 2003.

Jablonski, Stefan; Meiler, Christian: Web-Content-Managementsysteme, in: Informatik Spektrum, 2/2002, S. 101-119

[18] Bevor Hewlett-Packard in den USA ein WCMS einsetzte, wurde alle sechs Monate ein neuer Drucker herausgebracht. Es dauerte jedoch in der Regel bis zu neun Monate, bis die zugehörige Dokumentation im Extranet veröffentlicht werden konnte. Vgl. hierzu: Porst, Axel: Content Management und Workgroup Computing, a. a. O.

Koop, Hans Jochen; Jäckel, K. Konrad; van Offern, Anja L.: Erfolgsfaktor Content Management – Vom Web Content bis zum Knowledge Management, Braunschweig, Wiesbaden: Vieweg 2001.

Krüger, Jörg Dennis; Kopp, Matthias: Web Content managen – Professioneller Einsatz von Content-Management-Systemen, München: Markt + Technik Verlag 2002.

o V.: Glossar: Content Management System, Online im Internet: http:// www.content-manager.de/ressourcen/glossar_10_content_management_system.html, 09.08.2003.

Porst, Axel: Web Content Management und Workgroup Computing, Online im Internet: http://www.e-gateway.de/eco/contentman.cfm, 05.06.2003.

Schuster, Erwin; Wilhelm, Stephan: Content Management, in: Informatik Spektrum, Band 23, Nr. 6, Dezember 2000, Heidelberg: Springer 2000, S. 373-375.

Sommergut, Wolfgang: Content-Management verlangt Strategie, Online im Internet: http://www.computerwoche.de/index.cfm?pageid=255&artid=4771 6&type=detail& kw = content%20management%20verlangt%20strategie, 30.05.2003.

Zschau, Oliver; Traub, Dennis; Zahrodka, Rik: Web Content Management – Websites professionell planen und betreiben, 2. Aufl., Bonn: Galileo Press 2002.

Visualisierung von Geschäftsmodellen

Thomas Deelmann; Johannes Gutenberg-Universität Mainz
Peter Loos; Johannes Gutenberg-Universität Mainz

1 Einleitung, Motivation, Begriffsklärung

Möglichkeiten, ein Unternehmen modellhaft abzubilden, werden entwickelt, wenn neue Fragestellungen auftreten und beantwortet werden müssen. So werden z.B. Buchungssatz und Konto genutzt, um Geschäftsvorfälle im Rechnungswesen zu dokumentieren. Eine Bilanz wird aufgestellt, um die Mittelherkunft und Mittelverwendung eines Unternehmens zu einem bestimmten Stichtag festzustellen. Stellenbeschreibungen tragen im Rahmen der Aufbauorganisation zu einer Klärung der Aufgabenverteilung bei.

Neuartiger sind Fragestellungen, welche die Analyse unterschiedlicher Geschäftstätigkeiten betreffen oder die im Strategieentwicklungsprozess Ansatzpunkte für Innovationen oder Veränderungen aufzeigen und Wechselwirkungen zwischen Elementen eines Netzwerkes von Unternehmen darstellen sollen. Da bei diesen Fragestellungen traditionelle Werkzeuge als nicht ausreichend empfunden werden, soll das Geschäftsmodell als neue Analyseeinheit diese Lücke schließen.[1] Eine Sprache zur grafischen Repräsentation unterstützt das Arbeiten mit Geschäftsmodellen.

Nach einer einführenden Begriffserläuterung stellt dieser Beitrag im Abschnitt 2 verschiedene etablierte Möglichkeiten zur Darstellung eines Unternehmens sowie neuere Methoden zur expliziten Abbildung von Geschäftsmodellen vor und zeigt Schwachpunkte in Bezug auf die Anwendung zur Geschäftsmodelldarstellung auf. Anschließend wird eine Geschäftsmodellierungssprache vorgeschlagen, die bei der Darstellung und Analyse unterschiedlicher Geschäftstätigkeiten helfen kann (Abschnitt 3). Ein konkretes Szenario, bei welchem der Einsatz grafischer Abbildungen von Geschäftsmodellen hilfreich ist, stellt Abschnitt 4 vor, bevor im letzten Abschnitt eine Zusammenfassung und Ausblick gegeben wird.

Unter einem *Modell* kann ein „abstraktes, vereinfachendes Abbild eines Systems verstanden [werden], das zu einem bestimmten erkenntnistheoretischen oder gestaltungsspezifischen Zweck entwickelt wurde."[2]

---

1 Vgl. Rentmeister, Klein (2003).

2 Grochla (1974). Alternative Begriffsbildungen bei: Hars (1994), Sinz (1997), Kosiol (1973) oder auch Kugler (2000) sowie die dort angegebene Literatur.

"Ein *Geschäftsmodell* kann als eine abstrahierende Beschreibung der ordentlichen Geschäftstätigkeit einer Organisationseinheit angesehen werden. Diese Abstraktion basiert auf einer Abbildung von Organisationseinheiten, Transformationsprozessen, Transferflüssen, Einflussfaktoren sowie Hilfsmitteln oder einer Auswahl hieraus. Eine Darstellungsart ist nicht determiniert, sollte aber dem Zweckmäßigkeitsprinzip folgen und einen schnellen Überblick über die oben genannten relevanten Informationen ermöglichen. Sie kann beispielsweise in Form einer grafischen Repräsentation erfolgen."[3]

2 Stand der Forschung

2.1 Wirtschaftsorientierte Methoden

Es ist hilfreich, die Geschäftsmodellierung von anderen Möglichkeiten der Organisationsmodellierung abzugrenzen sowie existierende Vorschläge über grafische Möglichkeiten der Geschäftsmodellrepräsentation zu untersuchen.

Es existieren für unterschiedliche wirtschaftsorientierte Fragestellungen verschiedene Unternehmensmodelle, beispielsweise Stellenbeschreibungen oder reduktive Wirtschaftsmodelle.[4]

Die Stellenbeschreibung will durch die konkrete und verbindliche Zuordnung von Aufgaben zu organisatorischen Einheiten eine klare und möglichst redundanzfreie Zuständigkeitsfestlegung und Abbildung von hierarchischen Beziehungen erzielen.[5] Die Stellenbeschreibung ist Teil der Aufbauorganisation eines Unternehmens.[6] Die Summe der Stellenbeschreibungen gibt eine detaillierte Übersicht über alle in einer Organisation anfallenden Regelaufgaben, also derjenigen, die für die Erfüllung der ordentlichen Geschäftstätigkeit notwendig sind. Nicht vorhanden sind Finanzflüsse, Wertsteigerungen etc. Beziehungen zu Geschäftspartnern bzw. vor- und nachgelagerten Partnern in der Lieferkette werden nur unzureichend betrachtet. Zur Gestaltung und Modellierung des aktuellen Geschäftsmodells oder

---

3 Scheer, Deelmann, Loos (2003), S. 22, Hervorhebung durch die Autoren. Vgl. ebenda auch für eine Übersicht alternativer Begriffsbildungen.

4 Zahlreiche weitere Modelle sind in der unternehmerischen Praxis bewährt, werden hier jedoch nicht aufgeführt; so z.B. die Konstrukte des Kontos und des Buchungssatzes der Finanzbuchführung und der Bilanz (vgl. Bähr, Fischer-Winkelmann (2001) oder Coenenberg (1994)). Weiterhin können beispielsweise formale und gesetzliche Rahmenbedingungen ebenfalls als modellhafter Beschreibungsrahmen einer Organisation angesehen werden. Vgl. auch Scheer (1990).

5 Vgl. Jung (2003).

6 Vgl. Probst (1993).

eines möglichen zukünftigen Geschäftsmodells erscheinen Stellenbeschreibungen nur unzureichend geeignet.

Ein reduktives Wirtschaftsmodell nutzt die Methode der isolierenden Abstraktion von tatsächlich beobachtbaren Einzelheiten auf wenige oder einen Zusammenhang, von dem jedoch angenommen wird, dass dieser in engem und wesentlichen Zusammenhang mit dem betrachteten Erkenntnisgegenstand steht.[7] Reduktive Wirtschaftsmodelle wollen durch die Abstraktion auf relevante Zusammenhänge quantitative Abhängigkeiten in einer Organisation verdeutlichen. In der Möglichkeit einer erkenntnissteigernden Reduktion liegt auch ein wesentlicher Nachteil für die Modellierung von Geschäftsmodellen im Sinne dieser Arbeit. Verschiedene relevante Faktoren werden nicht mit ihrer gebührenden Relevanz abgebildet. Reduktivmodelle sind demnach unzureichend in der Lage, ein Geschäftsmodell relevant zu repräsentieren, können aber eine Geschäftsmodelldarstellung in einzelnen Punkten unterstützen.

2.2 Informationssystemorientierte Methoden

Neben verschiedenen wirtschaftsorientierten Methoden zur Unternehmensdarstellung gibt es unterschiedliche informationssystemorientierte Verfahren. Ihr Zweck liegt in der Regel in der Unterstützung bei Erstellung und Einsatz von Informationssystemen.

Eine etablierte Methode ist die Ereignis-gesteuerte Prozesskette (EPK).[8] Sie wird auch als Ereignis-gesteuerter Funktionsfluss bezeichnet und hat zum Ziel, den gesamten Sachverhalt eines Geschäftsprozesses, nämlich Organisations-, Funktions-, Leistungs- und Informationsfluss, abzubilden und die genannten Perspektiven zu vereinigen.[9] Das Erstellen einer EPK wird als Geschäftsprozessmodellierung bezeichnet und ist von der Geschäftsmodellierung zu unterscheiden. Erstere bildet Abläufe in Organisationen ab, letztere stellt die Geschäftstätigkeit dar.

Der EPK fehlt die Möglichkeit, Wertschöpfungsaktivitäten, Marktkräfte, Entwicklungen usw. explizit darzustellen und in das Modellierungsergebnis integrieren zu können. EPK sind aufgrund ihrer Modellierungsintention gut zur Prozessabbildung geeignet, für die Modellierung von Geschäftsmodellen eignen sie sich weniger.[10]

---

7 Vgl. Varian (2004) oder Schumann, Meyer, Ströbele (1999).

8 Weitere etablierte Methoden sind bspw. die Unified Modeling Language (UML), vgl. OMG (2003), oder die Entity-Relationship Language, vgl. Chen (1976).

9 Vgl. Scheer (1998).

10 Vgl. Gordijn, Akkermans, van Vliet (2000).

2.3 Geschäftsmodell-orientierte Methoden

Die mangelnde Einsatzfähigkeit der traditionellen Möglichkeiten, ein Unternehmen zu beschreiben, hat zu Versuchen geführt, verschiedene aufgetretene Fragestellungen mit Hilfe von grafischen Abbildungen eines Geschäftsmodells zu lösen. Diese Abbildungsmethoden fokussieren beispielsweise auf Werte und Wertschöpfung, auf Interaktionspartner des betrachteten Unternehmens oder auf die Abbildung von Leistungs- und Gegenleistungsflüssen. Drei dieser Abbildungsmethoden werden im Folgenden kurz vorgestellt.[11]

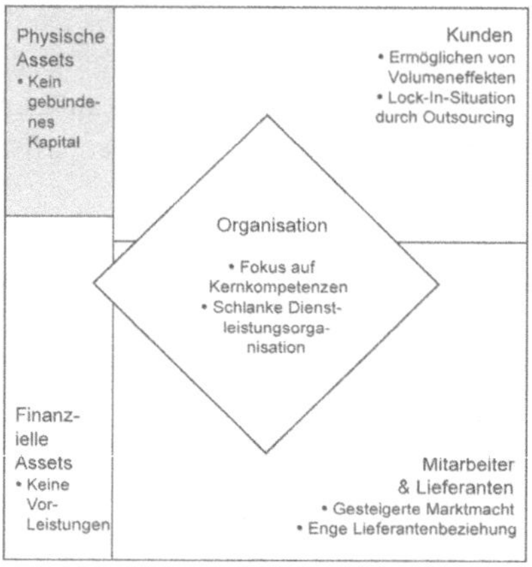

Abbildung 1: Value Imaging am Beispiel eines Beschaffungsdienstleisters[12]

Das dem Value Imaging bei Boulton, Libert und Samek zugrunde liegende Geschäftsmodellverständnis basiert auf Werten. Die Autoren erheben durchgehend die Forderung, „neue" Werte im Unternehmen zu identifizieren und zu publizieren. Bei dieser Sichtweise soll das modellierte Unternehmen einen solchen Wert aufweisen, wie die Summe aller seiner Vermögenswerte, zu denen die Autoren physische und finanzielle Vermögenswerte, solche, die auf Mitarbeitern bzw. Lieferanten, Kunden sowie der Organisation basieren, zählen. Es handelt sich hierbei um einen praxisfokussierten Vorschlag, der ein Geschäftsmodell wie folgt definiert: „Die einzigartige Kombination von materiellen und finanziellen Assets, welche die Fähigkeit einer Organisation bestimmt, Wert zu schaffen oder zu zerstören."[13] Zur Explizierung dieser Kombination wird eine visuelle Technik („Value Imaging") eingeführt, die helfen soll, das „ganze Bild zu sehen" und die im

---

[11] Für einen detaillierteren Vergleich der hier vorgestellten Möglichkeiten, Geschäftsmodelle grafisch abzubilden vgl. Deelmann, Loos (2003). Ebenda werden weitere Möglichkeiten betrachtet.

[12] Eigene Darstellung in Anlehnung an Boulton, Libert, Samek (2001).

[13] Boulton, Libert, Samek (2001), S. 287.

Rahmen des Entwerfens und Dokumentierens von Geschäftsmodellen unterstützend eingesetzt werden soll.[14]

Abbildung 1 demonstriert den Einsatz des Value Imagings am Beispiel eines Beschaffungsdienstleisters. Herausgestellt werden die verschiedenen Vermögenswerte. Die Methode dient der groben Visualisierung von Vermögenswerten eines Unternehmens. Sie schafft es jedoch beispielsweise nicht, beteiligte Akteure, Transferflüsse oder Transformationsprozesse abzubilden.

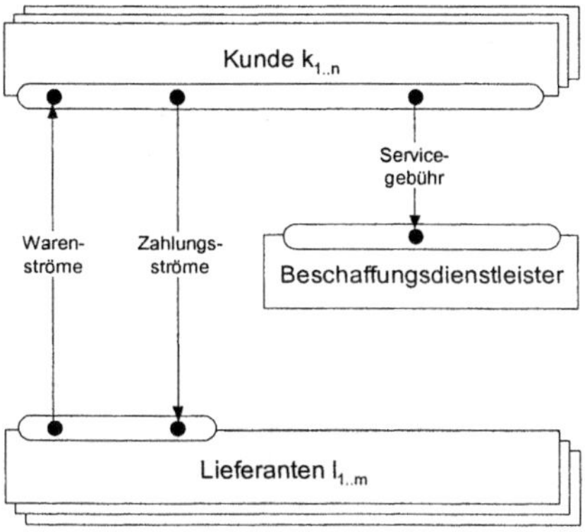

Abbildung 2: Value Modeling am Beispiel eines Beschaffungsdienstleisters[15]

Das von Gordijn entwickelte und vorgestellte Value Model zielt wie die Methodik von Boulton, Libert und Samek bei der Geschäftsmodellierung auf eine starke Herausstellung von Werten ab.[16] Im Gegensatz zu dem vorgestellten Ansatz ist der von Gordijn stärker theoriegetrieben und fokussiert auf E-Business-Situationen. Ein Geschäftsmodell bzw. Value Model wird hierbei verstanden als „[...] a conceptual model that shows how a network of actors create, exchanges and consumes objects of value by performing value adding activities.“[17] Der Rahmen für die Erstellung eines Geschäftsmodells umfasst drei Einzelsichten, die einer „allwissenden“ Darstellung (engl. global actor viewpoint), die Sichtweise eines dedizierten Akteurs (engl. detailed actor viewpoint) und die einer Wertaktivität (engl. value activity viewpoint).[18]

Abbildung 2 zeigt das Geschäftsmodell eines Beschaffungsdienstleisters in der Value Model-Darstellung (Sichtweise: global actor viewpoint). Hierbei sind die

14 Vgl. Boulton, Libert, Samek (2001), S. 180.

15 Eigene Darstellung in Anlehnung an Gordijn (2002), bes. S. 44-84.

16 Vgl. hierzu Gordijn, Akkermans, van Vliet (2000), Gordijn und Akkermans (2001), Gordijn (2002) und Kartseva, Gordijn, Akkermans (2003).

17 Gordijn, Akkermans (2001), S. 60

18 Vgl. Gordijn (2002), S. 46-47.

beteiligten Akteure oder Marktsegmente in den Rechtecken zu erkennen. Im Darstellungsfokus steht der Austausch von Wertobjekten, der über sog. Value Ports abgewickelt wird, die sich wiederum in Value Interfaces befinden. Die Methode zeigt detailliert den Austausch von Werten zwischen Akteuren aus unterschiedlichen Positionen. Akteure, mit denen keine Werte ausgetauscht werden, finden in der Value Model-Darstellung ebenso wenig Berücksichtigung wie der Austausch von einfachen Informationen (i.S.v. wertfrei; bspw. Bedarfe oder Konditionen), die Darstellung von Innovationen im Werterstellungsprozess, der Einsatz von Hilfsmitteln oder das Einwirken von Marktkräften.

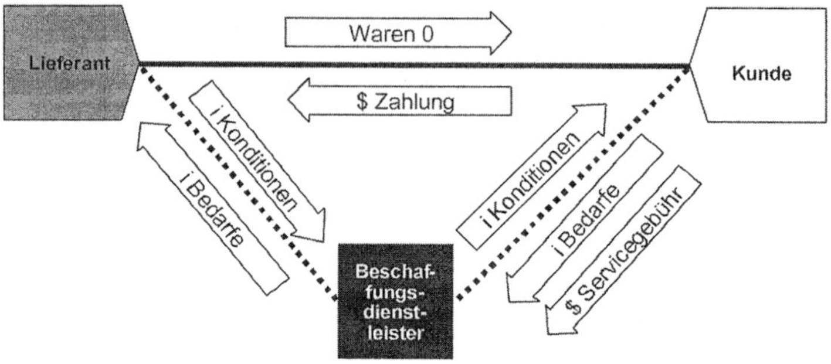

Abbildung 3: E-Business Model Schematics am Beispiel eines Beschaffungsdienstleisters[19]

Die E-Business Model Schematics von Weill und Vitale schlagen eine vierstufige Zerlegung zur Beschreibung des Themenfeldes E-Business vor. Die oberste Ebene beschreibt Aktivitäten, die mit der Implementierung von E-Business verbunden sind. Hierzu gehören unter anderem das relevante Personalwesen und Marketing. Ein Unternehmen kann eine oder mehrere E-Business-Initiativen unterhalten, die in ihrer Gesamtheit Teil der E-Business-Implementierung sind. Die E-Business-Initiativen werden als einzigartige Kombination von Kundenzielgruppen, IT-Architekturen, relevanten Kanälen, um auf die Kunden zuzugehen, und einem E-Business-Modell beschrieben. Ein E-Business-Modell ist hierbei die Kombination von atomaren E-Business-Modellen, Rollen und Beziehungen zwischen den Kunden eines Unternehmens, den grundsätzlichen Produkt-, Informations- und Finanzflüssen zwischen Geschäftspartnern sowie einer Beschreibung des Nutzens eines jeden Beteiligten.[20]

Zusammengefasst ist ein E-Business-Modell eine Beschreibung der Rollen und Beziehungen zwischen den Konsumenten, Kunden, Lieferanten und Partnern eines Unternehmens, welche die relevanten Produkt-, Informations- und Finanzflüsse, sowie die einzelnen Nutzen der Beteiligten beinhaltet.[21]

---

19 Eigene Darstellung in Anlehnung an Weill, Vitale (2001).

20 Vgl. Weill, Vitale (2001), S. 25-26.

21 Vgl. Weill, Vitale (2001), S. 34.

Abbildung 3 zeigt das Geschäftsmodell eines Beschaffungsdienstleisters in der grafischen Darstellungsweise der E-Business Model Schematics. Die Darstellungsweise fokussiert auf beteiligte Akteure und die Beziehungen zwischen diesen sowie verschiedene Arten von Flüssen (Informations-, Güter- und Finanzflüsse). Wertsteigerungen werden ebenso wenig aufgezeigt, wie Transformationsprozesse oder das Einwirken von Marktkräften visualisiert werden.

Die Ausführungen haben gezeigt, dass eine Vielzahl von Möglichkeiten existieren, ein Unternehmen oder Facetten eines Unternehmens abzubilden. Zu diesen Möglichkeiten zählen wirtschaftsorientierte ebenso wie informationssystemorientierte Methoden und explizit der Geschäftsmodelldarstellung gewidmete grafische Darstellungsweisen. Den Anforderungen an die Repräsentation von Geschäftsmodellen im Sinne der oben eingeführten Geschäftsmodelldefinition scheinen sie nicht zu genügen.

3 Geschäftsmodellierungssprache

3.1 Definitionserläuterung

Eine Geschäftsmodellierungssprache kann für die Abbildung von Geschäftsmodellen genutzt werden. Bevor die Objekte der Geschäftsmodellierungssprache vorgestellt werden, erfolgt eine detailliertere Interpretation der Geschäftsmodelldefinition, die oben wie folgt eingeführt wurde: [22]

Ein *Geschäftsmodell* kann als eine abstrahierende Beschreibung der ordentlichen Geschäftstätigkeit einer Organisationseinheit angesehen werden. Diese Abstraktion basiert auf einer Abbildung von Organisationseinheiten, Transformationsprozessen, Transferflüssen, Einflussfaktoren sowie Hilfsmitteln oder einer Auswahl hieraus.

Im Punkt der Abstraktion bzw. Aggregation spiegelt sich der Modellcharakter in der Geschäftsmodelldefinition dahingehend wider, dass es sich um eine konstruierte und vereinfachte Darstellung der betrieblichen Objektwelt handelt. Eine solche Vereinfachung kann durch Abstraktion und Aggregation erzielt werden. Das Ergebnis ist die Darstellung einer Geschäftstätigkeit.

Die Betrachtung einer Organisationseinheit bei der Geschäftsmodellierung bietet hinreichende Flexibilität bei der Modellierung und der Wahl der Granularitätsstufe. Hierbei wird der Organisationsbegriff im institutionellen Sinne genutzt, d.h. eine Organisation wird als sozio-technisches System verstanden. Die alternative Betrachtung eines Unternehmens wäre unzweckmäßig, da ein solches mehrere

---

[22] Vgl. für Definition und Erläuterung der Elemente Scheer, Deelmann, Loos (2003), S. 21-22.

Geschäftsmodelle besitzen kann. In diesem Fall wäre der unternehmensweite Betrachtungsbereich zu groß. Auf der anderen Seite erlaubt die Fokussierung auf das abstrakte Konstrukt Organisationseinheit, Einheiten beliebiger Größe abzubilden. Eine einzelne Stelle kann ebenso wie ein Unternehmen oder ein Unternehmensverbund repräsentiert werden. Organisationseinheiten können durch Akteure als handelnde Subjekte oder Rollen repräsentiert werden. Die gewählte Granularitätsstufe sollte der einer definierten gewinn- und verlustverantwortlichen Einheit entsprechen (s. u.).

Transformationsprozesse spiegeln die Wertschöpfung durch eine Leistungserstellung im Sinne der Produktion einer betrachteten Organisationseinheit wider. Ausgehend von einem gegebenen Ausgangszustand kann durch einen Transformationsprozess ein Endzustand erreicht werden, der einen gestiegenen Wert aufweist.

Transferflüsse können verschiedene Formen annehmen. Neben dem Informationsfluss, mit dessen Hilfe der Transfer allgemeiner Geschäftsinformationen abgebildet werden kann, unterstreicht die Abbildung von Finanz- oder Umsatzflüssen im Geschäftsmodell die geschäftlichen bzw. ökonomisch getriebenen Modellierungsziele. In der Regel werden diese Flüsse diejenigen sein, mit denen die handelnden Subjekte des Geschäftsmodells den Gegenwert eines erhaltenen Gutes oder Dienstleistung ausgleichen. Da diese Flüsse zwischen zwei Organisationseinheiten stattfinden, werden sie als Transferflüsse bezeichnet.

Die Abbildung von Güter- oder Dienstleistungsflüssen spiegelt den produzierenden und auch wertsteigernden Charakter i.S.d. oben genannten ökonomisch getriebenen Zieles wider. Diese Flüsse lassen sich ebenso wie die Finanz- und Umsatzflüsse auf den Transfer von Werten reduzieren und zusammenfassen, es handelt sich auch hier um Transferflüsse.

Unter dem Begriff der Einflussfaktoren sind verschiedene exogene Faktoren subsummiert. So können sowohl das Wettbewerbsumfeld mit seinen Marktkräften, beispielsweise Preiskämpfe oder neue Wettbewerber, oder auch andere Einflussfaktoren, wie z.B. Veränderungen der Alterstruktur der Zielgruppe oder ähnliche Punkte einen Einfluss auf das Geschäftsmodell ausüben bzw. ein Geschäftsmodell beeinflussen.

Technologie als Hilfsmittel zur Erzielung von Wertschöpfung spielt in Abhängigkeit von Branche und Umfeld eine unterschiedlich große Rolle. So ist z.B. im Umfeld der sog. Internetökonomie der Einfluss der Technologie als stärker zu vermuten als beispielsweise bei lokalen Kurierdiensten.

3.2 Modellobjekte

In Abbildung 4 wird für die oben interpretierten Elemente der Geschäftsmodelldefinition ein Vorschlag für die Modellobjekte, d.h. die Darstellung der grafischen Symbole, vorgenommen.

Hierbei ist in Abbildung 4 (1) eine stilisierte Wertkette von Porter als Symbol für eine Organisationseinheit vorgesehen.[23] Je nach Bedarf können mit diesem Symbol Einzelpersonen oder Organisationseinheiten bezeichnet werden.

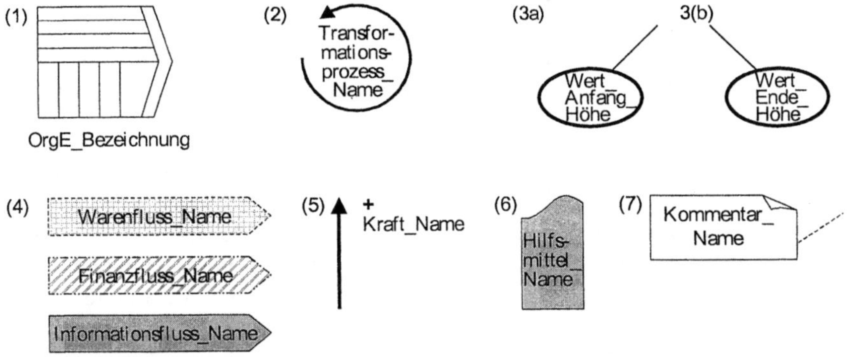

Abbildung 4: Objekte der Geschäftsmodellierungssprache

In Abbildung 4 (2) ist das Symbol für den Transformationsprozess als ein fast geschlossener Kreis dargestellt. Hierbei wird an einer Stelle ein Objekt der betrieblichen Leistungserstellung von einem Ausgangszustand in einen Endzustand verwandelt. Start- und Endpunkt dieser Transformation liegen immer bei derselben Organisationseinheit, so dass der Transformationsprozess einer Organisationseinheit zuzuordnen ist.

Eine Veränderung des Zustandes dieses Objektes hat in der Regel auch eine Veränderung seines Wertes zur Folge. In Abbildung 4 (3a) und Abbildung 4 (3b) sind die zwei grafischen Elemente zu sehen, mit deren Hilfe die Veränderung des Objektwertes dokumentiert werden kann. Wertveränderungen lassen sich i.d.R. vor und nach einem Transformationsprozess oder einem Transferfluss feststellen. Dementsprechend sind die grafischen Elemente syntaktisch zu positionieren.

Während ein Transformationsprozess von einer Organisationseinheit ausgeht und bei ebendieser Organisationseinheit endet, starten Transferflüsse bei der einen Organisationseinheit und enden bei einer zweiten. So finden sich in Abbildung 4 (4) Vorschläge für die grafische Repräsentation von Warenflüssen, Finanzflüssen sowie Informationsflüssen. Grundsätzlich werden sie durch ein Rechteck mit einer an einer Seite vorhandenen Spitze repräsentiert. Hierbei zeigt die Spitze auf die Organisationseinheit, welche den im Transferfluss transportierten Inhalt empfängt. Zur besseren Unterscheidbarkeit der Flusstypen variiert die grafische Repräsentation in Farbwahl, Schraffierung und Liniengestaltung.

[23] Für eine detaillierte Beschreibung der Wertkette vgl. Porter (2000).

Eine auf das Geschäftsmodell einwirkende Kraft wird durch einen einfachen Pfeil und eine kurze Beschreibung (vgl. Abbildung 4 (5)) symbolisiert. Bei einer positiven, d.h. unterstützenden, Kraft wird der Beschreibung ein '+'-Zeichen beigefügt, eine negative Kraft erhält eine '-'-Zeichen. Die Platzierung des Pfeils gibt Auskunft über den direkten Einfluss dieser Kraft: Wirkt sie beispielsweise nur auf eine Organisationseinheit, ist der Pfeil nahe dieser Einheit zu platzieren. Wirkt die Kraft auf mehrere Elemente des Geschäftsmodells, ist der Pfeil entsprechend entfernt zu platzieren.

Ist für ein Geschäftsmodell der Einsatz einer Technologie von großer Relevanz, so kann diese Technologie mit Hilfe eines Rechtecks, welches eine geschwungene Seite aufweist (vgl. Abbildung 4 (6)) symbolisiert und der grafischen Repräsentation des Geschäftsmodells hinzugefügt werden. Die geschwungene Seite des Rechtecks soll dem Element, das der technologischen Unterstützung oder der eines anderen Hilfsmittels bedarf, zugeordnet werden. Dies kann beispielsweise eine Organisationseinheit, ein Transformationsprozess oder ein Transferfluss sein.

Schließlich besteht die Möglichkeit, ein modelliertes Geschäftsmodell mit textuellen Hinweisen zu versehen. Hierzu kann das Symbol aus Abbildung 4 (7) genutzt werden.

3.3 Anwendungsbeispiel

Das Zusammenspiel der eingeführten Objekte der Geschäftsmodellierungssprache verdeutlicht Abbildung 5.

In der Abbildung finden sich drei verschiedene Organisationseinheiten: Lieferant, Beschaffungsdienstleister sowie Kunde. Zwischen diesen verlaufen Transferflüsse. Bedarfe und Konditionen werden zwischen Kunde und Dienstleister ebenso ausgetauscht, wie zwischen Dienstleister und Lieferant. Während der Dienstleister die Bedarfe bündelt (dargestellt durch den Transformationsprozess, der in der Wertkette nahe der Schnittstelle zum Endkunden eingefügt wurde) und Mittler zwischen Lieferant und Kunde ist, werden Waren- und Zahlungsfluss unmittelbar zwischen Lieferant und Kunde abgewickelt. Der Beschaffungsdienstleister setzt E-Procurement-Technologien ein, um sich einen Wettbewerbsvorteil zu verschaffen. Aus Sicht des Geschäftsmodells des Dienstleisters wirken positive Kräfte sowohl an der Schnittstelle zum Kunden als auch an der Schnittstelle zum Lieferanten. Kommentare geben weitere Hinweise zum Verständnis des Geschäftsmodells.

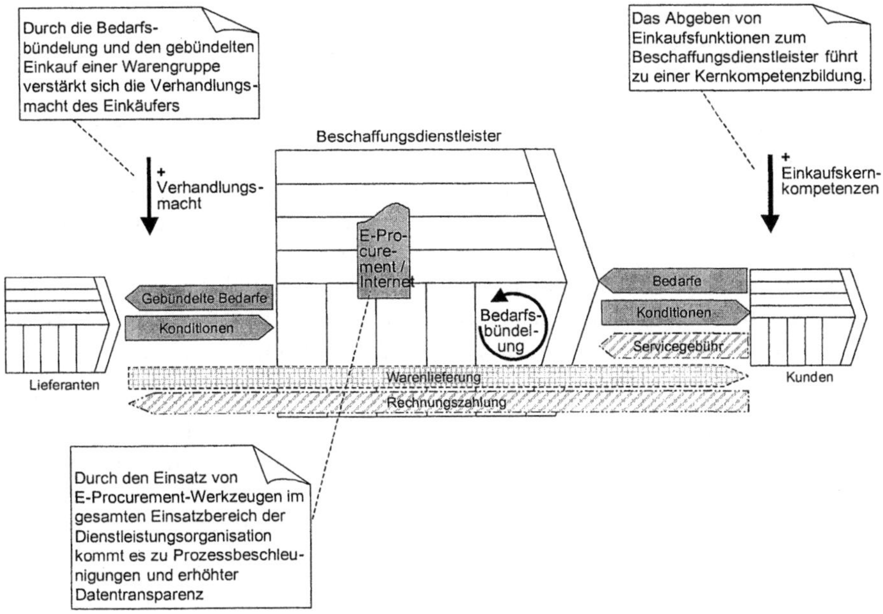

Abbildung 5: Geschäftsmodellierungssprache am Beispiel eines Beschaffungsdienstleisters[24]

4 Einsatzszenario

Die Geschäftsmodellierung mit dem Geschäftsmodell als Ergebnis ist für verschiedene Zielgruppen von Interesse. Die Unternehmensführung kann erste Überlegungen über ein zukünftiges Geschäftsmodell anstellen, Mitarbeitern kann die Geschäftstätigkeit vermittelt werden und Projektleiter können ein solches Modell als Grundlage für eine hieraus abzuleitende Planung von Fachkonzepten für Informationssystemarchitekturen nutzen.[25]

Eine weitere Einsatzmöglichkeit findet sich im Bewerbungsprozess um Risikokapital. Risikokapital wird von Risikokapitalgebern in junge Unternehmen investiert. Die Unternehmensgründer erhalten hierbei für eine Expansion oder Produktentwicklung benötigtes Kapital. Im Gegenzug erhalten die Kapitalgeber Unternehmensanteile. Sie erwarten von dem Unternehmen, dass es überdurchschnittlich erfolgreich ist und die Unternehmensanteile mit einem Gewinn wieder verkauft

---

[24] In Anlehnung an: Deelmann, Loos (2003), S. 36.

[25] Der Versuch, eine methodische Einordnung z. B. in Scheer (2001) vorzunehmen, würde demnach die Geschäftsmodellierung oberhalb des Fachkonzeptes ansiedeln.

werden können.[26] Nicht alle Unternehmen, in die investiert wird, sind auch erfolgreich. Aus dieser Situation heraus erklärt sich auch der Begriff des Risikokapitals.[27]

An Risikokapitalgeber wird häufig der Wunsch nach Kapital herangetragen. Hierdurch wird ein Prozess angestoßen, der auf der Seite der Kapitalgeber eine Bewertung des angebotenen Unternehmens umfasst. Diese Bewertung kann in mehreren Stufen erfolgen, bei der die nächsthöhere Stufe erst erreicht wird, wenn die Bewertung in einer vorgelagerte Stufe zufriedenstellend verlaufen ist. In einem ersten Schritt werden in der Praxis häufig allgemeine Fragen über das Unternehmen, den Geschäftszweck, Marktchancen etc. gestellt. Bei zufriedenstellender Beantwortung wird dann ein Businessplan detailliert untersucht.[28]

Ein modelliertes Geschäftsmodell ist in diesem Szenario beim ersten Kontakt zwischen dem Risikokapitalgeber und dem Bewerber hilfreich. Der Risikokapitalgeber kann sich mit Hilfe des durch den Bewerber erstellten Modells einen einfachen Überblick über das Geschäftsmodell verschaffen, bevor er in eine Detailprüfung einsteigt. Das Geschäftsmodell unterstützt hierbei die angesprochenen Fragen zum Unternehmen.

Auch als Bestandteil eines Businessplans ist ein Geschäftsmodell hilfreich. Im Rahmen einer kurzen Darstellung der Geschäftsidee (Typische, bearbeitete Fragen: Welches Problem wird gelöst? Worin besteht die Innovation? Wer sind die Kunden? Wie ist die Ertragsmechanik?) kann das grafisch abgebildete Geschäftsmodell zur Verständnisförderung beitragen.[29]

Neben dem Nutzen, den ein Risikokapitalgeber aus einem grafisch abgebildeten Geschäftsmodell erhält, hilft ein solches Modell auch dem Bewerber um Kapital. Er erhält ein Instrument, mit dem die Geschäftsidee effektiv kommuniziert und der Businessplan sinnvoll unterstützt werden kann.

5 Zusammenfassung, Forschungsausblick

Diesem Beitrag liegt die Frage zu Grunde, ob Geschäftsmodelle in der Lage sind, neuere Fragestellungen der Unternehmensplanung und -gestaltung zu beantworten. Nach einer Begriffsklärung wurden zunächst verschiedene traditionelle Möglichkeiten der Unternehmensmodellierung sowie neuere Methoden zur Geschäftsmodelldarstellung vorgestellt und die Abgrenzung zur Geschäftsprozessmodellierung herausgearbeitet.

---

26 Vgl. Struck (1998), S. 11-14.

27 Vgl. Lerner (2000).

28 Vgl. Struck (1998), S. 5-11.

29 Vgl. Heucher, Ikar, Kubr, Marchesi, Waldner (2002) und Collrepp (1999).

Anschließend sind Grundzüge einer Geschäftsmodellierungssprache vorgestellt worden. Hierbei wurde auf eine Interpretation der relevanten Bestandteile des entwickelten Geschäftsmodellbegriffes aufgebaut. Eine grafische Repräsentation der einzelnen Modellierungselemente wurde ebenso wie eine grobe Anweisung zur Syntaktik der Geschäftsmodellierungssprache vorgeschlagen. Das Geschäftsmodell eines Beschaffungsdienstleisters diente als Anwendungsbeispiel.

Der Nutzen eines Einsatzes von Geschäftsmodellen im Prozess der Vergabe von Risikokapital wurde als mögliches Einsatzszenario diskutiert. Für Geschäftsmodelle erscheinen vielfältige Einsatzmöglichkeiten denkbar.

Aufbauend auf dieser Vorstellung der Möglichkeit einer grafischen Abbildung von Geschäftsmodellen ergeben sich weiterführende Fragen und Aufgabenstellungen. So muss beispielsweise die Syntax der Geschäftsmodellierungssprache weiter konkretisiert werden. Die bereits begonnene empirische Untersuchung der Einsatzfähigkeit der Geschäftsmodellierungssprache soll fortgesetzt und ausgeweitet werden, gegebenenfalls können die Ergebnisse mit Hilfe eines Laborexperiments untermauert werden. Von Interesse ist auch eine mögliche Transition eines Geschäftsmodells in ein Informationsmodell. Hier ist die Frage zu erläutern, in wie weit sich aus einem Geschäftsmodell Hinweise und Anforderungen für ein Fachkonzept oder Informationsmodell ableiten lassen.

Literatur

Bähr, G.; Fischer-Winkelmann, W. F. (2001): Buchführung und Jahresabschluß. 7. Aufl., Gabler Verlag, Wiesbaden 2001, S. 3, 199.

Boulton, R.; Libert, B.; Samek, S. (2001): Value Code – Werte schaffen in der Neuen Wirtschaft: Erfolgsstrategien, Geschäftsmodelle, Praxisbeispiele. Econ Verlag, München 2001.

Chen, P. P.-S. (1976): The Entity-Relationship Model – Towards a Unified View of Data. In: ACM Transactions on Database Systems, 1 (1976) 1, S. 9-36.

Coenenberg, A. G. (1994): Jahresabschluß und Jahresabschlußanalyse. 15. Aufl., Verlag Moderne Industrie, Landsberg/Lech (1994), bes. S. 247 ff.

Collrepp, F. v. (1999): Handbuch Existenzgründung. Schäffer Poeschel Verlag, Stuttgart 1999, S. 7-9.

Deelmann, T.; Loos, P. (2003): Visuelle Methoden zur Darstellung von Geschäftsmodellen – Methodenvergleich, Anforderungsdefinition und exemplarischer Visualisierungsvorschlag. In: Loos, P. (Hrsg.): Working Papers of the Research Group Information Systems and Management, Paper 13, Mainz 2003.

Gordijn, J. (2002): Value-based Requirements Engineering – Exploring Innovative e-Commerce Ideas. Dissertation, Vrije Universiteit Amsterdam, 2002.

Gordijn, J.; Akkermans, H. (2001): Ontology-Based Operators for e-Business Model De- and Reconstruction. In: Proceedings of International Conference on Knowledge Capture 2001, New York, NY, USA, ACM Press 2001, S. 60-67.

Gordijn, J.; Akkermans, H.; van Vliet, H. (2000): Business Modelling is not Process Modelling. In: Proceedings of ECOMO 2000, Conceptual Modelling for E-Business and the Web, Salt Lake City, USA 2000. Lecture Notes in Computer Science 1921, S. 40-51.

Grochla, E. (1974): Modelle und betriebliche Informationssysteme. In: Grochla, E. (Hrsg.): Integrierte Gesamtmodelle der Datenverarbeitung. Hanser Fachbuch, München, Wien 1974, S. 21.

Hars, A. (1994): Referenzdatenmodelle – Grundlagen effizienter Datenmodellierung. Gabler Verlag, Wiesbaden 1994, S. 8.

Heucher, M.; Ikar, D.; Kubr, T.; Marchesi, H.; Waldner, M. (2002): Planen, gründen, wachsen - Mit dem professionellen Businessplan zum Erfolg. Redline Wirtschaft, Zürich, Schweiz 2002, S. 21-42.

Jung, H. (2003): Personalwirtschaft. Oldenbourg Wissenschaftsverlag, München 2003, S. 188-193.

Kosiol, E. (1973): Bausteine der Betriebswirtschaftslehre. Dunker & Humblot, Berlin 1973, S. 93.

Kartseva, V.; Gordijn, J.; Akkermans, H. (2003): A Design Perspective on Networked Business Models – A Study of Distributed Generation in the Power Industry Sector. In: Proceedings of 16th Bled Electronic Commerce Conference. Bled, Slowenien 2003.

Kugler, M. (2000): Informationsmodellbasierte Organisationsgestaltung – Modellierungskonventionen und Referenzvorgehensmodell zur prozessorientierten Reorganisation. Logos Verlag, Berlin 2000, S. 95.

Lerner, J. (2000): Venture Capital And Private Equity. John Wiley & Sons, New York et al. 2000, S. ix-xi.

Object Management Group (2003): UML Resource Page. Online unter: http://www.omg.org/technology/uml/index.htm, abgerufen am 03.11.2003.

Porter, M. E. (2000): Wettbewerbsvorteile – Spitzenleistungen erreichen und behaupten. Campus Verlag, Frankfurt, New York 2000, S. 63 ff.

Probst, G. J. (1993): Organisation – Strukturen, Lenkungsinstrumente, Entwicklungsperspektiven. Verlag Moderne Industrie, Landsberg/Lech 1993, S. 1-89.

Rentmeister, J.; Klein, S. (2003): Geschäftsmodelle – ein Modebegriff auf der Waagschale. In: ZfB-Ergänzungsheft Nr. 1, 2003, S. 23.

Scheer, A.-W. (1990): EDV-orientierte Betriebswirtschaftslehre. Springer Verlag, Berlin, Heidelberg, New York, 1990, S. 47.

Scheer, A.-W. (1998): ARIS – Vom Geschäftsprozess zum Anwendungssystem. Springer Verlag, Berlin, Heidelberg, New York 1998, S. 16, 20.

Scheer, A.-W. (2001): ARIS – Modellierungsmethoden, Metamodelle, Anwendungen. Springer Verlag, Berlin, Heidelberg, New York 2001, S. VII.

Scheer, C.; Deelmann, T.; Loos, P. (2003): Geschäftsmodelle und internetbasierte Geschäftsmodelle – Begriffsbestimmung und Teilnehmermodell. In: Loos, P. (Hrsg.): Working Papers of the Research Group Information Systems and Management, Paper 12, Mainz 2003.

Schuhmann, J.; Meyer. U.; Ströbele, W. (1999): Grundzüge der mikroökonomischen Theorie. 7. Aufl., Springer Verlag, Berlin, Heidelberg, New York 1999, bes. S. 236 ff.

Sinz, E. (1997): Modell. In: Mertens, P. et al. (Hrsg.): Lexikon der Wirtschaftsinformatik. 3. Aufl., Springer Verlag, Berlin, Heidelberg, New York 1997, S. 270.

Struck, U. (1998): Geschäftspläne. Schäffer Poeschel Verlag, Stuttgart 1998.

Varian, H. R. (2004): Grundzüge der Mikroökonomik. 6. Aufl., Oldenbourg Verlag, München 2004, S. 1-2.

Weill, P.; Vitale, M. R. (2001): Place to Space. Harvard Business School Press, Boston, MA, USA 2001.

*e*Europe[1] 2005 – Interoperabilität als Chance für den Mittelstand

Klaus Kruczynski; Hochschule für Technik, Wirtschaft und Kultur Leipzig

1 Einleitung

Der europäische Rat verabschiedete im Juni 2000 im portugiesischen Feira den Aktionsplan *e*Europe 2002 als Teil der Lissabonner Strategie, nach der sich "Europa bis 2010 zum wettbewerbfähigsten und dynamischsten wissensgestützten Wirtschaftsraum der Welt mit mehr Arbeitsplätzen und besserem sozialen Zusammenhalt" entwickeln soll (EU-Kommission). Der Schwerpunkt von *e*Europe 2002 lag vor allem auf der Schaffung wesentlicher Voraussetzungen für das umfassende Wirksamwerden von Electronic Business in Europa. Nach zwei Jahren Laufzeit des Aktionsplanes konnten u.a. folgende bedeutsame Erfolge erreicht werden:

- Verdoppelung der Anzahl privater Internet-Anschlüsse,
- Verabschiedung von Rechtsrahmen für die Telekommunikation und den elektronischen Geschäftsverkehr,
- Internetanschlüsse für nahezu alle Unternehmen und Schulen,
- Ausbau des europäischen Forschungsnetzes zum schnellsten in der Welt.

In diesem Kontext ist es aufschlussreich, ein internationales Rating zum aktuellen Stand der Internet-Nutzer für ausgewählte Länder zu betrachten (vgl. Abbildung 1). Drei EU-Länder nehmen nach dieser Erhebung die führenden Plätze in der Welt ein. Das Fürstentum Liechtenstein wird als Mitgliedsland des Europäischen Wirtschaftsraumes EWR in dieser Statistik nicht ausgewiesen. Deutschlands Position gibt zur Selbstzufriedenheit keinerlei Anlass. Allerdings sind die quantitativen Fakten unbedingt um qualitative Untersuchungen zu ergänzen. Nach einer internationalen Studie zur Entwicklung des E-Business, an der von deutscher Seite

[1] eEUROPE ist die aktuelle IT-Initiative der EU-Kommission auf dem weiteren Weg der EU-Länder in die Informations- und Wissensgesellschaft. Sie wendet sich vor allem an den Mittelstand und verfolgt das Ziel, die bestehende mangelnde Interoperabilität (IO) der IT-Applikationen zu beseitigen. Die Durchsetzung von Interoperabilität bedarf einer effizienten Middleware. In diesem Kontext werden ETL, EAI und Web Services als wichtige IO-Enabler betrachtet.

federführend das Institut für Wirtschaftsinformatik an der Johann-Wolfgang-Goethe-Universität Frankfurt/Main beteiligt ist, wird die Aussage getroffen, dass deutsche Unternehmen und Organisationen nach einer intensiven Aufholphase "auf dem Gebiet der E-Commerce-Nutzung Anschluss gefunden und in ausgewählten Segmenten sogar Spitzenländer wie die USA überholt haben." ... "Dies gilt nicht nur für große Unternehmen, sondern auch für kleine und mittelgroße Unternehmen (KMUs). In allen untersuchten Branchen nutzen KMUs mindestens ebenso oft E-Commerce-Anwendungen wie große Unternehmen. Im globalen Vergleich nimmt der deutsche Mittelstand die Spitzenposition ein, etwa beim Einsatz von EDI oder dem elektronischen Zahlungstransfer, um nur zwei Beispiele zu nennen." [Kö03]. Nur auf den Gebieten der unternehmensübergreifenden Extranet-Nutzung sowie beim Call-Center-Einsatz lagen die deutschen Unternehmen unter dem globalen Durchschnitt.

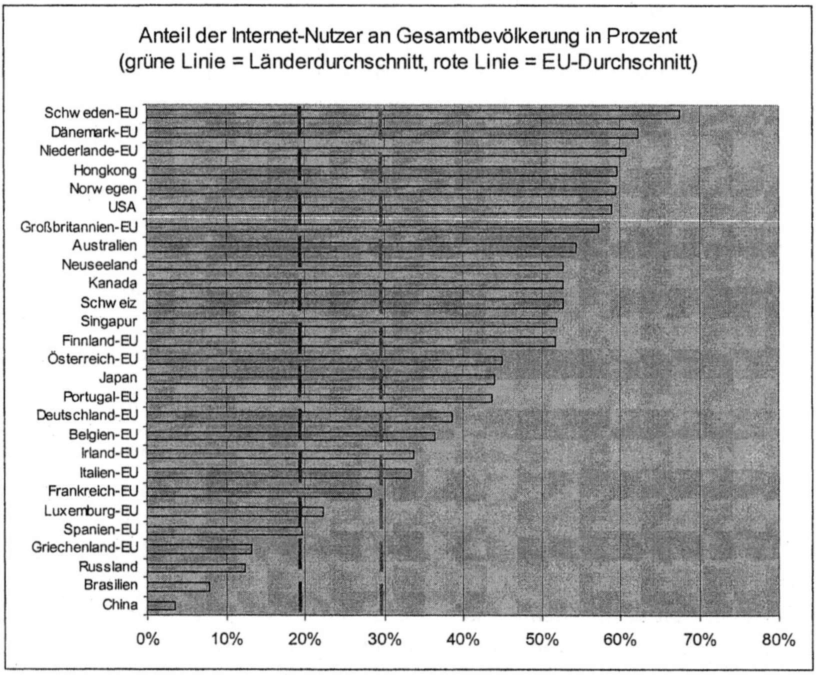

Abbildung 1: Anteil der Internet-Nutzer an Gesamtbevölkerung in Prozent [http:// cyberatlas.internet.com/big_picture/geographics/article/0,1323,5911_151151,00.html]

2 *e*Europe 2005 – inhaltliche Maßnahmen und Instrumente

Es ist konsequent und zielorientiert, wenn der Europäische Rat dazu aufrief, auf den erreichten Erfolgen von *e*Europe 2002 nicht auszuruhen, sondern die schnelle

Umsetzung in wirtschaftliche Aktivitäten forderte. Diesem übergeordneten Ziel dient *e*Europe 2005, das auf dem EU-Gipfel im Juni 2002 in Sevilla verabschiedet wurde. Die folgende Tabelle spiegelt wesentliche Maßnahmen und Instrumente des laufenden Aktionsplanes wider (vgl. u. a. www.europa-digital.de):

inhaltliche Maßnahmen	Instrumente
1. Moderne öffentliche Online-Dienste: - eGovernment - eLearning - eHealth 2. Dynamisierung des elektronischen Geschäftsverkehrs 3. Sichere Informationsinfrastruktur 4. Höhere Webgeschwindigkeit und -verfügbarkeit durch Einführung der Breitbandtechnik, u. a.: - Glasfaserverbindungen - Mobilfunksysteme 3. Generation - Satellitenkommunikationssysteme 5. Interoperabilität	1. Überprüfung und Anpassung der europäischen Rechtsvorschriften 2. Erfahrungsaustausch, Best Practice 3. vergleichende Bewertung realisierter Maßnahmen (Benchmarking) 4. Synergieeffekte durch umfassende Koordinierung aller Politikbereiche (*e*Europe-Lenkungsgruppe) 5. Finanzierung[2]

Der neue Aktionsplan "stellt eine Einladung an die Privatwirtschaft dar, mit der Kommission und den Mitgliedstaaten zur Erfüllung der Ziele von *e*Europe zusammenzuarbeiten." [Ko02].

Zu einer Einladung gehören Gastgeber und Teilnehmer/Gäste. Gäste sind willkommen. Aber sie werden sich nur einfinden, wenn sie das Anliegen des Einladenden überzeugt. Insofern ist es nützlich, Leitlinien und aktuelle Probleme zu *e*Europe 2005 aus berufenem Munde zu erfahren.

---

2 "Ein beträchtlicher Teil der Ausgaben der Strukturfonds – rund 6 Mrd. Euro – sind im Zeitraum 2002 - 2006 für Maßnahmen zur Unterstützung der Informationsgesellschaft vorgesehen, und zwar hauptsächlich zur Förderung der digitalen Kompetenz, der Modernisierung der öffentlichen Dienste, der Förderung des elektronischen Geschäftsverkehrs und der Aufrüstung der digitalen Infrastruktur." [Ko02]

3 *e*Europe 2005 – Leitlinien und aktuelle Probleme

Auf der 10. Internationalen Konferenz "Concurrent Engineering: Research and Applications" CE2003 im Juli auf Madeira gehörte Frau Anne Lehouck von der Europäischen Kommission zu den Keynote-Sprechern. Ihren engagierten Beitrag über *e*Europe 2005 stellte sie unter das Leitthema: vom E-Commerce zum E-Business (vgl. [Le03]). Damit werden wirtschaftliche Tätigkeit und Informationsgesellschaft im Interesse von Synergieeffekten miteinander verschmolzen. In Bezug auf Computernutzung, Internetarbeit und Kauf- bzw. Verkaufstätigkeit im Web gibt es im europäischen Verbund keine signifikanten Unterschiede zwischen großen und kleinen/mittleren Unternehmen (KMU). "KMU fühlen, dass E-Business für sie genauso wichtig ist wie für große Unternehmen." Als unbedingt zu überwindende Probleme stellte sie heraus:

- Die erreichte Integration von Front und Back Office ist unzureichend.
- Die IT-Durchdringung von Geschäftsmodellen befindet sich noch im "Fax-Stadium".
- Die Beseitigung mangelnder Interoperabilität ist das Schlüsselproblem.

Als Interoperabilität bezeichnete sie "die Fähigkeit von zwei oder mehreren Systemen und Komponenten, Informationen auszutauschen und diese ausgetauschten Informationen zu nutzen."

Die ausdrückliche Einladung der Europäischen Kommission richtet sich vor allem an den Mittelstand. In Deutschland ist der Mittelstand Basis und Rückgrat der gesamten Volkswirtschaft. Über 3,2 Millionen Betriebe beschäftigen mehr als 20 Millionen Arbeitnehmer. Das sind etwa 70% aller deutschen Arbeitsplätze. Allein das deutsche Handwerk erreichte 2001 einen Umsatz in Höhe von ca. 509 Milliarden EUR; das entspricht dem Umsatz der sechs größten Unternehmen in Deutschland zusammen (DaimlerChrysler, E.ON, Metro, RWE, Siemens, VW).

Vom Mittelstand erhofft sich die IT-Branche das größte Wachstum. Während der nächsten fünf Jahre wird sich das IT-Geschäft, das nach dem Ende einer langen Stagnation bis 2007 durchschnittliche jährliche Wachstumsraten von 5,6 Prozent erwartet, auf KMU mit bis zu 500 Mitarbeitern konzentrieren. Längst haben umfangreiche Marketingkampagnen zur Eroberung des ERP-Marktes begonnen. Vor allem Microsoft (Apertum/Axapta/Navision) und SAP (Business One/All-in-One) werben intensiv um die mittelständische Clientèle. Allerdings ist die Investitionsfreudigkeit des Mittelstands deutlich nach Beschäftigtenzahlen zu differenzieren. Während sich Unternehmen mit 100 bis 499 Mitarbeitern zum am schnellsten wachsenden Segment im EU-Markt aufschwingen, werden kleinere Betriebe weiterhin nur vorsichtig konservierend agieren.

Die Einladung zu *e*Europe 2005 liegt auf dem Tisch. Worauf müssen KMU besonders achten? Stimmt die Einschätzung des Steeb-Mittelstandsforums 2003 in Würzburg: "Neben dem klassischen ERP, das noch immer das zentrale Thema ist, beobachten wir eine wachsende Nachfrage nach Business Intellligence, CRM und Portalen." [St03]. Wenn ERP, BI, CRM und Portale Interoperabilität gewährleisten, haben die Steeb-Analysten recht. Aber genau an diesem Punkt ist die gegenwärtige mittelständische IT-Landschaft zu hinterfragen.

4 *e*Europe 2005 – Interoperabilität ist entscheidend

Obwohl die Bedeutung der Integration von Daten und Anwendungen seit Beginn der automatisierten Informationsverarbeitung unterstrichen wird, ist heute die IT-Landschaft vieler Unternehmen durch fragmentierte Geschäftsprozesse, redundante und inkonsistente Daten sowie starre Infrastrukturen gekennzeichnet. Bittere Konsequenzen dieser Entwicklung sind, dass

- sich heterogene Datenquellen einer unternehmensweiten Auswertung verschließen, die für das Topmanagement unerlässlich ist,
- die für das erfolgreiche E-Business und die Globalisierung notwendige Verschmelzung von Geschäftsprozessen nicht gelingt,
- Fusionierungen von Unternehmen durch die bestehenden IT-Landschaften massiv behindert werden,
- die permanente Behelfs-Überbrückung der entstandenen Applikations- und Dateninseln zu einem explodierenden Kostentreiber geworden ist.

Die von Anne Lehouck auf Madeira genannten Problemfelder, die mit Hilfe von *e*Europe 2005 aufgelöst werden sollen, bedingen sich gegenseitig: Ohne Integration von Front und Back Office ist die IT-Durchdringung der Geschäftsprozesse nicht wirklich möglich, und Interoperabilität, also in der Regel die Realisierung unternehmensübergreifender Wertschöpfungsketten, setzt die konsistente Abarbeitung von Geschäftsprozessen im eigenen Unternehmen voraus. Somit ist Interoperabilität das hohe Ziel einer klug abgestimmten Folge von IT-Investitionen zur Sicherung und Beschleunigung des Geschäftserfolgs mittelständischer Unternehmen unter den Bedingungen des globalen Wirtschaftens. Dieses Fazit ist deckungsgleich mit dem Ergebnis der vorn zitierten Frankfurter Untersuchung, wonach E-Business in Deutschland deutliche Defizite in der unternehmensübergreifenden Extranet-Nutzung aufweist. Sowohl die Front- und Back-Office-Integration als auch die IT-Durchdringung von Geschäftsmodellen werden sich durch den Einsatz moderner ERP-Systeme, die Webanbindung von vornherein beinhalten, zügig verbessern. Aber Interoperabilität ist damit noch nicht gültig erreicht, obwohl sie heute schon unverzichtbar für zukunftsweisende IT-Strategien ist. Sie schützt bestehende Investitionen durch die Möglichkeit der Integration heterogener Systemlandschaften bei niedrigen Gesamtbetriebskosten.

Interoperabilität ist der Königsweg bei der Verbindung historisch gewachsener unterschiedlicher Systemwelten, weil die existierenden, häufig bewährten und akzeptierten IT-Miniwelten weitgehend beibehalten werden können. Jedes unternehmensübergreifende Geschäftsmodell, jede Neuausrichtung von Zuliefererbetrieben und jede Unternehmensfusion profitiert letztendlich von Interoperabilität (IO).

Datenintegration über den ETL-Prozess in Data Warehouses, Enterprise Application Integration (EAI) sowie Web Services sind hervorragend geeignet, um Interoperabilität durchzusetzen. Am Ende bedürfen einsatzfähige Lösungen für die Sicherung von IO einer übergreifenden Basis, einer effizienten Middleware.

5 Interoperabilität und Middleware

Die Puzzle-Darstellung in Abbildung 3 geht von einem fiktiven Unternehmen aus, in dem 6 Applikationen historisch gewachsen sind. Diese Applikationen sind zwar in sich konsistent, genügen aber nicht den Anforderungen einer übergreifenden Interoperabilität. Das theoretisch perfekte IO-Ziel kann über zwei Grundformen erreicht werden, die ein Kontinuum von Mischlösungen zulassen: Punkt-zu-Punkt-Verbindung bzw. Business Integration über eine Middleware. Es wird sofort deutlich, dass die Middleware-Lösung die Anzahl der Kanten minimiert und dadurch den Integrationsaufwand deutlich herabsetzt. Integration über Punkt-zu-Punkt-Verbindungen ist zumeist eine Folge des Verzichts auf eine vernünftige Integrationsarchitektur und scheidet bei komplexen Integrationsaufgaben aus, da die Kantenanzahl gemäß der Formel n*(n-1)/2 stetig wächst, wie es in der Kurve der Abbildung 2, die nur Werte zwischen 1 und 100 berücksichtigt, visualisiert wird.

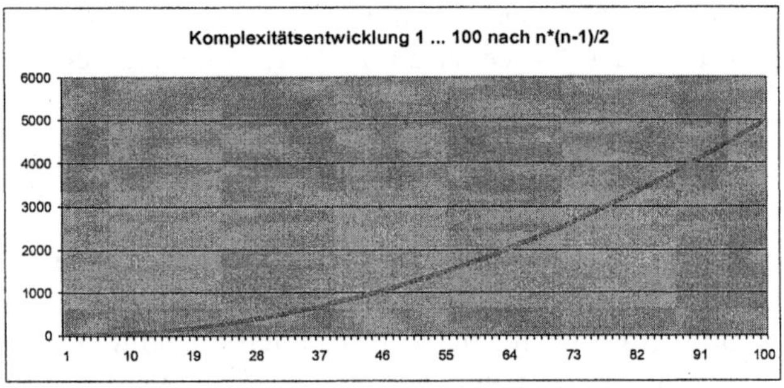

Abbildung 2: Komplexitätsentwicklung

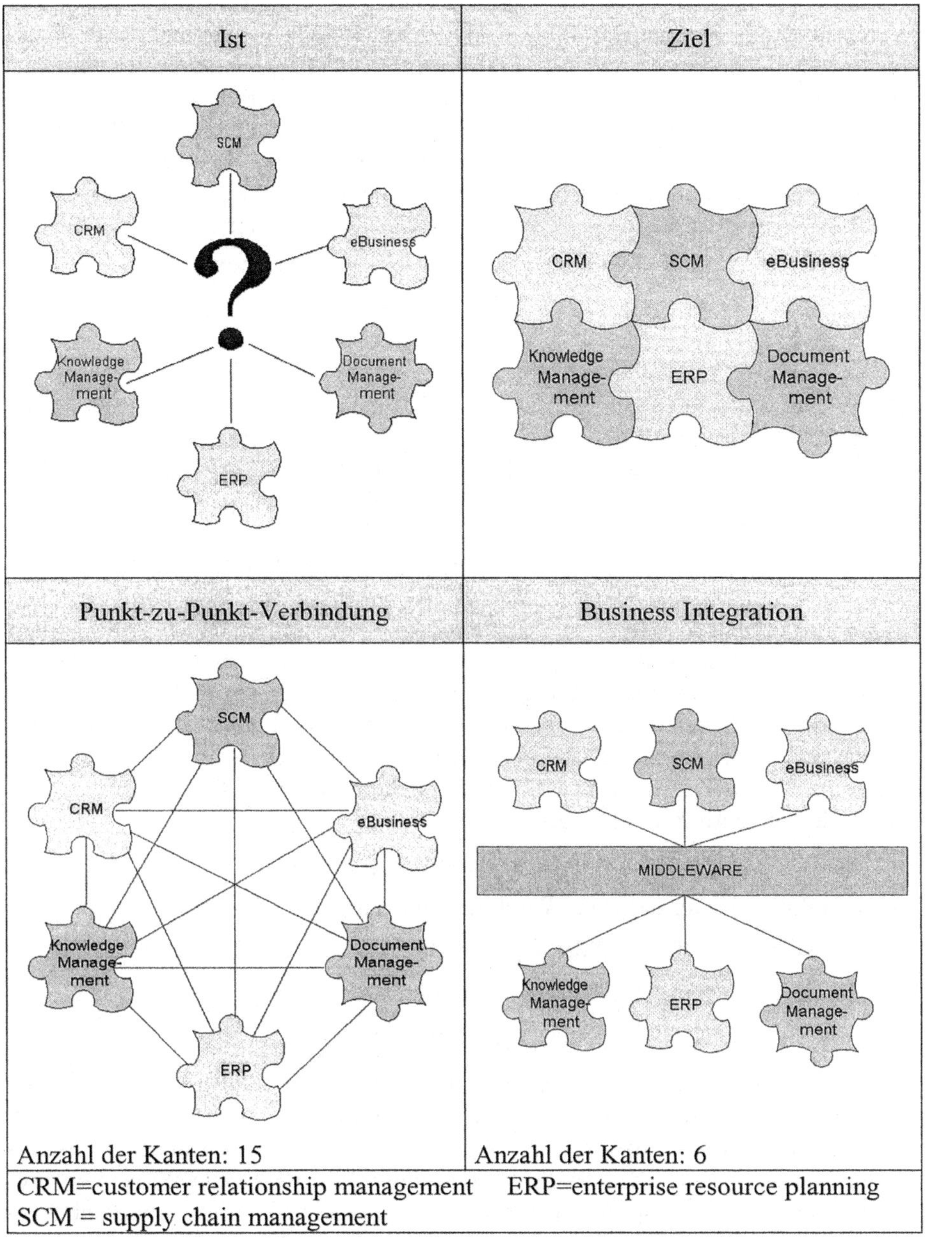

Abbildung 3: Von der Punkt-zu-Punkt-Verbindung zur Middleware

Unter Middleware versteht man eine Softwareschicht, die aus mehreren Ebenen (Multitier-Architektur) bestehen kann. Sie stellt eine technische Infrastruktur zur Verfügung, die die Interaktion und -operabilität zwischen getrennten Applikationssystemen ermöglicht und den Entwickler in die Lage versetzt, sich auf die Applikationslogik, also auf den Inhalt seiner Geschäftsprozesse, zu konzentrieren. Schnittstellenprobleme können separat davon bearbeitet werden. Middleware ist die Voraussetzung für die systemübergreifende Integration, ohne in die bestehenden Datenstrukturen, Anwendungssysteme oder Dokumente eingreifen zu müssen. Im Folgenden sollen in diesem Kontext ETL (Extract-Transfer-Load), EAI (Enterprise Application Integration) und Web Services beleuchtet werden.

6 ETL

Die in den 70er Jahren des vergangenen Jahrhunderts eingeleitete Datenbankentwicklung ist erfolgreich bis heute, wenn jeweils nur mit einer einzelnen Datenbank gearbeitet wird. Braucht das Management integrierte Auswertungen über die heterogenen Datenbanken hinweg, ergeben sich schwer wiegende Auswertungsprobleme. 1982 formulierte Max Vetter: *"Das Jahrhundertproblem der Informatik besteht in der Bewältigung des Datenchaos, das infolge historisch, mitunter auch hysterisch und archaisch, sicher aber unkontrolliert gewachsener Datenbestände fast überall entstanden ist." [Ve88].* Zehn Jahre später schien Bill Inmon mit dem Konzept des Data Warehousing den berühmten Stein der Weisen gefunden zu haben. Er schob zwischen die heterogenen operativen Daten und die Endnutzer das in sich konsistente Data Warehouse als eine ideale Integrationsplattform für die Daten. Diese Integrationsarchitektur ist nur erfolgreich, weil ETL als Middleware die Konsistenz des Data Warehouse sichert. Der ETL-Prozess umfasst die folgenden wesentlichen Aufgaben:

- Analyse und Dokumentation der operativen Quellsysteme,
- Extraktion der für das Data Warehouse relevanten Daten,
- Transformation der Quelldaten gemäß Zielkonventionen des Data Warehouse,
- Bereinigen (Cleansing) der transformierten Daten,
- periodisches Laden der Daten in das Data Warehouse.

Gemessen am Gesamtaufwand für ein Data Warehouse, liegt der ETL-Aufwand zwischen 50 und 80% und wird damit zum entscheidenden Erfolgsfaktor. Es ist bedenklich und erklärt die besondere Schwierigkeit der zu bewältigenden Integrationsaufgaben, wenn The Standish Group einschätzt, dass Data-Warehouse-Projekte folgendes Erfolgsprofil aufweisen: 17% erfolgreich – 49% Terminüberziehung – 34% abgebrochen. Hauptursachen für nicht erfolgreiche Projekte sind ein mangelhaftes Architektur- und Modellkonzept sowie das ungenügende Cleansing der Daten. Nach Angaben für 2001 von Giga Information Group ist Informatica mit 18% Marktanteil der globale Marktführer im Datenintegrationsmarkt. 60% der

Unternehmen aus der Fortune-100-Liste arbeiten mit ETL-Lösungen von Informatica. Da Data-Warehouse-basierte Business-Intelligence-Lösungen im Mittelstand heute eher die Ausnahme sind, erscheint der Einsatz von ETL als Enabler für Interoperabilität in KMU zumindest als begrenzt. In diesem Zusammenhang ist eine Horizonterweiterung lohnend: Im Bereich klassischer Dokumentenmanagementsysteme zeichnen sich neue Perspektiven ab. Zum Beispiel gelingt es mit forcont factory (vgl. http://www.forcont.de/Internet/de/produkte/forcontFactory/index.html), relevante Informationen aus operativen Systemen über eine Middleware virtuell zu integrieren und in einem einfachen Web-Browser verfügbar zu machen.

7 EAI

Die in einem Unternehmen gewachsenen Applikationen werden mit hohem Aufwand in Betrieb genommen, um innerhalb eines bestimmten Funktionsspektrums Wettbewerbsvorteile zu erzielen. Heute stoßen diese Applikationsinseln an Grenzen, weil sie nicht interoperabel sind. Abbildung 4 verdeutlicht diese prekäre Situation:

Softwarelösungen unterschiedlicher Hersteller sind im Normalfalle nicht darauf ausgelegt, miteinander zu kommunizieren. Interoperabilität aber ist im Internetzeitalter aus wesentlichen Gründen unverzichtbar, z. B. zur

- Anbindung von Marktplätzen,
- Schaffung von B2B-Systemen mit durchgängigen Wertschöpfungsketten,
- Implementierung von Unternehmensportalen mit übergreifendem Content-Managementsystem.

Enterprise Application Integration (EAI) ist trotz Ermangelung eines einheitlichen Konzepts der große Hoffnungsträger. EAI zielt auf die Integration geschäftsrelevanter Applikationen mit Hilfe unterschiedlicher Technologien (CORBA, COM, XML, J2EE, .NET u. a.) und Komponenten (von einfachen Adaptern/Konnektoren bis hin zu Applikationsservern). Sie geht dabei weit über die klassische Systemintegration hinaus, weil die zur Anwendung kommende EAI-Middleware nicht nur Probleme des Datentransfers meistert, sondern lösungsorientiert im Sinne der Geschäftsprozesse arbeitet. Wir stehen heute am Anfang einer spannenden Entwicklung, bei der sich das EAI-System ins Zentrum der unternehmensweiten Informationsverarbeitung schiebt: Applikationsinseln werden "Speichen"-Bestandteil einer Hub-and-Spoke-Architektur, die von der "Nabe" EAI skalierbar, zuverlässig und handhabbar zusammengehalten und angetrieben wird.

Die EAI-Integrationsplattform besteht im Wesentlichen aus drei Ebenen: Datenebene, Messaging Ebene, Prozessebene. Auf der **Datenebene**, dem einfachsten Layer dieser Drei-Ebenen-Architektur, werden solche Datenobjekte wie Dateien, Messages oder Programme von der Datenquelle zur -senke so transportiert, dass sie auch bei Systemstörungen ihr Ziel erreichen. Aufgabe der **Messaging-Ebene** ist es, eine Message unter Beibehaltung ihres ursprünglichen Inhalts in das Zielsystem zu konvertieren. Angesichts der Vielfalt der im Internetzeitalter zu bedienenden Informationskanäle sei hier noch einmal an die Vorteile einer Middleware-Lösung gegenüber einer Punkt-zu-Punkt-Verknüpfung erinnert. Auf der **Prozessebene** wird die Logik der Geschäftsprozesse so abgebildet, dass diese miteinander in Interaktion treten können. Die Existenz der Prozessebene innerhalb der EAI-Architektur ermöglicht die Herausbildung neuer Geschäftsmodelle. Künftig ist damit zu rechnen, dass die aufgezeigte Dreiebenenarchitektur zu einer Total Business Integration (TBI) zusammenwächst.

Unternehmen mit IT-Inseln

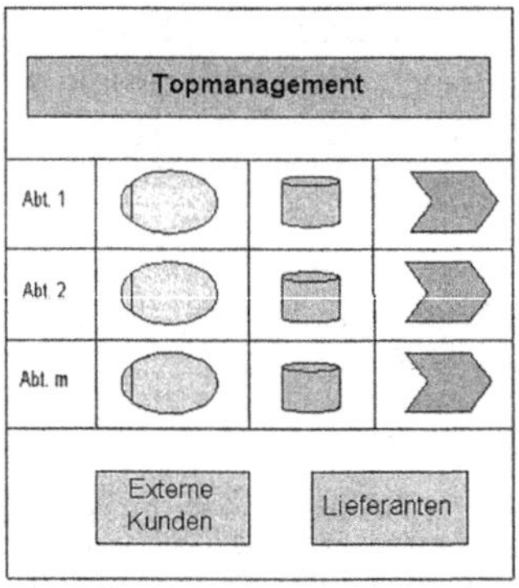

- ab-geteilte Funktionshierarchie,
- zersplitterte Daten,
- getrennte Prozesse,
- IT in untergeordneter Verantwortung,
- Kunden und Lieferanten bleiben außerhalb des Unternehmens,
- IT im Wesentlichen ohne Web-Anbindung.

EAI-getriebenes Unternehmen

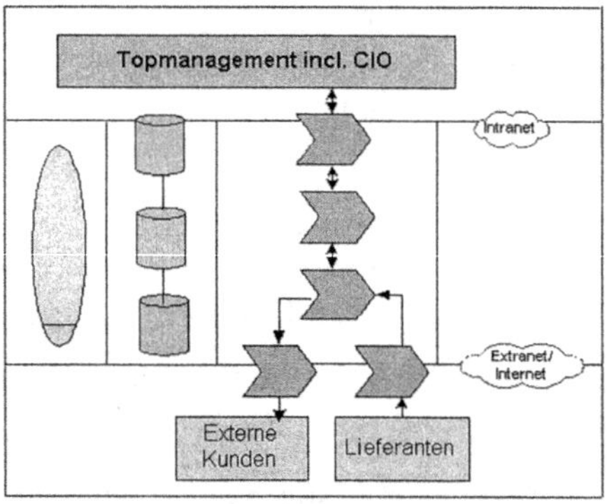

- integrierte Prozessorganisation,
- integrierte Daten,
- integrierte Prozesse,
- Topmanagement hat IT-Verantwortung (CIO = Chef Information Officer),
- durchgängige Wertschöpfungsketten vom Kunden bis zum Lieferanten,
- IT mit universeller Web-Anbindung.

Abbildung 4: IT-Inseln vs. EAI

Der heutige EAI-Markt ist zersplittert. Etwa 70 bis 80 Anbieter werben um die Gunst der geplagten Kunden. IBM, Mercator, SeeBeyond, Tibco, Vitria und Webmethods gelten als Marktführer. Aber auch Anbieter wie Crossworlds und die deutsche Seeburger AG verdienen Beachtung. SAP's Markteinstieg steht kurz bevor. Meta Group prognostiziert die im Säulendiagramm der Abbildung 5 dargestellte Entwicklung des deutschen EAI-Marktes.

Nach Meta Group setzen sich in Deutschland gerade einmal 15% der Unternehmen mit EAI aktiv auseinander. In den USA hat bereits jedes dritte Unternehmen eigene EAI-Erfahrungen gesammelt. Es liegt nahe, die deutsche Zurückhaltung auf die positiven Integrationswirkungen von SAP R/3 zurückzuführen. Allerdings stößt die Integrationsfähigkeit des ERP-Monolithen heute an Grenzen, da die SAP selbst unter dem Druck der Internetökonomie ihre Produkte zu Lasten der primären Integration komponentisiert und der rationelle Applikationsverbund mit Produkten anderer Hersteller unumgänglich ist.

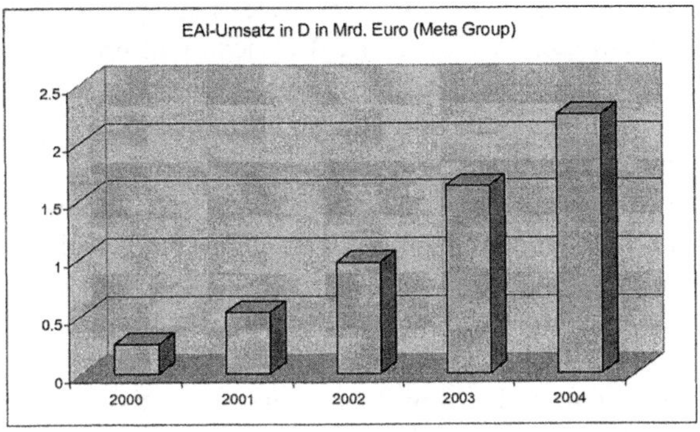

Abbildung 5: Entwicklung des deutschen EAI-Marktes

Kompetente Prognosen gehen davon aus, dass der EAI-Markt für große Unternehmen bereits in 12 bis 18 Monaten gesättigt sein wird. Wichtiges Indiz für die Gültigkeit dieser Annahme ist die Tatsache, dass sich die Konturen zweier Standards deutlich abzeichnen: JCA (J2EE [Java 2.0 Enterprise Edition] Connector Architecture) und XML (Extensible Markup Language) in Verbindung mit Web Services. Dieser Markttrend muss vom Mittelstand als Chance begriffen und gegenüber den EAI-Anbietern, die KMU analog zum ERP-Markt als Vorzugskunden für EAI-Lösungen erkennen, durchgesetzt werden. EAI ist prädestiniert, Interoperabilität langfristig zu gewährleisten. Investitionen dürfen vordergründig nicht mehr schönen IT-Inseln gewidmet werden, sondern müssen zuerst eine die Applikationen verbindende mittelstandstaugliche Integrationsplattform schaffen.

8 Web Services

Unternehmen setzen erfolgreich auf Prozessorientierung. Werden Geschäftsprozesse nicht mehr nur unternehmensintern betrachtet, sondern vom Lieferanten bis hin zum Kunden optimiert, schlägt im Zeitalter der Internet-Technologie die Stunde der Web Services. Mit ihnen sollen sich unterschiedliche Anwendungsbausteine zur Laufzeit eigenständig verknüpfen, um damit die Interoperabilität für komplette Geschäftsprozesse zu sichern. Web Services bauen über modulare Softwarekomponenten mit hervorragenden Schnittstelleneigenschaften, die definierte Teilfunktionen von Geschäftsprozessen im Internet dynamisch erzeugen, auffinden und zur Nutzung bereit stellen, eine webbasierte Middleware auf. Sie sind unabhängig von Softwareplattformen, Programmiersprachen und ihren physischen Standorten. Inzwischen entwickelt sich ein Komponentenmarkt für Web Services, der das bisherige ASP(Application Service Providing)-Modell rasch verändern wird. KMU werden im Zusammenhang mit Web Services hervorragende Chancen eingeräumt, weil sie in den Wertschöpfungsketten des Business-to-Business-Bereiches (B2B) traditionell starke Positionen besetzen, ihr IT-Know-how im Vergleich zu großen Unternehmen aber häufig schwächer ausgeprägt ist. Das sich rasch ausbreitende globale B2B-Geschäft nimmt aber keine Rücksicht auf bestehende Kettenglieder, sondern erfordert mit aggressiver Dynamik souveräne Standortbehauptung. Web Services entlasten die IT-Prozesse der KMU und ermöglichen eine noch stärkere Konzentration auf ihre Kernkompetenzen. Web Services stehen allerdings erst am Anfang ihrer Entwicklung und werden noch durch das Fehlen firmenunabhängiger Basistechnologien behindert. Aber sie gelten zumindest mittelfristig als Schlüssel von weltweit 450 Millionen Internetnutzern. Zur Zeit stehen sich zwei Konzeptionen gegenüber, die um weltweite Dominanz ringen: Sun's J2EE(Java 2 Enterprise Edition)-Technik und Microsoft's .NET-Framework, wobei die Sun-Allianz gegenwärtig vorn liegt. Die bereits bestehenden Standards für Web Services bauen auf XML (eXtensible Markup Language) auf. Unterschiedliche Gremien haben weitere Standards wie SOAP (Simple Object Access Protocol), UDDI (Universal Description, Discovery and Integration) oder WSDL (Web Service Description Language) entwickelt, deren inhaltliche Berechtigung nicht bestritten wird. Da sie aber nicht aufeinander abgestimmt wurden, tragen sie nur bedingt zu einer Situationsverbesserung bei. Durch die Bündelung von Standardisierungsaktivitäten vor allem von IBM, Microsoft und SAP in dem neu gebildeten Konsortium WS-I (Web Services Interoperability, vgl. http://ws-i.org), dem heute schon weltweit 150 Mitglieder angehören, werden der notwendigen Durchsetzung von Interoperabilität neue Chancen eröffnet.

Nach Aussagen namhafter Marktbeobachter (Merril Lynch, IDC, Forrester, O-vum) kann bis zum Jahre 2004 weltweit mit einer jährlichen durchschnittlichen Wachstumsrate in Höhe von 70% für Web Services gerechnet werden. Interessant ist die Detaillierung dieser Raten:

CDN (Content Distribution Network)	133%
E-Markets	123%
ASP	81%
Web Hosting	55%
WAO (Web Application Outsourcing)	47%

Während CDN, ASP, Web Hosting und WAO vor allem der Umsetzung von Web-Technologien dienen, beweist die Positionierung von E-Markets auf Rang 2 die vorrangige inhaltliche Ausrichtung der Web Services auf das komplexe E-Business.

Web Services sind eine reale Chance, weil damit Geschäftsprozesse einer neuen Dimension möglich werden. Noch bestehende Standardisierungsschwierigkeiten werden sich lösen lassen. Für den Mittelstand sind Web Services mit dem Vorteil verbunden, an aktuellen IT-Technologien zur Gewährleistung von Interoperabilität zu partizipieren, ohne die dazu notwendigen Anwendungskomponenten selbst verfügbar zu haben.

9 Fazit

*e*Europe 2005 fordert und fördert Interoperabilität. Obwohl die Durchsetzungsbedingungen noch verbessert werden müssen, gibt es bereits Erfolg versprechende Technologieansätze, von denen m. E. der SAP NetWeaver mit seinem Angebot einer Koexistenzarchitektur zwischen Microsoft.Net sowie IBM WebSphere (J2EE) herausragt. *e*Europe 2005 muss für den Mittelstand heißen, mit Interoperabilität zu rechnen. Das bedeutet konkret, Geschäftsprozesse so zu reorganisieren, dass sie über den Zaun des eigenen Unternehmens springen können, Partner einbeziehen und für das umfassende E-Business vorbereitet sind. Diese neue Qualität der geschäftlichen Interaktion ist von Interoperabilität abhängig. Die Entscheidungen über die zu tätigenden IT-Investitionen im mittelständischen EU-Raum sind vor allem davon abhängig zu machen, ob sie praktikable mittelstandstaugliche Interoperabilität durchsetzen. Misslingt der Interoperabilitätsschub, wird der prognostizierte Investitionsschub, auf den die IT-Branche hofft, ausbleiben.

Literatur

[Ko02] Kommission der europäischen Gemeinschaften: eEurope 2005: Eine Informationsgesellschaft für alle. Brüssel, den 28. 05. 2002.

[Kö03] König, W.: International vergleichende Untersuchung des Einsatzes von Electronic Commerce. Vortrag auf dem Wirtschaftsinformatik-Symposium der Wirtschaftswissenschaftlichen Fakultät der Universität Leipzig am 04. 02. 1003.

[Le03] Lehouck, A.: eEurope 2005. Vortrag auf der 10. Internationalen ISPE Konferenz Concurrent Engineering. Funchal/Madeira am 30. 07. 2003.

[St03] Stotz, H.: Fit durch die Krise. 16. Steeb-Mittelstandsforum 2003 in Würzburg. SAP INFO 111, November 2003.

[Ve88] Vetter, M.: Strategie der Anwendungssoftware-Entwicklung. Planung, Prinzipien, Konzepte. Stuttgart: Teubner 1988, S. 11.

Wie digital ist ihr Geschäft?

Friedrich Roithmayer; Universität Innsbruck
Kerstin Fink; Universität Innsbruck

1 Ausgangssituation

1.1 Problemstellung

Trotz der Probleme bei einer Vielzahl von Internetfirmen in den letzten beiden Jahren, zeichnet sich das E-Business durch eine große Dynamik aus, was sich in der Entwicklung neuer Geschäftsmodelle als Ergebnis von strategischen Überlegungen wiederspiegelt. Der Erfolg im digitalen Markt hängt im hohen Maße davon ab, ob es ihr gelingt, die Dienstleistung „Markttransaktion" zu einem konkurrenzfähigen Preis und angemessener Qualität anzubieten. Eine Ware oder eine Dienstleistung ist in der Regel immer dann konkurrenzfähig, wenn sie zum gleichen Preis mehr bietet oder bei gleicher Leistung weniger kostet. Die hohe Insolvenzrate digitaler Marktplätze in der jüngsten Vergangenheit deutet darauf hin, dass diese Konkurrenzfähigkeit, vor allem gegenüber dem konventionellen Handel, nicht immer gegeben war. Ein wesentlicher Mangel wird in der Nichtbeachtung der digitalen Gestaltungswirkung gesehen. Daneben werden auch Probleme an strategischer Überlegung gesehen[1]. Im Beitrag werden methodische Fragestellungen mit entsprechenden Lösungsansätzen für „digitale Märkte" präsentiert.[2]

1.2 State of the Art

Eine Studie von Clasen[3] (Abbildung 1) zeigt die Betriebszeiten von digitalen Märkten in Abhängigkeit ihres Gründungsdatums. Man erkennt, dass alle noch existierenden Unternehmen auf einer Geraden liegen, welche die Anzahl der Monate seit ihrer Gründung bis heute angeben. Alle digitalen Unternehmen, die unterhalb dieser Geraden liegen, haben eine Überlebenszeit, die zu kurz ist, um bis heute durchgehalten zu haben; sie sind also aus dem Markt ausgeschieden. Studien bestätigen, dass die Kurzlebigkeit dieser Unternehmen primär auf Mängel

---

[1] Keuper, F. (Hrsg.): Strategic E-Business. Gabler 2001.

[2] Siegel, D.: Futurize Your Enterprise. Business Strategy in the Age of the E-Customer. John Wiley & Sons. New York 1999.

[3] Clasen, M.: (Miß-)Erfolgsfaktoren digitaler Marktplätze in der Agrar- und Ernährungsindustrie. Unveröffentlichtes Manuskript. Kiel 2003.

in der strategischen Planung und dem mangelnden Einsatz geeigneter Methoden und Werkzeuge zur Bestimmung des Digitalisierungsgrades von Produkten und Dienstleistungen liegt.

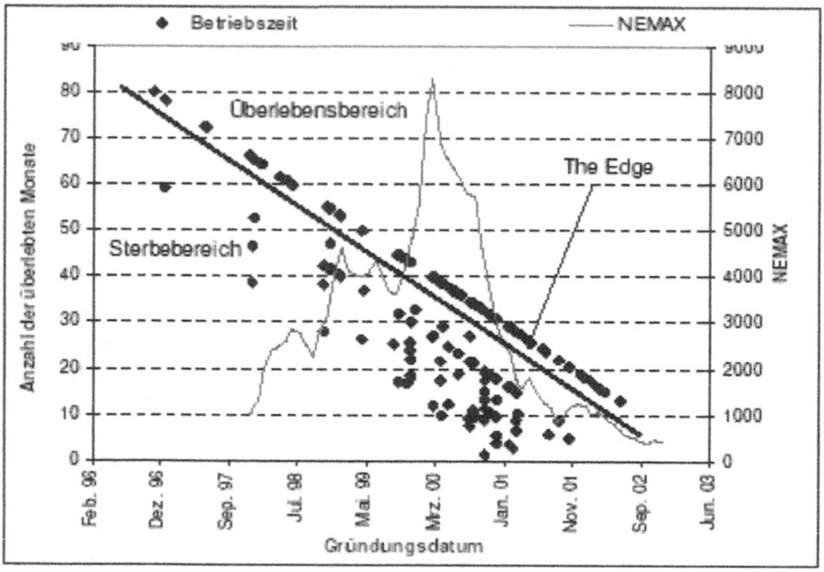

Abbildung 1: Betriebszeiten in Abhängigkeit des Gründungsdatums (entnommen: Clasen)

2 Das digitale Geschäftsmodell

2.1 Die Grundidee

Ein digitales Geschäftsmodell ist die Kunst, die Art, die Wissenschaft, der Einsatz, die Verwendung digitaler Technologien zur Erweiterung der strategischen Optionen des Unternehmens[4]. Im Mittelpunkt stehen:

- Customer Service und Customer Care,
- Produktivitätssteigerung,
- Schaffung von Alleinstellungsmerkmalen,
- Gewinnverbesserung.

---

4 Slywotzky A. J., Morrison D. J.: How Digital Is Your Business? Crown Business. New York 2000; Sander, E.: Dynamische Planung – Wettbewerbsstrategien im E-Business. In: Keuper, F. (Hrsg.): Strategic E-Business. Gabler 2001. S. 72-96.

Dell Computer und Compaq erzeugen ähnliche Produkte. Die Erfolgsstory von Dell Computer war nur mittels eines digitalen Geschäftsmodells möglich. Ein digitales Geschäftsmodell nutz die Gestaltungswirkung der Technologie zur Unterstützung strategischer Optionen des Unternehmens. Was ist das Alleinstellungsmerkmal von Dell Computer?

- Der Grad der Kenntnis der Kundenwünsche und die individuelle Anpassung ihnen das zu liefern, was sie wollen (Kundenindividualisierung). Durch die Bereitstellung von Online-Tools war es dem Kunden möglich, seinen „maßgeschneiderten PC" zu designen.
- Die Verbesserung der finanziellen Situation durch sofortige Zahlung durch die Kunden. Der Zahlungsvorgang fand vor der Produktion statt. Dies wurde möglich über den Internetverkauf. Die finanziellen Außenstände bei Dell Computer führten vor Einführung des digitalen Geschäftsmodells dazu, dass für das Unternehmen ursprünglich keine Profitabilität mehr gegeben war. Nach Einführung des digitalen Geschäftsmodells finanzierten die Kunden die Produktion vor.
- Das durchgängige Konzept des strategischen Controllings.

Compaq hingegen vertrieb über Händler und war demnach nicht so nahe am Kunden, was sich letztlich auch im Geschäftserfolg niederschlug.

2.2 Business Design und Digitalisierungsgrad

Mit Hilfe der „Digitalen Geschäftsmodell-Matrix" (Abbildung 2) resultiert eine Positionierung zwischen der Qualität des Geschäftsmodells und dem Digitalisierungsgrad. Die Positionierung erfolgt nach folgendem Vorgehensansatz:

- Wie schätzen sie die gegenwärtige Situation des eigenen Unternehmens und der Mitbewerber im Hinblick auf Geschäftsmodelle und Digitalisierungsgrad ein?
- Wie beurteilen Sie die Qualität des derzeitigen Geschäftsmodells (0-10)?
- Wie beurteilen Sie den Digitalisierungsgrad (0%-100%)?
- Welche strategischen Optionen ergeben sich aus dieser Situation?

Abbildung 2 zeigt zusätzlich ausgewählte Ergebnisse einer empirischen Studie die am Institut für Wertprozessmanagement – Wirtschaftsinformatik der Universität Innsbruck im Zeitraum September 2003 bis Dezember 2003 durchgeführt wurde. Dabei wurden 100 Executives über die Einschätzung der Qualität derzeitiger Geschäftsmodelle und deren Möglichkeit diese auch zu digitalisieren befragt.

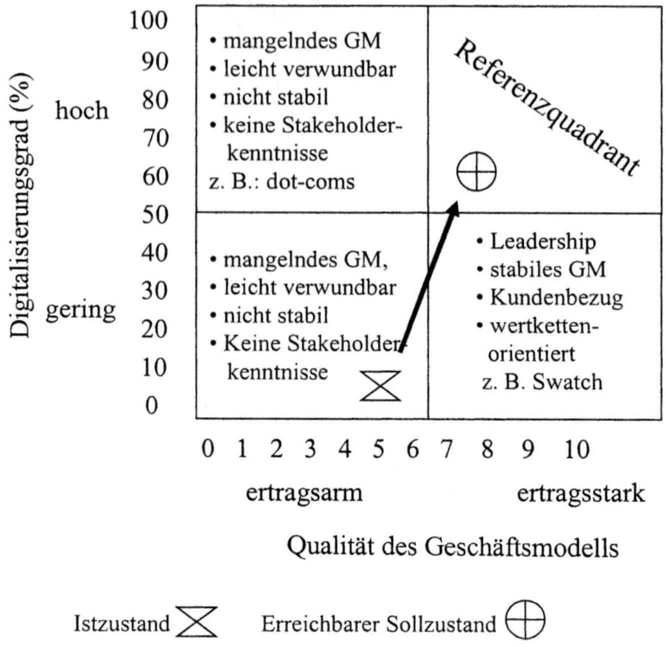

Abbildung 2: Digitale Geschäftsmodell-Matrix

Die Bestimmung des Digitalisierungsgrades geschieht mit Hilfe einer Checkliste, wie beispielhaft in Abbildung 3 dargestellt.

Profil-Parameter	*0%*	*10%*	*20%*	*30%*	*40%*	*50%*	*60%*	*70%*	*80%*	*90%*	*100%*
Verkauf											
Supply Chain											
CRM											
Training											
Stakeholder-information											

Abbildung 3: Checkliste zur Bestimmung des Digitalisierungsgrades

2.3 Der Nutzen des digitalen Geschäftsmodells

- Durch die Verfügbarkeit von Datenbanken, Wissensdatenbanken, Methoden-, Modellbanken und einem Business Warehouse geht das *Entscheidungsmodell* vom ***Schätzen*** zum ***Wissen***. Dies setzt aber eine permanente Evaluierung der Internetaktivitäten voraus.
- Der *Wert* für den Kunden wird schärfer erkennbar. Durch eine schärfere Kundendiagnose kann eine bessere Kundenindividualisierung erreicht werden. Von der ***Fehlanpassung*** zum perfekten *fit.* Unter „Impression" versteht man eine Werbe-Banneranzeige für den Benutzer. Click-through ist die Banneranzeige und das Weiterklicken (CT) auf eine andere Website. CTR = Impression/CT. Studien bestätigen, dass Animationen zu einer Steigerung des CTR um 25% führen.
- Der **Informationsfluss** im Unternehmen geht von der *Zeitverzögerung* zum *real time.* Dies setzt eine entsprechend Informationssystem-Architektur voraus, wie z.B. ein Supply Chain Konzept.
- Das **Kundenservicemodell** wandelt sich vom *Anbieterservice* zum *Kundenselbstservice.* Durch Schaffung geeigneter Zugangssysteme, implementiert in Portalen, wird für den Kunden ein servicegerechter Unterstützungsansatz erreicht. Beispiele dafür sind der Einsatz von Expertensystemen zur Kundenunterstützung oder Customer-Care-Konzepte usw.
- Die **Mitarbeiterqualifikation** wandelt sich von einer *niedrigen Qualifikation* hin zum *Knowledge worker (Knowledge-Management[5]).*
- Die **Prozesse** verändern sich von der *Fehlererkennung* zur *Fehlervermeidung (Business Process Reengineering).*
- Die **Produktivität** nimmt um den *Faktor 10 zu;* Zielvorgabe.
- Der **Integrationsgrad** nimmt innerbetrieblich aber auch zwischenbetrieblich zu[6].

2.4 Dimensionen des digitalen Geschäftsmodells

In Anlehnung an Slywotzky und Morrison kann ein digitales Geschäftsmodell mit 8 Dimensionen bewertet werden.

1. *Stakeholderauswahl*: Der wohl wichtigste Stakeholder ist der Kunde (Endverbraucher, öffentlicher Bereich, Education, Training & Learning...). Wie weit wird Internet für das erreichen neuer Kunden genutzt? [7]

---

[5] Fink, K.: Know-how-Management. Oldenbourg Verlag. München-Wien. 2000.

[6] Mertens, P.: Integrierte Informationsverarbeitung 1. Administrations- und Dispositionssysteme in der Industrie. 11. A. Gabler Wiesbaden.

2. *USP oder Unique Value Proposition* für den Kunden: Im Mittelpunkt steht die Frage warum soll der Kunde bei mir kaufen? Das Internetangebot ist an den Bedürfnissen der einzelnen Stakeholder zu orientieren. Ein Kundenutzen kann dann gestiftet werden, wenn der Kunde das Produkt bzw. die Dienstleistung an seine Bedürfnisse individuell anpassen kann (customizing).

3. *United Value Proposition* für begabte Mitarbeiter: Wie kann ich erreichen, dass meine Mitarbeiter von Routineaufgaben entlastet werden und für qualifizierte Aufgaben zu Verfügung stehen; sie zu „knowledge worker" entwickelt werden. Abbildung 4 zeigt das hierarchische Modell „von Daten zum knowledge in action". Die höchste Stufe des Lernens ist das Erreichen des „knowledge in action". Das Unternehmen muss eine Kultur entfalten, die dem Mitarbeiter diese Entwicklung zum Wissensarbeiter ermöglicht.

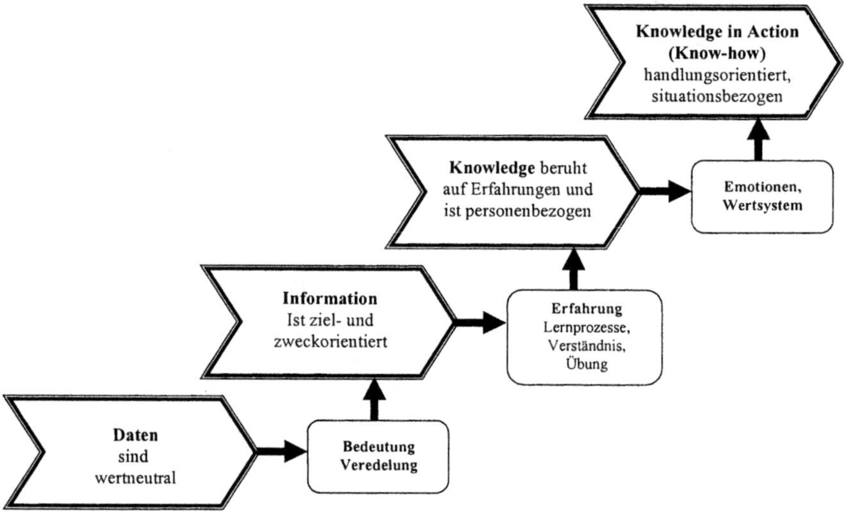

Abbildung 4: Von Daten zum Knowledge-in-Action

1. *Das Gewinnmodel.* Es gilt hier zu hinterfragen, ob die eingesetzten Gestaltungselemente des Internet auch zu einem entsprechenden Gewinn führen. Führt beispielsweise der Einsatz eines Expertensystems bei der Kundenberatung zu einem höheren Gewinn? Verallgemeinert ist zu hinterfragen, ob eine zunehmende Digitalisierung auch einer zunehmenden Gewinnsituation entspricht.

---

[7] Roithmayr, F., Fink., K., Smid, J.: Stakeholder-Informationssysteme – Ein Bezugsrahmen. In: Best of 2003. Business Information for Management. SAP Business School Vienna. S. 81-96.

2. *Strategisches Controlling – Differenzierung.* Das strategische Controlling hat primär folgende Aspekte zu betrachten: Differenzierung des Angebots gegenüber den Mitbewerbern; Strategische Allianzen; Kundenbindung (z. B.: Miles and More Programm der Star Alliance); Welches ist der Mehrwert, den das Unternehmen durch das Netzangebot erzielt?

3. *Festlegung des Handlungsspielraumes.* Die zentrale Frage, die sich hier stellt lautet: Wie groß muss der Handlungsspielraum sein, um einen zusätzlichen Wert zu generieren? Im Mittelpunkt der Überlegungen stehen Kanalkonfigurationen wie SCM. Kann ich mittels SCM ein zusätzliches Geschäft generieren?

4. *Organisation – Kultur*: Im Fokus steht die Schaffung organisationaler und kultureller Voraussetzungen zur Unterstützung des digitalen Designs. Beispiele dafür sind die Schaffung flacher Netzwerkorganisationen, Mitarbeiterentwicklungsprogramme und letztlich die Schaffung einer ethischen Wertegemeinschaft, die es den Mitarbeitern ermöglicht sich zu Wissensarbeitern zu entwickeln. Dabei stehen auch Konzepte des Wissenstransfers im Mittelpunkt der Betrachtungen.

5. *Implementierung des Informations- und Wissensmanagements.* Ein digitales Geschäft setzt die Implementierung eines geeigneten Managementansatzes voraus.[8]

2.5 Das Konzept des „Choiceboard“ als Instrument der Gestaltungswirkung

2.5.1 Die Idee

Das Choiceboard- Konzept bezeichnet ein interaktives online System, das es dem einzelnen Stakeholder ermöglicht, sein eigenes Produkt bzw. seine gewünschte Dienstleistung aus einer Menüauswahl zu konfigurieren. Sobald der Kunde die Auswahl bestätigt hat, erfolgt über die Supply Chain der Anstoß für die Produktion und letztlich für die Bereitstellung der Leistung beim Kunden. Beispiele für Choiceboard unterschiedlicher Industrien sind:

- Mattel´s My Design Barbie (www.barbie.com);
- Cisco´s Marketplace (www.cisco.com);
- Dell Computer (www.dell.com);
- Manuel Rodriguez (www.manuelcalzado.com/de/).

---

8 Heinrich, L. J., Heinzl, A., Roithmayr, F.: Wirtschaftsinformatik-Lexikon. 7.A. Oldenbourg Verlag. München-Wien 2004.

Rodriguez erzeugt maßgefertigte Schuhe. Ein wesentlicher Punkt für die spätere Lieferung und damit die Kundenzufriedenheit besteht in der Kommunikation Kunde-Unternehmen. Die Übermittlung ungenauer Fußmaße führt zu späteren Spannungen zwischen Auftragnehmer und Auftrageber. Rodriguez führt den Kunden durch den Prozess der Abnahme der Fußmaße.

- Hutchinson Designs (www.phdesigns.co.uk)

Das Unternehmen geht bei seiner Maßanfertigung nach einem zweistufigen Konzept vor. Stufe 1 umfasst unkomplizierte Veränderungen des Standardangebots: Farbveränderungen, andere Stoffe, Sondergrößen etc. Wünsche, bei denen der Kunde leicht klarmachen kann, was er will. Abbildung 5 zeigt einen Ausschnitt der Erfassungsmaske für den Kunden.

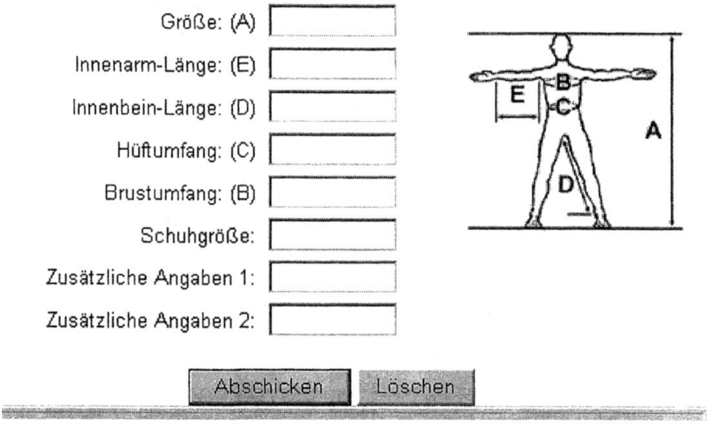

Abbildung 5: Stufe 1

Stufe 2 ist für tatsächliche Design-Veränderungen bis hin zu völlig neuen Produkten. Für solche Vorhaben braucht Hutchinson mehr Kundeninformationen bevor Machbarkeit und Preis kalkulieren werden können.

Das Ziel des Choiceboardkonzepts liegt in der Unterstützung der *Kundenindividualisierung*. Dies setzt jedoch auf der Seite der Informationssystem-Infrastruktur einen unterbrechungsfreien Rechnerbetrieb, ein Supply Chain Konzept, integrierte Lösungen, Multimedia, Expertensysteme und Zielgruppenorientierung voraus.

Das Konzept führt zu einer *Selbstklassifikation* der Kunden dergestalt, dass nicht das Unternehmen die Kunden nach Kriterien segmentiert, sondern diese dies durch die Interaktion selbst durchführen, was bei der Klassifikation der Kunden zu einer Qualitätsverbesserung führt. Eine zielgerichtete Ansprache durch das Unternehmen wird damit verbessert.

Sehr oft wissen Kunden nicht genau, was sie wollen. Durch die Interaktion kann der *Kundenwunsch* genau spezifiziert werden. Ein gutes Beispiel dafür ist das Laptop-Choiceboard von Sony (http://shop.sonystyle-europe.com).

Ein gutes Choiceboard führt nicht nur zur Steigerung der *Kundenzufriedenheit*, sondern wirkt sich auch positiv auf die *Gewinnsituation* des Unternehmens aus. Was ist „ein gutes Choiceboard"? Dieses zeichnet sich durch Leistung und Inhalt aus. Leistung im Sinn der Informations-Infrastruktur heißt, dass Prozesse in hohem Ausmaß automatisiert werden und sich sowohl extern auf den Kunden beziehen, als auch im Unternehmen zu Optimierungen führen. Inhalt heißt, dass hier Content angeboten wird, der für den Kunden von Interesse ist.

Choiceboard dreht die *traditionelle Wertekette* um. Während im „nicht digitalen Geschäft" normalerweise Leistungen erstellt und dann verkauft werden, ist dies im „digitalen Geschäft" umgekehrt.

2.5.2 Choiceboard-Modelle und Business Design

Der Wert dieser Modelle liegt in der Bereitstellung verstärkender Elemente im Business Design. Beispiele dafür sind:

- *CISCO's* Choiceboard ermöglicht den Übergang von einem einfachen Verkauf zu komplexen hochwertigen Kaufprozessen. Letztlich handelt es sich um eine virtuelle Anwendungsmaschine mit Hilfe der man Netzwerke fehlerfrei konfigurieren kann. Dies wird insofern wichtig, da sich CISCO in der aktuellen Geschäftsstrategie vor allem auch privaten Haushalten zuwendet.
- *Mattel* ermöglicht den Kindern nicht nur interaktiv ihre eigene „Barbie" zu designen, sondern verfügt auch über die Namen der Kinder in der Datenbank. Dadurch ist es möglich eine „One-to-One-Beziehung" aufzubauen.
- *Dell's* Choiceboard bewirkt, dass der Kunde mehr kauft als er braucht.
- *Bereitstellung kundenspezifischer Interfaces* wie Abbildung 6 zeigt.
- *Choiceboard-Modelle* ermöglichen eine Zweiwegkommunikation was zu einem besseren Verständnis der Kundenbedarfe führt. Dies bewirkt eine Kostensenkung, bedingt durch die Lagerreduzierung und die Idee JIT – Konzeption, was auch zu einer Verbesserung der Kundenloyalität beiträgt.
- *Choiceboard unterstützt andere Modelle, was zu einer Gewinnsteigerung führt.* Beispiele dafür sind Lizenzmodelle.
- Unterstützung *von Commodity*-Prozessen. Basierend auf dem Choiceboard-Modell ist es möglich zusätzliche Accessoires oder zusätzliche Services zu erwerben. Diese zusätzlichen Leistungen erfolgen durch ein „upgrade" der Basisleistung. Dies ist für den Kunden günstiger, als der eigenständige Kauf dieser Zusatzleistung, bringt aber dem Unternehmen wesentlich mehr Gewinn, als würde die Leistung separat verkauft.

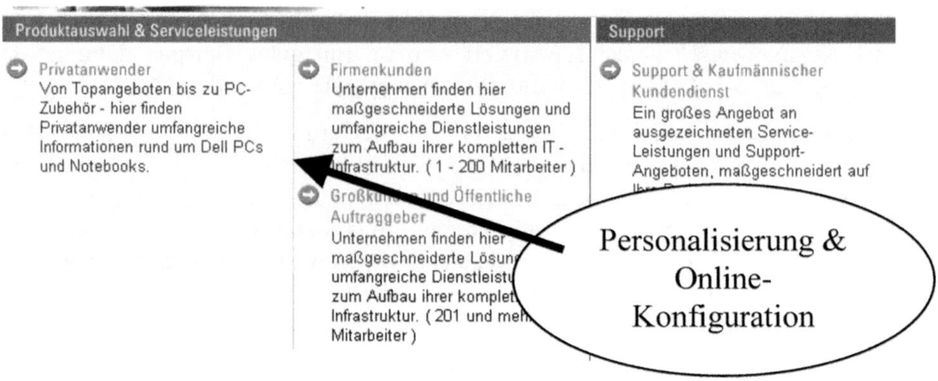

Abbildung 6: Choiceboard Dell Computer

3 Schlussbemerkung

Im Mittelpunkt des „Digitalen Geschäfts" steht der strategische Wille der Unternehmensleitung, diese digitalen Aktivitäten auch zu unterstützen. Unter Verwendung einer geeigneten Methodik sollen gestaltungswirksame Prozesse entwickelt werden, welche die Kundenzufriedenheit fördern aber zugleich auch eine positive Wirkung auf die Gewinnsituation des Unternehmens haben. Ein digitales Geschäft ist nur dann erfolgreich, wenn die unterschiedlichen Stakeholder im Unternehmen (Informationsmanagement, Vertrieb, Controlling) das Geschäft konsequent am externen Stakeholder ausrichten.

Was die Stammesgeschichte lehrt ...

Manfred Schlapp; Fachhochschule Liechtenstein

1 In Memoriam Konrad Lorenz

Im November 1963 erschien in einem Wiener Verlag in kleiner Auflage ein Buch mit dem Titel "Das sogenannte Böse". Kaum erschienen, musste eine zweite Auflage in Druck gehen, und bereits drei Jahre nach dem Erscheinen der Erstausgabe ging das Buch in die 20. Auflage. Der Untertitel "Zur Naturgeschichte der Aggression" klärte über die Thematik des "sogenannten Bösen" auf.

Autor dieses Buches ist Konrad Lorenz, der 1943 mit einer biologischen Interpretation des Kant'schen APRIORI in Fachkreisen erstmals auf sich aufmerksam gemacht hat, mit einer Studie, die heute zu den Meilensteinen der evolutionären Erkenntnistheorie zählt. Mit seiner "Naturgeschichte der Aggression" ist er über Nacht weit über die Grenzen seiner Heimat hinaus berühmt geworden. Dieses Buch entfachte eine öffentliche Diskussion, die über Jahre hinweg mit weltanschaulichem Eifer betrieben wurde und bis heute nicht verstummte.

Es ist das große Verdienst von Konrad Lorenz, eine Forschung populär gemacht zu haben, die sich mit den Ursprüngen und Wurzeln unseres Verhaltens beschäftigt. Die Ethologie, die vergleichende Verhaltensforschung, hat zwar eine lange Tradition, aber erst seit rund vierzig Jahren fand sie das Interesse einer breiten Öffentlichkeit. Zu solcher Breitenwirkung haben nicht zuletzt die Arbeiten von Konrad Lorenz und seiner Schüler verholfen.

Zwei dieser Schüler werden in den folgenden Ausführungen zu Worte kommen und dazu beitragen, eine Problematik zu verdeutlichen, sie sowohl Finanzdienstleister als auch Wirtschaftsinformatiker interessieren dürfte. Die Erkenntnisse der Ethologen sollen dazu beitragen, Einblick in die Hintergründe elementarer Verhaltensweisen zu gewinnen und den Blick für die Lehre zu schärfen, die uns die Stammesgeschichte erteilt.

2 Strategien des (Über-)Lebens

2.1 Suum, suam, suum cuique!

"Suum cuique!" lautet der Rechtsgrundsatz, auf dem das römische Rechtssystem basierte. Diesem Grundsatz zufolge war jedem Bürger ein genau definierter

Rechtsanspruch garantiert und Gesetze sicherten die Integrität des Besitzstands, auf den der einzelne Anspruch hatte.

"Jedem das Seine!" ist ein Rechtsprinzip, auf dem auch das platonische Staatsmodell gründet. Platon war jedoch ein gutes Stück weiter gegangen, als es die damaligen Verfassungsrechtler taten. Platon ließ sich in seiner berühmten Politeia - man höre und staune - von der Stimme der Natur inspirieren, ohne sich solcher Inspiration bewusst zu sein. Er erweiterte nämlich den Grundsatz des "Suum cuique!" zum Diktat des "Suam cuique!": "Jedem die Seine!" Freilich darf nach Platon nicht der Untertan entscheiden, welche Gattin ihm fromme – die Frau ihrerseits, die Platon auf die Stufe der Tiere stellte, schied als vollwertige, partnerwerbende Person ohnehin aus. Die Auswahl der Ehegatten obliegt im platonischen Staat der Obrigkeit. Staatsbeamte bestimmen, wer wen zu ehelichen und zu begatten hat, mit dem Ziel, die Repräsentanten der drei staatstragenden Stände, des Lehrstands (Philosophen und Staatslenker), des Nährstands (die Werktätigen und Bauern) und des Wehrstands (Wächter und Soldaten), biologisch permanent zu verbessern.

Platons Staatslehre zielte darauf ab, die Lebenstüchtigen zu stärken und zu mehren und minderwertiges Leben zu dezimieren. Um dieses Ziel zu erreichen, plädierte der Philosoph nicht nur dafür, die Praktiken der Viehzucht auf die menschliche Gesellschaft zu übertragen. Er propagierte sogar den Kindermord, um "unwertes" Leben beizeiten zu tilgen. Platon war guten Glaubens, dass die Ziele die Mittel heiligen. Gelte es doch, drei Kasten zu züchten: clevere Führer, die immer klüger werden; tapfere Krieger, die immer todesmutiger werden, und nimmermüde Knechte, die mit jeder Generation noch mehr zu schuften in der Lage sein sollten.

Mit seinem Staatsmodell hat Platon ein Opus komponiert, dessen Marschmusik Jahrtausende später vom Knüppel der Gestapo erstmals dirigiert worden ist. "Dass Platons Staat" – schrieb der englische Philosoph Bertrand Russell – "von anständigen Menschen bewundert worden sein soll, und zwar in seinem politischen Teil, ist vielleicht das verblüffendste Beispiel von literarischem Snobismus in der ganzen Geschichte!"

Das Prinzip, das dem platonischen Staat zugrunde liegt, lautet "Suum, suam, suum cuique!", ein Motto, das die Natur "erfunden" hat und im Buch der Stammesgeschichte nachzulesen ist. Nach dieser Devise funktioniert Darwin's "survival of the fittest", und das bedeutet: der Besten und dem Besten (fittest) der Beste und die Beste, bzw. den Besten das Beste! Im Klartext heißt das: Bei der Partnerwahl sollen die "Besten" zusammenfinden, um die "besten" Gene an die Nachkommen weiterzugeben. Der "Beste" soll das größte Revier mit den optimalen Überlebensbedingungen okkupieren; ihm steht ein Biotop zu, das alles bietet, wonach die Sinne lechzen. Und unter Artgenossen, die sich in Gruppen organisieren, soll der "Beste" die Position des Alpha-Tieres einnehmen und der Gruppe den Marsch blasen.

Gesteuert werden Auswahl und Okkupation der optimalen Positionen vom "sogenannten Bösen", von der innerartlichen Aggression, welche die Spreu vom Weizen scheidet. Die intraspezifische Aggression legt die Spielregeln des Überlebens fest. Sie ist der eigentliche Motor der Stammesgeschichte. Diese Spielregeln sind auch im Menschenreich wirksam. Es sind die grausamen Regeln des Faustrechts.

Es zählt zu den höchsten Leistungen der Menschheit, das Faustrecht außer Kraft zu setzen und den Begriff "the fittest" von seinem biologischen Bannfluch zu erlösen und mit humanem Sinn zu füllen. Wo immer das gelingt, wird der Faschismus seiner Fratze beraubt und erhält der Kapitalismus ein menschliches Antlitz. Überall dort hat sich Natur in Kultur verwandelt. Bei solcher Mutation feiert die Humanitas ihren stillen Triumph.

2.2 Lügen haben vier Beine

Zu den Grundlagen der menschlichen Kultur zählt der Dekalog, jener Katalog ethisch-moralischer Spielregeln, der ein reibungsloses Zusammenleben ermöglichen soll. In allen Sozietäten wurden derartige Kataloge aufgestellt, und in der Regel sind sie auf zehn Gebote verdichtet. Diese dezimale Verdichtung ist Ausdruck unserer Leiblichkeit: Unsere zehn Finger lieferten nicht nur die Vorlage für das Dezimalsystem, sie bestärken auch die Neigung, wichtige Richtlinien auf zehn Paragraphen zu komprimieren oder auszuwalzen. Auch unser Dekalog, den Moses der Überlieferung von Gott persönlich erhalten habe, ist in zehn Paragraphen abgefasst, ein allgemein verständliches Pflichtenheft, dessen zehn Gebote leicht zu lernen sind und trotzdem nur mehr von wenigen fehlerfrei aufgesagt werden können.

Die zehn Regeln des jüdisch-christlichen Dekalogs lassen sich auf vier Gebote reduzieren, auf vier Grundhaltungen, die stammesgeschichtlich gewachsen und genetisch verankert sind:

1. Du sollst nicht töten! Dieses Gebot verkörpert die Tötungshemmung, die im Rahmen der innerartlichen Aggression verhindert, dass sich eine Spezies innert weniger Generationen selbst ausrottet.

2. Du sollst nicht lügen! Genauer: Du sollst die bewährten Gepflogenheiten der Kommunikation nicht für Täuschungsmanöver missbrauchen!

3. Dringe nicht in fremde Biotope ein! Respektiere den materiellen und personellen Besitzstand anderer! (Seit dem Inkrafttreten des Copyrights wäre zu ergänzen: Achte den ideellen Besitzstand anderer!)

4. Habe Ehrfurcht vor dem Alpha-Tier! Gehorche den Anweisungen der Vorgesetzten! Verbeuge dich vor dem Oberhaupt!

In seinem Buch "Die Biologie der Zehn Gebote" macht der Lorenz-Schüler Wolfgang Wickler die stammesgeschichtlichen Wurzeln des Dekalogs sichtbar. Im Kapitel "Die gegenseitige Verständigung" wird dem Leser klar, dass Lügen nicht nur kurze, sondern auch vier Beine haben. Die Sammlung von Lügengeschichten aus dem Tierreich, die Verhaltensforscher in den letzten Dezennien zusammengetragen haben, ist mittlerweile zu einem stattlichen Konvolut herangewachsen. Hinlänglich bekannt ist auch, dass Falschmelder nicht geschätzt werden, weder im Tier- noch im Menschenreich. Die Verletzung der Spielregeln der Kommunikation gilt da wie dort als Tabubruch, der nicht toleriert wird. Solche Tabubrüche können sich Gruppenmitglieder, deren sozialer Friede auf dem Funktionieren der Kommunikationsmuster gründet, nicht leisten.

Dazu ein Beispiel von Wolfgang Wickler: "Wo Zusammenarbeit und Zusammenhalt in der Gruppe so lebensnotwendig sind wie etwa bei den Buschleuten der Kalahari, wird heute noch 'Exkommunikation' im wahrsten Sinne des Wortes, nämlich Abbruch der Kommunikation, als Strafe über ein Gruppenmitglied verhängt, das sich eine derartige Verfehlung (= Missbrauch der Kommunikation) zuschulden kommen ließ." In diesem Zusammenhang sei an Martin Page's wunderbares Buch "Managen wie die Wilden" erinnert. Mit britischem Humor legt der Autor dar, dass die Verhaltensregeln der Buschleute auch dort gelten (sollten), wo Menschen am Computer sitzen oder sich im Nadelstreif wichtig machen! Was sich in karger Umwelt seit Jahrtausenden bewährt hat, darf nicht leichtfertig aufgegeben werden.

3 Quid Fabula Docet?

3.1 Die Lehre der Makaken

Die stammesgeschichtlichen Hintergründe unseres Tuns und Lassens zu erforschen, bedeutet, den Menschen und sein Verhalten besser zu verstehen. Die Erforschung genetisch tradierter Verhaltensweisen hat eine lange Tradition. Schon antike Anthropologen betrieben diese Art der Verhaltensforschung, und zwar sowohl im Sinne der Ethologie als auch mit dem Rüstzeug der Ethnologie. Ziel solch komparativer Untersuchungen war es, Antwort auf eine zentrale Frage zu finden, die bis zum heutigen Tag strittig ist: Ist der Mensch ein Abziehbild seines Milieus oder ist er primär von seinen Genen gesteuert und bestimmt. Die Antwort gab Hippias von Elis: Die Mitwelt, diese Tyrannin, erzwingt vieles wider die Natur!

Die Geburtsstunde der modernen Verhaltensforschung schlug im 19. Jahrhundert, als Charles R. Darwin seine vergleichende Studie über die Ausdrucksbewegungen bei Menschen und Primaten vorlegte. Als Vater der experimentellen Ethologie gilt der deutsche Biologe Wolfgang Köhler. In seinen 1917 erschienenen "Intelligenzprüfungen an Menschenaffen" bewies er, dass Primaten zu Erfindungen und zum Werkzeuggebrauch fähig sind. Seine Experimente wurden jedoch aus weltanschaulichen Gründen angezweifelt, mit der fadenscheinigen Begründung, dass seine Versuchstiere nur nachgeäfft hätten, was ihnen vorgemacht worden sei. In freier Wildbahn kämen Affen zwar auf manch grünen Zweig, aber auf keine kreative Idee.

Nach dem Zweiten Weltkrieg setzte die Primatenforschung weltweit ein. Nun wurde das Verhalten bevorzugt in der natürlichen Umwelt der Tiere studiert. Bemerkenswert sind die Experimente mit Makaken, welche japanische Forscher auf Koshima, einer einsamen Insel, angesiedelt haben. Diese Affenkolonie nährte sich von Süsskartoffeln und Maiskörnern, die am Strand ausgestreut wurden. Erstaunliches tat sich im Umfeld der Nahrungsaufnahme und beim Umgang mit dem Futter.

Bekanntlich leben Primaten in patriarchalische Gruppen, die streng hierarchisch gegliedert sind. Das männliche Alpha-Tier duldet keinen Widerspruch, schon gar nicht von Seiten der Weibchen, der rangniedrigsten Gruppenmitglieder. Das sollte dem Boss der Makaken auf Koshima zum Nachteil gereichen. Eine kluge Äffin hatte nämlich zwei glänzende Ideen, die einen wesentlichen Fortschritt auf dem Weg vom Fressen zum Essen bedeuteten:

Zum einen reinigte sie die Maiskörner vom lästigen Sand, indem sie diese in das Wasser warf und nach dem Goldwäscherprinzip säuberte. Zum anderen entdeckte sie, dass die Kartoffeln besser schmecken, wenn man sie im salzigen Meerwasser würzt. Der Äffin war ein bedeutender Zuwachs an Esskultur gelungen. Die Nahrung war geschmacklich veredelt und knirschte nicht mehr in den Zähnen. Allein, die männlichen Affen weigerten sich, von diesem Zuwachs an Kultur Kenntnis zu nehmen. Weiterhin fraßen sie fades Futter mitsamt dem Sand, der an der Nahrung haftete. Es bedurfte mehrerer Generations- sprich: Machtwechsel, bis das segensreiche Know-how der Äffin über ihre Söhne bis hin zur Spitze der Hierarchie vorgedrungen war.

In der menschlichen Gesellschaft geht es ähnlich zu und her, zumal dort, wo verkrustete Strukturen vorherrschen. Selbst in akademischen Kreisen, wo angeblich der Geist weht, bewahrheitet sich die Fabel der Makaken: Nicht selten ignoriert ein Lehrstuhlinhaber geflissentlich, was seine rangniedrigen Mitarbeiter denken und wissen. Primat und Primar scheinen mitunter aus dem nämlichen Holz geschnitzt zu sein.

Und die Moral von der Geschicht'? Als "fit" darf gelten, wer flexibel auf seine Mit- und Umwelt zu reagieren vermag und zum Paradigmawechsel fähig und willens ist. "Fit" sind all jene, deren adaptive Intelligenz veränderte Lebensbedingungen schnell und zum Wohle aller zu meistern in der Lage sind. Wer aus solchem Holz geschnitzt ist, hat eine wichtige Lektion gelernt.

3.2 Die Lehre der Delphine

Ein Meister der adaptiven Intelligenz ist der Delphin. Zu Recht genießt er seit alters her Ansehen und Bewunderung. Besonderen Respekt genoss er im antiken Hellas. Ihm zu Ehren trug Delphi, die wichtigste und heiligste Orakelstätte Griechenlands, seinen Namen. In seinem Zeichen stand das delphische Orakel, das Zentrum der damaligen Informationspolitik: Priester des Gottes Apollon sammelten Informationen, wogen sie ab und verdichteten sie zu politischen Botschaften, die durch den Mund der Pythia, der weissagenden Priesterin, veröffentlicht wurden. Berühmt-berüchtigt ist der zweideutige Charakter dieser Mitteilungen. An solchen Zweideutigkeiten dürfen jedoch Delphine nicht gemessen werden. Denn die Botschaften, die sie senden, sind eindeutig und von besonderer Qualität.

Zurecht erschien den Griechen der Delphin als heiliges Wesen. Ihn zu töten, galt als Mord und wurde als solcher geahndet. Zahlreich sind die Berichte, die Kunde geben von der Einzigartigkeit dieses hoch entwickelten Meeresbewohners. Gerne erzählte man sich Geschichten von Delphinen, die Schiffbrüchige aus Seenot retteten oder die sich spielenden Kindern als maritime Reittiere anboten. Solche Verhaltensweisen sind weltweit belegt und erklären sich aus einem spezifischen Sozialverhalten: Delphine sind Säugetiere, die sich nicht nur um Neugeborene, sondern sogar um Sterbende kümmern. Als Säugetiere haben sie Lungen und müssen zum Atemholen regelmässig auftauchen. In der nämlichen Weise tragen sie ihre Babies und todkranken Artgenossen zur Wasseroberfläche und schützen sie vor Raubfischen. In den Genuss solcher Fürsorge kommen mitunter auch Menschen.

Das Hirn der Delphine zeigt verblüffende Ähnlichkeiten mit dem menschlichen Gehirn. Dazu ein Gedankenexperiment: Stellen Sie sich vor, Ihr Hirn sei im Leib eines Delphins eingesperrt. Ihr Element ist das Wasser, ergo sind Sie nicht in der Lage, in der Welt herumzuspazieren. Außerdem haben Sie keine Hände, um Ihre Ideen und Kopfgeburten weltgestaltend umsetzen zu können. Welche Hervorbringungen kreiert und generiert unter solchen Lebensbedingungen Ihr leistungsfähiges Gehirn? Welche Verhaltensweisen bleiben Ihnen? Die Antwort ist einfach: das soziale Verhalten. Deshalb erstaunt es nicht, dass sowohl das Sozialverhalten der Delphine als auch ihr Kommunikationssystem einen hohen Standard aufweisen.

Zwar beobachten Forscher seit der Antike das anmutige Spielverhalten der Delphine, doch erst in jüngster Zeit untersuchen sie deren Kommunikation. Diesen Forschern hat sich eine faszinierende Welt eröffnet: komplex und differenziert ist der Sprachschatz der Delphine. Bis heute gibt diese Sprache, die zu einem guten Teil im Hochfrequenzbereich angesiedelt ist, Rätsel auf. Erforscht sind immerhin die informationellen Basics.

Informationen spielen eine um so größere Rolle, je höher entwickelt ein (Sozial)System ist. In dieser Hinsicht sind Delphine interessante Lehrmeister: Sie lehren uns die subtilen Wechselwirkungen zwischen Sender und Empfänger; sie vermitteln den semantischen Sinn des Redundanzprinzips und sie öffnen einem die Augen für die Benefits, die dem kultivierten Umgang mit Informationen zu verdanken sind. Ein solches Know-how ist Goldes Wert!

3.3 In der Falle des kurzsichtigen Egoismus

Wer sich in das Buch der Stammesgeschichte vertieft, wird bald erkennen, dass dem Lernen kein Ende ist, zumal dort, wo sie uns durch Vorbilder belehrt, die zum Umdenken zwingen. Besonders lehrreich sind Aha-Erlebnisse, bei denen die Grenzen, ja die Kehrseiten der bisherigen Überlebensstrategien sichtbar werden. Derartige Erleuchtungen lassen die Einsicht dämmern, welcher Menschentypus in Wahrheit "the fittest" ist. So sollten einem Menschen, der den Blick in die Zukunft richtet, die Bedrohungen vor Augen treten, die hinter dem Horizont dräuen. Sooft die kundige Besorgnis rettende Weichenstellungen fordert, erweist es sich, wer "the fittest" ist.

Dass der Blick in die Zukunft häufig genug getrübt ist, liegt in der Natur der so genannten "blinden Evolution", einer Entwicklungsgeschichte, die sich seit urdenklichen Zeiten nach Spielregeln ereignet, die das einzelne Lebewesen in die Lage eines auf schnellen Profit fixierten Spielers versetzt. Auch der Mensch spielt seit Jahrtausenden die unrühmliche Rolle eines Profiteurs. Mittlerweile sitzt dieser Ausbeuter in einer selbstmörderischen Falle.

Die Rede ist von der Falle egoistischer Kurzsichtigkeit. Irenäus Eibl-Eibesfeldt, der wohl berühmteste Schüler von Konrad Lorenz, hat sich intensiv mit dieser Thematik beschäftigt und deren Probleme in 33 Thesen auf den Punkt gebracht. Seine Kernthesen lauten:

"Eine Reihe von stammesgeschichtlich entwickelter Verhaltensdispositionen des Menschen erschweren die vernünftige Lösung brennender Gegenwartsprobleme. Das gilt insbesondere für unsere Programmierung auf den Wettlauf im Jetzt, die wohl zu den ältesten Erbausstattungen der Organismen gehört. Gilt doch seit Anbeginn organischen Lebens, dass nur wer im Jetzt schneller läuft, das Rennen gewinnt. Das hat auch unsere altsteinzeitlichen Vorfahren mit einer den Gewinn maximierenden, den Augenblick in opportunistischer Weise ausschöpfenden Natur ausgestattet. Der moderne Mensch agiert ebenfalls in erster Linie opportunistisch-gegenwartsbezogen und gerät damit in die Falle des Kurzzeitdenkens, das langfristige Planungen verhindert.....Wer sich die Natur zum Vorbild nimmt, vergisst, dass diese keine andere Wahl hat, als mit einer Hochrisikostrategie zu operieren. Sie ist ja keiner vorausschauenden Zielsetzung fähig. Diese Fähigkeit ist allein uns gegeben. Wir allein stellen Fragen nach der Zukunft. Darin liegt eine Verpflichtung unseren Enkeln, ja dem Leben gegenüber!"

Es ist ein Gebot der Stunde, einem Überlebensethos, das die Anliegen aller Lebewesen und die Interessen künftiger Generationen berücksichtigt, weltweit Gehör zu verschaffen. Aus der Sicht des Überlebens werden die Strategien, derer sich die Globalisierer zu bedienen wissen, zu wichtigen Werkzeugen im Dienste der Menschheit. An der Globalisierung – mag sie auch von zornigen Gutmenschen beklagt und verdammt werden – führt kein Weg mehr vorbei. Angesagt ist jedoch kein globales Profitstreben, sondern der globale Wille zur weitsichtigen Vernunft.

Es darf daran erinnert werden, dass die Stammesgeschichte durch und über den Homo sapiens zur "bewussten Evolution" mutiert ist, zu einer Evolution, deren Spielregeln der Mensch mittlerweile nicht nur durchschaut, sondern von sich aus neu festlegt. Der Mensch hat gelernt, die Schrift zu entziffern, in der das Buch des Lebens geschrieben ist. Er hat begonnen, dem lieben Gott über die Schulter zu blicken und in dessen Schöpfungsplan einzugreifen. In einer solch komfortablen Position sollte es doch möglich sein, der Falle engstirniger Kurzsichtigkeit zu entrinnen.

Angesichts der real existierenden Weltlage hat niemand die Lizenz zum Drückeberger! Jeder ist in die Pflicht genommen! Dass Wirtschaftsinformatiker und Finanzdienstleister, die ihrem Selbstverständnis nach "global players" sind, von der Verantwortung nicht ausgenommen sind, versteht sich von selbst. Als "global players" ist ihnen sogar eine gewisse Schlüsselrolle zugewachsen: In ihren Händen liegt der Schlüssel zu weltweiter Kommunikation. Wer dieses Werkzeug zu Wohl und Nutzen einzusetzen versteht, hat Anspruch auf den Ehrentitel "The Fittest".

Autorenverzeichnis

Dipl.-Oek. Patrick Bartels	Universität Hannover Institut für Wirtschaftsinformatik Königsworther Platz 1 D-30167 Hannover
Dr. Alexander Baumeister	Universität Hohenheim Lehrstuhl Controlling Schloss Hohenheim D-70593 Stuttgart
Dipl. Inf. Wiss. Jean-Pierre Berchez	N.C.H. International Dieselstrasse 18/1 D-70771 Leinfelden-Echterdingen
Dr. Oliver Braun	Universität des Saarlandes Lehrstuhl fuer Informations- und Technologiemanagement Postfach 15 11 50 D-66041 Saarbrücken
Prof. Dr. Michael H. Breitner	Universität Hannover Institut für Wirtschaftsinformatik Königsworther Platz 1 D-30167 Hannover
Dipl.-Betriebswirt (FH) Thomas Deelmann	Johannes Gutenberg-Universität Mainz Lehrstuhl für Wirtschaftsinformatik und BWL Welder-Weg 9 D-55128 Mainz
Univ.-Prof. Dr. Dr. Ulrich Derigs	Universität zu Köln Seminar für Wirtschaftsinformatik und Operations Research Pohligstrasse 1 D-50696 Köln
Dipl.-Ing. Ferdinand Feltz	Centre de Recherche Public - Gabriel Lippmann 162a, avenue de la Faïencerie L-1511 Luxembourg

a. Univ.-Prof. Dr. Kerstin Fink	Universität Innsbruck Institut für Wertprozessmanagement / Wirtschaftsinformatik Universitätsstrasse 15 A-6020 Innsbruck
Dipl.-Verw.Wiss. Oliver Grieble	German Research Center for Artificial Intelligence Institute for Information Systems Building 43.8 D-66123 Saarbrücken
Dipl. Inform. Patrik Hitzelsberger	Centre de Recherche Public - Gabriel Lippmann 162a, avenue de la Faïencerie L-1511 Luxembourg
Prof. Dr. Georg Rainer Hofmann	Fachhochschule Aschaffenburg Würzburger Strasse D-63743 Aschaffenburg
Dipl. oec. Markus Ilg	Universität Hohenheim Lehrstuhl Controlling Schloss Hohenheim D-70593 Stuttgart
Dipl.-Kfm. Ralf Klein	German Research Center for Artificial Intelligence Institute for Information Systems Building 43.8 D-66123 Saarbrücken
Steffen Kramer	Sparkasse Saarbrücken Neumarkt 17 D-66117 Saarbrücken
Prof. Dr. Klaus Kruczynski	Hochschule für Technik, Wirtschaft und Kultur Leipzig Fachbereich Wirtschaftswissenschaften Postfach 30 00 66 D-04251 Leipzig

Dipl. Ing. Daniel Ledergerber MSc	Leica Geosystems Surveying & Engineering Heinrich-Wild-Str. 1 CH-9435 Heerbrugg
Prof. Dr. Peter Loos	Johannes Gutenberg-Universität Mainz Lehrstuhl für Wirtschaftsinformatik und BWL Welder-Weg 9 D-55128 Mainz
Dr. Simon Moser	Aloba AG - Softwareentwicklung + Consulting Lyssachstrasse 15 CH-3400 Burgdorf
Dipl. Wirt.-Inf. Nils-H. Nickel	Universität zu Köln Seminar für Wirtschaftsinformatik und Operations Research Pohligstr. 1 D-50696 Köln
Dipl.-Kfm. Donovan Pfaff	Johann Wolfgang Goethe-University Lehrstuhl für Electronic Commerce Mertonstrasse 17 D-60054 Frankfurt am Main
o. Univ.-Prof. Dr. Friedrich Roithmayr	Universität Innsbruck Institut für Wertprozessmanagement / Wirtschaftsinformatik Universitätsstrasse 15 A-6020 Innsbruck
Dr. Michaela Schaffhauser- Linzatti	Universität Wien Fakultät für Wirtschaftswissenschaften und Informatik Brünnerstraße 72 A-1210 Wien
Prof. Dr. Dr. h.c. mult. August-Wilhelm Scheer Dir.	German Research Center for Artificial Intelli- gence, Institute for Information Systems Building 43.8 D-66123 Saarbrücken

Dr. Mag. Manfred Schlapp	Fachhochschule Liechtenstein Bereich Geistes- und Sozialwissenschaften Fürst-Franz-Josef-Strasse FL-9490 Vaduz
Univ.-Prof. Dr. Axel C. Schwickert	Justus-Liebig-Universität Giessen Fachbereich Wirtschaftswissenschaften Licher Strasse 70 D-35394 Giessen
Dr. Wolfgang Semar	Universität Konstanz Informationswissenschaft Fach D87 D-78457 Konstanz
Prof. Dr. Markus Spiwoks	Fachhochschule Braunschweig/Wolfenbüttel Fachbereich Wirtschaft Robert-Koch-Platz 10-14 D-38440 Wolfsburg
Dipl. Ing. Timothy Ströbele	N.C.H. International Dieselstrasse 18/1 D-70771 Leinfelden-Echterdingen
Mag. Hubert Waibel MBA	Leica Geosystems Surveying & Engineering Heinrich-Wild-Str. 1 CH-9435 Heerbrugg
Prof. Dr. Gerhard Wanner	Fachhochschule Stuttgart - Hochschule für Technik Fachbereich Vermessung, Informatik und Mathematik Schellingstrasse 24 D-70174 Stuttgart
Dipl.-Inf., Dipl.-Math. Siegfried Weinmann, Institutsleiter	Fachhochschule Liechtenstein Institut für Wirtschaftsinformatik Fürst-Franz-Josef-Strasse FL-9490 Vaduz

GPSR Compliance

The European Union's (EU) General Product Safety Regulation (GPSR) is a set of rules that requires consumer products to be safe and our obligations to ensure this.

If you have any concerns about our products, you can contact us on ProductSafety@springernature.com

In case Publisher is established outside the EU, the EU authorized representative is:

Springer Nature Customer Service Center GmbH
Europaplatz 3
69115 Heidelberg, Germany

Batch number: 10815974

Printed by Printforce, the Netherlands